마스터링
분산 추적

**마이크로서비스 기반
아키텍처의 성능 분석과
관리를 위한 분산 트레이싱**

[예제파일 다운로드]

https://wikibook.co.kr/tracing

https://github.com/wikibook/tracing

마스터링 분산 추적

마이크로서비스 기반 아키텍처의 성능 분석과 관리를 위한 분산 트레이싱

지은이 유리 슈쿠로

옮긴이 홍성민, 남궁영환

펴낸이 **박찬규**   엮은이 **전이주**   디자인 **북누리**   표지디자인 Arowa & Arowana

펴낸곳 **위키북스**   전화 031-955-3658, 3659   팩스 031-955-3660

주소 **경기도 파주시 문발로 115 세종출판벤처타운 311호**

가격 30,000   페이지 444   책규격 188 x 240mm

초판 발행 2020년 02월 21일

ISBN 979-11-5839-195-9 (93000)

등록번호 제406-2006-000036호   등록일자 2006년 05월 19일

홈페이지 wikibook.co.kr   전자우편 wikibook@wikibook.co.kr

이 도서의 국립중앙도서관 출판시도서목록 CIP는
서지정보유통지원시스템 홈페이지(http://seoji.nl.go.kr)와
국가자료공동목록시스템(http://www.nl.go.kr/kolisnet)에서 이용하실 수 있습니다.
CIP제어번호 CIP2020005862

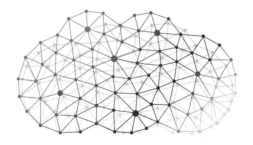

마스터링 분산 추적

마이크로서비스 기반 아키텍처의 성능 분석과 관리를 위한 분산 트레이싱

유리 슈쿠로 지음 / 홍성민, 남궁영환 옮김

위키북스

이 책을 가족과 사랑하는 파트너인 옐레나에게 바친다.

– 유리 슈쿠로

유리 슈쿠로(Yuri Shkuro)는 우버 테크놀로지스(Uber Technologies)의 소프트웨어 엔지니어로 분산 추적, 관찰성, 신뢰성, 성능을 연구하고 있다. 우버의 추적팀 기술 책임자다. 우버 이전에 월가(Wall Street)에서 15년간 투자은행인 골드만 삭스(Goldman Sachs), JP모건 체이스(JPMorgan Chase), 모건 스탠리(Morgan Stanley)에서 파생상품에 대한 거래 및 위험 관리 시스템을 구축했다.

유리는 오픈트레이싱(OpenTracing) 프로젝트의 공동 설립자이자 우버에서 개발된 분산 추적 플랫폼인 예거(Jaeger)의 창립자이며 기술 책임자로서 오픈소스에 기여해왔다. 두 프로젝트 모두 클라우드 네이티브 컴퓨팅 재단(Cloud Native Computing Foundation)에서 인큐베이팅되고 있다. W3C 분산 추적 작업 그룹(W3C Distributed Tracing working group)의 초빙 전문가로 활동 중이다.

학술적으로는 메릴랜드 대학(University of Maryland, College Park)에서 컴퓨터 과학 박사 학위와 러시아의 상위 세 개 대학 중 하나인 모스크바 공학 및 물리 연구소(Moscow Engineering & Physics Institute, MEPhI)에서 컴퓨터 공학 석사 학위를 받았다. 머신러닝 및 신경망 분야에서 여러 편의 학술 논문을 썼으며, 130편 이상의 논문이 다른 출판물에서 인용됐다.

유리는 자신의 학문 및 전문 분야의 경력 외에도 30개 이상의 영화제에서 상영되어 여러 개의 상을 수상한 레브 폴리야코프(Lev Polyakov) 감독의 작품 《Only Love》(2008)와 오타와 국제 애니메이션 페스티벌에서 수상한 《Piper the Goat and the Peace Pipe》(2005) 등 여러 단편 애니메이션을 편집하고 제작하는 데 참여했다.

이 책이 나올 수 있게 도와준 많은 분에게 감사하다는 말을 전하고 싶다. 이 책을 쓰도록 나에게 연락하고 설득한 프로듀서인 앤드류, 초안을 검토하고 편집해준 톰과 조앤, 책의 개선을 위해 여러 제안을 해준 기술 검토자 파볼, 책의 내용을 구조화하는 데 도움을 주고 일반적으로 추적에 대해 많은 것을 알게 해준 벤 시겔만, 예거 프로젝트의 사랑스러운 로고를 만들고 이 책을 위해 멋진 삽화를 만들어준 레브 폴리야코프, 그리고 무엇보다도 수개월에 걸쳐 주말에 책을 쓰는 나를 지지하고 인내해준 가족과 파트너인 옐레나에게 감사의 말을 전한다.

기술 검토자 소개

파볼 로페이(Pavol Loffay)는 마이크로서비스 아키텍처용 관찰성 도구를 제작하는 레드햇(Red Hat)의 소프트웨어 엔지니어다. 예거 및 오픈트레이싱 프로젝트에서 열심히 활동하는 유지보수 관리자다. 또한 **오픈트레이싱 명세 위원회(OpenTracing Specification Council, OTSC)**의 멤버이자 MicroProfile OpenTracing 명세의 리더다. 여가 시간에 여행하기를 좋아하고 스키를 열정적으로 즐기는 암벽 등반 가이기도 하다.

삽화가 소개

레브 폴리야코프(Lev Polyakov)는 수상 경력이 있는 독립 애니메이션 감독 및 콘셉트 아티스트로서 WNET 13, Channel Frederator, ShortsHD에서 그의 작품을 상영한 바 있다.

2004년부터 애니메이션 분야에서 활발히 활동하고 있으며, 뉴욕에서 가장 유명한 독립 애니메이터 중 한 명인 시그네 바우먼(Signe Baumane)의 인턴으로 시작해서 자신의 애니메이션 작품을 직접 쓰고 연출한다. 첫 단편인 《Piper the Goat and the Peace Pipe》는 2005 오타와 애니메이션 페스티벌에서 1위를 차지했다. 다음 영화인 《Morning, Day, Evening, Night… and Morning Again》으로 국립 영화 심의 위원회로부터 상금을 타고 해당 위원회의 명예 회원으로 선정됐다. 시각 예술 학교(School of Visual Arts) 3학년 때 유명한 우드스탁 영화제에서 초연된 15분짜리 단편 애니메이션 《Only Love》를 연출하고 제작했는데, 이 작품은 전 세계 30여 개의 영화제에서 상영돼 여러 차례 1위를 차지했다.

레브는 유니버설 뮤직과 제휴한 'Giants Are Small'에서 제작한 아이패드 영화인 《Peter and the Wolf in Hollywood》의 스토리보딩, 캐릭터 디자인, 애니메이션과 같은 시각적으로 매력적이고 캐릭터 중심적인 상업적 작업을 해왔으며 가상 현실 스튜디오인 'The Glimpse Group'에서 일했다.

레브는 현재 뉴욕시 국립예술클럽에서 예술 기술 위원회 위원장을 맡고 있다.

홍성민

2001년부터 웹메일을 시작으로 SSO/EAM과 MDM 솔루션을 개발했으며, 다수의 SI/SM 프로젝트에서 소프트웨어 아키텍트 및 성능/문제 해결 전문가로 일했다. 또한 오픈소스 미들웨어의 기술 검증과 이를 활용한 아키텍처 설계와 컨설팅에 참여했으며, AWS의 시니어 테크니컬 트레이너로 아키텍처, 개발, 데브옵스, 빅데이터 및 데이터웨어하우징 등 AWS 기술 교육 과정을 강의했고, VMWare에서 시니어 시스템 엔지니어로도 근무했다. 현재는 큐비(https://www.cu.bi)라는 스타트업에서 플랫폼 개발 리더로서 코코나(Cocona)라는 글로벌 영상 공유 서비스의 API 및 데이터 플랫폼을 AWS 기반에서 파이썬과 플라스크를 사용해 개발하고 있다. 『데브옵스: 개발자, QA, 관리자가 함께 보는 리눅스 서버 트러블슈팅 기법』(위키북스 2013), 『AWS 기반 서버리스 아키텍처』(위키북스 2018), 『클라우드 환경에서의 데브옵스 보안』(위키북스 2019), 『클라우드 네이티브 아키텍처』(위키북스 2020)를 번역했고 『파이썬 웹 프로그래밍:플라스크를 이용한 쉽고 빠른 웹 개발』(위키북스 2016)을 썼다.

남궁영환

고려대학교 컴퓨터학과(학사/석사)와 서던캘리포니아 대학교(석사)를 졸업하고, 플로리다 대학교(University of Florida)에서 데이터 마이닝을 주제로 컴퓨터공학 박사 학위를 취득했다. 삼성 SDS 연구소에서 클라우드 컴퓨팅, 빅데이터 인프라 플랫폼, 데이터과학 분야의 최신 기술과 관련된 다양한 연구개발 과제를 수행했다. 클라우드 기반 빅데이터 처리 및 분석, 인공지능/머신러닝에 관한 풍부한 컨설팅 경험이 있다. 현재는 아마존 웹 서비스(AWS)에서 시니어 AI/ML 컨설턴트로 활동 중이다. 주요 번역서로 『프랙티컬 머신러닝』(에이콘출판 2017), 『파이썬으로 구현하는 고급 머신러닝』(에이콘출판 2017), 『AWS 네트워킹 쿡북』(에이콘출판 2019)등이 있다.

홍성민

현대 경영학의 구루(guru)로 언급되는 피터 드러커(Peter Drucker)는 "측정할 수 없으면 관리할 수 없고, 관리할 수 없다면 개선할 수도 없다"라는 명언을 남기며, 계량적 데이터 관리의 중요성을 알렸다. 또한 글로벌 기업인 아마존(Amazon)의 창업자이자 최고 경영자인 제프 베조스(Jeff Bezos)는 기업을 운영하는 데 있어서 데이터 기반으로 중요한 의사결정을 하는 데이터 주도 문화(Data-Driven Culture)를 선도적으로 도입해 아마존을 세계적인 기업으로 이끌고 있다.

위에서 언급한 데이터의 중요성은 기업 경영뿐만 아니라 여러 분야에 적용될 수 있는데, 특히 IT 서비스나 시스템 운영에도 잘 적용된다. 아무리 고객이 원하는 기능을 빨리 개발하고 여러 가지 테스트를 한후, 인프라에 문제없이 배포하고 서비스한다고 하더라도 그 기능이 실제 복잡한 운영 환경에서 잘 돌아가리라고 100% 확신할 수 없다. 실제 잘 돌아가고 있는지를 확인할 수 있는 가시적인 데이터가 있지 않으면 현재 서비스가 잘 동작하고 있는지, 현재 구성한 아키텍처가 적절하게 설계된 것인지 알 수가 없다. 서비스 운영에 있어서 가시적인 데이터라고 할 수 있는 여러 수치(서비스가 운영되는 웹/앱/DB 서버 등의 CPU, 메모리, 네트워크와 같은 자원들의 사용량이나 개별 애플리케이션의 처리 시간과 처리량 등)를 주요 지표로 삼아 수집하고 저장한 후 확인하는 모니터링 과정을 통해 현재 서비스가 정상적으로 동작하는지를 알 수 있다.

현재 IT 서비스 환경은 점점 더 빠른 개발과 배포를 요구하고 있고, 인터넷 기반의 서비스들은 클라우드 환경의 여러 서비스를 활용해 글로벌 수준으로 언제든지 확장과 축소가 가능한 아키텍처를 설계 및 운영하고 있다. 전통적인 3계층의 일체형 아키텍처로는 그런 요구사항을 맞추기가 쉽지 않았고, 그 대안으로 마이크로서비스 아키텍처가 등장해 점점 널리 사용되고 있다. 안타깝게도, 마이크로서비스 아키텍처는 기존 일체형 아키텍처보다 모니터링하는 대상이 훨씬 더 많고 다양하다. 전통적인 일체형 환경에서는 웹/앱/DB(관계형) 서버만이 주요 모니터링 대상이었다면, 마이크로서비스 환경에서는 수백 개 또는 수천 개로 분산된 개별 서비스 간의 요청/응답 관계와 다양한 구성 요소(메시지 큐, 캐시, NoSQL 등)가 어떻게 상호 동작하는지 추적하는 것이 필요해졌다.

이 책은 이와 같은 마이크로서비스 환경에서 분산된 서비스를 추적하고 모니터링할 수 있는 분산 추적 솔루션에 대한 개요, 다양한 오픈소스 솔루션에 대한 소개 및 오픈트레이싱(OpenTracing)이라고 하는 분산 추적 표준에 대해 설명한다. 또한 책의 저자가 오픈소스로 개발하고 실제 우버(Uber)에서도 사용하고 있는 예거(Jaeger)라는 분산 추적 솔루션을 다양한 언어로 제공한 예제를 통해 조금 더 분산 추적에 가깝게 다가갈 수 있으리라 생각한다. 이 책의 뒷부분은 추적 데이터를 분석하는 여러 방법과 실제 추적 인프라를 배치하고 운영하는 측면에 대해 언급하고 있다.

마지막으로 끊임없이 한 단계씩 점점 더 발전할 기회를 주시는 위키북스 박찬규 대표님과 지금껏 번역했던 작업 중에 가장 어려웠던 번역을 검토하고 마무리할 수 있게 도움을 주신 전이주 편집자님께 깊은 감사의 말씀을 드리며, 이 힘들었던 여정을 서로 독려하며 마무리한 영환 님께도 다시 한번 고마움을 전하고 싶다. 또한 표현은 잘하지 못하지만, 시간이 갈수록 더욱 소중한 부모님과 형, 누나, 가족들이 있음에 감사드린다. 그리고 이제 아빠가 번역한 책 표지의 그림보다 책 내용에 조금씩 관심을 두는 십 대가 되는 어린이 태의와 십 대와의 전쟁에 전진 배치돼 있는 아내 지혜에게 사랑한다는 말을 전하고 싶다.

남궁영환

기존의 모놀리식 애플리케이션의 무거움과 답답함을 극복하기 위한 방안으로서 마이크로서비스는 데브옵스, 컨테이너와의 연계 속에서 이제 필수가 된 듯한 느낌이다. 그러나 이 과정에서 우리가 놓쳐서는 안 되는 것이 바로 각 서비스와 모듈의 효율적인 모니터링 및 관리일 것이다. 이를 위해 대규모 애플리케이션상에서 발생할 수 있는 문제들을 빠르게 탐지하고 조치하기 위한 분산 추적의 개념이 무엇보다 중요하다고 생각한다.

이 책은 분산 추적에 관련된 최신 기술들을 매우 실무적 관점에서 친절하게 소개한다. 각종 코드와 실행 결과를 바탕으로 독자가 분산 추적과 관련된 핵심 지식을 쌓을 수 있을 것으로 기대한다.

이 책 번역을 함께 한 성민 님, 위키북스 대표님을 포함한 많은 분들께 감사드린다. 사랑하는 우리 가족에게도 감사의 마음을 전한다.

2부

데이터 수집 문제

3부

추적에서 가치 얻기

4부

추적 인프라의
배포와 운영

머리말

종단 간 추적(end-to-end tracing)으로도 알려진 분산 추적은 새로운 아이디어는 아니지만 최근 복잡한 분산 시스템을 위한 필수 관찰성 도구로 주목받기 시작했다. 프로세스 또는 서버와 같은 아키텍처의 개별 구성 요소만 모니터링하는 대부분 다른 도구와 달리 추적은 프로세스 및 네트워크 경계를 넘나드는 개별 요청이나 트랜잭션의 종단 간 실행을 관찰할 수 있으므로 다소 독특한 역할을 한다. 마이크로서비스 및 서비스형 함수(FaaS, Functions-as-a-Service) 또는 서버리스와 같은 아키텍처 패턴의 등장으로 분산 추적은 현대 아키텍처의 복잡성을 관리하는 유일한 실용적인 방법으로 자리를 잡아가고 있다.

이 책은 우버 테크놀로지스에서 추적 팀의 기술 리더로서 내가 직접 겪은 개인적인 경험을 기반으로 한다. 우버 테크놀로지스에서 근무하는 동안 우버의 엔지니어링 조직이 수백에서 수천 명의 엔지니어를 갖춘 조직으로 성장하고, 우버의 마이크로서비스 기반 아키텍처의 복잡성이 커지면서 처음 예거를 출시했을 때만 해도 수백 개였던 마이크로서비스가 오늘날 수천 개로 증가한 모습을 지켜봤다. 대부분의 분산 추적 실무자가 말하는 것처럼 추적 시스템 구축하기는 '쉬운 부분'이며, 이를 대규모 조직에서 널리 채택하는 것은 완전히 다른 도전이다. 안타깝게도 이 문제에 있어서는 따라하기만 하면 되는 쉬운 방법이 없다. 이 책에서는 분산 추적 기술의 역사와 이론적 토대, 계측 및 조직 채택 문제를 해결하는 방법, 계측 및 데이터 형식을 나타내기 위해 업계에서 새롭게 나타나는 표준, 그리고 실제 시나리오에서 추적 인프라를 배치하고 운영하기 위한 실질적인 제안을 비롯해 여러 문제 영역에 대한 전체적인 개요를 다룬다.

이 책은 특정 기술에 대한 참조 자료나 자습서의 용도로 만들어진 것이 아니라, 이 책을 통해 분산 추적 및 애플리케이션의 기본 원리와 트레이드 오프를 이해했으면 하는 마음으로 썼다. 이러한 기본 지식을 갖추고 있으면 훨씬 복잡한 기술 영역을 탐색하고 각자의 상황과 시스템에 그 지식을 적용할 수 있는 효과적인 방법을 찾을 수 있을 것이다.

대상 독자

이 책이 분산 추적에 대해 거의 알지 못하는 초보자부터 지식을 확장하고 추적 플랫폼에서 더 많은 가치를 얻는 방법을 찾으려는 적극적인 실무자까지 광범위한 독자에게 도움이 되기를 희망한다. 이 책은 여러모로 다음과 같은 독자에게 흥미로울 수 있다.

- **애플리케이션 개발자, 사이트 신뢰성 엔지니어링(SRE), 데브옵스 엔지니어.** 분산 추적의 최종 사용자인 이 그룹은 일반적으로 추적 인프라 및 계측이 동작하는 방식에 별로 관심이 없다. 그들은 이 기술이 자신의 일상 업무에 어떤 도

움이 되는지에 더 관심이 있다. 이 책은 "한 개의 추적을 살펴보고 어떤 성능 문제를 발견하는 데 도움이 되는지 보자"라는 가장 간단한 사례부터 "우리가 수집하는 방대한 양의 추적 데이터를 어떻게 처리하고 개별 트랜잭션으로는 추론할 수 없는 분산 시스템의 행동에 대한 통찰력을 어떻게 얻고 있는가?"라는 고급 데이터 마이닝 시나리오에 이르기까지 분산 추적의 이점에 대한 많은 예를 제공한다.

- **프레임워크 및 인프라 개발자.** 다른 개발자를 위한 라이브러리 및 도구를 제작하고 분산 추적과의 통합을 통해 이러한 도구를 관찰할 수 있게 만들고 싶어 하는 이 그룹은 계측 기술 및 패턴에 대한 철저한 검토와 새로운 추적 표준에 대한 토론을 통해 이익을 얻을 것이다.

- **엔지니어링 관리자 및 임원.** 이 그룹은 '지갑의 힘'을 가지고 있으며 추적이 조직에 제공하는 가치를 이해하고 확신할 필요가 있다.

- 마지막으로 **추적팀.** 조직의 추적 인프라를 구축 및 배포, 운영하는 엔지니어인 이 그룹은 추적이 전체 조직에 미치는 영향을 확대하기 위해 자신들의 기술과 노력을 확대하는 과정에서 기술 및 조직적 측면 모두에서 발생할 수 있는 여러 어려움에 대처해야 한다.

이 책에서 다루는 내용

1부 '개요'에서는 분산 추적 영역에 대한 일반적인 내용을 소개한다.

1장 '왜 분산 추적인가?'에서는 분산 추적이 해결하려고 하는 관찰성 문제의 틀을 잡고, 복잡한 분산 시스템의 병리학적 행동에 대한 문제를 해결할 때 다른 모니터링 툴들이 부족한 이유를 설명한다. 1장에서는 추적에 대한 개인적인 경험의 간략한 역사와 이 책을 쓰는 것이 업계에 유용할 것이라고 느낀 이유를 설명한다.

2장 'HotROD 승차 추적하기'에서는 오픈소스 추적 플랫폼인 예거, 오픈트레이싱 계측기, 데모 애플리케이션 HotROD(Rides on Demand)를 이용해 분산 추적의 핵심 특징과 이점, 기능을 설명하는 데 사용된 실습 예제를 자세히 살펴본다.

3장 '분산 추적의 핵심'에서는 인과 관계 추적 및 메타데이터 전파와 같은 종단 간 추적의 기본 운영 원칙과 특정 추적 아키텍처에서 해결할 수 있는 문제 유형에 영향을 미치는 다른 여러 구현에서 취한 다양한 설계 결정을 검토한다. 이 책에서는 두 가지 다른 추적 모델, 즉 표현력이 더 풍부한 이벤트 모델과 더 인기 많은 스팬 모델을 소개한다.

2부 '데이터 수집 문제'에서는 RPC 스타일 애플리케이션과 메시지 큐를 사용하는 비동기 애플리케이션 둘 다에 대해 수동 및 자동(에이전트 기반) 계측을 통해 애플리케이션에서 추적 데이터를 얻는 다양한 방법을 살펴본다.

4장 '오픈트레이싱을 이용한 계측 기초'에서는 추적을 위해 간단한 'hello, world' 스타일의 애플리케이션을 단일 아키텍처에서 마이크로서비스 기반 시스템으로 발전시키면서 그 애플리케이션을 수동으로 계측하는 단계별 지침을 제시한다. 인기 있는 프로그래밍 언어인 Go, 자바, 파이썬으로 세 벌의 같은 예제가 제공된다. 4장에서는 오픈트레이싱 API를 이용해 추적 계측의 기초를 설명하지만 일반적인 패턴은 다른 계측 API에도 적용할 수 있다. 마지막 실습에서는 애플리케이션에서 실제 코드를 거의 변경할 필요가 없는 자동(에이전트 기반) 계측 스타일을 설명한다.

5장 '비동기 애플리케이션의 계측'에서는 4장에서 배운 교훈을 아파치 카프카(Apache Kafka)를 사용하는 비동기 메시징을 중심으로 구축된 '온라인 채팅' 유형의 애플리케이션에 적용한다.

6장 '추적 표준과 에코시스템'에서는 오픈트레이싱, W3C 추적 컨텍스트(W3C Trace Context), 오픈센서스(OpenCensus) 같은 새로운 표준을 비롯해 추적 업계의 에코시스템을 전반적으로 탐색해 본다. 6장에서는 다양한 상용 및 오픈소스 프로젝트를 파악하고 각 프로젝트의 상대적 위치를 가늠할 수 있는 유용한 분류 체계를 제공한다.

7장 '서비스 메시를 이용한 추적'에서는 쿠버네티스(Kubernetes)에서 실행되는 서비스 메시인 이스티오(Istio)를 이용해 애플리케이션을 추적하고 그 결과를 오픈트레이싱 API를 통해 저수준의 API로 계측된 애플리케이션의 추적과 비교한다.

8장 '샘플링의 모든 것'에서는 왜 추적 플랫폼에 트랜잭션의 샘플링이 필요한지를 설명하고 일관적인 헤드 기반(head-based) 샘플링 전략(확률적, 비율 제한, 적응적 등)부터 새롭게 즐겨 사용되는 테일 기반(tail-based) 샘플링에 이르기까지 다양한 샘플링 기법을 심층적으로 검토한다.

3부 '추적에서 가치 얻기'에서는 엔지니어와 조직이 분산 추적 솔루션을 채택함으로써 이익을 얻을 수 있는 다양한 방법을 설명한다.

9장 '등불 켜기'에서는 서비스 그래프, 임계 경로 분석, 추적 패턴을 이용한 성능 분석, 지연 시간 히스토그램 및 예제, 장기 프로파일링 기법과 같은 대부분 추적 솔루션에서 일반적으로 사용 가능한 특징을 비롯한 추적의 핵심 가치 제안의 예를 제시한다.

10장 '분산 컨텍스트 전파'에서는 기존 추적 인프라를 뒷받침하는 기술인 컨텍스트 전파에 대한 논의로 되돌아간다. 10장에서는 컨텍스트 전파를 위한 도구에 의존하지 않는 범용 프레임워크인 '배기지(baggage)'를 구현한 브라운 대학(Brown University)의 추적 플레인(Tracing Plane)과 컨텍스트 전파와 추적을 기반으로 구축된 관찰성 및 카오스 엔지니어링(chaos engineering)을 위한 여러 유용한 기술과 도구를 다룬다.

11장 '지표와 로그의 통합'에서는 기존 모니터링 도구의 기능을 하나도 버리지 않고 인프라 추적과 결합해서 새로운 기능을 제공하고 마이크로서비스 환경에서 더욱더 유용하게 사용하는 방법을 보여준다.

12장 '데이터 마이닝을 통한 통찰력 수집'에서는 데이터 마이닝의 기초와 추적 데이터에서 특징을 추출하는 것을 시작으로 예거 백엔드, 아파치 카프카, 엘라스틱서치(Elasticsearch), 키바나(Kibana), 아파치 플링크(Apache Flink) 데이터 마이닝 작업 및 마이크로서비스 시뮬레이터인 microsim을 비롯한 실제적인 예제를 살펴본다. 이어서 트렌드 추론 및 관찰, 이력 및 임시 데이터 분석과 같은 데이터 마이닝 기법의 발전에 대한 논의로 끝맺는다.

4부 '추적 인프라의 배치와 운영'에서는 대규모 조직에서 트레이싱 플랫폼을 구현하고 운영하는 것에 대한 실용적인 조언을 추적팀에게 건네는 것으로 이 책을 마무리한다.

13장 '대규모 조직에서의 추적 구현'에서는 기업에서 분산 추적을 널리 채택하거나 가치를 완전히 실현하지 못하게 하는 여러 기술 및 조직적인 문제를 극복하는 방법을 설명한다.

14장 '분산 추적 시스템의 내부'에서는 구축 또는 구매할 때 고려할 사항에 대한 간단한 논의로 시작해서 멀티 테넌시(multi-tenancy), 보안, 다중 데이터 센터의 운영, 모니터링 및 복원력 등 추적 플랫폼의 아키텍처 및 구축 모드에 대한 여러 기술적 세부 사항을 자세히 살펴본다. 예거 프로젝트는 여러 아키텍처 결정을 설명하는 데 사용되지만 전반적인 내용을 대부분 추적 인프라에 적용할 수 있다.

이 책을 최대한 활용하는 법

이 책은 복잡한 분산 시스템에서 관찰성 문제를 해결하는 데 관심이 있는 광범위한 독자를 대상으로 한다. 지표(metric) 같은 기존 모니터링 도구에 어느 정도 익숙하면 좋지만 필수는 아니다. 대부분 코드 예제는 자바로 작성돼 있으므로 기초 수준의 자바 코드를 읽을 수 있어야 한다.

이 책에 포함된 실습에서는 도커(Docker) 및 docker-compose를 주로 사용해 MySQL과 엘라스틱서치 데이터베이스, 카프카와 주키퍼(Zookeeper), 그리고 예거, 키바나, 그라파나(Grafana), 프로메테우스(Prometheus) 같은 다양한 관찰성 도구에 대한 서드파티 종속성을 가져온다. 대부분 예제를 실행하려면 도커를 설치해야 한다.

제공된 예제를 실행하고 사용해 보는 것뿐만 아니라 자신의 애플리케이션과 사용 사례에 적용해 볼 것을 적극 권장한다. 개인적으로 엔지니어들이 자신의 애플리케이션에 대한 샘플 추적을 보는 것만으로 어떻게 어리석은 실수와 비효율성을 찾는지를 몇 번이고 봤다. 추적을 통해 시스템의 동작 방식에 얼마나 많은 가시성을 더할 수 있는지 알아보는 일은 놀라운 경험이다. 이 기술을 처음 다룬다면 이 책에서 제공하는 추상적인 예제를 실행하는 대신 자신의 애플리케이션을 직접 계측하는 것이 추적을 배우고 이해하는 가장 효과적인 방법일 것이다.

예제 코드

이 책의 예제 코드는 책 홈페이지(https://wikibook.co.kr/tracing)의 [예제 코드] 탭에서 내려받을 수 있다.

또는 이 책의 깃허브 저장소(https://github.com/wikibook/tracing)에서도 내려받을 수 있으며, 코드가 업데이트된 경우 깃허브 저장소에 업데이트된다.

컬러 이미지 내려받는 법

이 책에 사용된 스크린 숏과 다이어그램의 컬러 이미지가 있는 PDF 파일도 제공한다. http://wikibook.co.kr/tracing-colorimg에서 내려 받을 수 있다.

표기 규칙

이 책에 사용된 표기 규칙은 다음과 같다.

코드체: 본문의 코드, 데이터베이스 테이블명, 폴더명, 파일명, 파일 확장자, 경로명, 더미 URL, 사용자 입력 및 트위터 아이디를 나타낸다. 예: "내려받은 WebStorm-10*.dmg 디스크 이미지 파일을 시스템의 다른 디스크로 마운트한다."

코드 블록은 다음과 같이 나타낸다.

```go
type SpanContext struct {
    traceID TraceID
    spanID      SpanID
    flags       byte
    baggage map[string]string
    debugID string
}
```

코드 블록의 특정 부분을 강조하고자 할 경우 관련 행 또는 항목을 굵게 표시했다.

```go
type SpanContext struct {
    traceID TraceID
    spanID      SpanID
    flags       byte
    baggage map[string]string
    debugID string
}
```

명령행 입력 또는 출력은 다음과 같이 나타낸다.

```
$ go run ./exercise1/hello.go
Listening on http://localhost:8080/
```

굵은 글꼴: 새로운 용어나 중요한 단어, 화면(예: 메뉴 또는 대화상자)에서 보게 되는 텍스트 내의 단어를 나타낸다. 예: "**Administration** 패널에서 **System info** 선택"

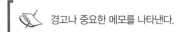 경고나 중요한 메모를 나타낸다.

01

왜
분산 추적인가?

인터넷 규모의 최신 **클라우드 네이티브 애플리케이션**은 매우 복잡한 분산 시스템이다. 그것은 구축하기가 어렵고 디버깅하기는 더 어렵다. **마이크로서비스**와 **서비스형 함수**(FaaS 또는 서버리스라고도 함)의 인기가 높아지면서 그 문제는 더 악화됐다. 이러한 아키텍처 스타일은 그것을 채택하는 조직에 여러 이점을 가져다주지만, 한편으로는 시스템 운영의 한 측면을 더욱 복잡하게 만들기도 하기 때문이다.

이번 장에서는 마이크로서비스로 구축된 시스템을 비롯해 분산 시스템을 모니터링하고 문제를 해결하는 데 있어서의 어려움을 이야기하고, 분산 추적이 이러한 문제를 해결하기 위한 관찰성 도구 중 어떻게 그리고 왜 특별한 위치를 차지하고 있는지를 살펴본다. 또한 분산 추적과 관련된 개인적 경험과 왜 이 책을 쓰기로 했는지도 설명한다.

마이크로서비스와 클라우드 네이티브 애플리케이션

지난 10년 동안 우리는 현대의 인터넷 규모 애플리케이션이 구축되는 방식에서 굉장한 변화를 겪었다. 클라우드 컴퓨팅(서비스형 인프라)과 도커에 의해 대중화된 컨테이너화 기술은 일반적으로 마이크로서비스(그리고 그 다음 형태인 FaaS)라고 하는 새로운 종류의 분산 시스템 설계를 가능하게 했다. 트위터나 넷플릭스 같은 성공적인 기업들은 그러한 설계를 활용해 확장성 높고 효율적이며 신뢰할 수 있는 시스템을 구축하고 고객에게 더 많은 기능을 더 빨리 제공할 수 있었다.

마이크로서비스에 대한 공식적 정의는 없지만, 업계에서는 시간이 지나면서 모종의 합의가 이뤄졌다. 소프트웨어 설계에 관한 여러 책을 쓴 마틴 파울러(Martin Fowler)는 마이크로서비스 아키텍처가 다음과 같은 공통적인 특성을 보인다고 주장한다[1].

- **(마이크로)서비스를 통한 컴포넌트화**: 복잡한 애플리케이션에서 기능성의 컴포넌트화는 네트워크를 통해 통신하는 독립적인 프로세스인 서비스, 즉 마이크로서비스를 통해 이뤄진다. 마이크로서비스는 세분화된 인터페이스를 제공하고 자율적으로 개발되고 독립적으로 배포될 수 있게 작은 크기로 설계된다.

- **스마트 엔드포인트와 덤(dumb) 파이프**: 서비스 간 통신은 **엔터프라이즈 서비스 버스(Enterprise Service Bus, ESB)** 같은 스마트 메커니즘과 달리, HTTP 및 REST 같은 기술에 종속되지 않는 프로토콜을 활용한다.

- **비즈니스 기능을 중심으로 구성**: 프로젝트가 아닌 제품, 즉 서비스는 기술보다는 비즈니스 기능('사용자 프로파일 서비스' 또는 '주문 처리 서비스')을 중심으로 구성된다. 개발 프로세스는 서비스가 일단 제공되고 나면 그 서비스를 완료된 프로젝트가 아닌 지속해서 진화하는 제품으로 여긴다.

- **분산화된 통제**: 서로 다른 기술 스택을 사용해 여러 마이크로서비스를 구현할 수 있게 한다.

- **분산화된 데이터 관리**: 서비스 간에 독립적으로 만들어지는 개념적 데이터 모델과 데이터 스토리지 기술 모두에 대한 결정에서 드러난다.

- **인프라 자동화**: 자동화된 테스트, 지속적인 통합, 지속적인 배포를 이용한 자동화된 프로세스를 통해 서비스를 빌드, 출시, 배포한다.

- **장애를 고려한 설계**: 서비스가 항상 서비스 간 종속성의 실패를 극복하고 요청을 다시 시도하거나 정상적으로 기능을 축소할 것으로 예상된다.

- **진화적 설계**: 마이크로서비스 아키텍처의 개별 구성요소는 그것들에 의존하는 구성요소를 강제로 업그레이드하지 않고 독립적으로 진화할 것으로 예상된다.

최신 애플리케이션 구축에 수많은 마이크로서비스가 필요하기 때문에 신속한 프로비저닝, 분산화된 지속적인 전달을 통한 신속한 배포, 엄격한 데브옵스 실천 및 전체적인 서비스 모니터링이 그러한 애플리케이션을 효과적으로 개발, 유지, 운영하는 데 필요하다. 마이크로서비스 아키텍처에 의해 발생한 인프라 요구사항은 이러한 복잡한 **클라우드 네이티브 애플리케이션**을 관리하기 위한 완전히 새로운 영역의 인프라 플랫폼과 도구의 개발을 낳았다. 2015년에는 '보편적인 클라우드 네이티브 컴퓨팅'이라는 임무를 가지고 쿠버네티스(Kubernetes), 프로메테우스(Prometheus), 링커디(Linkerd) 등과 같은, 이 분야에 떠오르는 여러 오픈소스 프로젝트를 위한 공급업체 중립적인 **클라우드 네이티브 컴퓨팅 재단**(Cloud Native Computing Foundation, CNCF)이 만들어졌다.

> *"클라우드 네이티브 기술을 통해 조직은 퍼블릭, 프라이빗, 하이브리드 클라우드 같은 최신의 동적인 환경에서 확장 가능한 애플리케이션을 구축하고 실행할 수 있다. 컨테이너, 서비스 메시(meshes), 마이크로서비스, 불변 인프라, 선언적 API가 이러한 접근 방식의 전형적인 예다.*
>
> *이러한 기법은 복원력 있고, 관리 가능하며, 관찰 가능한 느슨하게 결합된 시스템을 가능하게 한다. 그 기법이 견고한 자동화와 합쳐지면 엔지니어는 영향이 큰 변경 작업을 최소한의 노력으로 빈번하고 예측 가능하게 수행할 수 있다."*
>
> – 클라우드 네이티브 컴퓨팅 재단 헌장[2]

이 책을 쓰는 시점에 CNCF에서 인큐베이션 단계를 마쳤거나 인큐베이션 단계에 있는 프로젝트 목록[3]에는 20개의 프로젝트가 포함돼 있다(그림 1.1). 이것들은 모두 클라우드 네이티브 애플리케이션의 효율적인 구축 및 운영을 위한 플랫폼을 제공한다는 공통 주제를 가지고 있다. 관찰성 도구가 이 명단에서 큰 비중(20%)을 차지한다.

- **프로메테우스**(Prometheus): 모니터링 및 경보 플랫폼

- **플루언트디**(Fluentd): 로깅 데이터 수집 계층

- 오픈트레이싱(OpenTracing): 공급업체 중립적인 API 및 분산 추적 계측기

- 예거(Jaeger): 분산 추적 플랫폼

그림 1.1에 나와 있지 않은 세 번째 카테고리인 CNCF 샌드박스 프로젝트에는 오픈메트릭스 (OpenMetrics)와 코텍스(Cortex) 같은 두 가지 모니터링 관련 프로젝트가 추가로 포함돼 있다. 클라우드 네이티브 애플리케이션에 대한 관찰성의 수요가 그렇게 높은 이유는 무엇일까?

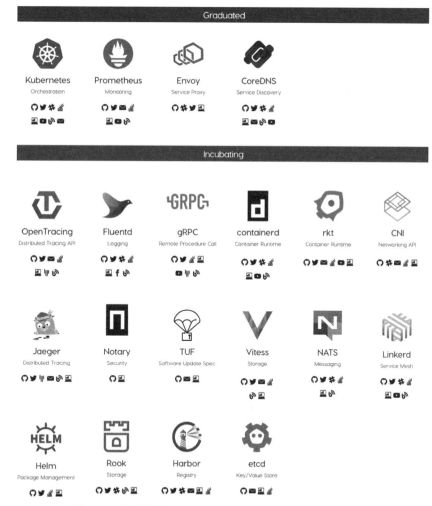

그림 1.1 2019년 1월을 기준으로, CNCF에서 육성이 끝났거나 육성 중인 프로젝트. 프로젝트 이름과 로고는 리눅스 재단의 상표로 등록돼 있다.

관찰성이란 무엇인가?

제어 이론에서 '관찰성(observability)'이라는 용어는 시스템의 내부 상태와 그에 따른 행동을 시스템에 대한 입력과 출력만 보고 결정할 수 있다면 그 시스템이 관찰 가능하다는 것을 나타낸다. 조이엔트(Joyent)의 CTO이자 **dtrace**라는 도구의 제작자 중 한 명인 브라이언 캔트릴(Bryan Cantrill)은 2018 Observability Practitioners Summit[4]에서 소프트웨어 시스템은 너무 복잡해서 소프트웨어 시스템의 완전한 내부 상태를 알 수 없으며, 따라서 제어 이론의 관찰성에 대한 이진법적 관찰치는 항상 0이므로 앞의 정의가 적용되지 않는다고 주장했다(유튜브에서 그의 강연을 보기를 적극 권장한다. https://youtu.be/U4E0QxzswQc). 그 대신, 소프트웨어 시스템의 관찰성에 대한 좀 더 유용한 정의는 '사람이 질문하고 그에 대답하게 하는 능력'이다. 시스템에 대해 묻고 대답할 수 있는 질문이 많을수록 그 시스템의 관찰성은 더 커진다.

Cindy Sridharan
@copyconstruct

Follow

"관찰성 – 개발자들은 '모니터링'하는 것을 좋아하지 않기 때문에 그것을 보기 좋고 유행하는 것처럼 만들기 위해 새로운 명칭으로 포장해야 한다."

캘리포니아 샌프란시스코 – 2017년 7월 28일 오후 3:41

그림 1.2 트위터 논쟁

모니터링과 **관찰성**의 차이에 관한 많은 논쟁과 트위터 설전이 있다. 전통적으로 모니터링이라는 용어는 지표 수집 및 경보를 설명하는 데 사용됐다. 때로는 '분산 트랜잭션을 모니터링하기 위해 분산 추적 사용'과 같이 다른 도구를 포함하는 데 더 일반적으로 사용된다. 옥스포드 사전에서 '모니터(monitor)'라는 동사의 정의는 '일정 기간 어떤 것의 진행이나 품질을 관찰하고 확인하는 것, 체계적인 검토를 계속하는 것'이다. 그러나 그 단어를 지연이나 오류 개수와 같은 최종 사용자 환경에 미치는 영향을 측정하고, 측정된 값을 사용해 그런 신호가 시스템의 비정상적인 작동을 나타낼 때 경보를 주는 것과 같은 소프트웨어 시스템의 '사전' 정의된 성능 지표를 관찰하는 프로세스로 생각하는 편이 더 낫다. 지표, 로그, 추적은 모두 애플리케이션에서 그러한 신호를 추출하는 수단으로 사용될 수 있다. 그러면 능동적으로 사전에 정의되지 않은 질문을 하는 작업자가 있는 상황을 나타내는 데 '관찰성'이라는 용어를 사용할 수 있다. 브라이언 캔트릴이 그의 강연에서 말했듯이, 이 과정이 디버깅이며 '디버깅할 때 우리의 뇌를 사용'할 필요가 있다. 모니터링은 작업자를 필요로 하지 않으며, 완전히 자동화될 수 있고 자동화돼야 한다.

"관찰성의 핵심으로 (지표, 로그, 추적)에 대해 말하고자 한다면, 좋다. 사람이 관찰성의 토대다!"

– 브라이언 캔트릴

결국, 이른바 '관찰성의 세 가지 핵심'(지표, 로그 및 추적)은 도구, 더 정확하게는 애플리케이션에서 센서 데이터를 추출하는 다양한 방법일 뿐이다. 지표를 사용하더라도 프로메테우스나 인플럭스디비(InfluxDB), 우버(Uber)의 M3 같은 최신 시계열 솔루션은 어떤 호스트가 카운터의 특정 값을 생성했는지와 같은 여러 레이블을 가진 시계열 데이터를 수집할 수 있다. 수천 개의 클러스터에서 오작동하는 단 하나의 서비스 인스턴스가 엔지니어를 깨우는 경보라고 장담할 수는 없기 때문에 모든 레이블이 모니터링에 유용하지 않을 수 있다. 그러나 서비스 장애를 조사하고 문제의 범위를 좁히려 할 때 레이블은 관찰에 대한 신호로서 매우 유용할 수 있다.

마이크로서비스의 관찰성 문제

조직은 마이크로서비스 아키텍처를 채택함으로써 구성요소의 확장성 향상부터 개발자 생산성 향상에 이르기까지 여러 이점을 얻을 것으로 기대한다. 이 주제에 관해서는 책이나 기사, 블로그 게시물이 여럿 있으므로, 여기서는 다루지 않겠다. 크고 작은 기업들이 마이크로서비스를 통해 얻은 혜택과 적극적인 채택에도 불구하고 마이크로서비스는 자체적인 어려움과 복잡성을 안고 있다. 트위터나 넷플릭스 같은 회사들은 이러한 복잡성을 효율적으로 관리할 수 있는 방법을 찾았기 때문에 마이크로서비스 채택에 성공한 것이다. 데이터브릭스(Databricks)의 엔지니어링 부문 수석 부사장인 비제이 길(Vijay Gill)은 마이크로서비스를 채택하는 유일한 이유는 엔지니어링 조직을 확장하고 '조직도를 제공'[1]할 수 있기 때문이라고까지 말한다[2].

비제이 길의 의견은 아직 대중적인 의견은 아닐지도 모른다. Dimensional Research®가 실시한 2018년 "글로벌 마이크로서비스 동향" 연구[6]에 따르면, 인터뷰한 전문가 중 91% 이상이 자사 시스템에서 마이크로서비스를 사용하고 있거나 사용할 계획을 가지고 있는 것으로 나타났다. 동시에 56%는 마이크로서비스를 추가할 때마다 '운영상의 어려움이 증가된다'고 응답했으며, 73%는 마이크로서비스 환경에서 '문제 해결이 더 어렵다'고 응답했다. 마이크로서비스 도입에 대한 유명한 트윗이 있다.

---

1 (옮긴이) '조직도를 제공'한다는 것은 마이크로서비스에서는 서비스를 개별 조직이 개발하고 제공하기 때문에 서비스를 확장하면서 그에 맞게 조직도 같이 구조화되고 확장된다는 뜻이다.

Honest Status Page
@honest_update

Follow

모든 서비스 중단이 살인 미스터리처럼 될 수 있도록 일체형 서비
스를 마이크로서비스로 대체했다.

2015년 10월 7일 오후 4:10

그림 1.3 문제의 트윗

우버의 분산 추적 플랫폼인 예거가 보여주는 우버의 마이크로서비스 아키텍처에서 마이크로서비스의 하위 집합을 시각적으로 표현한 그림 1.4를 자세히 살펴보자. 이 그림을 흔히 서비스 의존성 그래프 또는 토폴로지 맵이라고 한다. 원(그래프상의 노드)은 개별 마이크로서비스를 나타낸다. 에지(연결선)는 서로 통신하는 노드 사이에 그려진다. 노드의 지름은 노드에 연결되는 다른 마이크로서비스의 수에 비례하며, 에지 폭은 해당 에지를 통과하는 트래픽 양에 비례한다.

이미 그림이 너무 복잡해서 서비스 이름을 포함할 공간조차 없다(실제 예거 UI에서는 마우스를 노드 위로 이동하면 서비스 이름을 볼 수 있다). 사용자가 모바일 앱에서 어떤 동작을 할 때마다 요청이 하나 수행되며, 이러한 아키텍처에서는 응답을 제공하기 위해 수십 개의 서로 다른 서비스가 참가해야 할 수도 있다. 이 요청의 경로를 **분산 트랜잭션**(distributed transaction)이라고 하자.

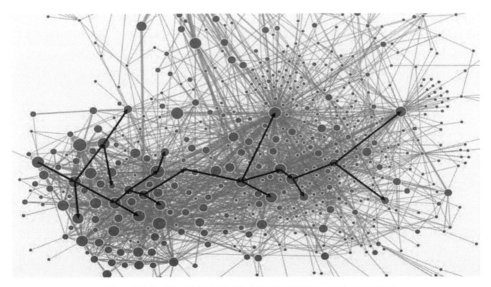

그림 1.4 우버의 마이크로서비스 아키텍처 하위 집합과 트랜잭션의 시각적 표현

그렇다면 이 설계의 문제점은 무엇일까? 다음과 같이 문제점이 꽤 많다.

- 운영 환경에서 이러한 마이크로서비스를 실행하기 위해서는 자원을 스케줄링하고 컨테이너를 배치하고 자동 규모 조정 등을 할 수 있는 고급 조율 플랫폼이 필요하다. 이러한 규모의 아키텍처를 수동으로 운영하는 것은 간단하지 않은데, 그 때문에 쿠버네티스 같은 프로젝트가 인기를 얻게 됐다.

- 통신을 위해 마이크로서비스는 네트워크상에서 서로를 찾는 방법, 문제 있는 영역을 우회하는 방법, 로드 밸런싱을 수행하는 방법, 속도 제한을 적용하는 방법 등을 알아야 한다. 이러한 기능은 네트워크 프락시 및 서비스 메시 같은 고급 RPC 프레임워크나 외부 컴포넌트에 위임된다.

- 일체형 애플리케이션(모놀리스)을 여러 마이크로서비스로 분할하면 실제로 신뢰성이 떨어질 수 있다. 어떤 애플리케이션이 20개의 구성요소를 가지고 있고, 한 요청에 대한 응답을 생성하는 데 그 20개의 구성요소가 모두 필요하다고 가정해 보자. 그러한 구성요소를 일체형 애플리케이션에서 운영하면 장애 유형이 버그나 잠재적으로 그러한 일체형 애플리케이션을 실행하는 서버로 요청이 집중되는 현상으로 제한된다. 그러나 동일한 구성요소를 마이크로서비스로 여러 호스트 및 서로 분리된 네트워크에서 실행한다면 네트워크 지연에서부터 시끄러운 이웃(noisy neighbors)[2]으로 인한 자원 제약에 이르기까지 더 많은 잠재적 장애 지점이 나타난다. 각 마이크로서비스가 99.9% 성공한다고 하더라도 주어진 요청을 처리하기 위해 모든 마이크로서비스를 필요로 하는 전체 애플리케이션은 $0.999^{20} = 98.0\%$만 성공할 수 있다. 분산된 마이크로서비스 기반 애플리케이션은 가령 동일한 수준의 가용성을 유지하기 위해 재시도 또는 기회주의적 병렬 읽기를 구현하는 것처럼 더 복잡해질 수밖에 없다.

- 대기 시간도 길어질 수 있다. 각 마이크로서비스가 1밀리초의 평균 지연 시간을 보인다고 하면 99백분위수(percentile)는 1초다. 이 서비스 중 하나를 사용하는 트랜잭션이 1초 이상이 걸릴 가능성은 1%다. 마찬가지로, 이 서비스 중 100개를 사용하는 트랜잭션이 1초 이상 걸릴 가능성은 $1-(1-0.01)^{100}=63\%$다.

- 마지막으로, 기존 모니터링 도구를 사용하려고 하면 시스템의 관찰성이 크게 떨어진다.

시스템에 대한 일부 요청이 실패하거나 느려질 경우 관찰 도구를 통해 그 요청에 무슨 일이 일어났는지 파악하고 싶을 것이다. 아울러 다음과 같은 질문을 할 수 있기를 원한다.

- 요청이 어떤 서비스를 거쳤는가?

- 요청을 처리할 때 각 마이크로서비스는 무엇을 했는가?

- 요청이 느렸다면, 병목은 어디서 발생했는가?

- 요청이 실패했다면, 오류는 어디서 발생했는가?

2　(옮긴이) 시끄러운 이웃(noisy neighbors)이란 여러 서비스가 동시에 같은 자원을 사용하는 상황에서 특정 서비스가 자원을 독점하려 할 때 다른 서비스에 자원 사용을 제약해 성능에 악영향을 주는 상황을 말한다.

- 요청의 실행이 시스템의 정상 동작과 어떻게 다른가?
  - 차이점이 구조적이었는가, 즉 새로운 서비스들이 호출됐는가, 아니면 반대로 어떤 일반적인 서비스들이 호출되지 않았는가?
  - 성능과 관련된 차이점이 있었는가, 즉 일부 서비스 호출이 평소보다 길거나 짧았는가?
- 요청의 핵심 경로는 무엇인가?
- 그리고 아마 가장 중요한 것으로, 이기적으로 생각해서 (요청에 문제가 생겼을 때) 누구를 호출해야 하는가?

안타깝게도 기존 모니터링 도구는 마이크로서비스 아키텍처에 대한 이러한 질문에 대답하기에 부적합하다.

기존 모니터링 도구

기존 모니터링 도구들은 일체형 시스템을 위해 설계되어 일체형 애플리케이션 인스턴스의 상태와 동작을 관찰한다. 그러한 도구들은 단 하나의 인스턴스에 대한 정보를 줄 수 있을지 모르지만, 그 인스턴스를 거쳐간 분산 트랜잭션에 대해서는 거의 알지 못한다. 이러한 도구들은 요청에 대한 '컨텍스트가 부족하다.'

지표

어떤 이야기가 이런 식으로 진행된다. "옛날에... 나쁜 일이 일어났다. 끝." 이 이야기가 마음에 드는가? 그림 1.5의 도표는 이렇게 말하고 있다. 이 그림이 완전히 쓸모 없는 것은 아니다. 갑자기 치솟는 지표를 보고 이런 일이 일어날 때 알려줄 경보를 정의할 수 있다. 하지만 그 문제를 설명하거나 해결할 수 있을까?

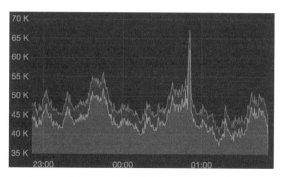

그림 1.5 서비스 트래픽 양을 나타내는 두 개의 시계열 그래프

지표 또는 통계는 카운터나 게이지(치수), 타이머처럼 애플리케이션에서 기록한 수치 측정 값이다. 지표는 데이터를 모니터링 시스템으로 전송하는 오버헤드를 줄이기 위해 숫자 값으로 집계할 수 있기 때문에 수집하는 데 드는 비용이 매우 저렴하다. 그 지표들은 또한 상당히 정확하기 때문에 실제 '모니터링'(사전의 정의처럼)과 경보에 매우 유용하다.

그러나 집계에 같은 수준의 기능을 제공하는 것은 애플리케이션에서 문제를 발생시키는 동작을 설명하는 데 지표를 적합하지 않게 만든다. 데이터를 집계함으로써 개별 트랜잭션에 대한 모든 컨텍스트를 버리고 있는 것이다.

11장 '지표와 로그의 통합'에서 추적과 컨텍스트 전파와의 통합이 손실된 컨텍스트를 제공함으로써 지표를 어떻게 더 유용하게 만드는지 설명한다. 그러나 바로 사용 가능하도록 만들어진 지표는 마이크로서비스 기반 애플리케이션 내에서 문제를 해결하기에는 빈약한 도구다.

로그

로깅은 지표보다 훨씬 더 기본적인 관찰성 도구다. 모든 프로그래머는 "Hello, World!"를 출력(즉, 로그)하는 프로그램을 작성하면서 첫 프로그래밍 언어를 배운다. 지표와 마찬가지로, 각 로그 스트림은 한 서비스의 단일 인스턴스에 대해서만 알려주기 때문에 마이크로서비스에서 사용하기에 어려움이 있다. 그러나 진화하는 프로그래밍 패러다임은 디버깅 도구로서의 로그에 다른 문제점을 만들어낸다. 구글의 분산 추적 시스템인 대퍼(Dapper)[7]를 구축한 벤 시겔만(Ben Sigelman)은 KubeCon 2016 기조 연설[8]에서 그 패러다임을 네 가지 동시성 유형으로 설명했다(그림 1.6).

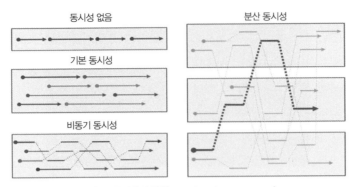

그림 1.6 동시성의 진화(Evolution of concurrency)

수년 전, 아파치 HTTP 서버의 초기 버전과 같은 애플리케이션은 자식 프로세스를 포크하고 각 프로세스가 한 번에 하나의 요청을 처리하게 함으로써 동시성을 처리했다. 단일 프로세스에서 수집된 로그는 애플리케이션 내부에서 일어난 일을 잘 설명할 수 있었다.

그후 다중 스레드 애플리케이션과 기초적인 동시성이 나왔다. 단일 요청은 일반적으로 단일 스레드에 의해 순차적으로 실행되므로 로그에 스레드 이름을 적고 그 이름으로 필터링하면 요청이 실행되는 과정에 대해 꽤 정확히 이해할 수 있었다.

그런 다음 비동기 및 액터 기반(Actor-based) 프로그래밍, 익스큐터 풀(Executor pools), 퓨처 (Futures), 프로미스(Promises), 이벤트 루프 기반 프레임워크와 함께 비동기 동시성이 나왔다. 단일 요청의 실행은 한 스레드에서 시작해서 다른 스레드에서 계속 진행했다가 세 번째 스레드에서 완료될 수 있다. Node.js 같은 이벤트 루프 시스템의 경우 모든 요청은 단일 스레드에서 처리되지만 요청이 실행 되는 과정에서 I/O를 만들려고 하면 대기 상태가 되고, 해당 I/O가 완료되면 큐에서 차례를 기다린 후 실행이 재개된다.

이러한 비동기 동시성 모델은 모두 실행 중인 여러 개의 서로 다른 요청 간에 각 스레드가 전환된다. 모든 로그에 스레드가 아닌 요청을 나타내는 일종의 고유한 ID로 주석을 달지 않는 이상, 로그에서 이러한 시스템의 행동을 관찰하는 것은 매우 어려운 일이며, 이것이 실제로 분산 추적이 작동하는 방식에 가까운 기법이다.

마지막으로 마이크로서비스는 소위 '분산 동시성'이라는 것을 도입했다. 단일 요청의 실행은 스레드 사이에서 점프할 수 있을뿐더러 하나의 마이크로서비스가 다른 서비스를 네트워크로 호출할 때 프로세스 간에 건너뛸 수 있다. 이러한 로그로부터 요청 실행의 문제를 해결하려는 것은 스택 트레이스 없이 디버깅하는 것과 같다. 작은 부분은 이해할 수 있겠지만 전체적으로 이해할 수는 없다.

수많은 로그 스트림에서 요청의 이동을 재구성하려면 강력한 로그 통합 기술과 그러한 요청을 함께 엮는 데 사용할 수 있는 고유한 요청 ID로 다른 프로세스에 있는 모든 로그에 태그를 붙일 수 있는 분산 컨텍스트 전파 기능이 필요하다. 이쯤 되면 실제 분산 추적 인프라를 사용하는 편이 나을 것이다! 그러나 여러 다른 서버의 타임스탬프가 일반적으로 시간 차이(clock skews)로 인해 비교할 수 없기 때문에 고유한 요청 ID로 로그에 태그를 붙인 후에도 여전히 로그를 정확한 순서로 조립할 수 없다. 11장 '지표와 로그의 통합'에서 로그에 누락된 컨텍스트를 제공하기 위해 추적 인프라를 사용하는 방법을 살펴본다.

분산 추적

분산 시스템 구축을 시작하자마자 기존 모니터링 도구는 전체 시스템에 대한 관찰성을 제공하는 데 어려움을 겪는데, 왜냐하면 그러한 도구는 프로그램이나 서버, 네트워크 스위치 같은 단일 구성요소를 관찰하도록 설계됐기 때문이다. 단일 구성요소를 관찰한 내용이 물론 매우 흥미로울 수 있겠지만, 그것이 여러 구성요소에 접촉한 요청에 관한 정보는 거의 알려주지 않는다. 시스템이 왜 비정상적으로 행동하는지를 이해하고 싶다면 모든 구성요소에서 그 요청에 대해 처음부터 끝까지 어떤 일이 발생하는지를 알아야 한다. 달리 말해, 먼저 '거시적 관점'이 필요하다.

동시에, 거시적 관점을 갖고 요청에 따른 장애 또는 성능 문제에 대한 결함으로 보이는 특정 구성요소를 확대해서 들여다본 후에는 해당 구성요소에서 요청에 대해 정확히 어떤 일이 발생했는지 볼 수 있는 미시적 관점이 필요하다. 대부분의 다른 도구들은 어떤 관점도 우리에게 제공하지 못하는데, 왜냐하면 구성요소 전체에서 '일반적으로' 일어나는 일, 예를 들면, 처리하는 초당 요청 수(지표), 특정 스레드에서 발생한 이벤트(로그), 특정 시점에서 CPU를 사용하거나 사용하지 않은 스레드(프로파일러)를 관찰하기 때문이다. 그런 도구들은 특정 요청을 관찰하기 위한 상세함 또는 컨텍스트가 없다.

분산 추적은 요청 중심의 관점을 취한다. 즉, 분산 시스템의 구성요소들이 특정 요청을 처리할 때 수행하는 인과관계 활동의 상세한 실행 내역을 포착한다. 3장 '분산 추적의 핵심'에서 정확한 작동 방식을 자세히 설명하겠지만 간단히 요약하면 다음과 같다.

- 추적 인프라는 각 요청에 **컨텍스트 메타데이터**를 덧붙이고, 한 구성요소가 네트워크를 통해 다른 구성요소와 통신하는 경우에도 요청 실행 중에 메타데이터가 전달되도록 보장한다.

- 코드상의 다양한 **추적 지점**에서 계측기는 HTTP 요청의 URL 또는 데이터베이스 쿼리의 SQL 문과 같은 관련 정보가 주석으로 달린 **이벤트**를 기록한다.

- 기록된 이벤트에는 이전 이벤트에 대한 컨텍스트 메타데이터 및 명시적인 **인과관계 참조**가 태그로 지정된다.

이런 믿을 수 없을 만큼 간단한 기법으로 인해 추적 인프라는 분산 시스템의 구성요소를 통하는 요청의
전체 경로를 이벤트와 그 사이의 인과관계 그래프로 재구성할 수 있으며, 이를 '추적(trace)'이라고 한다.
추적을 통해 시스템에서 요청을 처리하는 방법을 추론할 수 있다. 개별 그래프를 집계하고 클러스터링해
서 시스템의 행동 패턴을 추론할 수 있다. 추적은 성능 문제의 근본 원인을 찾기 위한 시각적 정보를 제
공하기 위해 간트 차트(그림 1.7)와 그래프 표현(그림 1.8)을 비롯한 다양한 형태의 시각화를 사용해 표
시될 수 있다.

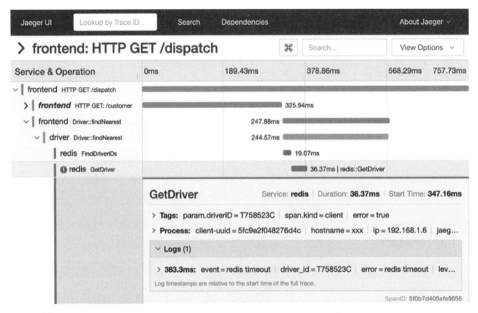

그림 1.7 HotROD 애플리케이션에 대한 단일 요청의 예거 UI 뷰(2장에서 자세히 설명). 하단에는 태그나 스팬 로그 같은 추가 정보를 표
시하기 위해 스팬 중 하나(redis 서비스에서 이름이 GetDriver이고 경고 아이콘이 있음)를 펼쳤다.

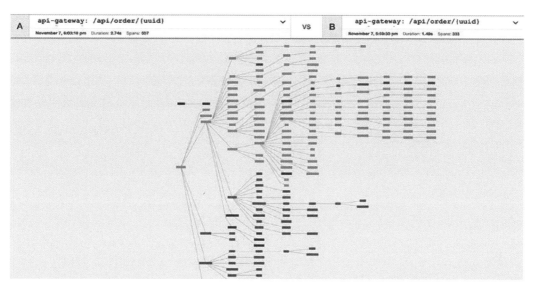

그림 1.8 그래프 형태로 구조적으로 비교되는 A와 B라는 두 추적의 예거 UI 뷰(색상으로 가장 잘 표시됨). 밝은/어두운 녹색은 추적 B에서 더 많이 또는 B에서만 호출된 서비스를 나타내며, 밝은/어두운 빨간색은 추적 A에서 더 많이 또는 A에서만 호출된 서비스를 나타낸다.

요청 중심의 관점을 취함으로써 추적은 시스템의 여러 다른 행동을 밝히는 데 도움을 준다. 물론 브라이언 캔트릴이 KubeCon 강연에서 말했듯이, 추적을 한다고 해서 애플리케이션에서 성능 문제를 분석하는 일이 사라지는 것은 아니다. 사실 이 강력한 도구를 이용해 지금 물어볼 수 있는 정교한 질문들을 하기 위해 추적을 사용하는 방법을 알아야 한다. 다행히도, 분산 추적은 '마이크로서비스의 관찰성 문제' 절에서 제기한 모든 질문에 답을 줄 수 있다.

추적에 대한 개인적 경험

분산 추적에 대한 나의 첫 경험은 비록 당시에는 그 용어를 사용하지 않았지만 2010년경이었다. 나는 모건 스탠리에서 거래 수집 및 거래 처리 시스템과 관련된 일을 하고 있었다. 그 시스템은 **서비스 지향 아키텍처(Service-Oriented Architecture, SOA)**로 구축됐으며, 전체 시스템에는 독립형 자바 애플리케이션으로 배포된 열두 개 이상의 다양한 구성요소가 있었다. 이 시스템은 복잡성은 높지만 거래량은 많지 않은 장외 금리 파생상품(스와프와 옵션 등)에 사용됐기 때문에 클러스터로 배치된 상태 비저장 가격 결정 모듈을 제외한 대부분 시스템 구성요소를 하나의 인스턴스로 배치했다.

이 시스템이 가진 관찰과 관련된 어려움 중 하나는 각 거래가 시스템의 다른 요소들에 의해 구현된 추가적인 변경, 일치, 확인 흐름으로 구성된 복잡한 순서를 거쳐야 한다는 것이었다.

개별 거래의 다양한 상태 전환에 대한 가시성을 제공하기 위해 우리는 기본적으로 분산 추적 플랫폼을 구현하고 있던 APM 공급업체(현재 폐업)를 이용했다. 안타깝게도 우리가 그 기술에 대한 경험이 특별히 뛰어나지 않았고, XML 파일에 **관점 지향 프로그래밍(Aspect-Oriented Programming, AOP)** 스타일의 지침을 만들고 내부 API의 시그니처를 매칭하려는 방식으로 애플리케이션을 계측하는 데 어려움이 있었다. 내부 API를 변경하면 단위 테스트를 통해 이 변경을 강제할 수 있는 적절한 기능 없이는 계측이 효과가 없기 때문에 이 접근 방식은 매우 취약했다. 뒤에서 논의하겠지만, 기존 애플리케이션에 계측기를 넣는 것은 분산 추적을 채택할 때 겪는 주된 어려움의 하나다.

2015년 중반, 우버에 입사했을 때 뉴욕에 있는 엔지니어링팀에는 소수의 엔지니어만 있었고, 그중 다수가 나중에 M3로 알려진 지표 시스템에서 일하고 있었다. 그 당시 우버는 기존 단일 아키텍처를 버리고 마이크로서비스로 대체하기 위한 여정을 막 시작했다. 파이썬 기반의 단일 아키텍처를 가진 'API'라는 시스템은 이미 Merckx라는 다른 자체 개발 추적 시스템으로 계측되고 있었다.

Merckx의 가장 큰 단점은 일체형 애플리케이션 시대에 맞게 설계됐다는 것이다. 그것은 분산 컨텍스트 전파에 대한 어떤 개념도 없었다. 그 시스템은 SQL 쿼리, 레디스 호출, 심지어 다른 서비스에 대한 호출도 기록했지만, 한 단계 이상으로 들어갈 방법이 없었다. 또한 기존에 진행 중인 프로세스의 컨텍스트를 글로벌 스레드 로컬 스토리지에 저장했으며, 우버의 여러 새로운 파이썬 마이크로서비스가 이벤트 루프 기반 프레임워크인 토네이도(Tornado)를 채택하기 시작했을 때 Merckx의 전파 메커니즘은 동일한 스레드에서 실행되는 여러 동시 요청의 상태를 나타낼 수 없었다. 내가 우버에 입사했을 당시, Merckx는 실제 사용자들은 있었지만 그것으로 작업하는 사람은 거의 없는 유지보수 모드에 있었다. 뉴욕 엔지니어링팀에서 관찰성이라는 새로운 주제가 주어졌을 때 나는 동료 엔지니어인 오누키케 이베(Onwukike Ibe)와 함께 완전한 분산 추적 플랫폼을 구축하는 임무를 맡았다.

개인적으로 과거에 그런 시스템을 구축해 본 경험이 없었지만, 구글의 대퍼 논문을 읽고 나니 충분히 쉬워 보였다. 게다가 이미 트위터에서 만든 대퍼의 오픈소스 버전인 집킨(Zipkin) 프로젝트가 있었다. 안타깝게도 집킨은 당시에 바로 사용하기에는 적합하지 않았다.

2014년에 우버는 TChannel이라는 자체 RPC 프레임워크를 구축하기 시작했다. 오픈소스 세계에서 실제로 인기를 끌지는 못했지만, 내가 추적과 관련된 일을 막 시작했을 때 우버의 많은 서비스가 이미 그 프레임워크를 프로세스 간 통신에 사용하고 있었다. 그 프레임워크에는 추적 계측기가 내장돼 있었으며, 심지어 바이너리 프로토콜 형식을 기본으로 지원했다. 그래서 이미 운영 환경에서 생성되는 추적 정보를 가지고 있었지만, 그것들을 수집하거나 저장하는 것만 없었다.

나는 TChannel이 생성한 추적 정보를 사용자 정의 스리프트(Thrift) 형식으로 받아 집킨 프로젝트에서 사용한 것과 같은 형식으로 카산드라(Cassandra) 데이터베이스에 저장하는 간단한 수집기를 Go로 개발했다. 이렇게 해서 수집기를 집킨 UI와 같이 배치할 수 있게 됐고, 그렇게 해서 예거가 만들어졌다. 이에 대한 자세한 내용은 우버 엔지니어링 블로그[9]의 게시물을 참조하기 바란다.

그러나 동작하는 추적 백엔드를 개발한 것은 전체 작업의 절반에 불과했다. TChannel이 일부 새로운 서비스에서 활발하게 사용됐지만 기존의 많은 서비스는 여러 다른 프로그래밍 언어로 다양한 HTTP 프레임워크를 활용해 HTTP를 통한 일반 JSON을 사용하고 있었다. 예를 들면, 자바 같은 일부 언어에서 TChannel은 사용할 수 없거나 충분히 성숙하지 못했다. 그래서 우리는 모건스탠리에서 성공하지 못하고 흐지부지된 추적 실험인 여러 다른 기술 스택으로 구현된 수백 개의 기존 서비스에 추적 계측기를 어떻게 넣을지와 같은 문제를 해결해야 했다.

운 좋게도 집킨 프로젝트의 총괄 관리자인 피보탈(Pivotal)의 애드리안 콜(Adrian Cole)이 주최한 Zipkin Practitioners 워크샵 중 하나에 참석하고 있었는데, 모든 참석자가 나와 정확히 같은 문제로 고민하고 있었다. 그해 초 라이트스텝(Lightstep)이라는 관찰성과 관련된 회사를 설립한 벤 시겔먼도 워크샵에 참석해서 여러 추적 공급업체가 독자적으로 구현할 수 있고 여러 기존 프레임워크와 드라이버를 지원하기 위해 공급업체 중립적이고 오픈소스이면서 재사용 가능한 추적 계측기를 만드는 데 사용할 수 있는 표준화된 추적 API 프로젝트를 만들 것을 제안했다. 거기서 나중에 오픈트레이싱 프로젝트[10](자세한 내용은 6장 '추적 표준 및 생태계' 참고)가 된 API의 초기 설계를 브레인스토밍했다. 이 책의 모든 예제에서는 계측을 위해 오픈트레이싱 API를 사용한다.

아직 진행 중인 오픈트레이싱 API의 발전은 또 다른 이야기의 주제다. 심지어 초기 버전의 오픈트레이싱조차도 우버에서 대규모로 채택하기 시작한다면 단일 구현으로 끝나지 않을 것이라는 안도감을 갖게 됐다. 오픈트레이싱 개발에 참여하는 공급업체와 오픈소스 프로젝트가 다양하다는 사실은 매우 고무적이었다. 우리는 예거에 특화된 완벽한 오픈트레이싱 호환 추적 라이브러리를 여러 언어(자바, Go, 파이썬 및 Node.js)로 구현하고, 이를 우버 마이크로서비스에 적용하기 시작했다. 마지막으로 확인했을 때 예거가 거의 2,400개의 마이크로서비스를 계측했다.

그 후로도 나는 분산 추적 분야에서 일하고 있다. 예거 프로젝트는 그동안 성장하고 성숙했다. 마침내 집 킨 UI를 리액트로 작성된 더욱 최신 UI를 갖춘 예거로 대체했으며, 2017년 4월에는 클라이언트 라이브 러리에서 백엔드 구성요소까지 모두 예거로 오픈소스화했다.

오픈트레이싱을 지원함으로써 다른 프로젝트들이 했던 대로 나름의 방식으로 작성하지 않고 깃허브의 opentracing-contrib 조직[11]에서 호스팅되는 계속 성장하는 오픈소스 계측기의 생태계에 의존할 수 있 었다. 이를 통해 예거 개발자는 데이터 분석 및 시각화 기능을 갖춘 동급 최고의 추적 백엔드를 구축하는 데 집중할 수 있었다. 예거가 집킨에서 초기 기능을 빌린 것처럼 다른 여러 추적 솔루션이 예거에서 처음 소개된 기능을 차용하고 있다.

2017년 가을, 예거는 오픈트레이싱 프로젝트의 발자취를 따라 CNCF의 육성 프로젝트로 받아들여졌다. 두 프로젝트 모두 수백 명의 기여자가 참여하는 매우 활동적인 프로젝트이며, 전 세계의 많은 조직에서 사용되고 있다. 중국의 거대 기업인 알리바바(Alibaba)는 심지어 자사의 알리바바 클라우드 서비스의 일환으로 호스팅된 예거를 제공하기도 한다[12]. 개인적으로 풀 리퀘스트(pull requests)에 대한 코드 검토와 새로운 기능 설계를 포함해 두 프로젝트에 기여하는 사람들과 협력하는 데 내 시간의 30~50%를 쓰는 것 같다.

이 책을 쓴 이유

우버에 입사해 분산 추적을 공부하기 시작했을 때는 정보가 별로 없었다. 대퍼 논문이 기초적인 개요를 제시했고, 라자 삼바시반(Raja Sambasivan) 등이 쓴 기술 보고서[13]는 매우 유용한 역사적 배경을 제 공했다. 그러나 다음과 같은 좀 더 실용적인 질문에 답할 수 있는 레시피 북 형태의 내용은 거의 없었다.

- 대규모 조직에서의 추적은 어디서 시작해야 할까?

- 기존 시스템 전반에 추적 시스템을 채택하려면 어떻게 해야 하는가?

- 계측기는 어떻게 작동하는가? 기본 기능은 무엇인가? 추천 패턴은?

- 추적을 통해 이익과 투자 수익을 극대화하려면 어떻게 해야 하는가?

- 추적 데이터로 무엇을 해야 하는가?

- 예제 애플리케이션이 아닌 실제 운영 환경에서 추적 백엔드를 어떻게 운영할까?

2018년 초, 이런 질문들에 꽤나 훌륭한 답을 가지고 있지만 이제 막 추적을 살펴보기 시작한 대부분 사람들은 그렇지 않았고 어디서도 포괄적인 안내서가 출판되지 않았다는 것을 깨달았다. 예거와 오픈트레이싱 대화방에 게시된 많은 질문에서 알 수 있듯이 기본 계측 단계조차도 기본 개념을 이해하지 못하면 종종 사람들에게 혼란을 준다.

2017년 Velocity NYC 컨퍼런스에서 오픈트레이싱 튜토리얼을 공개했을 때 기초적인 "Hello, World!" 프로그램에서 소규모 마이크로서비스 기반 애플리케이션에 이르기까지 계측을 위한 단계별 도움말이 담긴 깃허브 저장소를 만들었다. 이 튜토리얼은 여러 프로그래밍 언어로 만들어졌다(원래 자바, Go, 파이썬을 사용했는데, 나중에 다른 사람들이 Node.js와 C# 버전을 추가했다). 이 가장 간단한 튜토리얼이 사람들이 추적의 기초를 배우는 데 어떻게 도움이 되는지를 여러 번 목격했다.

그림 1.9 튜토리얼에 대한 피드백

그래서 단순한 계측 자습서가 아니라, 추적의 역사와 기본 사항에서 시작해 어디서 시작하고 어떻게 추적에서 가장 많은 혜택을 얻을 수 있는지에 대한 실용적인 조언에 이르기까지 현장에 대한 포괄적인 개요를 다루는 책을 써야 할지도 모른다고 생각하고 있었다. 놀랍게도 팩트 출판사의 앤드류 월드론(Andrew Waldron)이 정확히 그 일을 제안했다. 그 뒤의 이야기가 바로 이 책이다.

이 책의 집필을 주저하게 만든 한 가지 측면은 마이크로서비스와 서버리스의 갑작스러운 인기가 이러한 아키텍처 스타일이 제기한 어려움을 해결할 수 있는 여러 관찰 솔루션 사이에 큰 차이를 만들었고,[3] 분산 추적 시스템의 기본 아이디어가 새로운 것이 아님에도 추적이 다시 많은 관심을 얻고 있다는 사실이었다. 따라서 이 분야에서 많은 변화가 일어나고 있으며, 내가 작성한 모든 내용이 곧 낡은 내용이 될 위험

---

3 (옮긴이) 해당 아키텍처 스타일을 바라보는 사람들의 생각과 해결 방법이 다 다를 것이므로 그것을 해결하고자 만드는 관찰 솔루션도 아키텍처나 기능에서 큰 차이가 있을 것이라는 의미.

이 있었다. 앞으로 오픈트레이싱이 좀 더 고급 API로 대체될 수도 있다. 그런데도 이 책을 쓰기로 결심하게 된 이유는 이 책이 단순히 오픈트레이싱이나 예거에 대한 책이 아니라는 점 때문이다. 이 책에서 그러한 도구들을 사용한 이유는 그것들이 나한테 가장 익숙한 프로젝트이기 때문이다. 이 책 전체에서 소개한 아이디어와 개념은 이러한 프로젝트에 한정되지 않는다. 집킨의 브레이브(Brave) 라이브러리나 오픈센서스(OpenCensus), 또는 일부 공급업체의 독점적인 API를 사용해서 애플리케이션을 계측하기로 했더라도 계측 및 분산 추적 메커니즘의 기본 사항은 동일하게 유지될 것이며, 뒤에서 소개할 실제적인 애플리케이션과 추적 채택에 대한 조언은 여전히 유효할 것이다.

정리

1장에서는 새로운 인기 있는 아키텍처 스타일인 마이크로서비스 및 FaaS가 일으키는 관찰 문제를 개괄적으로 살펴보고, 어째서 기존 모니터링 도구는 이러한 차이를 메우지 못하고, 반면 분산 추적은 시스템이 개별 요청을 실행할 때 그 시스템의 행동에 대한 거시적 관점과 미시적 관점을 모두 얻을 수 있는 특유의 방법을 제공하는지 살펴봤다.

또한 추적에 대한 저자의 경험과 역사에 대해서 이야기하고, 왜 내가 추적 분야에 관심 있는 많은 엔지니어에게 포괄적인 지침으로 이 책을 썼는지에 관해서도 이야기했다.

다음 장에서는 추적 백엔드와 마이크로서비스 기반 데모 애플리케이션을 직접 실행해 보면서 추적에 대해 자세히 살펴본다. 이 예제는 종단 간 추적이 가능한 구체적인 사례로 1장에서 제시한 내용을 보완해 줄 것이다.

참고 자료

1. Martin Fowler, James Lewis, "마이크로서비스: 이 새로운 아키텍처 용어의 정의(Microservices: a definition of this new architectural term)". https://www.martinfowler.com/articles/microservices.html

2. 클라우드 네이티브 컴퓨팅 재단(CNCF) 헌장: https://github.com/cncf/foundation/blob/master/charter.md

3. CNCF 프로젝트: https://www.cncf.io/projects/

4. Bryan Cantrill, "Statemaps으로 분산 시스템 시각화하기(Visualizing Distributed Systems with Statemaps)". Observability Practitioners Summit at KubeCon/CloudNativeCon NA 2018, December 10: https://sched.co/HfG2

5. Vijay Gill, "마이크로서비스를 채택하는 유일한 이유(The Only Good Reason to Adopt Microservices)": https://lightstep.com/blog/the-only-good-reason-to-adopt-microservices/

6. 글로벌 마이크로서비스 동향 리포트: https://go.lightstep.com/global-microservices-trends-report-2018

7. Benjamin H. Sigelman, Luiz A. Barroso, Michael Burrows, Pat Stephenson, Manoj Plakal, Donald Beaver, Saul Jaspan, and Chandan Shanbhag, "대퍼, 대규모 분산 시스템 추적 인프라(Dapper, a large-scale distributed system tracing infrastructure)". Technical Report dapper-2010-1, Google, April 2010

8. Ben Sigelman. Keynote: "오픈트레이싱과 컨테이너: 추적의 깊이, 넓이, 그리고 미래(OpenTracing and Containers: Depth, Breadth, and the Future of Tracing)". KubeCon/CloudNativeCon North America, 2016, Seattle: https://sched.co/8fRU

9. Yuri Shkuro, "우버 엔지니어링에서 분산 추적의 진화(Evolving Distributed Tracing at Uber Engineering)". Uber Eng Blog, February 2, 2017: https://eng.uber.com/distributed-tracing/

10. 오픈트레이싱 프로젝트: http://opentracing.io/

11. 오픈트레이싱 기여: https://github.com/opentracing-contrib/

12. 알리바바 클라우드 문서. 예거의 오픈트레이싱 구현: https://www.alibabacloud.com/help/doc-detail/68035.htm

13. Raja R. Sambasivan, Rodrigo Fonseca, Ilari Shafer, Gregory R. Ganger. "그래서, 분산 시스템을 추적하고 싶다는 거야? 수년간의 실제적인 경험에서 오는 핵심 설계에 대한 통찰력(So, You Want to Trace Your Distributed System? Key Design Insights from Years of Practical Experience)". Carnegie Mellon University Parallel Data Lab Technical Report CMU-PDL-14-102, April 2014

02

HotROD
승차 추적하기

'백 번 듣는 것보다 한 번 보는 게 낫다'라는 속담이 있다. 지금까지는 분산 추적에 관해 추상적인 용어로만 이야기했다. 이번 장에서는 추적 시스템에서 제공하는 진단 및 문제 해결 도구의 구체적인 예를 살펴보겠다. 원래 우버 테크놀로지[1]에서 개발했고, 현재 클라우드 네이티브 컴퓨팅 재단[2]에서 호스팅하는 오픈소스 분산 추적 시스템인 예거(Jaeger)를 사용할 것이다.

이번 장에서는 다음 내용을 다룬다.

- 마이크로서비스로 구축되고 오픈트레이싱 API로 계측되는 예거 프로젝트에서 제공하는 예제 애플리케이션인 HotROD를 소개한다(4장 '오픈트레이싱을 이용한 계측 기초'에서 오픈트레이싱에 대해 자세히 설명한다).
- 예거의 사용자 인터페이스를 사용해 HotROD 애플리케이션의 아키텍처와 데이터 흐름을 이해한다.
- 애플리케이션의 표준 로깅 출력과 분산 추적의 컨텍스트 로깅 기능을 비교한다.
- 애플리케이션 지연의 근본 원인 조사하고 해결한다.
- 오픈트레이싱의 분산 컨텍스트 전파 기능을 시연한다.

사전 요구사항

모든 관련 스크린 숏과 코드가 이번 장에 포함돼 있지만 예거 같은 분산 추적 솔루션의 기능을 더 잘 이해하려면 예제를 실행하고 웹 UI의 기능을 살펴보기를 적극 권장한다.

예거 백엔드와 데모 애플리케이션은 macOS, 리눅스, 윈도우 용으로 다운로드 가능한 바이너리로 실행하거나 도커 컨테이너로, 또는 소스코드로부터 직접 실행할 수 있다. 예거는 활발하게 개발 중인 프로젝트이므로 여러분이 이 책을 읽을 때쯤에는 코드 구성이나 배포본 중 일부가 바뀌었을 수도 있다. 이번 장에서 설명한 것과 동일한 단계를 따르려면 2018년 7월에 출시된 **예거 버전 1.6.0**을 사용한다.

미리 패키징된 바이너리에서 실행

미리 패키징된 바이너리를 다운로드하면 추가 구성이나 설치가 필요하지 않으므로 가장 쉽게 시작할 수 있다. HotROD 데모 애플리케이션뿐만 아니라 모든 예거 백엔드 구성요소는 깃허브(https://github.com/jaegertracing/jaeger/releases/tag/v1.6.0/)에서 macOS, 리눅스, 윈도우 용 실행 가능 바이너리 형태로 내려받을 수 있다 예를 들어, macOS에서 바이너리를 실행하려면 jaeger-1.6.0-darwin-amd64.tar.gz 아카이브를 다운로드하고 디렉터리로 압축 파일을 푼다.

```
$ tar xvfz jaeger-1.6.0-darwin-amd64.tar.gz
x jaeger-1.6.0-darwin-amd64/
x jaeger-1.6.0-darwin-amd64/example-hotrod
x jaeger-1.6.0-darwin-amd64/jaeger-query
```

```
x jaeger-1.6.0-darwin-amd64/jaeger-standalone
x jaeger-1.6.0-darwin-amd64/jaeger-agent
x jaeger-1.6.0-darwin-amd64/jaeger-collector
```

이 아카이브에는 예거 백엔드용 운영 수준 바이너리, 즉 jaeger-query, jaeger-agent, jaeger-collector가 포함돼 있는데, 이번 장에서는 사용하지 않을 것이다. 여기서는 예거 백엔드의 올인원(all-in-one) 패키지인 jaeger-standalone만 필요하며, 이 패키지에는 모든 백엔드 구성요소가 추가적인 종속성 없이 하나의 실행 파일로 결합돼 있다.

예거 백엔드는 여섯 개의 서로 다른 포트를 사용하므로 포트 충돌이 발생할 경우 동일한 포트를 사용하는 다른 소프트웨어를 찾아 일시적으로 차단해야 할 수도 있다. 예거 올인원을 도커 컨테이너로 운영하면 포트 충돌의 위험이 크게 줄어든다.

실행 가능한 예제인 example-hotrod는 분산 추적의 기능을 설명하기 위해 이번 장에서 사용할 HotROD 데모 애플리케이션이다.

도커 이미지로 실행

클라우드 네이티브 시대에 맞게 설계된 대부분 소프트웨어와 마찬가지로 예거 구성요소는 도커 컨테이너 이미지 형태로 배포되므로 도커 환경을 설치하는 것이 좋다. 설치 지침은 도커 문서(https:// docs. docker.com/install/)를 참조한다. 도커 설정을 빠르게 확인하려면 다음 명령을 실행한다.

```
$ docker run --rm jaegertracing/all-in-one:1.6 version
```

컨테이너 이미지를 다운로드할 때 도커 출력 결과가 먼저 나타나고, 이어서 프로그램 출력 결과가 나타난다.

{"gitCommit":"77a057313273700b8a1c768173a4c663ca351907","GitVersion":"v1. 6.0","BuildDate":"2018-07-10T16:23:52Z"}

소스코드로 실행

HotROD 데모 애플리케이션에는 표준 추적 계측기와 애플리케이션의 동작 및 성능에 대한 더 많은 통찰력을 제공하는 여러 사용자 지정 계측 기법이 포함돼 있다. 이번 장에서는 이러한 기법을 살펴보고, 몇 가지 코드 예제를 보여줄 것이다. 코드를 자세히 살펴보고 조금 변경해 보고 싶다면 전체 소스코드를 다운로드할 것을 추천한다.

Go 언어 개발 환경

HotROD 애플리케이션은 예거와 마찬가지로 Go 언어로 구현되어 이를 소스에서 실행하려면 Go v1.10 이상의 개발 환경이 필요하다. 설치 지침은 설명서(https://golang.org/doc/install)를 참조한다.

예거 소스코드

HotROD 애플리케이션은 예거 백엔드 저장소의 examples 디렉터리(https://github.com/jaegertracing/jaeger/)에 있다. 깃(Git)이 설치돼 있다면 다음과 같이 소스코드를 체크아웃할 수 있다.

```
$ mkdir -p $GOPATH/src/github.com/jaegertracing
$ cd $GOPATH/src/github.com/jaegertracing
$ git clone https://github.com/jaegertracing/jaeger.git jaeger
$ cd jaeger
$ git checkout v1.6.0
```

또는 예거 릴리스 페이지(https://github.com/jaegertracing/jaeger/releases/tag/v1.6.0/)에서 소스코드 번들을 다운로드하고 $GOPATH/src/github.com/jaegertracing/jaeger/ 디렉터리에 코드의 압축을 풀면 된다.

예거 1.6은 github.com/Masterminds/glide 유틸리티를 종속성 관리자로 사용하므로 이를 설치해야 한다.

```
$ go get -u github.com/Masterminds/glide
```

glide를 설치한 후, 이를 실행해 예거가 의존하는 라이브러리를 다운로드한다.

```
$ cd $GOPATH/src/github.com/jaegertracing/jaeger/
$ glide install
```

이제 HotROD 바이너리를 빌드하고 실행할 수 있을 것이다.

```
$ go run ./examples/hotrod/main.go help
```

```
HotR.O.D. - A tracing demo application.

Usage:
    jaeger-demo [command]

Available Commands:
    all Starts all services
    customer    Starts Customer service
    driver      Starts Driver service
    frontend    Starts Frontend service
    help        about any command
    route       Starts Route service
[... skipped ...]
```

소스코드에서 예거 백엔드를 실행할 수도 있다. 그러나 UI에 대한 정적 파일을 컴파일하기 위해서는 Node.js의 추가 설정이 필요하며, 이는 윈도우 같은 OS에서는 작동하지 않을 수도 있으므로 이번 장의 예제에서는 권장하지 않는다.

예거 시작

데모 애플리케이션을 실행하기 전에 예거 백엔드를 실행해 추적을 수집할 수 있는지 확인한다. 그렇지 않으면 많은 오류 로그가 발생할 수 있다. 운영 환경에 설치된 예거 백엔드는 카산드라나 엘라스틱서치 같은 확장성이 뛰어난 데이터베이스를 비롯해 다양한 구성요소로 구성돼 있다. 이번 실험에서는 그와 같은 복잡성이나 지속성 계층도 필요 없다. 다행히도 예거 배포본에는 이러한 목적으로 **올인원**(all-in-one)이라는 특별한 구성요소가 포함돼 있다. 이 구성요소는 웹 사용자 인터페이스를 포함한 일반적인 예거 설치본의 다른 모든 구성요소를 포함하는 단일 프로세스를 실행한다. 그것은 영구 저장소 대신 모든 추적 내용을 메모리에 보관한다.

도커를 사용하는 경우 다음 명령을 사용해 예거 올인원을 실행할 수 있다.

```
$ docker run -d --name jaeger \
    -p 6831:6831/udp \
    -p 16686:16686 \
    -p 14268:14268 \
    jaegertracing/all-in-one:1.6
```

-d 플래그는 터미널에서 분리된 프로세스를 백그라운드에서 실행하게 한다. --name 플래그에는 이 프로세스가 다른 도커 컨테이너에 설치될 수 있는 이름을 설정한다. 또한 예거 백엔드가 수신을 대기하는 호스트 네트워크상에 세 개의 포트를 표시하기 위해 -p 플래그를 사용한다.

첫 번째 포트인 6831/udp는 예거 트레이서(tracer)로 계측된 애플리케이션으로부터 추적 데이터를 수신하는 데 사용되며, 두 번째 포트인 16686에서 웹 UI를 찾을 수 있다. 또한 UDP 패킷 제한으로 문제가 있어 추적 전송에 HTTP 전송을 사용해야 하는 경우를 위해 세 번째 포트인 14268도 매핑한다(다음에 설명).

이 프로세스는 다른 포트도 수신하지만(가령 다른 형식으로 추적을 받기 위해) 이번 실습과는 관련이 없다. 컨테이너가 시작되면 브라우저에서 http://127.0.0.1:16686/을 열어 UI에 접근한다.

도커 이미지 대신 바이너리를 다운로드하도록 선택한 경우, 동일한 포트에서 수신 대기하는 실행 파일인 jaeger-standalone을 인수 없이 실행하면 된다. jaeger-standalone은 jaegertracing/ all-in-one 이미지를 만드는 데 사용된 바이너리 파일이다(이후 버전의 예거에서는 jaeger-all-in-one으로 이름이 바뀌었다).

```
$ cd jaeger-1.6.0-darwin-amd64/
$ ./jaeger-standalone
[... skipped ...]
{"msg":"Starting agent"}
{"msg":"Starting jaeger-collector TChannel server","port":14267} {"msg":"Starting jaeger-collector
HTTP server","http-port":14268}
[... skipped ...]
{"msg":"Starting jaeger-query HTTP server","port":16686}
{"msg":"Health Check state change","status":"ready"}
[... skipped ...]
```

가독성을 높이기 위해 위의 로그에서 일부 필드(level, timestamp, caller)를 제거했다.

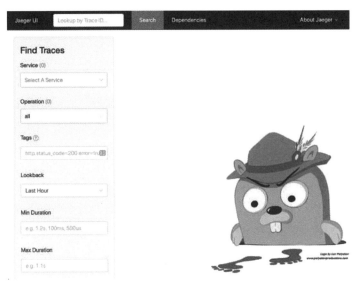

그림 2.1 예거 UI 프런트 페이지: 검색 화면

올인원 바이너리는 처음에 비어 있는 인메모리 데이터베이스로 예거 백엔드를 실행하기 때문에 당장 UI에서는 볼 수 있는 부분이 많지 않다. 그러나 예거 백엔드는 자체 추적이 가능하므로 홈 페이지를 몇 번다시 로드하면, UI 구성요소를 실행하는 마이크로서비스의 이름인 **jaeger-query**가 왼쪽 상단 모서리화면의 **Services** 드롭다운에 나타난다. 이제 **Search** 버튼을 눌러 추적을 찾을 수 있지만 더 흥미로운추적을 찾기 위해 먼저 데모 애플리케이션을 실행해 보자.

HotROD와의 만남

HotROD는 예거 프로젝트에서 관리하는 모의 '승차 공유' 애플리케이션이다(**ROD**는 **Rides on Demand**를 의미). 아키텍처는 나중에 살펴보기로 하고, 먼저 이 애플리케이션을 실행해 보자. 도커를사용하는 경우 다음 명령으로 도커를 실행할 수 있다.

```
$ docker run --rm -it \
    --link jaeger \
    -p8080-8083:8080-8083 \
    jaegertracing/example-hotrod:1.6 \
    all \
    --jaeger-agent.host-port=jaeger:6831
```

이 명령으로 실행되는 것을 빠르게 살펴보자.

- rm 플래그는 프로그램이 종료되면 도커가 자동으로 컨테이너를 제거하도록 지시한다.

- it 플래그는 컨테이너의 표준 입력 및 출력 스트림을 터미널에 연결한다.

- link 플래그는 도커에게 컨테이너의 네트워킹 네임스페이스 내에서 호스트 이름인 jaeger를 사용할 수 있게 하고, 앞서 시작한 예거 백엔드로 그 이름을 해석하도록 지시한다.

- 이미지 이름 뒤에 있는 문자열 all은 HotROD 애플리케이션에 대한 명령으로, 동일한 프로세스에서 모든 마이크로 서비스를 실행하도록 지시한다. 진정한 분산 애플리케이션을 시뮬레이션하기 위해 각 마이크로서비스를 개별 프로세스로 실행할 수 있으며, 심지어 다른 머신에서도 실행할 수 있지만, 이는 독자들의 연습 문제로 남겨둔다.

- 마지막 플래그는 HotROD 애플리케이션에 호스트 이름인 jaeger의 UDP 포트 6831로 데이터를 보내도록 트레이서를 구성하게 한다.

다운로드한 바이너리에서 HotROD를 실행하려면 다음 명령을 실행한다.

```
$ example-hotrod all
```

바이너리로 예거 올인원과 HotROD 애플리케이션을 모두 실행하는 경우 호스트 네트워크에 포트를 직접 바인드하고 플래그의 기본값으로 인해 별도의 설정 없이도 서로를 찾을 수 있다.

사용자는 종종 OS의 기본 UDP 설정으로 인해 HotROD 애플리케이션에서 추적을 얻는 데 문제를 겪는다. 예거 클라이언트 라이브러리는 UDP 패킷당 최대 65,000바이트를 한 번에 처리하며, 그 크기는 패킷 단편화 없이 루프백 인터페이스(즉, localhost)를 통해 전송할 수 있는 안전한 양이다. 그러나 예를 들어, macOS는 최대 데이터그램 크기에 대해 훨씬 낮은 기본값을 가지고 있다. OS 설정을 조정하는 대신, 예거 클라이언트와 예거 백엔드 간에 HTTP 프로토콜을 사용하는 방법도 있다. 이는 HotROD 애플리케이션에 다음 플래그를 전달해서 수행할 수 있다.

```
--jaeger-agent.host-port=http://localhost:14268/api/traces
```

도커 네트워킹 네임스페이스를 사용한다면 다음과 같다.

```
--jaeger-agent.host-port=http://jaeger:14268/api/traces
```

HotROD 프로세스가 시작되면 표준 출력에 기록된 로그를 통해 여러 다른 포트로 여러 서버에서 시
작한 마이크로서비스를 볼 수 있다(가독성을 높이기 위해 타임스탬프와 소스 파일에 대한 참조를 제거
했다).

```
INFO Starting all services
INFO Starting {"service": "route", "address": "http://127.0.0.1:8083"}
INFO Starting {"service": "frontend", "address": "http://127.0.0.1:8080"}
INFO Starting {"service": "customer", "address": "http://127.0.0.1:8081"}
INFO TChannel listening {"service": "driver", "hostPort": "127.0.0.1:8082"}
```

애플리케이션의 웹 프런트엔드(http://127.0.0.1:8080/)로 이동해 보자.

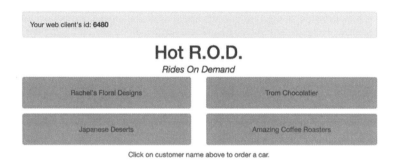

그림 2.2 HotROD 단일 페이지 웹 애플리케이션

우리는 네 명의 고객을 보유하고 있으며, 네 개의 버튼 중 하나를 클릭해 고객의 위치에 도착하기 위해
차를 호출한다. 아마도 제품을 받아서 다른 곳으로 배달하기 위해서일 것이다. 차량에 대한 요청이 백엔
드로 보내지면 차의 번호판인 T757183C와 2분의 예상 도착 시간으로 응답한다.

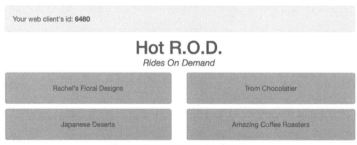

그림 2.3 2분 안에 도착할 차를 주문했다.

화면에 표시되는 몇 가지 디버깅 정보는 다음과 같다.

1. 왼쪽 위 모서리에는 웹 클라이언트 ID인 **6480**이 있다. 이 숫자는 자바스크립트 UI에서 할당한 임의의 세션 ID다. 페이지를 새로 고침하면 다른 세션 ID가 표시된다.

2. 차량 정보 뒤의 괄호 안에는 요청 ID인 **req: 6480-1**이 표시된다. 이 ID는 자바스크립트 UI에서 백엔드로 요청한 각 요청에 대한 세션 ID와 시퀀스 번호로 구성된 고유한 ID다.

3. 디버깅 데이터의 마지막 부분인 **latency: 772ms**은 자바스크립트 UI에서 측정되며 백엔드가 응답하는 데 걸린 시간을 보여준다.

이 추가 정보는 애플리케이션의 동작에는 영향을 주지 않지만 성능 문제를 조사할 때 유용할 것이다.

아키텍처

HotROD 애플리케이션이 무슨 일을 하는지 살펴봤으니, 이제 이 애플리케이션이 어떻게 구성되는지 알고 싶을 것이다. 어쨌든 우리가 로그에서 본 모든 서버는 단지 보여주기 위한 것이고 전체 애플리케이션은 단순히 자바스크립트 프런트엔드다. 누군가에게 설계 문서를 요청하는 대신 모니터링 도구가 서비스 간의 상호 작용을 관찰해서 아키텍처 다이어그램을 자동으로 만들 수 있다면 좋지 않을까? 그것이 바로 예거와 같은 분산 추적 시스템이 할 수 있는 일이다. 앞서 수행했던 차량에 대한 요청이 예거에게 결론을 도출하기에 충분한 데이터를 제공했다.

예거 UI의 **Dependencies** 페이지로 이동해 보자. 먼저 **Force Directed Graph**라는 작은 다이어그램을 볼 텐데, 이 특화된 화면은 실제로 수백 또는 수천 개의 마이크로서비스를 포함하는 아키텍처를 보여주기 위해 설계된 것으로서 무시해도 된다. 대신, 보기 쉽게 그려진 그래프를 보여주는 **DAG(Directed Acyclic Graph)** 탭을 클릭한다. 그래프 레이아웃은 비결정적(non-deterministic)이므로 여러분이 보는 화면은 다음 스크린 숏과 두 번째 레벨 노드의 순서가 다를 수 있다.

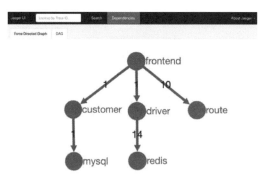

그림 2.4 경험적으로 구성된 서비스 호출 그래프 화면

보다시피 단일 HotROD 바이너리는 실제로 네 개의 마이크로서비스와 명백히 두 개의 스토리지 백엔드인 레디스와 MySQL을 실행하고 있다. 스토리지 노드는 사실 진짜가 아니다. 이들은 애플리케이션에 의해 내부 구성요소로 시뮬레이션되지만, 상위에 있는 네 개의 마이크로서비스는 실제로 존재한다. 앞에서 각 서비스가 그 서비스들을 실행하는 서버의 네트워크 주소를 각각 로깅하는 것을 봤다. frontend 마이크로서비스는 자바스크립트 UI를 서비스하며, 다른 세 마이크로서비스에 RPC로 호출한다.

또한 이 그래프는 차량 한 대에 대한 단일 요청을 처리하기 위한 호출 수를 보여주는데, 예를 들어 route 서비스를 10회, 레디스를 14회 호출했다.

데이터 흐름

앞에서 애플리케이션이 여러 마이크로서비스로 구성돼 있다는 것을 배웠다. 요청 흐름이 정확히 어떻게 보이는가? 이제 실제 추적을 살펴볼 차례다. 예거 UI의 **Search** 페이지로 이동하자. **Find Traces** 제목 아래의 **Services** 드롭다운에는 종속성 다이어그램에서 본 서비스의 이름이 포함돼 있다. frontend가 최상위 서비스라는 것을 알고 있으므로 그것을 선택하고 **Find Traces** 버튼을 클릭하자.

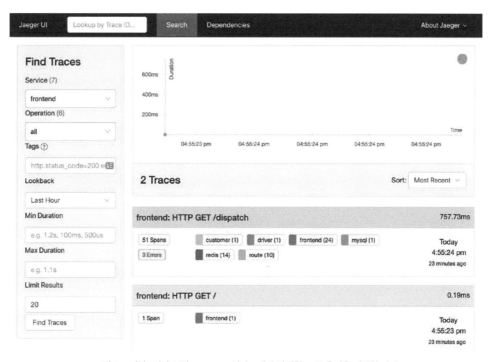

그림 2.5 지난 1시간 동안 frontend 서비스에서 발생한 모든 추적을 검색한 결과

시스템에서는 두 개의 추적을 발견하고 추적에 포함된 서로 다른 서비스의 이름, 예거로 방출되는 각 서비스의 스팬 개수와 같은 추적에 대한 일부 메타데이터를 표시했다. 여기서는 자바스크립트 UI를 로드하는 요청을 나타내는 두 번째 추적을 무시하고 이름이 frontend: HTTP GET /dispatch인 첫 번째 추적에 초점을 맞추겠다. 이 이름은 서비스 이름인 frontend와 최상위 스팬의 동작 이름, 이 경우에는 HTTP GET /dispatch을 합친 것이다.

오른쪽을 보면 추적이 지속된 총 시간은 757.73ms이었다. 이것은 HotROD UI에서 본 772ms보다 짧은데, 후자는 자바스크립트가 HTTP 클라이언트 측에서 측정했지만 전자는 Go 백엔드가 제공한 수치이기 때문에 놀랄 일은 아니다. 이 수치 간의 차이 14.27ms는 네트워크 지연 때문일 수 있다. 추적 제목이 표시된 줄을 클릭해 보자.

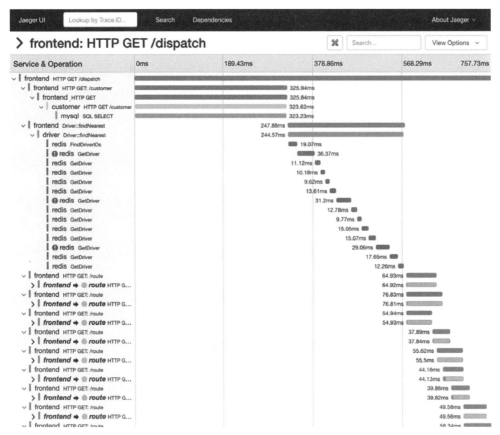

그림 2.6 추적 타임라인 뷰. 상단에는 서비스명과 루트 스팬의 동작 이름을 조합한 추적 이름이 있다. 왼쪽에는 마이크로서비스 사이뿐
만 아니라 마이크로서비스 안의 호출 계층이 있다(내부 동작도 스팬으로 나타낼 수 있다). frontend 서비스에서 route 서비스로의 호출
은 공간을 절약하기 위해 접혀 있다. driver 서비스에서 레디스로의 일부 호출에는 흰색 느낌표가 들어 있는 빨간색 원이 있어 동작에 오
류가 있음을 알 수 있다. 오른쪽에는 수평 타임라인에 스팬을 표시하는 간트 차트가 있다. 간트 차트는 대화형이며 스팬을 클릭하면 추가
정보가 표시된다.

타임라인 뷰는 추적을 중첩된 스팬의 시간 순서로 보여주며, 여기서 스팬은 단일 서비스 내의 작업 단위
를 나타낸다. **루트 스팬(root span)**이라고도 하는 최상위 스팬은 frontend 서비스(서버 스팬)에 의한
자바스크립트 UI의 메인 HTTP 요청 처리를 나타내며, 이는 차례로 customer 서비스와 MySQL 데이터
베이스를 호출한다. 스팬의 폭은 특정 동작이 수행된 시간과 비례한다. 이것은 어떤 일을 처리하거나 다
운스트림 호출을 기다리는 서비스를 나타낼 수 있다.

이 뷰에서 애플리케이션이 요청을 어떻게 처리하는지 볼 수 있다.

1. frontend 서비스는 외부 HTTP GET 요청을 /dispatch 엔드포인트에서 수신한다.

2. frontend 서비스는 customer 서비스의 /customer 엔드포인트에 HTTP GET 요청을 보낸다.

3. customer 서비스는 MySQL에서 SELECT SQL 문을 실행한다. 결과는 frontend 서비스로 반환된다.

4. 그런 다음 frontend 서비스는 driver 서비스에 대한 RPC 요청인 Driver::findNearest를 만든다. 추적 세부 사항을 자세히 파악하지 않으면 어떤 RPC 프레임워크가 이 요청에 사용되는지 알 수 없지만, HTTP는 아니라고 추측할 수 있다(실제로 TChannel[1]을 통해 요청됐다).

5. driver 서비스는 레디스에 일련의 호출을 한다. 이러한 호출 중 일부는 실패를 나타내는 느낌표가 있는 빨간색 원을 표시한다.

6. 그다음 frontend 서비스는 route 서비스의 /route 엔드포인트에 일련의 HTTP GET 요청을 실행한다.

7. 마지막으로 frontend 서비스는 결과를 외부 호출자(예: UI)에 반환한다.

이 모든 것을 엔드-투-엔드 추적 도구에서 보여주는 상위 레벨의 간트 차트를 보는 것만으로도 알 수 있다.

문맥이 있는 로그

이제 HotROD 애플리케이션이 정확히 어떻게 작동하는지는 알 수 없을지 모르지만 무슨 일을 하는지는 꽤 잘 알고 있다. 예를 들어, 왜 frontend 서비스가 customer 서비스의 /customer 엔드포인트를 호출할까? 물론 소스코드를 살펴볼 수도 있지만 여기서는 애플리케이션 모니터링 측면에서 이 문제에 접근하려고 한다. 접근할 수 있는 한 가지 방향은 애플리케이션이 표준 출력에 기록하는 로그를 보는 것이다(그림 2.7).

그림 2.7 전형적인 로깅 출력

이러한 로그에서 애플리케이션 로직을 따라가는 것은 상당히 어려운 일이며 보통 애플리케이션에서 단일 요청을 실행했을 때만 로그를 들여다본다.

또한 운 좋게 네 개의 서로 다른 마이크로서비스의 로그가 거의 일관된 스트림으로 결합돼 있을 수 있다. 여러 프로세스에서 실행되는 시스템과 마이크로서비스를 통한 많은 동시 요청을 상상해 보라! 그럴 경우 로그는 거의 무용지물이 될 것이다. 그러니 다른 접근법으로, 추적 시스템이 수집한 로그를 보자. 예를 들어, 루트 스팬을 클릭해서 펼친 다음, **Logs(18)** 섹션을 클릭해 로그를 펼치고 확인한다(여기서 18은 스팬에서 수집한 로그 개수를 가리킨다). 이러한 로그를 통해 /dispatch 엔드포인트가 무슨 일을 하고 있었는지 자세히 파악할 수 있다(그림 2.8).

1. customer_id=123으로 지정된 고객 정보를 검색하기 위해 customer 서비스를 호출했다.

2. 그런 다음 고객 위치에 가장 가까운 N개의 가용한 운전자를 검색한다(115,277). 간트 차트를 통해 driver 서비스를 호출해서 이 작업이 완료됐음을 알 수 있다.

3. 마지막으로, 운전자의 위치('픽업'으로 표시됨)와 고객 위치('드롭 오프'로 표시됨) 사이의 최단 경로를 찾기 위해 route 서비스를 호출했다.

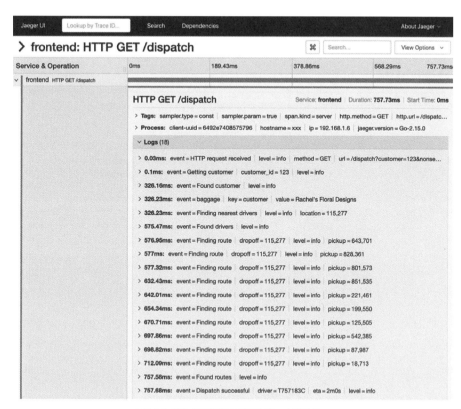

그림 2.8 추적 시스템에서 기록한 루트 스팬의 로그.
호스트 이름은 프라이버시를 위해 모든 스크린 숏에서 마스킹 처리된다.

루트 스팬을 닫고 다른 스팬을 열어보자. 특히 레디스에 대해 실패한 호출 중 하나를 열어보자(그림 2.9). 이 스팬에는 태그로 error=true가 지정돼 있어서 UI가 이를 실패로 강조 표시했다. 로그 문은 오류의 특성을 '레디스 시간 초과(Redis timeout)'로 설명한다. 로그에는 driver 서비스가 레디스에서 검색하려고 했던 driver_id도 포함돼 있다. 이러한 모든 세부 사항은 디버깅 중에 매우 유용한 정보를 제공할 수 있다.

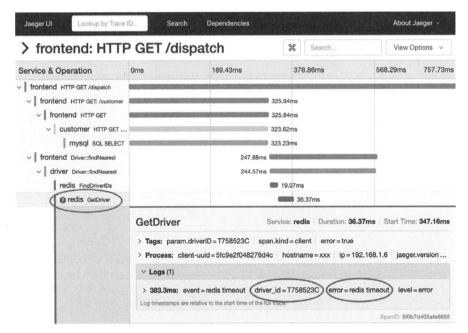

그림 2.9 실패한 GetDriver 스팬을 클릭한 후 빨간색 원에 흰색 느낌표로 표시된 redis 서비스에서 펼친 스팬 세부 정보. 로그 항목은 이것이 레디스 시간 초과라고 설명하고 어떤 드라이버 ID가 데이터베이스에서 쿼리됐는지 나타낸다.

추적 시스템 고유의 기능은 특정 요청을 실행하는 동안 발생한 로그만 표시하는 것이다. 이러한 로그는 특정 요청의 컨텍스트에서뿐만 아니라 해당 요청에 대한 추적 내 특정 스팬의 컨텍스트에서 수집되기 때문에 **문맥이 있는**(Contextualized) 로그라고 한다.

기존 로그 출력에서는 이러한 로그 문이 병렬 요청의 다른 여러 문장과 섞여 있었지만, 추적 시스템에서는 관련 있는 서비스와 스팬으로 깔끔하게 격리돼 있다. 문맥이 있는 로그를 사용하면 프로그램의 다른 부분이나 다른 동시 요청의 로그에 대한 걱정 없이 애플리케이션의 동작에 집중할 수 있다.

보다시피 간트 차트, 스팬 태그, 스팬 로그의 조합을 통해 엔드 투 엔드 추적 도구를 사용하면 애플리케이션의 아키텍처와 데이터 흐름을 쉽게 이해할 수 있으며, 개별 연산의 세부 정보를 자세히 들여다볼 수 있다.

스팬 태그 대 로그

스팬 몇 개를 더 확장해 보자.

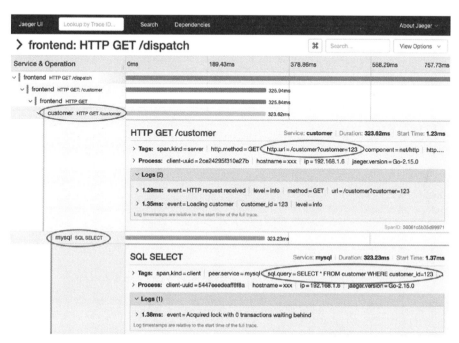

그림 2.10 다양한 태그와 로그를 보여주기 위해 두 개의 스팬을 펼쳤다.
각 스팬에는 태그 모음처럼 보이는 'Process'라는 섹션도 있다.
프로세스 태그는 개별 스팬이 아닌 추적 레코드를 생성하는 애플리케이션을 설명한다.

customer 스팬에서는 /customer 엔드포인트로의 요청에 customer=123 파라미터가 있음을 보여주는 http.url 태그와 해당 스팬 동안에 발생한 실행을 설명하는 두 개의 로그를 볼 수 있다. mysql 스팬에서는 실행된 정확한 SQL 쿼리인 SELECT * FROM customer WHERE customer_id=123과 일부 잠금(lock)을 얻은 것에 대한 로그를 보여주는 sql.query 태그가 있다.

스팬 '태그'와 스팬 '로그'의 차이점은 무엇일까? 둘 다 문맥적인 정보로 스팬에 주석을 단다. 태그는 일반적으로 전체 스팬에 적용되는 반면 로그는 스팬 실행 중에 발생한 일부 이벤트를 나타낸다. 로그에는 항상 스팬의 시작-종료 시간 사이에 속하는 타임스탬프가 있다. 추적 시스템은 스팬 간 인과 관계를 추적하는 방식으로 로깅된 이벤트 간 인과 관계를 명시적으로 추적하지 않는데, 왜냐하면 타임스탬프에서 그 관계를 추정할 수 있기 때문이다.

예리한 독자라면 /customer 스팬이 http.url 태그와 첫 번째 로그에 요청 URL을 두 번 기록했다는 것을 눈치챘을 것이다. 후자는 실제로 중복이지만, 코드에서 이 정보를 일반적인 로깅 기능을 사용해 기록했기 때문에 스팬에 수집됐으며, 이 부분은 이번 장의 후반부에서 설명한다.

오픈트레이싱 명세 [3]에서는 일반적인 시나리오에서 잘 알려진 태그 이름과 일반적인 로그 필드를 규정하는 의미론적인 데이터 관례를 정의하고 있다. 계측은 추적 시스템에 보고된 데이터가 잘 정의되고 여러 다른 추적 백엔드에서 이식 가능하게 하기 위해 이러한 이름을 사용하는 것이 좋다.

지연 시간의 원인 파악

지금까지 HotROD 애플리케이션의 성능 특징에 대해서는 언급하지 않았다. 그림 2.6을 보면 다음과 같은 결론을 쉽게 내릴 수 있다.

1. 자동차를 보내야 하는 위치가 포함된 고객 데이터를 얻을 때까지는 다른 작업을 수행할 수 없으므로 customer 서비스에 대한 호출은 임계 경로에 있다.

2. driver 서비스는 고객의 위치에서 N개의 가장 가까운 운전자를 검색한 다음 각 운전자의 데이터를 순서대로 레디스에 쿼리하는데, 이 형태는 레디스 GetDriver 스팬의 계단식 패턴에서 볼 수 있다. 이러한 작업을 병렬로 수행할 수 있다면 전체 지연 시간을 거의 200ms까지 줄일 수 있다.

3. route 서비스에 대한 호출은 순차적이지 않지만 완전히 병렬적이지도 않다. 최대 세 개의 요청이 진행 중일 수 있으며, 그중 하나가 끝나면 다른 요청이 시작되는 것을 알 수 있다. 이 동작은 크기가 정해진 익스큐터 풀을 사용할 때 일반적으로 발생한다.

그림 2.11 지연 시간의 원인 파악하기. mysql 호출은 임계 경로에 있는 것으로 보이며 추적 시간의 40%를 차지하므로 확실히 최적화를 적용하기에 좋은 대상이다. driver 서비스에서 레디스로의 호출은 계단 모양으로 보이며, 추적의 중간 부분을 신속하게 처리하기 위해 병렬로 수행할 수도 있는 완전한 순차 실행을 보여준다.

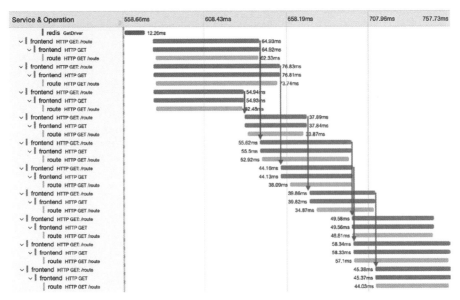

그림 2.12 지연 시간의 원인 파악하기(계속). 이 화면은 추적의 마지막 200ms만 보기 위해 미니 맵의 확대 기능을 사용한 후에 찍은 것이다(관심 영역을 가로로 드래그해서). frontend 서비스에서 route 서비스로의 요청은 병렬로 처리되지만, 한 번에 세 개 이상 요청하지 않는 것을 쉽게 알 수 있다. 빨간색 화살표는 한 요청이 끝나자 마자 다른 요청이 어떻게 시작되는지를 보여준다. 이 패턴은 일종의 경합을 나타내며, 아마도 세 개의 작업자만 있는 작업자 풀을 사용할 것이다.

백엔드에 여러 요청을 동시에 보내면 어떻게 될까? HotROD UI로 가서 버튼 중 하나를 반복해서(빨리) 클릭해 보자.

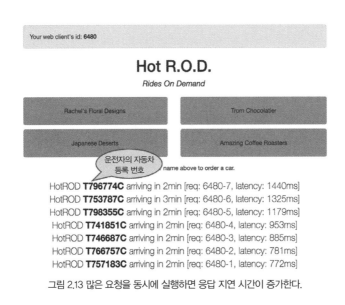

그림 2.13 많은 요청을 동시에 실행하면 응답 지연 시간이 증가한다.

보다시피 동시에 처리되는 요청이 많을수록 백엔드가 응답하는 데 더 오래 걸린다. 가장 긴 요청에 대한 추적을 살펴보자. 두 가지 방법으로 할 수 있다. 단순히 모든 추적을 검색하고 가장 긴 하늘색 제목 표시 줄로 표시되는 가장 높은 지연 시간을 갖는 추적을 선택하면 된다(그림 2.14).

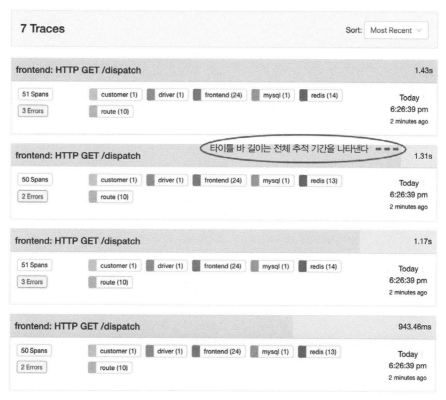

그림 2.14 검색 결과에서 반환된 여러 추적(가장 최근에 발생한 추적 순으로 정렬)

또 다른 방법은 스팬에 있는 태그 또는 로그를 사용해 검색하는 것이다. 루트 스팬은 최종 로그를 내보내 며, 거기에 가장 가까운 자동차의 번호판 번호를 로그 필드 중 하나로 기록한다.

그림 2.15 driver 필드로 로그 이벤트 중 하나에 기록된 T796774C 번호판.
각 로그 항목을 개별적으로 펼쳐 단일 행이 아닌 테이블의 필드를 표시할 수 있다.

예거 백엔드는 태그와 로그 필드 모두로 모든 스팬을 인덱싱하며, **Tags** 검색에서 driver=T796774C를 지정해 해당 추적을 찾을 수 있다.

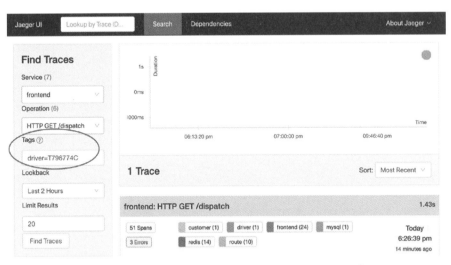

그림 2.16 로그 항목의 필드로 단일 추적을 검색(driver = T796774C)

이 추적은 1.43초가 걸렸으며, 757ms(서버 측에서 측정)로 측정된 첫 번째 추적보다 약 90% 더 오래 걸렸다. 이 추적을 열어 무엇이 다른지 조사해 보자.

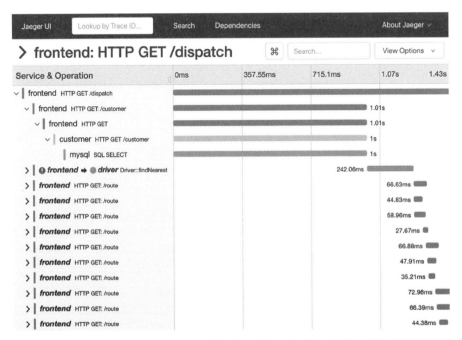

그림 2.17 가장 높은 지연 시간을 보인 추적. 데이터베이스 쿼리(mysql 스팬)는 1초가 걸렸으며, 애플리케이션에서 단 하나의 요청만 처리할 때 걸린 300ms보다 훨씬 길다.

가장 명백한 차이점은 데이터베이스 쿼리(mysql 스팬)가 323ms 대신 1초 이상 오래 걸리는 것이다. 스팬을 펼쳐 그 이유를 알아보자.

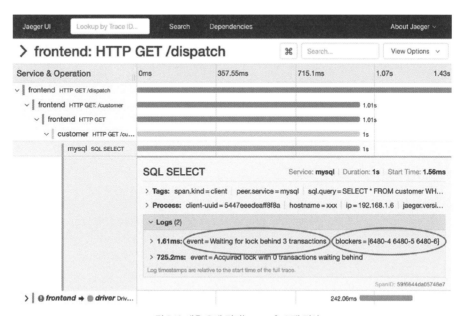

그림 2.18 매우 오래 걸리는 mysql 스팬 검사

스팬의 로그 항목에서 실행이 차단되어 700ms 이상 잠금을 기다리고 있는 것을 볼 수 있다. 이는 분명히 애플리케이션의 병목 현상이지만, 자세히 알아보기에 앞서 잠금이 블로킹되기 전에 분명히 기록된 첫 번째 로그 레코드인 Waiting for lock behind 3 transactions. Blockers=[6480-4 6480-5 6480-6]을 살펴보자. 이 로그 레코드는 얼마나 많은 다른 요청이 이 잠금을 대기 중인지 알려주며, 심지어 요청 ID를 알려주기도 한다. 얼마나 많은 고루틴(goroutine)이 블로킹됐는지를 관리하는 잠금 구현을 상상하기는 어렵지 않지만, 요청 'ID'는 어디서 얻을까?

고객 서비스에 대한 이전 스팬을 펼치면 HTTP 요청을 통해 전달된 유일한 데이터가 고객 ID 392라는 것을 볼 수 있다. 실제로 추적의 각 스팬을 검사하더라도 6480-5 같은 요청 ID가 파라미터로 전달되는 어떤 원격 호출도 찾지 못할 것이다.

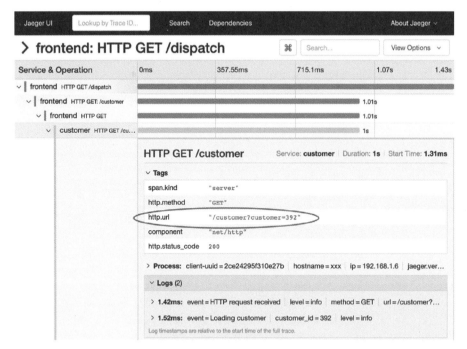

그림 2.19 확장된 데이터베이스 호출의 부모 스팬. 이 스팬은 frontend 서비스에서 customer 서비스로의 HTTP 호출을 나타낸다. 이 스팬의 Tags 섹션을 펼치면 태그를 표 형식으로 보여준다. http.url 태그는 customer=392가 호출자가 HTTP 엔드포인트로 전달한 유일한 파라미터임을 보여준다.

로그에서 블로킹 요청 ID의 '마법' 같은 등장은 오픈트레이싱 API에서 **배기지(baggage)**라고 하는 분산 컨텍스트 전파 메커니즘을 사용하는 HotROD의 사용자 정의 계측 덕분이다.

3장 '분산 추적의 핵심'에서 볼 수 있듯이 추적 계측은 전체 분산 호출 그래프를 통해 스레드, 구성요소, 프로세스 경계 간에 특정 메타데이터를 전파하도록 설계됐으므로 종단 간 추적이 작동한다. 추적 및 스팬 ID는 이러한 메타데이터의 예다. 또 다른 예로는 배기지가 있으며, 이것은 모든 프로세스 간 요청에 포함된 범용 키-값 저장소다. HotROD의 자바스크립트 UI는 백엔드에 요청하기 전에 배기지에 세션 ID와 요청 ID를 저장하며, 이 배기지는 요청 파라미터로서 명시적으로 정보를 전달할 필요 없이 요청을 처리하는 모든 서비스에 대한 오픈트레이싱 계측을 통해 투명하게 사용할 수 있다.

이는 전파하는 내용을 이해하기 위해 모든 서비스를 변경하지 않고도 아키텍처 전반에 걸친 단일 요청의 컨텍스트에서 다양하고 유용한 정보(테넌시 같은)를 전파하는 데 사용할 수 있는 매우 강력한 기법이다. 10장 '분산 컨텍스트 전파'에서 모니터링, 프로파일링, 기타 사용 사례에 메타데이터 전파를 사용하는 예제를 더 설명한다.

이 책의 예제에서는 느린 요청보다 먼저 큐에 고정된 요청의 ID를 알면 이러한 요청의 추적을 찾아 분석할 수 있다. 실제 운영 시스템에서는 일반적으로 매우 빨리 처리되는 많은 요청을 방해하는 장기 실행 요청을 예기치 않게 발견할 수도 있다. 이번 장의 뒷부분에서 배기지를 사용하는 또 다른 예제를 볼 것이다.

이제 mysql 호출이 잠금에 막혀 있다는 것을 알고 있으므로 이 문제를 쉽게 해결할 수 있다. 이전에 언급했듯이 애플리케이션은 실제로 MySQL 데이터베이스를 사용하지 않고 단지 잠금을 시뮬레이션만 하며 그 잠금은 여러 고루틴 간에 공유되는 단일 데이터베이스 연결을 나타내기 위한 것이다. examples/hotrod/services/customer/database.go에서 해당 코드를 찾을 수 있다.

```
if !config.MySQLMutexDisabled {
    // 한 번에 하나의 연결만 제공하는 잘못 구성된 연결 풀을 시뮬레이션
    d.lock.Lock(ctx)
    defer d.lock.Unlock()
}

// db 쿼리 지연을 시뮬레이션
delay.Sleep(config.MySQLGetDelay, config.MySQLGetDelayStdDev)
```

잠금 동작이 환경설정을 통해 비활성화되지 않으면 SQL 쿼리 지연을 시뮬레이션하기 전에 잠금을 얻는다. defer d.lock.Unlock() 구문은 이 구문을 포함하고 있는 함수를 종료하기 전에 잠금을 해제하는 데 사용된다.

ctx 파라미터를 잠금 객체에 전달하는 방법에 주목하자. context.Context는 Go에서 애플리케이션 전체에서 요청 범위(request-scoped) 데이터를 전달하는 표준 방법이다. 오픈 트레이싱 스팬은 컨텍스트에 저장돼 있으며, 이를 통해 잠금이 이 스팬을 검사하고 배기지에서 자바스크립의 요청 ID를 검색할 수 있게 한다. 이 사용자 정의 뮤텍스(mutex) 구현 코드는 소스코드 파일의 examples/hotrod/pkg/tracing/mutex.go에서 찾을 수 있다.

뮤텍스 동작은 환경설정 파라미터로 보호된다는 것을 알 수 있다

```
if !config.MySQLMutexDisabled {
    // . . .
}
```

다행히 HotROD 애플리케이션에서는 명령행 플래그를 통해 이러한 환경설정 파라미터를 변경할 수 있다. `help` 명령어로 HotROD 바이너리를 실행해 플래그를 찾을 수 있다.

```
$ ./example-hotrod help
HotR.O.D. - A tracing demo application.
[... skipped ...]
Flags:
    -D, --fix-db-query-delay, duration    Average lagency of MySQL DB
                                          query (default 300ms)
    -M, --fix-disable-db-conn-mutex       Disables the mutex guarding
                                          db connection
    -W, --fix-route-worker-pool-size, int Default worker pool size
                                          (default 3)
[... skipped ...]
```

지연에 영향을 주는 로직에 대한 파라미터를 제어하는 플래그는 모두 `--fix` 접두사로 시작한다. 이 경우 블로킹 동작을 사용하지 않으려면 `--fix-disable-db-conn-mutex` 플래그(또는 짧은 형식으로 `-M`)를 사용한다. 여기서는 시뮬레이션된 데이터베이스 쿼리의 기본 300ms 지연(플래그 `-D`로 제어하는)을 줄여서 이번 최적화 결과를 더 쉽게 볼 수 있게 하려고 한다.

이 플래그로 HotROD 애플리케이션을 다시 시작해서 동시 요청이 연결에 대해 경쟁하지 않아도 될 만큼 충분한 용량의 연결 풀을 사용하도록 코드를 수정한 것처럼 보이게 해보자(가독성 향상을 위해 로그를 줄였다).

```
$ ./example-hotrod -M -D 100ms all
INFO Using expvar as metrics backend
INFO fix: overriding MySQL query delay {"old": "300ms", "new": "100ms"}
INFO fix: disabling db connection mutex
INFO Starting all services
```

로그에서 변경 사항이 적용됐음을 알 수 있다. 어떻게 동작하는지 보려면 HotROD 웹 페이지를 다시 로드하고 버튼 중 하나를 여러 번 빠르게 클릭해 여러 동시 요청을 만드는 테스트를 반복한다.

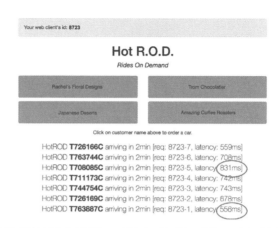

그림 2.20 데이터베이스 쿼리 병목을 '수정'한 후 부분적으로 향상된 요청 지연. 요청은 1초 이상 실행되지 않지만, 일부 요청은 여전히
매우 느리다. 예를 들면, 요청 #5는 요청 #1보다 여전히 50% 느리다.

지연은 시스템에 더 많은 요청이 추가될 때 계속 증가하지만, 이전의 단일 데이터베이스 병목과 같이 극
단적으로는 더이상 증가하지 않는다. 더 긴 추적 중 하나를 다시 살펴보자.

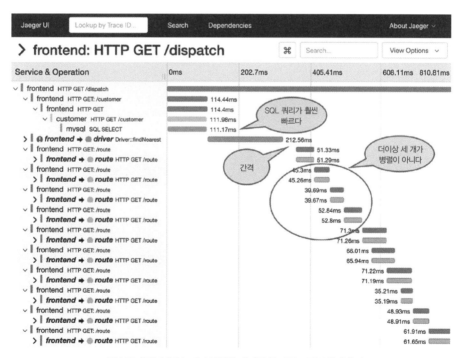

그림 2.21 데이터베이스 쿼리 병목을 제거한 후 다른 느린 요청의 추적

예상대로 mysql 스팬은 로드에 관계없이 약 100ms를 유지한다. driver 스팬은 늘어나지 않지만 이전과 같은 시간이 소요된다. 흥미로운 변화는 총 요청 시간의 50% 이상을 차지하는 route 호출에 있다. 이전에는 이러한 요청이 한 번에 세 개씩 병렬로 실행되는 것을 봤지만, 이제는 한 번에 하나씩만 보이고 심지어 route 서비스에 요청이 실행되지 않을 때 frontend에서 driver 호출 직후에 간격도 보인다. 명백히 일부 제한된 리소스에서 다른 코루틴과의 경합이 있고 frontend 서비스의 스팬 사이에도 간격이 있음을 볼 수 있으며, 이것은 병목이 route 서비스에 있지 않고 frontend 서비스가 이를 어떻게 호출하는가에 있다는 것을 의미한다.

소스 파일 services/frontend/best_ eta.go에 있는 getRoutes() 함수를 살펴보자.

```go
// getRoutes는 각 (customer, driver) 쌍에 대해 Route 서비스를 호출한다
func (eta *bestETA) getRoutes(
    ctx context.Context,
    customer *customer.Customer,
    drivers []driver.Driver,
) []routeResult {
    results := make([]routeResult, 0, len(drivers))
    wg := sync.WaitGroup{}
    routesLock := sync.Mutex{}
    for _, dd := range drivers {
        wg.Add(1)
        driver := dd // 루프 변수 할당
        // 작업자 풀을 사용해 (잠재적으로) 요청을 병렬로 실행
        eta.pool.Execute(func() {
            route, err := eta.route.FindRoute(
                ctx, driver.Location, customer.Location
            )
            routesLock.Lock()
            results = append(results, routeResult{
                driver: driver.DriverID,
                route:  route,
                err:    err,
            })
            routesLock.Unlock()
            wg.Done()
        })
```

```
    }
    wg.Wait()
    return results
}
```

이 함수는 고객 레코드(주소 포함)와 운전자 목록(현재 위치 포함)을 수신한 다음 각 운전자에 대한 **예상 도착 시간(Expected Time of Arrival, ETA)**을 계산한다. eta.pool.Execute()에 함수를 전달해서 고루틴 풀을 통해 실행되는 익명 함수 안에서 각 운전자에 대해 route 서비스를 호출한다.

모든 함수가 비동기적으로 실행되므로 카운트다운 래치(countdown latch)를 구현하는 대기 그룹인 wg를 사용해 실행 완료를 추적한다. 모든 새 함수에 대해 we.Add(1)로 카운트를 증가시킨 다음, 생성된 개별 함수가 wg.Done()을 호출할 때까지 wg.Wait()를 블로킹한다.

풀에 충분한 익스큐터(고루틴)가 있어야 모든 계산을 병렬로 실행할 수 있다. 익스큐터 풀의 크기는 services/config/config.go에 정의된다.

```
RouteWorkerPoolSize = 3
```

기본값인 3은 앞에서 조사한 첫 번째 추적에서 왜 병렬 실행의 최대 개수가 3개인지를 설명한다. -W 명령행 플래그를 사용해 그 값을 100으로(Go의 고루틴은 비용이 적게 든다) 변경하고 HotROD를 다시 시작하자.

```
$ ./example-hotrod -M -D 100ms -W 100 all
INFO Using expvar as metrics backend
INFO    fix: overriding MySQL query delay {"old": "300ms", "new": "100ms"}
INFO    fix: disabling db connection mutex
INFO    fix: overriding route worker pool size {"old": 3, "new": 100}
INFO    Starting all services
```

한 번 더 HotROD 웹 UI를 다시 로드하고 테스트한다. 요청이 0.5초 이내로 반환되기 때문에 버튼을 굉장히 빨리 클릭해야 한다.

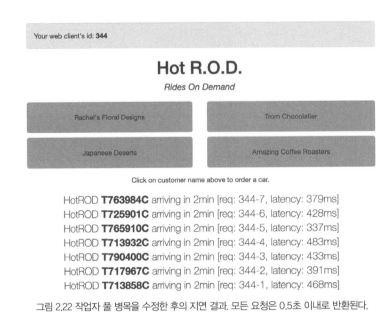

그림 2.22 작업자 풀 병목을 수정한 후의 지연 결과. 모든 요청은 0.5초 이내로 반환된다.

이 새로운 추적 중 하나를 살펴보면 예상대로 frontend에서 route 서비스로의 호출이 모두 병렬로 처리되므로 전체 요청 지연이 최소화된다는 것을 알 수 있다. driver 서비스에 대한 최적화는 독자 여러분의 몫으로 남긴다.

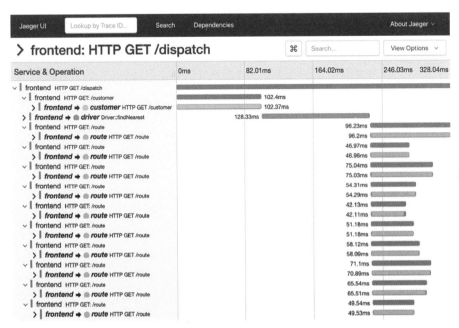

그림 2.23 작업자 풀 병목을 수정한 후의 추적 결과.
frontend는 route 서비스에 거의 동시에 10건의 요청을 실행할 수 있다.

자원 사용량 귀속

이 마지막 예제에서는 엄밀하게 말하면 분산 추적 시스템에서 일반적으로 제공하는 기능이 아니라 모든 추적 계측의 기반이자 추적을 위해 계측되는 애플리케이션에서 요구될 수 있는 분산 컨텍스트 전파 메커니즘의 일종의 부가적인 기법을 설명하겠다. 이전에 뮤텍스 큐에서 블로킹하는 트랜잭션에 태그를 붙이는 데 사용된 프런트 엔드 요청 ID의 암시적 전파를 논의했을 때 이 예제를 살펴봤다. 이번 절에서는 자원 사용량 귀속을 위한 메타데이터 전파의 사용에 대해 설명한다.

자원 사용량 귀속(Resource usage attribution)은 대규모 조직에서 특히 용량 계획 및 효율성 향상에 중요한 기능이다. 이를 CPU 코어나 디스크 공간과 같은 일부 자원의 사용량을 측정해서 제품이나 사업 부문과 같은 일부 상위 사업 요소에 할당하는 과정으로 정의할 수 있다. 예를 들면, 일부 클라우드 제공업체가 측정한 것처럼 1,000개의 CPU 코어가 필요한 두 개의 사업 부문이 있는 기업을 생각해 보라.

이 기업에서 한 사업 부문이 내년에 10% 성장하는 데 반해 다른 사업 부문은 100% 성장할 것이라고 예측한다고 가정해 보자. 또한 사례를 간단하게 만들기 위해 하드웨어 요구사항이 각 사업의 규모에 비례한다고 가정해 보자. 우리는 현재 1,000개의 CPU 코어가 각 사업 부문에 어떻게 영향을 미치는지 모르기 때문에 기업이 얼마나 많은 추가 용량을 필요로 하는지 예측할 수 없다.

첫 번째 사업 부문이 실제로 하드웨어의 90%를 소비한다면 하드웨어 요구량은 900에서 990코어로 증가하고 두 번째 사업 부문의 요구는 100에서 200코어로 증가해서 두 사업 부문에서 총 190코어가 추가된다. 반면, 사업 부문의 현재 요구사항이 50/50으로 나뉘면 내년의 총 용량 요구사항은 $500 \times 1.1 + 500 \times 2.0 = 1550$ 코어가 된다.

자원 사용률 귀속의 주된 어려움은 대부의 기술 회사가 사업 운영에 자원을 공유한다는 사실에서 비롯된다. 지메일(Gmail)이나 구글 문서 도구(Google Docs) 같은 제품을 생각해 보자. 아키텍처의 최상위 어딘가에는 로드밸런서나 웹 서버 같은 전용 자원 풀이 있을 수도 있지만, 아키텍처의 하위로 갈수록 일반적으로 더 많은 공유 자원을 볼 수 있다.

어떤 시점에서 웹 서버 같은 전용 자원 풀이 빅테이블(Bigtable), 처비(Chubby), 구글 파일 시스템(Google File System) 등과 같은 공유 자원에 접근하기 시작한다. 멀티테넌시를 지원하기 위해 아키텍처의 그러한 하위 계층을 별도의 하위 집합으로 분할하는 것이 비효율적일 때가 많다. 모든 요청이 테넌트 정보를 파라미터로 명시적으로 전달해야 하는 경우(예: tenant="gmail" 또는 tenant="docs") 사업 부문별로 자원 사용량을 정확하게 보고할 수 있다. 그러나 또 다른 차원으로 그러한 자원 사용의 귀속을 분석하려는 경우 그 추가적인 차원을 전달하기 위해 모든 단일 인프라 계층의 API를 변경해야 하므로 이러한 모델은 매우 융통성이 없고 확장하기가 어렵다. 이제 메타데이터 전파에 의존하는 대안을 살펴보자.

HotROD 데모에서는 route 서비스가 수행하는 최단 경로 계산이 상대적으로 비싼 작업(아마 CPU 집약적인)임을 앞에서 봤다. 고객당 CPU 시간이 얼마나 되는지 계산할 수 있다면 좋을 것이다. 그러나 route 서비스는 고객 서비스가 있는 지점에서 아키텍처 계층상 훨씬 더 아래에 있는 공유 인프라 자원의 예다. 두 지점 간의 최단 경로를 계산하기 위해 고객에 대해 알 필요는 없다.

CPU 사용량을 측정하기 위해 고객 ID를 route 서비스에 전달하는 것은 좋지 않은 API 설계다. 대신, 추적 계측에 내장된 분산 메타데이터 전파를 사용할 수 있다. 추적 컨텍스트에서는 시스템이 실행하고 있는 요청을 보낸 고객을 알고 있으며, 명시적으로 요청을 받아들인 모든 서비스를 변경하지 않고 메타데이터(배기지)를 사용해 해당 정보를 아키텍처 계층 전체로 투명하게 전달할 수 있다.

자바스크립트 UI의 세션 ID와 같은 다른 차원으로 CPU 사용량 집계를 수행하려는 경우 어떤 구성요소도 변경하지 않고도 집계를 수행할 수 있다.

이 방식을 설명하기 위해 route 서비스에는 계산된 CPU 시간을 고객과 배기지에서 읽을 수 있는 세션 ID로 귀속시키는 코드가 있다. services/route/server.go 파일에서 다음 코드를 볼 수 있다.

```
func computeRoute(
    ctx context.Context,
    pickup, dropoff string,
) *Route {
    start := time.Now()
    defer func() {
        updateCalcStats(ctx, time.Since(start))
    }()
    // 실제 계산...
}
```

앞서 살펴본 계측된 뮤텍스처럼 컨텍스트를 통해 배기지에서 검색할 수 있기 때문에 어떤 고객/세션 ID도 전달하지 않는다. 코드는 실제로 일부 정적 환경설정을 이용해 추출할 배기지 항목이 어느 것이고 어떻게 지표를 보고할지 파악한다.

```
var routeCalcByCustomer = expvar.NewMap(
    "route.calc.by.customer.sec",
)
var routeCalcBySession = expvar.NewMap(
    "route.calc.by.session.sec",
)
var stats = []struct {
    expvar      *expvar.Map
    baggage string
}{
    {routeCalcByCustomer, "customer"},
    {routeCalcBySession, "session"},
}
```

이 코드에서는 Go의 표준 라이브러리에서 expvar 패키지('노출 변수')를 사용한다. 이것은 동작 카운터 같은 애플리케이션에 대한 통계를 누적하는 데 사용할 수 있는 전역 변수에 대한 표준 인터페이스를 제공하며, HTTP 엔드포인트인 /debug/vars를 통해 JSON 형식으로 이러한 변수를 노출한다.

expvar 변수는 float나 string 같은 기본형일 수도 있고, 좀 더 동적인 통계를 위해 이름이 지정된 맵으로 그룹화될 수도 있다. 앞의 코드에서는 하나는 고객 ID로, 다른 하나는 세션 ID로 두 개의 맵을 정의하며, stats 구조체(익명 구조체의 배열)에서 해당 ID를 포함하는 메타데이터 속성의 이름으로 그 맵을 결합한다.

updateCalcStats() 함수는 먼저 동작의 경과 시간을 float 값인 초 단위로 변환한 다음, stats 배열을 순회해서 span 메타데이터에 원하는 키("customer" 또는 "session")가 포함돼 있는지 확인한다. 해당 키가 있는 배기지 항목이 비어 있지 않으면 각 expvar.Map에서 AddFloat()를 호출해서 해당 키의 카운터를 증가시켜 그 경로를 실행하는 데 소요된 시간을 집계한다.

```
func updateCalcStats(ctx context.Context, delay time.Duration) {
    span := opentracing.SpanFromContext(ctx)
    if span == nil {
        return
    }
    delaySec := float64(delay/time.Millisecond) / 1000.0
    for _, s := range stats {
        key := span.BaggageItem(s.baggage)
```

```
    if key != "" {
        s.expvar.AddFloat(key, delaySec)
    }
  }
}
```

HotROD 애플리케이션에 의해 공개된 엔드포인트 중 하나인 http://127.0.0.1:8083/debug/vars로 이동하면 route.calc.by.* 항목에서 개별 고객 및 일부 UI 세션에 소요된 시간(초 단위)의 분류를 볼 수 있다.

```
route.calc.by.customer.sec: {
    Amazing Coffee Roasters: 1.479,
    Japanese Deserts: 2.019,
    Rachel's Floral Designs: 5.938,
    Trom Chocolatier: 2.542
},
route.calc.by.session.sec: {
    0861: 9.448,
    6108: 2.530
},
```

이 접근법은 매우 유연하다. 필요한 경우 stats 배열의 정적인 정의를 환경설정 파일로 쉽게 옮겨서 보고 메커니즘을 더욱 유연하게 만들 수 있다. 예를 들면, 데이터를 다른 차원인 웹 브라우저 유형(아주 적절한 예는 아님)으로 집계하려면 환경설정에 항목을 하나 더 추가해서 frontend 서비스가 배기지 항목으로 브라우저 유형을 수집하면 된다.

핵심은 나머지 서비스에서는 아무 것도 변경할 필요가 없다는 것이다. HotROD 데모에서는 frontend와 route 서비스가 서로 아주 유사하므로 API를 변경하는 것이 큰 일은 아닐 것이다. 그러나 실제 상황에서 자원 사용량을 계산하고자 하는 서비스가 그 서비스 스택의 여러 계층 아래에 구성될 수 있으며, 추가적인 자원 사용량 집계에 필요한 차원을 전달하기 위해 모든 중간 서비스의 API를 변경하는 것은 간단하지 않다. 분산 컨텍스트 전파를 사용해 필요한 변경의 횟수를 대폭 줄일 수 있다. 10장 '분산 컨텍스트 전파'에서 메타데이터 전파의 다른 용도를 살펴보겠다.

운영 환경에서는 데이터가 각 서비스 인스턴스에 개별적으로 저장되기 때문에 expvar 모듈을 사용하는 것이 최선의 방법은 아니다. 그러나 이번 예제에는 expvar 메커니즘에 대한 직접적인 의존성은 없었다. 단순히 실제 지표 API를 사용할 수도 있었고, 프로메테우스 같은 중앙 지표 시스템에 집계된 자원 사용량 통계가 있을 수도 있다.

정리

이번 장에서는 분산 추적을 위해 계측된 데모 애플리케이션인 HotROD를 소개했으며, 오픈소스 분산 추적 시스템인 예거를 사용해 데모 애플리케이션을 추적함으로써 대부분 종단 간 추적 시스템에 공통되는 다음과 같은 기능을 보여줬다.

- **분산 트랜잭션 모니터링**: 예거는 마이크로서비스의 전체 스택에서 개별 요청의 실행을 기록하고 이를 추적으로 나타낸다.

- **성능 및 지연 최적화**: 추적은 애플리케이션의 성능 문제에 대한 매우 간단한 시각적 지침을 제공한다. 분산 추적의 실무자는 성능 문제를 해결하는 것은 쉽지만 그 문제를 찾는 것이 어려운 부분이라고 말할 때가 많다.

- **근본 원인 분석**: 추적에서 나타나는 정보의 고도로 문맥화된 특성을 통해 실행과 관련된 문제의 원인이 되는 부분으로 신속하게 범위를 좁힐 수 있다(예: 레디스 호출 시 시간 초과 또는 뮤텍스 큐 블로킹).

- **서비스 의존성 분석**: 예거는 여러 추적을 집계하고 애플리케이션의 아키텍처를 나타내는 서비스 그래프를 만든다.

- **분산 컨텍스트 전파**: 특정 요청에 대한 메타데이터 전파의 기반 메커니즘은 추적뿐만 아니라 자원 사용량 귀속 같은 다양한 다른 기능을 가능하게 한다.

다음 장에서는 분산 추적의 이론적 기반, 추적 솔루션의 내부, 업계나 학계에서 제안된 다양한 구현 기법, 추적 인프라 구현자가 어떤 아키텍처 결정을 내릴 때 염두에 둬야 할 다양한 트레이드오프를 살펴본다.

참고 자료

1. Yuri Shkuro, "우버 엔지니어링에서 분산 추적의 진화(Evolving Distributed Tracing at Uber Engineering)", Uber Engineering blog, February 2017: https://eng.uber.com/distributed-tracing/

2. Natasha Woods, "CNCF가 예거를 관리하다(CNCF Hosts Jaeger)", Cloud Native Computing Foundation blog, September 2017: https://www.cncf.io/blog/2017/09/13/cncf-hosts-jaeger/

3. The OpenTracing Authors. "의미론적인 관례(Semantic Conventions)", The OpenTracing Specification: https://github.com/opentracing/specification/blob/master/semantic_conventions.md

03

분산 추적의
핵심

분산 추적은 종단 간 또는 워크플로 중심 추적이라고도 하며, 분산 시스템의 구성 요소에 의해 수행되는 인과관계가 있는 활동의 상세한 실행 정보를 수집하는 것을 목적으로 하는 일련의 기법이다. 기존의 코드 프로파일러나 dtrace[1] 같은 호스트 레벨 추적 도구와는 달리 종단 간 추적은 주로 여러 다른 프로세스에 의해 협력적으로 수행되는 개별 실행 정보를 프로파일링하는 데 초점을 맞추고 있으며, 이와 같은 환경은 현대적이고 클라우드 네이티브한 마이크로서비스 기반 애플리케이션이 대표적이다.

이전 장에서는 최종 사용자의 관점에서 실제 동작하는 추적 시스템을 살펴봤다. 이번 장에서는 분산 추적의 기본 아이디어, 업계에서 제시되는 다양한 접근 방식, 종단 간 추적 구현을 위한 학술적 연구, 다양한 추적 시스템에서 각각의 기능을 구현하기 위해 택한 아키텍처 결정의 영향 및 절충 사항, 해결할 수 있는 문제 유형을 살펴본다.

아이디어

다음과 같이 단순화한 가상의 전자상거래 웹 사이트의 아키텍처 다이어그램을 보자. 다이어그램의 각 노드는 여러 동시 요청을 처리하는 개별 마이크로서비스의 수많은 인스턴스를 나타낸다. 이 분산 시스템의 동작과 성능 또는 사용자가 느끼는 지연을 이해하는 데 도움이 될 수 있게 종단 간 추적은 시스템이 특정 클라이언트 또는 요청 개시자를 대신해서 수행한 모든 작업에 대한 정보를 기록한다. 이 책에서는 이 작업을 **실행** 또는 **요청**이라고 칭할 것이다.

데이터는 계측 **추적점**을 통해 수집된다. 예를 들면, 클라이언트가 웹 서버에 요청할 때 클라이언트의 코드는 요청 송신 추적점과 응답 수신 추적점의 두 가지 추적점을 통해 계측될 수 있다. 특정 실행에 대해 수집된 데이터를 통칭해서 **추적**이라고 한다. 추적을 시각화하는 한 가지 간단한 방법은 그림 3.1의 오른쪽에 있는 간트 차트를 사용하는 것이다.

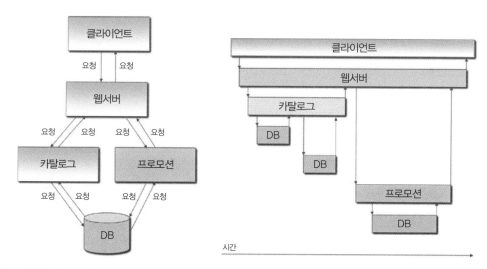

그림 3.1 왼쪽은 가상의 전자 상거래 웹 사이트 및 클라이언트로부터의 단일 요청 실행과 관련된 프로세스 간 통신의 단순화된 아키텍처. 오른쪽은 간트 차트로 단일 요청 실행을 시각화한 것.

요청 상관관계

분산 추적의 기본 개념은 매우 간단해 보인다.

- 프로그램 코드의 특정 지점(추적점)에 계측기를 삽입하고, 실행 시 프로파일링 데이터를 생성.
- 프로파일링 데이터는 중앙 위치에서 수집되며 특정 실행(요청)과 상관관계가 있고 인과관계 순서에 따라 배열되며 시각화되거나 추가 분석될 수 있는 추적으로 결합됨.

물론 보이는 것처럼 간단하지는 않다. 기존 추적 시스템에서 여러 가지 설계 결정을 내리는데, 이러한 결정은 시스템의 성능과 기존 분산 애플리케이션에 통합하는 것이 얼마나 어려운지, 해결할 수 있는 문제 또는 해결할 수 없는 문제는 무엇인지에까지 영향을 미친다.

특정 실행 또는 요청 개시자에 대한 프로파일링 데이터를 수집하고 상호 연관시키고 인과관계 활동을 식별하는 능력은 다른 프로파일링 및 관찰성 도구와 구별되는 분산 추적의 가장 독특한 특징이다. 상관관계 문제를 해결하기 위해 그동안 산업계와 학계에서 다양한 종류의 해결책이 제안됐다. 여기서는 블랙박스 추론, 도메인별 스키마, 메타데이터 전파 등 가장 일반적인 세 가지 접근 방식을 살펴본다.

블랙박스 추론

모니터링되는 시스템을 수정할 필요가 없는 기법을 블랙박스 모니터링이라고 한다. 통계 분석 또는 머신 러닝(예: Mystery Machine[2])을 사용해 프로그램에서 발생하는 이벤트의 레코드만 소비함으로써(주로 로그를 읽어서) 인과관계와 요청 상관관계를 추론하는 추적 인프라가 여럿 제안됐다. 이러한 기법은 추적된 애플리케이션을 수정할 필요가 없기 때문에 매력적이지만 이벤트 주도 시스템에서 관찰된 것과 같이 일반적으로 동시성과 비동기성이 높은 실행인 경우에는 인과관계를 찾는 데 어려움이 있다. 또한 '빅데이터' 처리에 의존하기 때문에 다른 방법에 비해 비용이 많이 들고 대기 시간이 길어진다.

스키마 기반

맥파이(Magpie)[3]는 운영 시스템의 이벤트 로그에서 인과관계를 추출할 수 있도록 수동으로 작성된 애플리케이션별 이벤트 스키마에 의존하는 기법을 제안했다. 블랙박스 접근 방식과 마찬가지로 이 기법은 애플리케이션을 명시적으로 계측하지 않아도 된다. 그러나 애플리케이션마다 스키마가 필요하므로 일반화하기가 어렵다.

이 접근 방식의 경우 이벤트 스키마를 수동으로 생성하는 것이 확장을 어렵게 하므로 수백 개의 마이크로 서비스로 구성된 최신 분산 시스템에 특히 적합하지 않다. 스키마 기반 기법은 인과관계 추론을 적용하기 전에 모든 이벤트를 수집해야 하므로 샘플링이 가능한 다른 방법보다 확장성이 떨어진다.

메타데이터 전파

계측 추적점이 생성한 데이터에 개별 추적 요청에 고유한 글로벌 식별자(**실행 식별자**라고 하자)를 주석으로 달 수 있다면 어떨까? 그리고 나면 주석이 달린 프로파일링 데이터를 수신하는 추적 인프라는 레코드를 실행 식별자로 그룹화해서 요청의 전체 실행을 쉽게 재구성할 수 있을 것이다. 그렇다면 추적점, 특히 분산 애플리케이션의 여러 다른 구성 요소에 있는 추적점이 호출될 때 어떤 요청이 실행되고 있는지 어떻게 알까? 글로벌 실행 식별자는 실행 흐름을 따라 전달될 필요가 있다. 이는 **메타데이터 전파** 또는 **분산 컨텍스트 전파**라는 프로세스를 통해 이뤄진다.

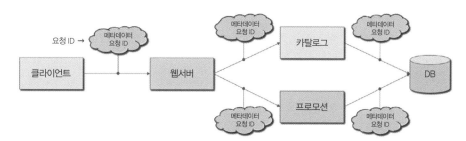

그림 3.2 실행 식별자를 요청 메타데이터로 전파한다. 아키텍처의 첫 번째 서비스(클라이언트)는 고유한 실행 식별자(요청 ID)를 만들어 메타데이터/컨텍스트를 통해 다음 서비스로 전달한다. 나머지 서비스는 같은 방식으로 전달한다.

분산 시스템에서 메타데이터 전파는 **프로세스 내**(in-process) 및 **프로세스 간**(inter-process) 전파라는 두 부분으로 구성된다. 프로세스 내 전파는 메타데이터를 특정 프로그램 내의 추적점에 사용할 수 있게 한다. 프로세스 내 전파는 최신 애플리케이션에서 일반적인 스레드 전환이나 비동기 동작을 다루면서 인바운드 네트워크와 아웃바운드 네트워크 호출 사이의 컨텍스트를 전달할 수 있어야 한다. 프로세스 간 전파는 분산 시스템의 구성요소가 특정 요청을 실행하는 중에 서로 통신할 때 네트워크 호출을 통해 메타데이터를 전송하는 역할을 한다.

프로세스 간 전파는 일반적으로 통신 프레임워크를 HTTP 헤더, 카프카 레코드 헤더 등과 같은 네트워크 메시지의 메타데이터를 인코딩하는 특별한 추적 미들웨어와 함께 사용해서 처리된다.

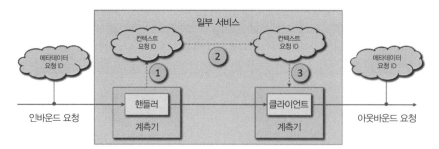

그림 3.3 단일 서비스에서 메타데이터 전파. (1) 인바운드 요청을 처리하는 핸들러는 요청에서 메타데이터를 추출해서 메모리의 Context 객체에 저장하는 계측기에 래핑된다. (2) 일부 프로세스 내 전파 메커니즘(예: 스레드 로컬 변수 기반) (3) 계측은 RPC 클라이언트를 래핑하고 아웃바운드(다운스트림) 요청에 메타데이터를 주입한다.

메타데이터 전파 기반 추적의 주요 단점은 구성 요소를 적절하게 수정할 수 있는 화이트 박스 시스템이 필요하다는 것이다. 그러나 모든 추적점에서 실행 식별자로 데이터에 명시적으로 주석을 달기 때문에 블랙박스 기법과 비교했을 때 확장성이 뛰어나고 데이터의 정확도가 훨씬 높다. 여러 프로그래밍 언어에서 **에이전트 기반 계측(agent-based instrumentation)**라는 기법을 통해 애플리케이션 자체를 변경하지 않고 추적점을 자동으로 주입할 수도 있다(6장 '추적 표준과 생태계'에서 자세히 설명). 메타데이터 전파를 기반으로 하는 분산 추적은 현재 가장 널리 사용되는 방법이며, 상용 및 오픈소스 모두를 포함해 현장에서 사용하는 거의 모든 추적 시스템에 사용된다. 이 책의 나머지 부분에서는 이 유형의 추적 시스템에만 집중할 것이다. 6장 '추적 표준과 생태계'에서는 오픈트레이싱 프로젝트[11] 같은 새로운 업계 프로젝트가 어떻게 화이트박스 계측의 비용을 줄이고 최신 클라우드 네이티브 시스템의 개발에서 분산 추적을 표준 방식으로 만들어 가는지 살펴볼 것이다.

예리한 독자는 요청 실행에 따라 메타데이터를 전파한다는 개념이 추적 용도로 실행 식별자를 전달하는 것에만 국한되지 않는다는 것을 알아차렸을 것이다. 메타데이터 전파를 분산 추적의 전제 조건으로 생각하거나 분산 추적을 분산 컨텍스트 전파 위에 구축된 응용으로 생각할 수 있다. 10장 '분산 컨텍스트 전파'에서 여러 가지 다른 응용 가능성에 대해 논의할 것이다.

분산 추적의 내부 구조

다음 다이어그램은 메타데이터 전파를 기반으로 구축된 분산 추적 시스템의 대표적인 구조를 보여준다. 분산 애플리케이션의 마이크로서비스 또는 구성 요소는 요청의 실행을 관찰하는 추적점으로 계측된다. 추적점은 요청에 대한 인과관계와 프로파일링 정보를 기록하고 추적 API를 호출해서 추적 시스템에 전달한다. 이 추적 API는 특정 추적 백엔드에 의존하거나 4장 '오픈트레이싱을 이용한 계측 기초'에서 살펴볼 오픈트레이싱 API[11]처럼 공급 업체 중립적일 수 있다.

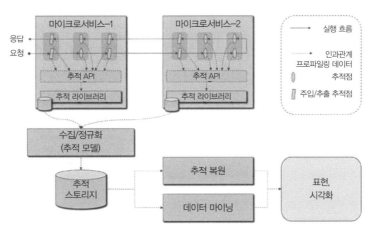

그림 3.4 분산 추적의 내부 구조

주입 및 **추출** 추적점이라 부를 수 있는 마이크로서비스 가장자리에 있는 특별한 추적점도 메타데이터가 프로세스 경계를 통과하도록 그것을 인코딩하고 디코딩하는 역할을 한다. 주입/추출 추적점은 경우에 따라 라이브러리와 구성 요소 사이에서도 사용된다. 예를 들어, 파이썬 코드가 C로 작성된 확장을 호출할 때 C로 작성된 확장이 파이썬 데이터 구조에 표시되는 메타데이터에 직접 접근하지 못할 수 있다.

추적 API는 수집된 데이터를 추적 백엔드에 보고하는 구체적인 추적 라이브러리에 의해 구현되며, 일반적으로 통신 오버헤드를 줄이기 위해 메모리에서 배치로 처리한다. 보고는 비즈니스 요청의 중요한 경로에서가 아닌, 항상 백그라운드에서 비동기적으로 수행된다. 추적 백엔드에서는 추적 데이터를 수신해서 공통 추적 모델 표현으로 정규화해서 영구 추적 스토리지에 보관한다. 보통 단일 요청에 대한 추적 데이터는 다른 여러 호스트에서 수집되므로 추적 스토리지는 실행 식별자에 의해 인덱스된 개별 조각을 점진적으로 저장하도록 구성된다. 이를 통해 나중에 시각화를 목적으로 전체 추적을 재구성하거나 집계 및 데이터 마이닝을 통한 추가 처리를 할 수 있다.

샘플링

샘플링은 추적점에서 생성된 어느 레코드가 추적 인프라에서 수집될 것인지에 영향을 준다. 이것은 추적 백엔드가 저장해야 하는 데이터의 양과 성능 오버헤드 및 애플리케이션이 추적 계측을 실행하는 데 미치는 영향을 제어하는 데 사용된다. 샘플링에 대해서는 8장 '샘플링의 모든 것'에서 자세히 설명한다.

인과관계 보존

실행 식별자를 요청 메타데이터로 전달하고 그 실행 식별자를 추적 레코드에 태깅하기만 해도 해당 데이터를 단일 집합으로 재구성하는 데는 충분하지만, 인과관계 활동의 실행 그래프를 재구성하는 데는 충분하지 않다. 추적 시스템은 추적점에 의해 수집된 데이터를 정확한 순서로 조합할 수 있는 인과관계를 수집해야 한다. 안타깝게도 어떤 활동이 정말로 인과관계가 있는지 파악하는 것은 매우 공격적인 계측으로도 굉장히 어려운 일이다. 대부분의 추적 시스템은 다음과 같이 →로 표시되고 이벤트에 대해 가장 덜 엄격한 부분적인 순서로 정의되는 램포트(Lamport)의 **과거에 수행했던(happen-before)** 관계[4]를 선택한다.

- 이벤트 a와 b가 같은 프로세스에서 발생했고 이벤트 a가 이벤트 b에 앞서 발생했다면, a → b.

- 이벤트 a가 메시지를 보냈고 그 메시지를 이벤트 b가 받았다면, a → b.

과거에 수행했던 관계는 자유롭게 적용되면 너무 무분별할 수 있다. '영향을 미쳤을 수도 있다'와 '영향을 미쳤다'는 다르기 때문이다. 추적 인프라는 관련 없는 인과관계를 수집하지 않도록 추적할 시스템에 대한 추가적인 도메인 지식과 실행 환경에 의존한다. 개별 실행에 따라 메타데이터를 엮어서 동일하거나 관련 메타데이터(즉, 동일한 실행 ID별로 서로 다른 추적점 ID를 포함하는 메타데이터)를 가지는 항목 간의 관계를 설정한다. 메타데이터는 실행 중에 정적이거나 동적일 수 있다.

요청의 수명주기 동안 단 하나의 고유한 실행 식별자 같은 **정적 메타데이터(static metadata)**를 사용하는 추적 인프라에서는 이벤트 간의 과거에 수행했던 관계를 설정하기 위해 추적점을 통해 추가 단서를 수집해야 한다. 예를 들면, 실행의 일부분이 단일 스레드에서 수행되는 경우 로컬 타임스탬프를 사용하면 이벤트를 올바르게 정렬할 수 있다. 또는 클라이언트-서버 통신에서 추적 시스템은 클라이언트에 의한 네트워크 메시지의 전송은 서버가 메시지를 수신하기 전에 일어난다고 추론할 수 있다. 블랙박스 추론 시스템과 유사하게 이 접근 방식은 계측기에서 추가 단서가 분실되거나 사용할 수 없는 경우 사건 사이의 인과관계를 항상 식별할 수 없다. 그러나 이 방식은 특정 실행에 대한 모든 사건이 정확하게 식별되리라는 것을 보증할 수 있다.

오늘날 현업에서 사용하는 대부분 추적 인프라에서는 고정폭 또는 가변폭의 **동적 메타데이터(dynamic metadata)**를 사용한다. 예를 들어, X-Trace[5], Dapper[6]를 비롯한 여러 추적 시스템에서는 **고정폭 동적 메타데이터**를 사용하며, 실행 식별자 외에 추적점이 수집한 이벤트의 고유 ID(예: 무작위 64비트 값)를 사용한다. 다음 추적점이 실행되면 인바운드 이벤트 ID를 추적 데이터의 일부로 저장하고 이를 자신의 ID로 대체한다.

다음 다이어그램에서는 단일 실행과 인과관계로 연결된 다섯 개의 추적점을 볼 수 있다. 각 추적점 다음에 전파되는 메타데이터는 세 부분으로 구성된 튜플(실행 ID, 이벤트 ID, 부모 ID)이다. 각 추적점은 수집된 추적 레코드의 일부로 인바운드 메타데이터의 부모 이벤트 ID를 저장한다. 추적점 b에서의 분기점과 추적점 e에서의 조인은 이 방식으로 방향성 비순환 그래프를 형성하는 인과관계를 수집하는 방법을 보여준다.

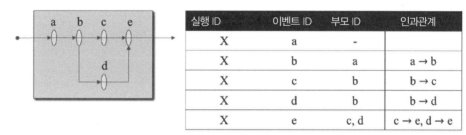

실행 ID	이벤트 ID	부모 ID	인과관계
X	a	-	
X	b	a	a → b
X	c	b	b → c
X	d	b	b → d
X	e	c, d	c → e, d → e

그림 3.5 동적이며 고정폭을 가진 메타데이터를 사용해 인과관계를 설정

추적 인프라는 고정폭 동적 메타데이터를 사용해 추적 이벤트 간의 과거에 수행했던 관계를 명시적으로 기록할 수 있으며, 이를 통해 정적 메타데이터 접근 방식보다 우위를 확보할 수 있다. 그러나 추적 레코드의 일부를 잃어버리면 더는 인과관계 순서로 이벤트를 정리할 수 없기 때문에 이 방식 또한 다소 취약한 측면이 있다.

일부 추적 시스템에서는 **추적 세그먼트(trace segment)**의 개념을 도입해서 변형된 고정폭 방식을 이용하는데, 추적 세그먼트는 단일 프로세스 내에서 고정된 또 다른 고유 ID로 표현되며, 네트워크를 통해 메타데이터를 다른 프로세스로 전송할 때만 변경된다. 이 방식은 추적 시스템을 단일 프로세스 내에서 추적 레코드 손실에 대해 좀 더 견딜 수 있게 해주는데, 특히 추적 인프라가 프로세스의 가장 바깥에 있는 추적점만 유지하고 모든 내부 추적점을 버림으로써 오버헤드를 제어해 추적 데이터의 양을 줄이려고 할 때 추적이 깨지는 것을 어느 정도 완화해준다.

프로파일링 데이터 손실이 일정한 분산 시스템에서 종단 간 추적을 사용할 때 일부 추적 인프라(예: Azure Application Insights)에서는 **가변폭 동적 메타데이터(variable-width dynamic metadata)**를 사용하며, 이 메타데이터는 실행이 요청 출발점에서 호출 그래프의 아래로 이동함에 따라 증가한다.

다음 다이어그램에서는 이전 이벤트 ID에 일련 번호를 추가해서 각각의 다음 이벤트 ID를 생성하는 접근법을 보여준다. 분기가 이벤트 1에서 발생하면 두 개의 개별 순차 번호가 병렬 이벤트 **1.1**과 **1.2**를 나타내는 데 사용된다. 이 기법의 이점은 데이터 손실에 대한 내결함성이 높다는 것이다. 예를 들어, 이벤트 **1.2**에 대한 레코드가 유실되더라도 과거에 수행했던(happen–before) 관계 1 → 1.2.1을 유추할 수 있다.

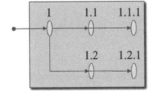

실행 ID	이벤트 ID	부모 ID	인과관계
X	1	-	
X	1.1	1	1 → 1.1
X	1.1.1	1.1	1.1 → 1.1.1
X	1.2	1	1 → 1.2
X	1.2.1	1.2	1.2 → 1.2.1

그림 3.6 동적이며 가변폭을 가진 메타데이터를 이용한 인과관계 설정

요청 간 인과관계

라자 삼바시반 등[10]은 종단 간 추적 인프라가 해결할 수 있는 문제의 유형에 중대한 영향을 미치는 또 다른 중요한 아키텍처 결정이 '잠재적 작업(latent work)'에 어떤 영향을 미치는지에 대한 의문을 제기한다. 예를 들어, 어떤 요청은 처음 요청이 완료된 후 나중에 디스크로 플러시(flush)되는 메모리 버퍼에 데이터를 쓸 수 있다. 이러한 버퍼는 일반적으로 성능상의 이유로 구현되며, 버퍼에는 다른 여러 요청에 의해 생성된 데이터가 포함될 수 있다. 질문은 다음과 같다. 자원 사용과 시스템에서 버퍼로 데이터를 쓰는 데 소비한 시간을 책임지는 사람은 누구인가?

이 작업은 버퍼를 가득 채워서 쓰기를 유발한 마지막 요청에 기인할 수도 있고(트리거 보존 귀속) 플러시 전에 버퍼에 데이터를 생성한 모든 요청에 비례해서 귀속될 수도 있다(제출자 보존 귀속). 트리거 보존 속성은 잠재적 작업에 영향을 준 이전 실행과 관련된 계측 데이터에 대한 접근이 필요하지 않기 때문에 구현하기가 더 쉽다.

그러나 이 방식은 특히 추적 인프라가 자원 소비를 모니터링하고 원인을 분석하는 데 사용되는 경우 마지막 요청에 불균형을 초래한다. 제출자 보존 속성은 그 점에서 문제가 없지만 잠재적 작업이 발생할 때 모든 이전 실행에 대한 프로파일링 데이터를 사용할 수 있어야 한다. 여기에는 많은 비용이 많이 들 수 있으며, 흔히 추적 인프라에서 적용하는 일부 샘플링 형태에서는 효과적이지 않다(샘플링은 8장에서 살펴본다).

추적 모델

그림 3.4에서는 '수집/정규화'라는 구성 요소를 봤다. 이 구성 요소의 목적은 추적 스토리지에 저장하기 전에 애플리케이션의 추적점에서 추적 데이터를 수신해서 일부 정규화된 **추적 모델**로 변환하는 것이다. 추적 스토리지 위에 파사드(façade)를 두는 일반적인 아키텍처적인 이점 외에도 정규화는 계측의 다양성에 직면할 때 특히 중요하다. 아주 최근의 것부터 몇 년 된 것까지 여러 버전의 계측 라이브러리를 사용하는 것이 여러 운영 환경에서 일반적이다. 또한 이러한 버전이 물리적으로나 개념적으로 매우 다른 형식과 모델로 추적 데이터를 수집하는 것도 일반적이다. 정규화 계층은 이퀄라이저(equalizer) 역할을 하고 다양한 종류를 하나의 논리적 추적 모델로 변환하는데, 이 모델은 나중에 추적 시각화 및 분석 도구로 균일하게 처리될 수 있다. 이번 절에서는 가장 인기 있는 두 가지 개념적 추적 모델인 이벤트 모델과 스팬(span) 모델을 중점적으로 다룬다.

이벤트 모델

지금까지는 요청 실행이 이벤트를 통과할 때 **이벤트**를 기록하는 **추적점**의 형태를 취하는 추적 계측에 관해 논의했다. 이벤트는 종단 간 실행에서 시간의 단일점을 나타낸다. 이러한 이벤트 사이의 과거에 수행했던 관계를 기록한다고 가정하면 추적 모델을 이벤트를 나타내는 노드와 인과관계를 나타내는 에지를 가진 방향성 비순환 그래프로 직관적으로 생각할 수 있다.

일부 추적 시스템(예: X-Trace[5])은 사용자에게 표시되는 추적의 최종 형태로 **이벤트 모델**을 사용한다. 그림 3.7의 다이어그램은 클라이언트-서버 애플리케이션에 의한 RPC 요청/응답 실행에서 관찰된 이벤트 그래프를 보여준다. 여기에는 애플리케이션 수준 이벤트(예를 들면, '클라이언트 전송' 및 '서버 수신')에서 TCP/IP 스택의 이벤트까지 스택의 여러 계층에서 수집된 이벤트가 포함된다.

이 그래프에는 여러 계층에서 요청 실행을 모델링하는 데 사용되는 분기와 이러한 논리적 병렬 실행이 상위 수준 계층으로 수렴되는 조인이 여러 개 표시돼 있다. 이벤트 모델이 너무 하위 수준이어서 더 높은 수준의 유용한 기본 요소를 파악하기 어렵게 하므로 이벤트 모델을 사용하기가 어렵다고 생각하는 개발자가 많다. 예를 들어, 클라이언트 애플리케이션 개발자는 RPC 요청을 당연히 시작('클라이언트 전송')과 종료('클라이언트 수신') 이벤트를 갖는 단일 작업으로 생각한다. 하지만 이벤트 그래프에서 이 두 노드는 멀리 떨어져 있다.

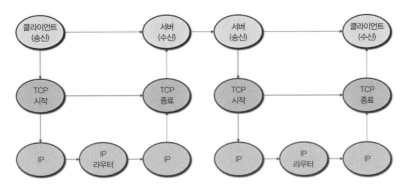

그림 3.7 애플리케이션 및 TCP/IP 계층에서 기록된 추적 이벤트를 가진 이벤트 모델에서
클라이언트와 서버 간의 RPC 요청의 추적 표시

다음 다이어그램(그림 3.8)은 훨씬 단순한 워크플로가 이벤트 그래프로 표시될 때 해석하기 어려워지는 훨씬 더 극단적인 예를 보여준다. 톰캣에서 실행되는 프런트엔드 스프링 애플리케이션은 제이보스(JBoss)에서 실행되는 remotesrv라는 다른 애플리케이션을 호출한다. remotesrv 애플리케이션은 PostgreSQL 데이터베이스를 두 번 호출한다.

모서리가 둥근 박스에 표시된 '정보(info)' 이벤트 외에도 다른 모든 레코드는 입출(entry/exit) 이벤트 쌍으로 이뤄진다는 것을 쉽게 알 수 있다. 정보 이벤트는 잡음과 비슷하게 보인다는 점이 흥미롭다. 즉, 이러한 이벤트는 특정 워크플로의 문제를 해결해야 하는 경우라면 유용한 정보를 포함하고 있을 가능성이 높지만, 워크플로의 형태 자체를 이해하는 데는 큰 도움이 되지 않는다. 그것들을 오직 추적점을 통해서만 수집되는 정보 로그라고 생각해도 된다. 또한 tomcat-jbossclient의 정보 이벤트는 remotesrv 애플리케이션의 실행과 동시에 발생하기 때문에 분기와 조인의 예도 볼 수 있다.

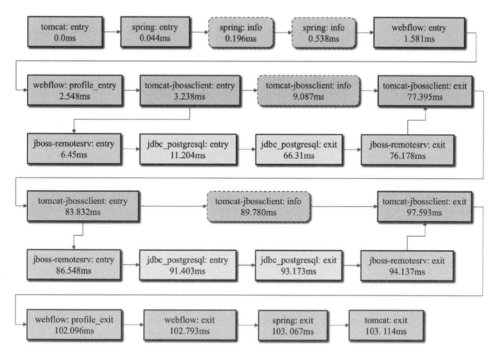

그림 3.8 톰캣에서 실행되는 스프링 애플리케이션과 제이보스에서 실행되며 PostgreSQL 데이터베이스를 호출하는 remotesrv 애플리케이션 사이의 RPC 요청에 대한 이벤트 모델 기반 그래프. 모서리가 둥근 상자는 단순한 해당 시점의 '정보' 이벤트를 나타낸다.

스팬 모델

앞의 예에서처럼 대부분 실행 그래프에는 애플리케이션에서 수행한 특정 작업을 나타내는 잘 정의된 입출 이벤트 쌍이 포함돼 있다는 것을 관찰한 시겔만 등[6]은 단순화된 추적 모델을 제안해서 추적 그래프를 더 이해하기 쉽게 만들었다. RPC가 집중된 구글의 아키텍처를 위해 설계된 대퍼(Dapper)[6]에서 추적은 트리로 표시되는데, 여기서 트리 노드가 **스팬(spans)**이라는 기본 작업 단위다. 트리의 에지는 일반적으로 스팬과 **부모 스팬** 간의 인과관계를 나타낸다. 각 스팬은 시작 및 종료 시간, 사람이 읽을 수 있는 작업 이름, (타임스탬프, 설명) 쌍과 같은 형태의 0개 이상의 중간 애플리케이션별 주석을 포함하는 타임스탬프가 기록된 간단한 로그로서, 이전 예제의 정보 이벤트에 해당한다.

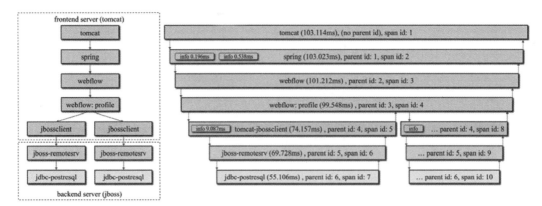

그림 3.9 스팬 모델을 사용해 그림 3.8과 같은 RPC 실행을 나타낸 것.
왼쪽: 스팬 트리로 나타낸 추적 결과, 오른쪽: 간트 차트로 표시된 동일한 추적. 정보 이벤트는 더이상 그래프에 별도의 노드로 포함되지 않으며, 대신 간트 차트에 알약 모양으로 표시된 스팬의 타임스탬프 주석으로 모델링된다.

각 스팬에는 실행 ID와 함께 메타데이터를 통해 전파되는 고유한 ID(예를 들면, 임의의 64 비트 값)가 할당된다. 새 스팬이 시작되면 이전 스팬의 ID를 **부모 ID**로 기록해서 인과관계를 수집한다. 앞의 예에서 원격 서버는 ID=6인 스팬에 주 작업이 나타난다. 원격 서버가 데이터베이스를 호출하면 ID=7이고 부모 ID=6인 다른 스팬이 시작된다.

대퍼의 경우 처음에는 RPC 호출을 하는 클라이언트 애플리케이션이 새로운 스팬 ID를 생성하고 이를 호출의 일부로 전달하며, RPC를 수신하는 서버는 동일한 스팬 ID를 사용해 이벤트를 로깅하는 **다중 서버 스팬**의 모델을 지지했다. 앞의 그림과 달리, 다중 서버 스팬 모델은 트리에 스팬 수가 적은데, 각 RPC 호출을 처리하는 데 두 개의 서비스가 관련돼 있어도 하나의 스팬으로만 표시되기 때문이다. 이러한 다중 서버 스팬 모델은 집킨[7] 같은 다른 추적 시스템에서 사용됐다(이때 스팬을 종종 **공유 스팬**이라고도 함). 그 뒤에 이 모델이 수집 후 추적 처리 및 분석을 불필요하게 복잡하게 만든다는 점이 발견되어, 예거[8] 같은 최신 추적 시스템에서는 RPC 호출을 두 개의 분리된 스팬인 클라이언트 스팬과 그 클라이언트 스팬을 부모로 갖는 서버 스팬으로 표현하는 **단일 호스트** 스팬 모델을 선택했다.

트리 같은 스팬 모델은 프로그래머가 애플리케이션을 계측하든 분석을 위해 추적 시스템에서 추적을 검색하든 이해하기 쉽다. 각 스팬에는 부모가 하나만 있기 때문에 인과관계가 간단한 호출 스택 형태의 보기로 표시되므로 구현하고 추론하기가 쉽다.

실질적으로 이 모델에서 추적은 모든 개발자들에게 매우 직관적인 개념인 **분산 스택 추적**처럼 보인다. 이는 대다수의 추적 인프라가 지원하는 추적에 대한 스팬 모델을 업계에서 가장 인기 있게 만든다. 단일 시점 이벤트(예를 들면, 캐노피(Canopy)[9])의 형태로 계측을 수집하는 추적 시스템도 추적 이벤트를 스팬 모델과 매우 유사한 것으로 변환하기 위해 별도의 노력을 기울인다. 캐노피 제작자들은 '이벤트는 시스템에 계측을 추가하는 엔지니어에게 노출되는 부적절한 추상화'라고 주장하며, 실행 단위, 블록, 점, 에지(edge) 등의 용어로 요청을 설명하는 **모델화된 추적**이라는 또 다른 표현을 제안한다.

대퍼에서 처음 소개된 스팬 모델은 실행을 트리로만 나타낼 수 있었다. 큐, 비동기 실행, 다중 부모 인과 관계(분기 및 조인) 같은 다른 실행 모델을 나타내기가 어려웠다. 캐노피는 계측이 점들 사이의 명확하지 않은 인과관계에 대한 에지를 기록할 수 있게 해서 이를 해결한다. 반대로 오픈트레이싱 API는 고전적인 간단한 스팬 모델을 고수하지만, 스팬은 조인과 비동기 실행을 지원하기 위해 다른 스팬에 대한 다중 '참조'를 포함할 수 있다.

시간 차이 조정

분산 시스템 프로그래밍 분야에서 일하는 사람이라면 정확한 시간 같은 것은 없다는 것을 알고 있을 것이다. 각 컴퓨터에 하드웨어 시계가 내장돼 있지만, 그 시계들은 서로 시간 차이가 있으며, NTP 같은 동기화 프로토콜을 사용하더라도 서버 간에 밀리초 정도의 시간 차이가 날 수 있다. 그러나 우리는 종단 간 추적 계측기가 대부분 추적 이벤트가 있는 타임스탬프를 수집하는 것을 봤다. 어떻게 그러한 타임스탬프를 믿을 수 있을까?

분명한 것은 타임스탬프가 실제로 정확하다는 것을 믿을 수는 없지만, 분산 추적을 분석할 때 타임스탬프를 자주 찾지는 않는다는 점이다. 더 중요한 것은 추적에 있는 타임스탬프가 상대적으로 서로 올바르게 정렬되는 것이다. 다음 다이어그램의 서버 스팬의 시작과 추가 정보 주석과 같이 타임스탬프가 동일한 프로세스에서 나온 경우 그것들의 상대적인 위치가 올바르다고 가정할 수 있다. 동일한 호스트에서는 서로 다른 프로세스의 타임스탬프를 일반적으로 비교할 수 없는데, 왜냐하면 하드웨어 시간 차이의 영향을 받지 않더라도 타임스탬프의 정확도는 특정 프로세스에 어떤 프로그래밍 언어가 사용되는지, 어떤 시간 라이브러리가 어떻게 사용됐는지 같은 여러 가지 요소에 따라 달라지기 때문이다. 각 서버의 타임스탬프는 하드웨어 시간 차이로 달라지기 때문에 확실히 비교할 수 없지만 그것과 관련해서 뭔가를 할 수는 있다.

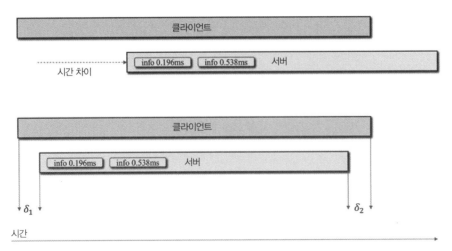

그림 3.10 시간 차이 조정. '클라이언트 송신은 서버 수신 전에 발생해야 한다'와 같은 이벤트 간의 인과관계를 알면 인과관계 제약 조건이 충족되는지 확인하기 위해 두 서비스 중 하나에 대한 타임스탬프를 일관되게 조정할 수 있다. 스팬 안의 주석은 조정할 필요가 없는데, 타임스탬프가 스팬의 시작 및 종료 타임스탬프와 관련해서 정확하다고 가정할 수 있기 때문이다.

그림 3.10의 상단 다이어그램에서 client와 server 스팬을 고려해 보자. 계측에서 이것이 블로킹 RPC 요청이라고 알고 있다고 가정하자. 즉, 클라이언트가 요청을 송신하기 전에 서버가 요청을 수신할 수 없고, 클라이언트는 서버가 실행을 완료하기 전에 응답을 받을 수 없다(이 추론은 client 스팬이 server 스팬보다 긴 경우에만 유효한데, 항상 그렇지는 않다). 이러한 기본 인과관계 규칙을 통해 예에서 볼 수 있듯이 보고된 타임스탬프에 따라 server 스팬이 타임라인에서 잘못 정렬됐는지 아닌지 감지할 수 있다. 그러나 그것이 '얼마나' 잘못 정렬돼 있는지는 알지 못한다.

서버 프로세스에서 발생하는 모든 이벤트에 대한 타임스탬프를 도표 하단에 표시된 것처럼 시작 및 종료 이벤트가 더 큰 클라이언트 스팬의 시간 범위 내에 들 때까지 왼쪽으로 이동해서 조정할 수 있다. 이렇게 조정한 후에 아직 알려지지 않은 δ_1과 δ_2인 두 변수를 얻는다. 특정 추적에서 클라이언트와 서버의 상호작용이 더는 발생하지 않고 추가적인 인과관계 정보가 없는 경우, 변수를 설정하는 방법을 임의로 결정할 수 있는데, 예를 들어 server스팬을 client 스팬 가운데 정확히 배치해 변수를 설정한다.

$$\delta_1 = \delta_2 = \frac{len(client) - len(server)}{2}$$

이 방법으로 계산된 δ_1과 δ_2의 값은 네트워크 통신에서 RPC가 사용한 시간의 추정치를 제공한다. 여기서는 요청과 응답 모두 네트워크를 통해 전송되는 데 대략 같은 시간이 걸렸다고 임의로 가정하고 있다. 다른 경우에는 추적으로부터 추가적인 인과관계 정보를 얻을 수 있다. 예를 들어 서버가 데이터베이스를 호출한 다음, 추적 그래프의 다른 노드가 같은 데이터베이스 서버를 호출했을 수 있다. 이는 데이터베이스 스팬의 가능한 시간 차이 조정에 대한 두 가지 제약 조건을 제공한다. 예를 들어, 첫 번째 부모에서 데이터베이스 스팬을 −2.5ms으로 조정하고 두 번째 부모에서 −5.5ms으로 조정하고자 한다. 동일한 데이터베이스 서버이기 때문에 시간 차이에 대한 조정이 하나만 필요하며, 앞의 공식에서 임의로 수행한 것처럼 자식 스팬이 정확히 부모 스팬의 중간에 있지 않을 수도 있지만, 두 호출 노드 모두에 대해 동작하는 하나의 조정값을 찾으려고 할 수 있다(아마도 −3.5ms일 것이다).

일반적으로 이 접근법을 사용해 추적을 따라가고 많은 제약조건을 종합할 수 있다. 그런 다음 이를 시간 차이 조정의 전체 집합에 대한 선형 방정식의 집합으로 해결하고, 스팬을 정렬하기 위해 추적을 적용한다.

결국, 일반적으로 시간 차이를 정확하게 계산할 다른 신뢰할 수 있는 신호가 없으므로 시간 차이 조정 프로세스는 항상 경험적이다. 이 경험적 기법이 잘못되어 결과 추적 뷰가 사용자에게 타당하게 느껴지지 않는 경우도 있다. 따라서 추적 시스템에서는 추적의 조정된 뷰와 조정되지 않은 뷰를 모두 제공하고 조정이 적용되는 시점을 명확하게 표시하는 것이 좋다.

추적 분석

추적 레코드가 추적 인프라에서 수집되고 정규화되면 시각화 또는 데이터 마이닝 알고리즘을 사용해 이를 분석에 사용할 수 있다. 12장 '데이터 마이닝을 이용한 통찰력 수집'에서 몇 가지 데이터 마이닝 기법을 다룰 것이다.

추적 시스템을 구현하는 사람들은 항상 데이터의 새롭고 창의적인 시각화 방법을 찾고 있으며, 최종 사용자는 원하는 특정 기능을 기반으로 자체적으로 뷰를 만들 때가 많다. 가장 인기 있고 구현하기 쉬운 뷰로는 간트 차트, 서비스 그래프, 요청 흐름 그래프가 있다.

이번 장에서는 간트 차트의 예를 봤다. 간트 차트는 주로 개별 추적을 시각화하는 데 사용된다. x축은 대개 요청 시작으로부터 상대적인 시간을 표시하고, y축은 요청 실행에 참여하는 아키텍처의 여러 다른 계층과 구성 요소를 나타낸다. 간트 차트는 추적에서 어떤 스팬이 가장 시간이 오래 걸리는지 쉽게 보여주고 임계 경로 분석과 결합해서 문제가 있는 영역을 확대할 수 있기 때문에 요청의 지연 시간을 분석하는 데 좋다. 차트의 전반적인 모양으로 하위 요청 간의 동시성 부족 또는 예기치 않은 동기화/블로킹과 같은 기타 성능 문제를 한눈에 알 수 있다.

서비스 그래프는 커다란 추적 모음으로 구성된다. 노드의 팬아웃(fan-out)은 다른 구성 요소에 대한 호출을 나타낸다. 이러한 시각화는 대규모 마이크로서비스 기반 애플리케이션에서 서비스 종속성을 분석하는 데 사용할 수 있다. 에지에서는 추적 모음에 존재하는 두 개의 특정 구성 요소 사이의 호출 빈도와 같은 추가 정보를 제공할 수 있다.

이벤트 모델을 다룬 절의 예에서 봤듯이 요청 흐름 그래프는 개별 요청의 실행을 나타낸다. 이벤트 모델을 사용하는 경우, 흐름 그래프의 팬아웃은 병렬 실행을 나타내며, 팬인(fan-in)은 실행에서 조인을 나타낸다. 스팬 모델을 사용하면 흐름 그래프를 다르게 표시할 수 있다. 예를 들어, 팬아웃은 동시성을 의미하기보다는 서비스 그래프와 비슷하게 다른 구성 요소에 대한 호출을 나타낼 수 있다.

정리

이번 장에서는 대부분의 오픈소스, 상용, 학술형 분산 추적 시스템의 기본 원리와 일반적인 구현의 내부 구조를 소개했다. 메타데이터 전파는 추적 레코드를 특정 실행과 연관시키고 인과관계를 수집하는 데 가장 널리 사용되고 자주 구현되는 방식이다. 이벤트 모델과 스팬 모델은 사용 편의성을 위해 표현성을 희생한 두 가지 완전한 추적 표현이다.

이 장에서는 몇 가지 시각화 기법을 간략히 언급했으며, 시각화 및 데이터 마이닝 사용 사례에 대한 다양한 예제는 이후 장에서 살펴본다.

다음 장에서는 분산 추적을 위해 오픈트레이싱 API를 이용한 간단한 "Hello, World!" 애플리케이션을 계측하는 연습을 진행하겠다.

참고 자료

1. Bryan M. Cantrill, Michael W. Shapiro, and Adam H. Leventhal. "운영 시스템의 동적 계측(Dynamic Instrumentation of Production Systems)". Proceedings of the 2004 USENIX Annual Technical Conference, June 27–July 2, 2004.

2. Michael Chow, David Meisner, Jason Flinn, Daniel Peek, Thomas F. Wenisch. "미스테리 머신: 대규모 인터넷 서비스의 종단 간 성능 분석(The Mystery Machine: End-to-end Performance Analysis of Large-scale Internet Services)". Proceedings of the 11th USENIX Symposium on Operating Systems Design and Implementation. October 6–8, 2014.

3. Paul Barham, Austin Donnelly, Rebecca Isaacs, and Richard Mortier. "요청 추출과 워크로드 모델링을 위한 맥파이 사용(Using Magpie for request extraction and workload modelling)". OSDI '04: Proceedings of the 6th USENIX Symposium on Operating Systems Design and Implementation, 2004.

4. Leslie Lamport. "분산 시스템에서 이벤트의 시각, 시간, 그리고 순서(Time, clocks, and the ordering of events in a distributed system)". Communications of the ACM, 21 (7), July1978.

5. Rodrigo Fonseca, George Porter, Randy H. Katz, Scott Shenker, and Ion Stoica. "X-Trace: 광범위한 네트워크 추적 프레임워크(a pervasive network tracing framework)". In NSDI '07: Proceedings of the 4th USENIX Symposium on Networked Systems Design and Implementation, 2007.

6. Benjamin H. Sigelman, Luiz A. Barroso, Michael Burrows, Pat Stephenson, Manoj Plakal, Donald Beaver, Saul Jaspan, and Chandan Shanbhag. "대퍼, 대규모 분산 시스템 추적 인프라(Dapper, a large-scale distributed system tracing infrastructure)". Technical Report dapper-2010-1, Google, April 2010.

7. Chris Aniszczyk. "집킨으로 분산 시스템 추적(Distributed Systems Tracing with Zipkin)". Twitter Engineering blog, June 2012: https://blog.twitter.com/engineering/en_us/a/2012/distributed-systems-tracing-with-zipkin.html

8. Yuri Shkuro. "우버 엔지니어링에서 분산 추적의 진화(Evolving Distributed Tracing at Uber Engineering)". Uber Engineering blog, February 2017: https://eng.uber.com/distributed-tracing/

9. Jonathan Kaldor, Jonathan Mace, Michał Bejda, Edison Gao, Wiktor Kuropatwa, Joe O'Neill, Kian Win Ong, Bill Schaller, Pingjia Shan,Brendan Viscomi, Vinod Venkataraman, Kaushik Veeraraghavan, andYee Jiun Song. "캐노피: 종단 간 성능 추적과 분석 시스템(Canopy: An End-to-End Performance Tracing and Analysis System)". Symposium on Operating Systems Principles, October 2017.

10. Raja R. Sambasivan, Rodrigo Fonseca, Ilari Shafer, and Gregory R. Ganger.

11. "그래서, 분산 시스템을 추적하고 싶다는 거야? 수년간의 실제적인 경험에서 오는 핵심 설계에 대한 통찰력(So, You Want To Trace Your Distributed System? Key Design Insights from Years of Practical Experience)". Carnegie Mellon University Parallel Data Lab Technical Report CMU-PDL-14-102, April 2014.

12. 오픈트레이싱 프로젝트: http://opentracing.io/

04

오픈트레이싱을 이용한 계측 기초

3장에서는 종단 간 추적의 배경 이론과 분산 추적 인프라를 구축할 때 어떤 데이터 형식을 사용해 프로세스 간 메타데이터를 전파하고 추적 데이터를 추적 백엔드로 내보낼 수 있는지 등 반드시 내려야 하는 다양한 아키텍처 결정을 살펴봤다. 이번 장에서 보겠지만, 다행스럽게도 비즈니스 애플리케이션이나 오픈소스 프레임워크, 라이브러리를 측정하고자 하는 추적 인프라의 최종 사용자는 일반적으로 그러한 결정에 대해 걱정할 필요가 없다.

앞에서는 계측과 추적점이라는 개념에 대해 간단히 언급만 했다. 그래서 이번 장에서는 Go, 자바, 파이썬으로 작성된 세 개의 고전적인 "Hello, World!" 애플리케이션을 이용해 계측 문제에 관해 깊이 살펴볼 것이다.

이 애플리케이션은 데이터베이스를 사용해 마이크로서비스로 구축되며, 가끔 '의도적으로 부정확한' 응답을 내뱉는다. 오픈트레이싱 프로젝트의 오픈트레이싱 API[1]를 이용해 여러 추적 솔루션 제공 업체의 계측기를 이식할 수 있게 할 것이며, 출입 추적점 생성, 스팬에 태그 및 타임스탬프가 포함된 이벤트로 주석 달기, 메타데이터 전송을 위한 메타데이터 인코딩과 디코딩, 오픈트레이싱 API에서 제공하는 프로세스 내 컨텍스트 전파 메커니즘과 같은 주제를 다룬다.

세 가지 프로그래밍 언어를 사용해 오픈트레이싱 API의 일반적인 개념이 각 언어로 어떻게 나타나고, 언어의 제한으로 인해 서로 어떻게 다른지 보여준다.

이번 장은 여러 실습으로 구성되며, 각각 특정 주제를 다룬다.

- **실습 1: Hello 애플리케이션**
  - 애플리케이션 실행
  - 구조 검토

- **실습 2: 첫 번째 추적**
  - 추적기 생성
  - 간단한 추적 생성
  - 추적에 주석 달기

- **실습 3: 함수 추적과 컨텍스트 전달**
  - 개별 함수와 데이터베이스 호출 추적
  - 여러 스팬을 단일 추적으로 결합
  - 프로세스 내 요청 컨텍스트 전파

- **실습 4: RPC 요청 추적**
  - 단일 아키텍처 분해
  - 한 개 이상의 마이크로서비스상에서 트랜잭션 추적
  - 추적점 주입 및 추출 프로세스 간에 컨텍스트 전달
  - 오픈트레이싱 추천 태그 적용

- **실습 5: 배기지 사용**
  - 분산 컨텍스트 전파 이해
  - 호출 그래프를 통한 데이터 전달을 위해 배기지 사용

- **실습 6: 자동 계측**

  - 기존 오픈소스 계측기 사용

  - 제로 터치(zero-touch) 계측기 사용

- **실습 7: 추가 혜택**

이번 장을 마치고 나면 분산 추적을 더 잘 사용하기 위해 애플리케이션이나 프레임워크에 계측을 적용하는 방법에 대한 지식과 이해를 얻을 것이다.

사전 요구사항

이번 장의 예제를 실행하기 위해서는 세 가지 프로그래밍 언어 각각에 대한 개발환경을 준비하고 추적 백엔드를 실행해야 한다. 이번 절에서는 필요한 의존성 설정에 대한 지침을 제공한다.

프로젝트 소스코드

예제의 3분의 1은 Go로 작성돼 있고, 소스코드[2]는 GOPATH에 상대적인 특정 디렉터리에 위치할 것으로 가정한다(이 소스코드는 Go 1.11 및 모듈이 지원되기 전에 작성됐다). 예제는 Go 버전 1.10에서 테스트했다. 소스코드를 다운로드하려면 다음 단계를 따른다.

```
$ mkdir -p $GOPATH/src/github.com/wikibook
$ cd $GOPATH/src/github.com/wikibook
$ git clone https://github.com/wikibook/tracing.git tracing
```

git clone 명령의 마지막 인수에 디렉터리가 .git 접미사로 생성되지 않게 해야 하며, 그렇지 않으면 Go 컴파일러가 혼란스러워 한다. Go 예제를 실행하지 않는다면 파이썬과 자바는 디렉터리를 상관하지 않으므로 원하는 디렉터리의 소스코드를 복제하면 된다.

이번 장 전체에서 사용할 주요 디렉터리를 좀 더 쉽게 참조하기 위한 환경변수를 정의해 보자.

```
$ cd tracing/Chapter04
$ export CH04=`pwd`
$ echo $CH04
/Users/yurishkuro/gopath/src/github.com/wikibook/tracing/Chapter04
```

예제 소스코드는 다음과 같은 구조로 구성돼 있다.

```
tracing/
  Chapter04/
    go/
      exercise1/
      exercise2/
      lib/
      ...
    java/
      src/main/java/
        exercise1/
        exercise2/
        ...
      pom.xml
    python/
      exercise1/
      exercise2/
      lib/
      ...
      requirements.txt
```

모든 예제는 언어별로 먼저 그룹화된다. 언어의 주요 디렉터리에는 pom.xml이나 requirements.txt 같은 프로젝트 파일과 각 실습의 최종 코드가 담긴 exercise# 디렉터리 목록이 포함돼 있다. 또한 실습을 통해 공유되는 코드에 사용되는 lib 디렉터리를 찾을 수도 있다.

exercise1과 exercise4a를 제외한 모든 코드 예제는 이전 실습을 기반으로 한다. {lang}/exercise1 모듈의 코드를 시작점으로 사용하고 각 장의 전반부에서 해당 코드를 계속 개선한 다음 {lang}/exercise4a로 이동해서 동일하게 진행한다.

Go 개발환경

Go 개발환경 설치 지침은 설명서(https://golang.org/doc/install)를 참조한다. 예제는 Go 버전 1.10.x에서 테스트했다. 표준 툴체인 외에도 의존성 관리 도구인 dep가 필요하다. 설치 지침은 https://github.com/golang/dep를 참조한다. 설치가 끝나면 dep를 실행해 필요한 모든 의존성을 다운로드한다.

```
$ cd $CH04/go
$ dep ensure
```

의존성은 Gopkg.toml 파일에 선언되며, 예를 들면 다음과 같다.

```
[[constraint]]
  name = "github.com/uber/jaeger-client-go"
  version = "^2.14.0"
```

반복 가능한 빌드를 보장하기 위해 dep는 Gopkg.lock 파일[1]을 사용하며, 이 파일에서 의존성은 특정 버전 또는 깃 커밋으로 정해진다. dep ensure를 실행하면 모든 의존성을 다운로드해서 vendor 폴더에 저장한다.

자바 개발환경

자바 예제는 자바 8에서 테스트했지만, 최신 JDK 버전에서도 작동할 것이다. http://jdk.java.net/java-se-ri/8에서 OpenJDK를 다운로드할 수 있다. 예제를 빌드하고 실행하기 위해 메이븐(Maven)을 사용했고, 메이븐 래퍼 스크립트인 mvnw와 mvnw.cmd가 포함돼 있으므로 메이븐을 전역적으로 설치할 필요가 없다. 필요한 모든 의존성을 다운로드할 수 있도록 한 번 실행한다.

```
$ cd $CH04/java
$ ./mvnw install
```

파이썬 개발환경

파이썬 예제를 따르려면 파이썬 버전 2.7.x 또는 3.7.x를 설치한다(https://www.python.org/downloads/ 참조). 또한 의존성 관리자 도구인 pip(https://pypi.org/project/pip/ 참조) 및 가상 환경 관리자인 virtualenv(https://pypi.org/project/virtualenv/ 참조)도 필요할 것이다. 다음과 같이 작업 공간을 초기화하고 의존성을 설치한다.

```
$ cd $CH04/python
$ virtualenv env
```

---

1 (옮긴이) 프로젝트 정보를 가진 파일

```
$ source env/bin/activate
$ pip install -r requirements.txt
```

이렇게 하면 가상 환경을 포함하는 env 하위 디렉터리가 생성된 후, 이 가상 환경을 활성화하고 pip를 실행해 의존성을 설치한다. pipenv이나 pyenv 같은 다른 파이썬 환경 도구가 더 편하다면 그 도구를 사용해도 좋다.

MySQL 데이터베이스

여기서 사용할 애플리케이션은 MySQL 데이터베이스를 호출할 것이다. 데이터베이스와 관련된 특별한 요구사항은 없으므로 모든 MySQL 버전에서도 동작하겠지만, 여기서는 커뮤니티 서버 에디션 버전 5.6을 사용해 테스트했다. https://dev.mysql.com/downloads/mysql/에서 로컬로 다운로드해서 설치할 수 있지만, 도커 컨테이너로 실행할 것을 권장한다.

```
$ docker run -d --name mysql56 -p 3306:3306 \
       -e MYSQL_ROOT_PASSWORD=mysqlpwd mysql:5.6
cae5461f5354c9efd4a3a997a2786494a405c7b7e5b8159912f691a5b3071cf6
$ docker logs mysql56 | tail -2
2018-xx-xx 20:01:17 1 [Note] mysqld: ready for connections.
Version: '5.6.42' socket: '/var/run/mysqld/mysqld.sock' port: 3306 MySQL Community Server (GPL)
```

이 책의 범위를 벗어나기는 하지만, 데이터베이스를 만들 수 있는 사용자와 권한을 정의해야 할 수도 있다. 편의를 위해 여기서는 데이터베이스에 접근하기 위해 mysqlpwd라는 패스워드를 갖는 기본 사용자 root를 사용했다(운영 환경에서는 절대 이렇게 하면 안 된다).

소스코드에는 chapter04 데이터베이스와 people 테이블을 생성하고 데이터를 채우는 SQL 명령이 담긴 database.sql이라는 파일이 포함돼 있다.

```
$ docker exec -i mysql56 mysql -uroot -pmysqlpwd < $CH04/database.sql
Warning: Using a password on the command line interface can be insecure.
```

로컬에 설치하는 경우, 직접 mysql을 실행할 수 있다.

```
$ mysql -u root -p < $CH04/database.sql
Enter password:
```

쿼리 도구(curl 또는 wget)

예제 애플리케이션에서는 REST API를 노출할 것이므로 이 API와 상호작용할 방법이 필요하다. 한 가지 방법은 브라우저에 URL을 입력하는 것이다. 더 쉬운 방법은 curl(https://curl.haxx.se/) 같은 명령행 유틸리티를 사용하는 것이다.

```
$ curl http://some-domain.com/some/url
```

또 다른 방법은 wget(https://www.gnu.org/software/wget/)으로, 화면에 응답을 출력하기 위해 몇 가지 추가 인수가 필요하다.

```
$ wget -q -o- http://some-domain.com/some/url
```

추적 백엔드(예거)

마지막으로 예거[3]를 추적 백엔드로 사용할 것이므로 예거를 시작하고 계속 실행하는 것이 좋다. 올인원 바이너리 또는 도커 컨테이너를 실행하는 방법에 대해서는 2장 'HotROD 승차 추적하기'의 지침을 참조한다. 백엔드가 시작되면 http://localhost:16686/에서 웹 프런트엔드를 열 수 있는지 확인한다.

오픈트레이싱

실습에 들어가기 전에 오픈트레이싱 프로젝트에 대해 이야기해 보자. 2015년 10월, 집킨의 수석 관리자인 애드리안 콜은 샌프란시스코의 피보탈 사무소에서 "분산 추적 및 집킨 워크샵(Distributed Tracing and Zipkin Workshop)"을 조직하고 주최했다. 참석자로는 상용 추적 공급 업체, 오픈소스 개발자, 조직에 추적 인프라를 구축하거나 배치하는 여러 기업의 엔지니어가 있었다.

격식 없는 대화의 공통적인 주제는 대규모 조직에서 추적을 광범위하게 채택하는 데 가장 큰 장애물의 하나는 표준 API가 없기 때문에 방대한 오픈소스 프레임워크 및 라이브러리를 위한 재사용 가능한 계측기가 없다는 점이었다. 그 점이 모든 공급 업체, 집킨과 같은 오픈소스 추적 시스템, 그리고 최종 사용자로 하여금 동일한 인기 소프트웨어 및 프레임워크에 대해 반복적으로 계측기를 구현하도록 만들었다.

이 그룹은 **클라우드 네이티브 컴퓨팅 재단(Cloud Native Computing Foundation, CNCF)** (https://cncf.io)에서 인큐베이팅하면서 결국 오픈트레이싱 프로젝트가 된 공통 계측 API의 첫 번째 버전을 위해 협력했다. 이 프로젝트는 현재 다수의 주요 프로그래밍 언어로 된 표준 추적 API를 포함하며, 다양한 인기 오픈소스 프레임워크를 위한 계측기를 제공하는 100개 이상의 모듈을 유지 관리한다. 여기서는 지난 실습에서 이미 만든 계측기 예제를 사용할 테지만, 먼저 오픈트레이싱의 일반적인 원리에 대해 이야기해 보자.

사람들이 오픈트레이싱 프로젝트에 대해 갖는 한 가지 일반적인 오해는 이 프로젝트가 실제 종단 간 추적 인프라를 제공한다고 생각하는 것이다. 6장 '추적 표준 및 생태계'에서 볼 수 있듯이 조직의 추적 시스템을 배포하는 사람은 다섯 가지 문제를 해결해야 한다. 오픈트레이싱 프로젝트는 이러한 문제 중 하나를 해결하는데, 인기 있는 프레임워크에 대한 재사용 가능한 계측 라이브러리는 물론 계측을 위해 공급 업체 중립적인 API를 제공한다. 수천 명의 소프트웨어 엔지니어로 구성돼 있는 조직이라면 그중 소수만이 실제로 추적 인프라를 배치하는 일을 하고 나머지 전부는 이러한 라이브러리와 API의 사용자이기 때문에 이 문제가 가장 사용자가 많이 겪는 문제일 가능성이 크다. 나머지 엔지니어는 자체 애플리케이션을 개발할 것이며, 인프라 라이브러리에 추적 계측기를 포함시키거나 자신의 코드를 계측하는 데 사용할 수 있는 소수의 잘 정의된 API를 사용할 것으로 예상된다.

오픈트레이싱 API를 사용하면 개발자는 본인들이 가장 잘 아는 것, 즉 자신의 소프트웨어에서 실행되는 분산 트랜잭션의 의미론적 동작을 설명하는 데 집중할 수 있다. 메타데이터의 정확한 전송 형식 및 스팬 데이터의 형식과 같은 기타 모든 추적 관련 문제는 최종 사용자가 코드를 변경하지 않고 교체할 수 있는 오픈트레이싱 API 구현을 이용해서 처리한다.

오픈트레이싱 API는 **트레이서(tracer)**와 **스팬(span)**이라는 두 가지 기본 요소를 정의한다. 트레이서는 스팬을 생성하고 프로세스 및 구성 요소 경계를 넘나들며 컨텍스트를 전송하는 방법을 노출하는 책임이 있는 단일 개체(singleton)다. 예를 들면, Go에서 Tracer 인터페이스는 다음의 세 가지 메서드만 갖고 있다.

```
type Tracer interface {
    StartSpan(operationName string, opts
...StartSpanOption) Span
    Inject(sc SpanContext, format interface{}, carrier interface{}) error
    Extract(format interface{}, carrier interface{})
(SpanContext, error)
}
```

스팬은 애플리케이션에서 지정된 추적점을 구현하기 위한 인터페이스다. 이전 장에서 설명한 것처럼 스팬 모델의 컨텍스트에서 스팬은 특정 분산 실행을 대신해서 애플리케이션이 수행하는 작업 단위를 나타낸다. 오픈트레이싱에서는 이 작업 단위에 '작업 이름'이라는 이름을 부여한다('스팬 이름'이라고도 함). 각 스팬에는 시작 및 종료 시간이 있으며, 대부분의 경우 StartSpan() 메서드에 대한 '스팬 참조' 형태로 제공되는, 실행 시 선행자와의 인과관계 링크가 포함된다.

트레이서에서 시작된 모든 스팬은 Finish() 메서드를 호출해서 완료해야 하며, 이 시점에서 트레이서 구현은 누적된 데이터를 추적 백엔드로 즉시 보내거나 효율성을 이유로 데이터를 버퍼링해서 나중에 다른 완료된 스팬과 함께 더 큰 배치의 일부로 보낼 수 있다. Span 인터페이스에는 태그(키-값 쌍)와 로그(자체 태그가 있는 타임스탬프 이벤트)로 스팬에 주석을 다는 메서드도 있다. Go의 Span 인터페이스는 다음과 같다(일부 오버로드된 메서드는 제외).

```go
type Span interface {
    SetOperationName(operationName string) Span
    SetTag(key string, value interface{}) Span
    LogFields(fields ...log.Field)

    SetBaggageItem(restrictedKey, value string) Span
    BaggageItem(restrictedKey string) string

    Finish()

    Context() SpanContext
    Tracer() Tracer
}
```

보다시피 스팬은 대부분 쓰기 전용 API다. 나중에 설명할 배기지 API를 제외하고 다른 모든 메서드는 데이터를 다시 읽는 것이 불가능한 채로 스팬에 데이터를 쓰는 데 사용된다. 기록된 데이터에 대한 읽기 API를 제공하기 위한 구현이 필요할 경우 그 구현이 데이터를 내부적으로 처리할 수 있는 방법에 있어서 추가적인 제한 사항이 부과되므로 의도적으로 이렇게 하는 것이다. 즉, 스팬은 기본적으로 쓰기를 위한 인터페이스이며 읽기는 별도의 인터페이스를 통해 제공한다.

스팬 컨텍스트(span context)는 오픈트레이싱 API의 또 다른 중요한 개념이다. 이전 장에서는 추적 시스템이 요청의 실행 경로를 따라 메타데이터를 전파해서 분산된 실행을 추적할 수 있다고 설명했다.

스팬 컨텍스트는 해당 메타데이터의 메모리 내 표현이다. 메타데이터의 실제 표현이 구현에 따라 다르기 때문에 배기지 반복자를 제외하면 이 인터페이스에는 실제로 메서드가 없다. 대신 Tracer 인터페이스는 계측이 스팬 컨텍스트로 표현된 메타데이터를 어떤 전송 표현으로 또는 어떤 전송 표현으로부터 인코딩할 수 있는 Inject()와 Extract() 메서드를 제공한다.

두 스팬 사이의 인과관계는 **스팬 참조(span reference)**로 표시된다. 스팬 참조는 두 값의 조합이며, 하나는 관계 유형을 설명하는 참조 유형이고 다른 하나는 참조된 스팬을 식별하는 스팬 컨텍스트다. 스팬 참조는 그것이 시작될 때만 스팬에 기록될 수 있으므로 인과관계 그래프에서 루프가 방지된다. 스팬 참조는 이번 장의 뒷부분에서 다시 살펴본다.

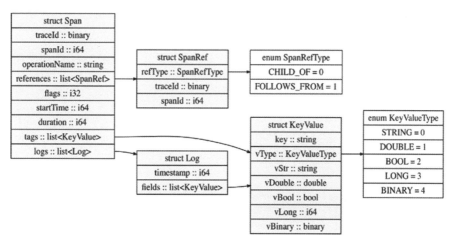

그림 4.1 예거의 물리적 스리프트(Thrift) 데이터 모델에서 오픈트레이싱 개념 모델의 표현

오픈트레이싱 개념 모델에 대한 간략한 소개를 끝내기 위해 그림 4.1에 있는 예거의 구체적인 표현을 살펴보는 것이 도움이 될 것이다. 왼쪽에는 operationName, startTime, duration, tags, logs 같은 예상되는 필드가 들어 있는 Span 구조체가 표시돼 있다. traceId와 spanId 필드도 볼 수 있는데, 이는 오픈트레이싱 API의 또 다른 구현이 이러한 필드 또는 심지어 완전히 다른 필드의 표현을 가질 수 있다는 점에서 예거에 고유하다.

references 목록은 인과관계 DAG에 있는 상위 스팬에 대한 링크를 포함하고 있다. 이 태그들은 다섯 가지 유형 중 하나의 키와 값을 포함하는 KeyValue 구조체로 표현된다.

Log 구조체는 타임스탬프와 키-값 쌍 중첩 목록의 조합이다(오픈트레이싱 API에서는 '로그 필드'라고 함). 이것은 예거의 백엔드 데이터 모델이기 때문에 스팬 컨텍스트에 대한 데이터 유형이 없으며, 실행이 진행 중일 때 메타데이터를 전달하고 스팬 간에 인과관계 참조를 설정할 때만 필요하다. Go에 대한 오픈트레이싱 API의 실제 예거 구현을 살펴보면 다음과 같은 SpanContext 인터페이스 구현을 볼 수 있다.

```
type SpanContext struct {
    traceID TraceID
    spanID  SpanID
    flags   byte
    baggage map[string]string
    debugID string
}
```

이제 오픈트레이싱 API의 기초를 살펴봤으니, 실습해 보자.

실습 1: Hello 애플리케이션

첫 번째 실습에서는 간단한 단일 프로세스 Hello 애플리케이션을 실행하고 소스코드를 검토할 것이다. 그렇게 해서 나중에 이 예제를 분산 추적을 위해 사용할 수 있다. 이 애플리케이션은 다음과 같이 HTTP 요청을 보내서 접근할 수 있는 웹 서비스로 구현된다.

```
$ curl http://localhost:8080/sayHello/John
Hello, John!

$ curl http://localhost:8080/sayHello/Margo
Hello, Margo!
```

그러나 이 애플리케이션은 때때로 요청한 사람에 대한 추가 지식을 자발적으로 더 제공함으로써 다소 오싹한 빅 브라더(big brother)[2]를 떠오르게 한다.

```
$ curl http://localhost:8080/sayHello/Vector
Hello, Vector! Committing crimes with both direction and magnitude!

$ curl http://localhost:8080/sayHello/Nefario
Hello, Dr. Nefario! Why ... why are you so old?
```

---

2 (옮긴이) 영국 작가인 조지 오웰의 소설 『1984』에 나오는 가공의 인물로 전체주의 국가인 오세아니아를 통치하며 시민들의 일거수일투족을 감시한다. "빅 브라더가 당신을 보고 있다(Big Brother is watching you)"라는 문구가 유명하다.

앞에서 생성하고 데이터를 넣은 MySQL 데이터베이스에서 정보를 검색한다. 이후 실습에서는 이 애플리케이션에서 여러 개의 마이크로서비스를 실행하도록 확장할 것이다.

Go로 작성한 Hello 애플리케이션

모든 Go 실습의 작업 디렉터리는 $CH04/go다.

애플리케이션을 실행해 보자(간결함을 위해 로그 메시지에서 날짜와 타임스탬프는 제거했다).

```
$ go run ./exercise1/hello.go
Listening on http://localhost:8080/
```

이제 HTTP 서버는 실행되고 있으므로 다른 터미널 창에서 쿼리를 실행해 보자.

```
$ curl http://localhost:8080/sayHello/Gru
Hello, Felonius Gru! Where are the minions?%
```

애플리케이션의 코드가 어떻게 구성돼 있는지 살펴보자.

```
$ ls exercise1/*
exercise1/hello.go

exercise1/people:
repository.go
```

애플리케이션은 메인 파일인 hello.go와 people이라는 데이터 저장소 모듈로 구성돼 있다. 데이터 저장소는 lib/model/person.go에 정의된, 속성 이름만 봐도 무엇을 나타내는지 알 수 있는 속성들을 가진 Person 타입을 사용한다.

```
package model

// Person은 사람을 나타낸다.
type Person struct {
    Name        string
    Title       string
```

```
    Description string
}
```

데이터 저장소인 people/repository.go도 상당히 간단하다. 외부 모듈을 임포트하는 구문부터 시작한다.

```
package people

import (
    "database/sql"
    "log"

    "github.com/go-sql-driver/mysql"
    "github.com/wikibook/tracing/Chapter04/go/lib/model"
)
```

이 소스에서 MySQL 드라이버와 Person 구조체를 정의하는 model 패키지를 임포트한다는 것을 알 수 있다. 그런 다음 MySQL 데이터베이스의 연결 URL(root:mysqlpwd는 사용자 이름과 암호를 가리킨다)과 Repository 유형을 몇 가지 선언한다.

```
const dburl = "root:mysqlpwd@tcp(127.0.0.1:3306)/chapter04"

// Repository는 사람들에 대한 정보를 조회한다.
type Repository struct {
    db *sql.DB
}
```

생성자 함수는 데이터베이스 연결을 만들고 Repository 객체에 저장한다.

```
// NewRepository는 MySQL 데이터베이스가 지원하는 새 Repository를 생성한다.
func NewRepository() *Repository {
    db, err := sql.Open("mysql", dburl)
    if err != nil {
        log.Fatal(err)
    }
    err = db.Ping()
    if err != nil {
```

```
        log.Fatalf("Cannot ping the db: %v", err)
    }
    return &Repository{
        db: db,
    }
}
```

이 함수는 데이터베이스 연결 없이는 작동하지 않으므로 연결에 문제가 있을 때 `log.Fatal`을 사용해 즉시 프로그램에서 패닉을 발생시킨다. 메인 메서드인 `GetPerson()`은 특정 사람의 이름이 지정되면 데이터베이스에서 그 사람의 정보를 가져온다.

```
// GetPerson은 데이터베이스에서 이름으로 사람을 찾는다.
// 찾지 못하면, 이름 필드만 채워진 Person 객체를 반환한다.
func (r *Repository) GetPerson(name string) (model.Person, error)
{
    query := "select title, description from people where name = ?"
    rows, err := r.db.Query(query, name)
    if err != nil {
        return model.Person{}, err
    }
    defer rows.Close()

    for rows.Next() {
        var title, descr string
        err := rows.Scan(&title, &descr)
        if err != nil {
            return model.Person{}, err
        }
        return model.Person{
            Name:        name,
            Title:          title,
            Description: descr,
        }, nil
    }
    return model.Person{
        Name: name,
    }, nil
}
```

Close( ) 메서드는 데이터베이스 연결을 닫는다.

```go
// Close는 하부 db 연결을 종료하는 close를 호출한다.
func (r *Repository) Close() {
    r.db.Close()
}
```

이 코드가 바로 Go의 database/sql 모듈의 표준 사용법이다. 이 부분은 빼고, hello.go의 메인 애플리케이션 코드를 살펴보자. 저장소에 접근하려면 people 패키지를 임포트해야 한다.

```go
package main

import (
    "log"
    "net/http"
    "strings"

    "github.com/wikibook/tracing/chapter-04/go/exercise1/people"
)
```

메인 함수는 저장소를 생성하고 8080 포트로 수신하는 HTTP 서버를 시작하고 단일 엔드포인트인 sayHello로 서비스한다.

```go
var repo *people.Repository

func main() {
    repo = people.NewRepository()
    defer repo.Close()

    http.HandleFunc("/sayHello/", handleSayHello)

    log.Print("Listening on http://localhost:8080/")
    log.Fatal(http.ListenAndServe(":8080", nil))
}
```

이 엔드포인트는 `handleSayHello()` 함수에서 구현된다. 그것은 URL 경로에서 사람 이름을 읽고 `SayHello(name)`라는 다른 함수를 호출한다.

```go
func handleSayHello(w http.ResponseWriter, r *http.Request) {
    name := strings.TrimPrefix(r.URL.Path, "/sayHello/")
    greeting, err := SayHello(name)
    if err != nil {
        http.Error(w, err.Error(), http.StatusInternalServerError)
        return
    }
    w.Write([]byte(greeting))
}
```

`SayHello()` 함수는 저장소를 사용해 이름을 인자로 받아 Person 객체를 로드하고 찾은 정보를 사용해 인사말을 구성한다.

```go
// SayHello는 이름을 가진 사람에 대한 인사말을 생성한다.
func SayHello(name string) (string, error) {
    person, err := repo.GetPerson(name)
    if err != nil {
        return "", err
    }
    return FormatGreeting(
        person.Name,
        person.Title,
        person.Description,
    ), nil
}

// FormatGreeting은 사람에 대한 정보와 인사말을 합친다.
func FormatGreeting(name, title, description string) string {
    response := "Hello, "
    if title != ""{
        response += title + " "
    }
    response += name + "!"
        if description != "" {
```

```
        response += " " + description
    }
    return response
}
```

자바로 작성한 Hello 애플리케이션

모든 자바 실습의 작업 디렉터리는 `$CH04/java`다. 애플리케이션에서는 스프링 부트 프레임워크(http://spring.io/projects/spring-boot)를 사용한다. 여기서는 메이븐 래퍼를 사용해 앱을 빌드하고 실행한다. 의존성은 `pom.xml` 파일에 정의돼 있으며, 스프링 부트 아티팩트, 데이터베이스 접근(MySQL 연결)을 위한 JPA 어댑터, 마지막으로 예거 클라이언트 라이브러리가 포함돼 있다.

```
<dependency>
    <groupId>io.jaegertracing</groupId>
    <artifactId>jaeger-client</artifactId>
    <version>0.31.0</version>
</dependency>
```

이 파일에는 주석 처리된 의존성인 `opentracing-spring-cloud-starter`도 포함돼 있다.

```
<!--
<dependency>
    <groupId>io.opentracing.contrib</groupId>
    <artifactId>opentracing-spring-cloud-starter</artifactId> <version>0.1.13</version>
</dependency>
-->
```

실습 6까지는 이 주석을 풀지 않는다. 모든 실습이 같은 모듈에 정의돼 있기 때문에 `main()` 함수를 정의하는 클래스가 여러 개 있으며, 따라서 다음과 같이 스프링에게 어떤 메인 클래스를 실행하고 싶은지 알려줘야 한다.

```
$ ./mvnw spring-boot:run -Dmain.class=exercise1.HelloApp
[... a lot of logs ...]
INFO 57474 --- [main] exercise1.HelloApp: Started HelloApp in 3.844 seconds
```

Go와 파이썬 앱에 비해 메이븐과 스프링 모두 '많은 로그'를 생성한다. 마지막 로그에는 애플리케이션이 시작됐음을 명시해야 한다. 여느 방법과 마찬가지 방법으로 테스트할 수 있다.

```
$ curl http://localhost:8080/sayHello/Gru
Hello, Felonius Gru! Where are the minions?%
```

애플리케이션의 소스코드는 두 개의 패키지로 구성된다. 그중 한 가지(lib.people)는 모든 실습에서 공유되며 Person 클래스를 데이터 모델로 정의하고, PeopleRepository 인터페이스를 데이터 액세스를 위해 정의한다.

```java
@Entity
@Table(name = "people")
public class Person {
    @Id
    private String name;

    @Column(nullable = false)
    private String title;

    @Column(nullable = false)
    private String description;

    public Person() {}

    public Person(String name) { this.name = name; }
}

public interface PersonRepository
    extends CrudRepository<Person, String> {
}
```

Person 클래스에는 멤버에 대한 접근자 메서드(getter)도 포함돼 있는데, 여기서는 생략한다. 이 두 개의 클래스를 함께 사용하면 스프링 데이터(Spring Data)를 사용해 데이터베이스에 접근할 수 있다. 데이터베이스 연결의 세부 정보는 src/main/resources/application.properties에 정의돼 있다.

```
spring.jpa.hibernate.ddl-auto=none
spring.datasource.url=jdbc:mysql://localhost:3306/Chapter04
spring.datasource.username=root
spring.datasource.password=mysqlpwd
```

메인 애플리케이션 코드는 exercise1 패키지에서 찾을 수 있다. 이 코드에는 매우 간단한 메인 클래스인
HelloApp이 포함돼 있으며, 여기서 스프링은 lib.people 패키지를 지정해서 데이터 모델과 저장소 인터페
이스를 자동으로 발견한다.

```java
@EnableJpaRepositories("lib.people")
@EntityScan("lib.people")
@SpringBootApplication
public class HelloApp {
    public static void main(String[] args) {
        SpringApplication.run(HelloApp.class, args);
    }
}
```

HelloController 클래스에 있는 메인 로직은 다음과 같다.

```java
@RestController
public class HelloController {

    @Autowired
    private PersonRepository personRepository;

    @GetMapping("/sayHello/{name}")
    public String sayHello(@PathVariable String name) {
        Person person = getPerson(name);
        String response = formatGreeting(person);
        return response;
    }
    private Person getPerson(String name) { ... }

    private String formatGreeting(Person person) { ... }
}
```

이 클래스에서는 하나의 엔드포인트 sayHello를 정의하고 다음의 두 함수를 호출해서 이름으로 사람의 정보를 얻어 그 사람의 인사말을 구성한다.

```java
private Person getPerson(String name) {
    Optional<Person> personOpt = personRepository.findById(name);
    if (personOpt.isPresent()) {
        return personOpt.get();
    }
    return new Person(name);
}

private String formatGreeting(Person person) {
    String response = "Hello, ";
    if (!person.getTitle().isEmpty()) {
        response += person.getTitle() + " ";
    }
    response += person.getName() + "!";
    if (!person.getDescription().isEmpty()) {
        response += " " + person.getDescription();
    }
    return response;
}
```

파이썬으로 작성한 Hello 애플리케이션

모든 파이썬 실습의 작업 디렉터리는 $CH04/python이다. execrise1 모듈에서 기본 Hello 애플리케이션을 찾을 수 있다. 여기서는 플라스크 프레임워크를 이용해 HTTP 서버를 구현한다(http://flask.pocoo.org/). 이제 실행해 보자.

```
$ python -m exercise1.hello
* Serving Flask app "py-1-hello" (lazy loading)
* Environment: production
   WARNING: Do not use the development server in a production environment.
   Use a production WSGI server instead.
* Debug mode: off
* Running on http://127.0.0.1:8080/ (Press CTRL+C to quit)
```

이제 curl을 사용해 쿼리할 수 있다.

```
$ curl http://localhost:8080/sayHello/Gru
Hello, Felonius Gru! Where are the minions?
```

이 시점에서 애플리케이션은 두 개의 파일로 구성된다. database.py 모듈에는 ORM 프레임워크인 SQLAlchemy를 사용해 데이터베이스를 읽을 수 있는 기본 코드가 포함돼 있다.

```python
from sqlalchemy import create_engine
from sqlalchemy.ext.declarative import declarative_base
from sqlalchemy.orm import sessionmaker
from sqlalchemy.schema import Column
from sqlalchemy.types import String

db_url = 'mysql+pymysql://root:mysqlpwd@localhost:3306/chapter04'
engine = create_engine(db_url, echo=False)
Session = sessionmaker(bind=engine)
session = Session()
Base = declarative_base()

class Person(Base):
    __tablename__ = 'people'
    name = Column(String, primary_key=True)
    title = Column(String)
    description = Column(String)

    @staticmethod
    def get(name):
        return session.query(Person).get(name)
```

이 프레임워크를 통해 Person.get("name")과 같이 데이터베이스에 쿼리를 실행할 수 있다. 메인 애플리케이션에서는 데이터베이스에서 사람의 데이터를 읽고 인사말을 구성하기 위해 HTTP 핸들러 함수와 두 가지 헬퍼(helper) 함수를 정의한다.

```python
from flask import Flask
from .database import Person
```

```
app = Flask('py-1-hello')


@app.route("/sayHello/<name>")
def say_hello(name):
    person = get_person(name)
    resp = format_greeting(
        name=person.name,
        title=person.title,
        description=person.description,
    )
    return resp
def get_person(name):
    person = Person.get(name)
    if person is None:
        person = Person()
        person.name = name
    return person
def format_greeting(name, title, description):
    greeting = 'Hello, '
    if title:
        greeting += title + ' '
    greeting += name + '!'
    if description:
        greeting += ' ' + description
    return greeting


if __name__ == "__main__":
    app.run(port=8080)
```

실습 정리

이번 첫 번째 실습에서는 Hello 애플리케이션의 소스코드를 살펴보면서 이를 실행하는 방법을 배웠다. 다음 실습에서는 오픈트레이싱 API로 이 프로그램을 계측하며, 여러 마이크로서비스로 리팩터링할 것이다.

실습 2: 첫 번째 추적

예제 애플리케이션에 익숙해졌으므로 각 HTTP 요청에 대한 추적을 생성하기 위해 예제 애플리케이션에 몇 가지 기본 계측기를 추가해 보자. 다음과 같이 세 단계로 진행할 것이다.

- 트레이서 인스턴스 생성

- HTTP 핸들러 함수에서 스팬 시작

- 코드 몇 군데에 추가적인 상세 정보로 스팬에 주석 달기

1단계: 트레이서 인스턴스 생성

앞에서 언급했듯이 오픈트레이싱은 API일 뿐이므로 트레이서의 구체적인 구현을 인스턴스화해야 한다. 여기서는 예거 트레이서를 예로 사용하며, 전체 프로그램에서 트레이서를 생성하는 함수가 예거에 특화된 유일한 부분이 될 것이다. 이 함수는 집킨과 같은 다른 오픈트레이싱 호환 트레이서나 상용 공급 업체의 트레이서로 쉽게 교체될 수 있다.

트레이서는 애플리케이션당 하나의 트레이서를 갖는 싱글턴으로 사용될 것으로 예상된다. 애플리케이션에 트레이서가 둘 이상 필요한 드문 시나리오도 있다. 예를 들면, 7장 '서비스 메시를 이용한 추적'에서 볼 수 있듯이 서비스 메시는 서로 다른 애플리케이션을 대신해서 스팬을 만들 수 있으며, 이는 여러 트레이서 인스턴스를 필요로 할 수 있다. 트레이서를 싱글턴 인스턴스로 보장하기 위한 정확한 메커니즘은 언어와 프레임워크에 따라 다르다. 오픈트레이싱 API 라이브러리는 일반적으로 전역 변수를 사용해 전역 트레이서를 정의하는 메커니즘을 제공하지만, 애플리케이션에서는 이를 사용할 필요가 없으며 대신 의존성 주입을 사용할 수 있다.

다른 여러 언어로 된 예거 라이브러리에는 Tracer에 대한 빌더 역할을 할 수 있는 Configuration 클래스를 제공하는 관례가 있다. 기본적으로 빌더는 약 1,000개의 추적에서 한 개만 추출하는 샘플링 전략을 포함하는 '운영에서 사용 가능한(production-ready)' 트레이서를 생성한다. 여기서는 모든 추적을 샘플링하려고 하므로 Configuration 클래스가 항상 동일한 결정을 내린다는 것을 의미하는 'const' 전략을 param=1 매개변수로 전달해서 그 결정이 항상 '예'(이 샘플러는 매개변수를 불린 값으로 처리한다)가 되도록 지시함으로써 샘플링 전략을 재정의한다. 기본값을 조금 조정할 수 있는 또 한 가지는 완료된 모든 스팬에 대한 로그 항목을 리포터(reporter)에 작성하도록 지시하는 것이다. 리포터는 예거 트레이서의 내부 구성 요소로서 프로세스의 완료된 스팬을 추적 백엔드로 내보내는 역할을 담당한다.

Configuration 클래스는 추적 백엔드가 분산 호출 그래프에서 서비스 인스턴스를 식별하는 데 사용하는 **서비스 이름**을 제공할 것으로 기대한다. 이 실습에서는 단일 서비스만 있지만, 뒤에서 소개하는 실습에서는 이를 여러 마이크로서비스로 나누고 서로 다른 이름을 지정해서 분산 실행 호출 그래프의 모양을 더욱 명확하게 볼 수 있을 것이다. 여기서는 간단한 표기법을 사용해 서비스의 이름을 지정하겠다.

```
{언어}-{실습 번호}-{마이크로서비스 이름}
```

예를 들면, 이번 실습에서 Go 서비스는 'go-2-hello'라는 이름을 갖게 될 것이다. 이 명명 체계를 통해 추적 UI에서 서비스를 명확하게 분리할 수 있을 것이다.

Go로 트레이서 생성

트레이서를 만드는 것이 모든 실습에서 해야 할 일이 될 것이므로 각 실습에서 코드를 반복하지 않고 $CH04/go/lib/tracing 아래의 공유 모듈에 init.go라는 파일에 넣어뒀다. 임포트 문을 살펴보자.

```
package tracing
import (
    "io"
    "log"

    opentracing "github.com/opentracing/opentracing-go"
    jaeger "github.com/uber/jaeger-client-go"
    config "github.com/uber/jaeger-client-go/config"
)
```

여기서는 Go를 위한 공식 오픈트레이싱 API를 정의하는 opentracing-go 모듈을 임포트한다. 여기서는 이 모듈의 이름을 opentracing으로 바꾸고 있는데, 엄밀히 말하면 불필요한 일이지만 해당 모듈의 임포트 경로가 다른 이름으로 끝나기 때문에 더 명시적으로 지정하고 싶었다.

또한 오픈트레이싱 API를 구현하는 예거 클라이언트 라이브러리에서 두 개의 모듈을 임포트한다. config 모듈은 일부 설정으로 매개변수화된 트레이서를 만드는 데 사용된다. jaeger 모듈은 jaeger.StdLogger 타입을 사용해 예거 트레이서를 표준 라이브러리 로거에 바인딩하기 때문에 필요한데, 이 로거는 나머지 프로그램에서 사용한다. 메인 함수는 다음과 같다.

```go
// Init은 추적을 100% 샘플링하고 모든 스팬을 표준 출력에 기록하는
// 예거 Tracer 인스턴스를 반환한다.
func Init(service string) (opentracing.Tracer, io.Closer) {
    cfg := &config.Configuration{
        Sampler: &config.SamplerConfig{
            Type:"const",
            Param: 1,
        },
        Reporter: &config.ReporterConfig{
            LogSpans: true,
        },
    }
    tracer, closer, err := cfg.New(
        service,
        config.Logger(jaeger.StdLogger),
    )
    if err != nil {
        log.Fatalf("ERROR: cannot init Jaeger: %v", err)
    }
    return tracer, closer
}
```

이 함수는 opentracing.Tracer 인터페이스와 프로그램이 끝나기 전에 트레이서를 닫는 데 사용할 수 있는 Closer 인스턴스를 구현하는 트레이서의 인스턴스를 반환해서 내부 메모리 버퍼에 여전히 저장돼 있을 지도 모르는 스팬을 모두 플러시한다. Init() 함수는 서비스 이름을 인수로 사용하는데, 왜냐하면 실습 마다 이 함수에 전달하는 서비스 이름을 변경하기 때문이다.

이제 hello.go 파일에 있는 메인 애플리케이션에 이 함수에 대한 호출을 추가할 수 있다. 먼저 임포트 문 을 다음과 같이 추가한다.

```go
import (
    "log"
    "net/http"
    "strings"

    opentracing "github.com/opentracing/opentracing-go"

    "github.com/wikibook/tracing/Chapter04/go/exercise2/people"
```

```
    "github.com/wikibook/tracing/Chapter04/go/lib/tracing"
)
```

그런 다음 tracer라는 전역 변수를 선언해서(함수에 전달할 필요가 없도록) main()에서 tracing.Init()을 호출해서 초기화한다.

```
var repo *people.Repository
var tracer opentracing.Tracer

func main() {
    repo = people.NewRepository()
    defer repo.Close()

    tr, closer := tracing.Init("go-2-hello")
    defer closer.Close()
    tracer = tr
```

앞에서 설명한 것처럼, "go-2-hello"라는 문자열을 서비스 이름으로 전달한다. 아울러 프로그램을 중지할 때 트레이서가 버퍼에 쌓여 있는 스팬을 플러시할 수 있도록 closer.Close()에 대한 호출을 연기한다.

자바로 트레이서 생성

Go나 파이썬과 달리 자바로 트레이서를 생성하는 것은 덜 장황하며, 그래서 여기서는 트레이서 생성 메서드를 메인 애플리케이션인 HelloApp에 직접 포함시킨다. 그런 다음 메서드를 빈(bean)으로 선언해서 의존성 주입을 통해 트레이서를 다른 곳에서 제공할 수 있게 한다.

```
@Bean
public io.opentracing.Tracer initTracer() {
    SamplerConfiguration samplerConfig =
        new SamplerConfiguration()
        .withType("const").withParam(1);
    ReporterConfiguration reporterConfig =
        new ReporterConfiguration().withLogSpans(true);
    return new Configuration("java-2-hello")
        .withSampler(samplerConfig)
        .withReporter(reporterConfig)
```

```
        .getTracer();
}
```

파이썬으로 트레이서 생성

Go 프로그램과 비슷하게 트레이서를 생성하는 것은 모든 실습에서 해야 할 일이 될 것이므로 매번 코드를 반복하는 대신 $CH04/python/lib 아래에 있는 tracing.py라는 공유 모듈에 넣어뒀다.

```python
import logging
from jaeger_client import Config


def init_tracer(service):
    logging.getLogger('').handlers = []
    logging.basicConfig(format='%(message)s',level=logging.DEBUG)

    config = Config(
        config={
            'sampler': {
                'type': 'const',
                'param': 1,
            },
            'logging': True,
            'reporter_batch_size': 1,
        },
        service_name=service,
    )

    # 이 호출은 전역 변수인 opentracing.tracer를 설정한다.
    config.initialize_tracer()
```

여기서 맨 먼저 하는 일은 파이썬의 로깅을 구성하는 것이다. 아마 가장 좋은 곳은 아닐 테지만, 트레이서가 로깅을 사용하는 유일한 구성 요소이기 때문에 편의상 여기서 구성한다. 그러고 나면 이미 익숙한 구성을 재정의하는 모습을 볼 수 있다. 추가 파라미터인 reporter_batch_size=1은 트레이서가 버퍼링 없이 즉시 스팬을 플러싱하도록 지시하는 데 사용된다.

주석에서 볼 수 있듯이 마지막 함수인 config.initialize_tracer()는 예거 트레이서의 인스턴스를 생성하고 반환할 뿐만 아니라(실제로 그 반환값을 무시한다), 예거 클라이언트가 암묵적으로 임포트한 파이썬 오픈트레이싱 라이브러리에서 제공한 전역 변수인 opentracing.tracer에 설정한다. 나중에 이 인스턴스를 사용할 것이고 전역 변수에 넣는 것이 편리한데, 그렇게 하면 의존성 주입을 구현하지 않아도 되기 때문이다.

이 유틸리티 함수를 사용하려면 hello.py에서 호출해야 한다.

```
from flask import Flask
from .database import Person
from lib.tracing import init_tracer


app = Flask('py-2-hello')
init_tracer('py-2-hello')
```

트레이서에 서비스 이름인 py-2-hello를 전달하는 것에 주목한다.

2단계: 스팬 시작

프로그램 추적을 시작하려면 최소한 하나의 스팬을 만들어야 한다. 추적에서 첫 번째 스팬을 만들면 트레이서는 몇 가지 일회성 내부 작업을 수행한다. 예를 들면, 예거 트레이서는 고유한 추적 ID를 생성하고 샘플링 실행 전략을 실행해 특정 실행을 샘플링해야 할지를 결정한다. 샘플링 전략에 의한 결정은 '고정적이다(sticky)', 즉 한 번 정하면 동일한 추적에 있는 모든 스팬에 적용되는데, 이 스팬들은 흔히 '루트 스팬'이라고 하는 첫 번째 스팬의 하위 스팬이다.

샘플링 결정이 '아니오'일 경우 스팬에 대한 API 호출 중 일부는 단락(합선)될 수 있다. 예를 들어 태그로 스팬에 주석을 달려고 하면 아무 작업도 수행되지 않는다. 그러나 추적 ID, 스팬 ID, 기타 메타데이터는 샘플링되지 않은 추적에도 여전히 분산 실행과 함께 전파된다. 샘플링에 대해서는 8장 '샘플링의 모든 것'에서 좀 더 자세히 설명하겠다. 거기서 비록 업계에서 널리 사용되고는 있지만 예거가 구현한 소위 '업프런트' 또는 '헤드 기반 샘플링'만이 사용 가능한 샘플링 기술은 아니라는 것을 알게 될 것이다.

여기서는 애플리케이션에서 처리하는 각 HTTP 요청을 새롭게 추적하고자 하므로 HTTP 핸들러 함수에 계측 코드를 추가할 것이다. 스팬을 시작할 때마다 오픈트레이싱에서 '작업 이름'이라고 부르는 이름을 스팬에 지정해야 한다. 작업 이름은 나중에 추적 분석에 도움이 되며, 추적 그룹화, 지연 히스토그램 생성, 엔드포인트 **서비스 수준 목표 (Service Level Objectives, SLOs)** 추적 등에 사용될 수 있다. 이제 작업 이름이 집계에도 자주 사용되므로 작업 이름이 너무 많아져서는 안 된다. 예를 들면, Hello 애플리케이션에서 사람의 이름은 /sayHello/Margo처럼 HTTP 경로 파라미터로 인코딩된다. 이 정확한 문자열을 작업 이름으로 사용하는 것은 좋지 않은데, 왜냐하면 서비스가 수천 개의 다른 이름으로 쿼리될 수 있으며, 각 서비스는 고유한 스팬 이름이 되므로 엔드포인트 지연 프로파일의 조사와 같은 스팬의 집계 분석을 매우 어렵게 만들기 때문이다.

자바 및 파이썬 예제에서처럼 애플리케이션에서 웹 프레임워크를 사용하는 경우 일반적으로 URL 패턴 (보통 경로라고도 함)을 정의한다(예: 자바 예제에서는 "/sayHello/{name}" 패턴).

```
@GetMapping("/sayHello/{name}")
public String hello(@PathVariable String name) { ... }
```

경로 패턴은 고정돼 있으며 {name} 파라미터의 실제 값에 의존하지 않으므로 그것을 스팬 작업 이름으로 사용하는 것이 좋을 것이다. 그러나 이 실습에서는 언어 간 일관성을 위해 "say-hello" 문자열을 작업 이름으로 사용할 것이다.

앞에서 설명한 것처럼 스팬은 시작 및 종료 타임스탬프가 있는 작업 단위다. 스팬의 종료 타임스탬프를 수집하려면 계측 코드에서 Finish() 메서드를 호출해야 한다. Finish() 메서드가 호출되지 않은 경우, 스팬 객체에 대한 유일한 참조는 해당 객체를 만든 함수에 있기 때문에 스팬을 추적 백엔드에 전혀 보고하지 않을 수도 있다. 일부 트레이서의 구현은 추가적인 추적 기능을 제공하고 완료되지 않은 스팬을 보고할 수도 있지만 보장된 동작은 아니다. 따라서 오픈트레이싱 사양에서는 Finish() 메서드를 명시적으로 호출하도록 요구한다.

Go에서 스팬 시작하기

Go에서 HTTP 핸들러 함수는 handleSayHello다. 처음부터 바로 스팬을 시작할 수 있다.

```
func handleSayHello(w http.ResponseWriter, r *http.Request) {
    span := tracer.StartSpan("say-hello")
    defer span.Finish()

    name := strings.TrimPrefix(r.URL.Path, "/sayHello/")
    ...
}
```

핸들러가(성공적으로 또는 오류와 함께) 반환할 때 스팬이 완료되게 하려면 시작 직후에 defer 키워드로 Finish()를 호출한다.

자바에서 스팬 시작하기

자바에서 스팬을 시작하는 것은 Go와 파이썬과는 약간 방법이 다르다. 옵션에 대한 가변 인수가 있는 startSpan() 함수를 갖는 대신, 자바 오픈트레이싱 API에서는 빌더(Builder) 패턴을 사용하는데, 이 패턴은 이번 장의 뒷부분에서 살펴볼 것이다. 이 시점에서는 어떠한 옵션도 필요하지 않으므로 다음과 같이 sayHello() 함수에서 스팬을 시작한다.

```
@GetMapping("/sayHello/{name}")
public String sayHello(@PathVariable String name) {
    Span span = tracer.buildSpan("say-hello").start();
    try {
        ...
        return response;
    } finally {
        span.finish();
    }
}
```

예외가 발생하는 경우에도 항상 스팬이 완료되도록 try-finally를 사용하고 있다. 트레이서 싱글턴에 접근하려면 스프링 프레임워크에서 자동 주입으로 선언해야 한다.

```
@Autowired
private Tracer tracer;
```

파이썬으로 스팬 시작하기

파이썬용 오픈트레이싱의 Span 클래스는 컨텍스트 관리자를 구현하며, with 문에서 사용할 수 있다. 이 클래스는 코드에서 내부적으로 예외가 발생하더라도 자동으로 스팬을 완료할 수 있기 때문에 유용하다. 다음과 같이 핸들러 함수에서 스팬을 시작할 수 있다.

```
import opentracing

@app.route("/sayHello/<name>")
def say_hello(name):
    with opentracing.tracer.start_span('say-hello'):
        person = get_person(name)
        resp = format_greeting(
            name=person.name,
            title=person.title,
            description=person.description,
        )
        return resp
```

3단계: 스팬에 주석 달기

스팬을 시작하고 완료하는 계측 코드를 실행하면 예거 UI에서 추적을 확인할 수 있다. 그러나 그 추적은
꽤 기본적인 내용이다. 서비스 이름, 작업 이름, 지연 시간이 표시된다. 또한 샘플링 전략의 세부사항과
IP 주소와 같은 프로세스 정보를 포함해서 예거가 자동으로 추가한 일부 태그도 표시된다. 그 밖에 애플
리케이션에 대한 사용자 정의 정보는 없으며, 추적은 HotROD 데모에서 본 것과 상당히 다르게 보인다.

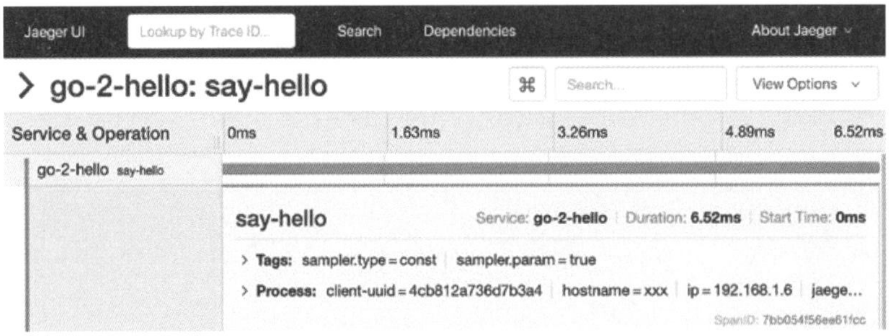

그림 4.2 사용자 정의 주석이 없는 단일 스팬

스팬의 주요 목적은 스팬이 나타내는 작업에 관해 이야기하는 것이다. 때로는 이름과 몇 개의 타임스탬
프면 충분하다. 다른 경우 시스템의 동작을 분석하려면 더 많은 정보가 필요할 수 있다.

개발자로서 우리는 컨텍스트에서 유용한 정보가 무엇인지 잘 알고 있다. 호출한 서버의 원격 주소, 접근
한 데이터베이스 복제본의 ID, 발생한 예외의 세부 사항 및 스택 추적, 접근하려고 시도한 계정 번호, 스

토리지에서 검색한 레코드 수 등이 이 정보에 포함된다. 여기서 규칙은 로깅과 비슷하다. 유용하다고 생각되는 것을 기록하고 샘플링으로 오버헤드를 제어한다. 중요한 데이터가 빠진 것을 발견하면 추가한다! 이것이 바로 계측의 전부다.

오픈트레이싱 API는 '태그'와 '로그'의 두 가지 사용자 정의 정보를 기록하는 기능을 제공한다. 태그는 스팬 전체에 적용되는 키-값 쌍으로, 추적 데이터를 쿼리하고 필터링하는 데 자주 사용된다. 예를 들면, 스팬이 HTTP 호출을 나타내는 경우 GET이나 POST 같은 HTTP 메서드를 태그로 기록하는 것이 가장 좋다.

반면 로그는 특정 시점 이벤트를 나타낸다. 그런 의미에서 로그는 우리가 프로그램 전반에 걸쳐 자주 사용하는 전통적인 로그 문과 매우 밀접하게 연관돼 있으며, 오직 하나의 스팬으로만 컨텍스트가 한정된다. 또한 오픈트레이싱 로그는 구조화돼 있는데, 타임스탬프 및 키-값 쌍의 중첩된 모음으로 표현된다. 스팬 수명 동안 발생하는 추가 이벤트를 중첩된 스팬으로 모델링하지 않으려는 경우 스팬 로그가 해당 이벤트를 기록하는 데 사용될 수 있다. 예를 들어 HTTP 요청에 대한 단일 스팬이 있는 경우, 다음과 같은 하위 레벨 이벤트를 기록할 수 있다.

- DNS 룩업 시작

- DNS 룩업 완료

- TCP 연결 시도

- TCP 연결 수립

- 작성된 HTTP 헤더

- HTTP 요청 본문 작성 완료

이러한 이벤트를 스팬 로그로 기록하면 기록 순서와 타임스탬프에 따라 이들 사이의 기본적인 인과관계가 성립된다. 경우에 따라 이런 로그는 성능 문제를 분석하기에 충분한 수준의 상세 정보일 수 있다. 다른 경우에는, 좀 더 구조화된 표현을 원할 수도 있는데, 예를 들어 DNS 룩업과 TCP 핸드셰이크 또한 잘 정의된 시작점과 끝점을 가지고 있기 때문에 각각의 스팬으로 표현하고 싶을 수 있다.

스팬 로그를 '로그'라고 부르는 것은 종종 혼란을 야기하고 "일반적인 로그를 언제 사용하고 스팬 로그를 언제 사용해야 하는가?"와 같은 질문으로 이어진다. 그 질문에 대한 천편일률적인 대답은 없다. 어떤 로그는 단순히 스팬 로그로는 적합하지 않다. HotROD 데모에서 그러한 예를 봤으며, 거기서 사용자 정의 로깅 API는 특정 요청 실행의 일부가 아닌 애플리케이션 생명주기의 일부로 발생하는 이벤트에 대해 '백 그라운드 로그'라는 용어를 사용했다.

단일 요청과 관련된 로그의 경우 고려해야 할 다른 측면이 있다. 대부분 추적 시스템은 로그 집계 서비스로 설계되지 않으므로 Elasticsearch-Logstash-Kibana(ELK) 스택과 같은 기능을 제공하지 않을 수 있다. 샘플링은 일반적으로 로그와 추적에 대해 다르게 작동한다. 로그는 프로세스별로 샘플링(또는 조절)되는 반면, 추적은 항상 요청(분산 실행)별로 샘플링된다. 돌이켜보면 업계가 두 가지 모두를 어떻게 다룰지 결정할 때까지 오픈트레이싱 명세에서 로그 대신 '이벤트'라는 용어를 사용했다면 더 좋았을 것이다. 실제로 오픈트레이싱은 각 스팬 로그의 키-값 쌍 중 하나가 추가 필드로 제공되는 이벤트의 다른 속성과 함께 기록되는 전체 이벤트를 설명하는 key = "event"와 쌍일 것을 권장한다.

Hello 애플리케이션에서 발생한 문제를 해결할 경우 어떤 종류의 정보를 스팬에 기록해야 할까? 서비스에서 반환하는 응답 문자열(구성된 인사말)과 데이터베이스에서 읽은 세부 정보를 아는 것이 유용할 수 있다. 이 정보를 태그 또는 로그로 기록해야 하는지에 대한 명확한 답은 없다(나중에 관련 더 많은 사례를 볼 것이다). 여기서는 응답 문자열이 스팬 전체에 대응하기 때문에 태그로 응답 문자열을 기록하기로 했으며, 데이터베이스에서 읽은 Person 객체의 내용이 구조화된 데이터이고 스팬 로그가 여러 필드를 허용하기 때문에 로그를 사용했다.

또한 사용자 정의 주석을 스팬에 추가하고 싶은 또 다른 특별한 경우가 있는데, 바로 오류 처리다. 세 가지 언어 모두에서 데이터베이스에 대한 쿼리는 여러 가지 이유로 실패할 수 있으며, 일종의 오류가 발생한다. 운영 환경에서 애플리케이션의 문제를 해결할 때 이러한 오류를 올바른 스팬에 기록할 수 있으면 매우 유용하다.

태그 및 로그 API는 키-값 쌍으로 기록된 값에 특정 의미를 적용하지 않는다. 이를 통해 계측기는 완전한 사용자 정의 데이터를 쉽게 추가할 수 있다. 예를 들면, 우리의 경우에는 응답 문자열을 "response"라는 태그로 저장할 수 있다. 그러나 HTTP URL, HTTP 상태 코드, 데이터베이스 문, 오류/예외 등과 같이 동일한 의미로 스팬에 자주 기록되는 데이터 요소가 있다. 모든 이질적인 계측이 일관된 방식으로 이러한 공통된 개념을 기록하도록 오픈트레이싱 프로젝트에서는 '표준 태그' 및 '필드' 집합과 '의미론적인 관례(Semantic Conventions)'[4]라는 문서에서 이를 사용하는 정확한 방법에 대한 지침을 제공한다.

이 문서에서 설명하는 태그 및 필드 이름은 일반적으로 각 오픈트레이싱 API에서 제공하는 상수로 사용할 수 있으며, 여기서는 이 이름들을 사용해 오류 정보를 표준화된 방식으로 기록할 것이다. 이후 실습에서는 이러한 상수를 사용해 HTTP 속성 및 SQL 쿼리와 같은 다른 데이터를 기록한다.

Go로 스팬에 주석 달기

먼저 handleSayHello() 함수에서 스팬에 주석을 다는 코드를 추가하자.

```go
func handleSayHello(w http.ResponseWriter, r *http.Request) {
    span := tracer.StartSpan("say-hello")
    defer span.Finish()

    name := strings.TrimPrefix(r.URL.Path, "/sayHello/")
    greeting, err := SayHello(name, span)
    if err != nil {
        span.SetTag("error", true)
        span.LogFields(otlog.Error(err))
        http.Error(w, err.Error(), http.StatusInternalServerError)
        return
    }

    span.SetTag("response", greeting)
    w.Write([]byte(greeting))
}
```

여기서는 세 가지를 변경했다. 오류 처리 분기에서 스팬에 error = true 태그를 설정해서 작업이 실패했음을 나타내고 span.LogFields() 메서드를 사용해 오류를 기록한다. 스팬으로 로그 필드를 전달하는 것은 메모리 할당을 최소화하는 구조화된 방법이다. otlog라는 레이블이 붙은 추가 패키지를 임포트해야 한다.

```go
otlog "github.com/opentracing/opentracing-go/log"
```

요청이 성공한 경우에는 응답을 작성하기 직전에 response라는 스팬 태그에 greeting 문자열을 저장한다. 또한 SayHello() 함수의 시그니처를 변경하고 스팬을 전달해서 다음과 같이 고유한 주석을 처리한다.

```go
func SayHello(name string, span opentracing.Span) (string, error) {
    person, err := repo.GetPerson(name)
    if err != nil {
        return "", err
    }
```

```
    span.LogKV(
        "name", person.Name,
        "title", person.Title,
        "description", person.Description,
    )
    ...
}
```

여기서는 개념적으로 동일하지만 LogKV라는 다른 스팬 로그 함수를 사용하는데, 짝수 길이인 값의 목록, 즉 교대(키, 값, 키, 값, …) 쌍을 인수로 받는다.

자바로 스팬에 주석 달기

데이터베이스에서 읽은 사용자의 세부 정보를 스팬에 기록하고 해당 응답을 스팬에 태그로 수집해 보자.

```java
@GetMapping("/sayHello/{name}")
public String sayHello(@PathVariable String name) {
    Span span = tracer.buildSpan("say-hello").start();
    try {
        Person person = getPerson(name);
        Map<String, String> fields = new LinkedHashMap<>();
        fields.put("name", person.getName());
        fields.put("title", person.getTitle());
        fields.put("description", person.getDescription());
        span.log(fields);

        String response = formatGreeting(person);
        span.setTag("response", response);

        return response;
    } finally {
        span.finish();
    }
}
```

스팬 로그에 대한 자바 오픈트레이싱 API는 현재는 다소 비효율적이어서 새로운 맵 인스턴스를 만들어야 한다. 아마도 미래에는 새로운 API가 키/값 쌍과 함께 추가될 것이다.

파이썬으로 스팬에 주석 달기

say_hello() 함수에 response 태그를 기록하려면 먼저 with 문에서 만든 스팬을 명명된 변수로 지정해야
한다.

```python
@app.route("/sayHello/<name>")
def say_hello(name):
    with opentracing.tracer.start_span('say-hello') as span:
        person = get_person(name, span)
        resp = format_greeting(
            name=person.name,
            title=person.title,
            description=person.description,
        )
        span.set_tag('response', resp)
        return resp
```

또한 해당 스팬을 get_person() 함수에 전달하려고 하는데, 이 함수에서 사람의 정보를 해당 스팬에 기록
할 수 있다.

```python
def get_person(name, span):
    person = Person.get(name)
    if person is None:
        person = Person()
        person.name = name
    span.log_kv({
        'name': person.name,
        'title': person.title,
        'description': person.description,
    })
    return person
```

실습 정리

이제 프로그램을 실행(예를 들면, go run ./exercise2/hello.go)하고 curl로 쿼리하면 약간 더 흥미로운
스팬을 볼 수 있다(그림 4.3). 로그 엔트리의 상대적인 타이밍은 451.85ms이며, 이것은 451.87ms인

스팬의 끝보다 약간 빠른데, 대다수의 시간이 데이터베이스 쿼리에 소비되기 때문에 놀라운 일은 아닙니다.

그림 4.3 사용자 정의 주석이 있는 단일 스팬

이 두 번째 실습에서는 자바에서 SLF4J 로깅 API를 사용하려면 구체적인 로깅 구현을 사용해야 하는 것처럼 오픈트레이싱 API를 사용하려면 구체적인 트레이서를 인스턴스화해야 한다는 것을 알게 됐다. Hello 애플리케이션의 HTTP 핸들러에 의해 수행된 작업을 나타내는 스팬을 시작하고 완료하는 계측기를 작성했다. 그 다음, 태그와 로그의 형태로 스팬에 사용자 정의 주석을 추가했다.

실습 3: 함수 추적과 컨텍스트 전달

두 번째 실습에서 사용한 Hello 애플리케이션에 의해 생성된 추적을 보면 스팬에 추가한 로그 항목이 스팬의 끝에 매우 가깝게 발생한다는 것을 알 수 있다. 우리는 이것이 대부분 시간이 데이터베이스를 조회하는 데 소요됐기 때문이라는 가설을 세웠지만, 이것이 바로 애초에 분산 추적을 하는 이유다. 즉, 추측하지 말고 측정해야 한다! 이미 애플리케이션 로직의 주요 부분, 인사말의 데이터베이스 접근 및 서식 구성을 함수로 분리했으므로 각 함수에 스팬을 지정하고 좀 더 의미 있는 추적을 구해보자.

이번 실습에서는 다음 내용을 다룬다.

- 개별 함수 추적

- 복수 스팬을 단일 추적으로 결합

- 프로세스 내 컨텍스트 전파 학습

1단계: 개별 함수 추적

먼저 데이터베이스에서 인사말을 읽고 구성하는 두 가지 '작업자' 함수에 스팬을 추가해 보자.

Go로 개별 함수 추적

FormatGreeting() 함수는 main 패키지에 있어서 스팬을 시작하는 데 필요한 전역 변수인 tracer에 접근할 수 있다. 그러나 데이터베이스 접근 코드는 다른 패키지에 있으며, 이들 사이에 순환 의존성이 생기는 것은 바람직하지 않다. 이것은 다소 일반적인 문제이기 때문에 오픈트레이싱 API에서는 트레이서에 접근하는 데 사용할 수 있는 전용 전역 변수를 제공한다. 일반적으로 전역 변수에 의존하는 것은 좋지 않지만 예제를 간소화하기위해 Hello 애플리케이션에서는 그렇게 사용할 것이다.

main()을 자체 전역 변수인 tracer를 갖지 않게 변경하고, 대신 오픈트레이싱 라이브러리에 있는 전역 변수를 초기화하자.

```
// var tracer opentracing.Tracer - 주석 처리

func main() {
    repo = people.NewRepository()
    defer repo.Close()

    tracer, closer := tracing.Init("go-3-hello")
    defer closer.Close()
    opentracing.SetGlobalTracer(tracer)

    ...
}
```

그런 다음 tracer 변수에 대한 모든 참조를 opentracing.GlobalTracer()로 바꾼다. 이렇게 하면 Repository(people/repository.go 파일에 있음)로 시작하는 작업자 함수에 새로운 스팬을 추가할 수 있다.

```go
func (r *Repository) GetPerson(name string) (model.Person, error) {
    query := "select title, description from people where name = ?"

    span := opentracing.GlobalTracer().StartSpan(
        "get-person",
        opentracing.Tag{Key: "db.statement", Value: query},
    )
    defer span.Finish()

    rows, err := r.db.Query(query, name)
    ...
}
```

실행하려는 SQL 쿼리를 스팬 태그로 기록한다는 점에 주목한다. FormatGreeting() 함수에서도 이와 비슷하게 변경해 보자.

```go
func FormatGreeting(name, title, description string) string {
    span := opentracing.GlobalTracer().StartSpan("format-greeting")
    defer span.Finish()

    response := "Hello, "
    ...
}
```

자바로 개별 함수 추적

hello.go의 getPerson() 및 formatGreeting() 함수에 새 스팬을 추가하는 것은 sayHello() 함수에서 수행한 방법과 매우 유사하다.

```java
private Person getPerson(String name) {
    Span span = tracer.buildSpan("get-person").start();
    try {
        ...
        return new Person(name);
    } finally {
        span.finish();
    }
```

```
    }

    private String formatGreeting(Person person) {
        Span span = tracer.buildSpan("format-greeting").start();
        try {
            ...
            return response;
        } finally {
            span.finish();
        }
    }
}
```

get-person 스팬이 데이터베이스에 대한 호출을 나타내더라도 우리는 ORM 프레임워크로 그 부분을 처리하기 때문에 해당 호출에 대한 많은 정보에 접근할 수 없다. 이번 장의 뒷부분에서 SQL 문을 스팬에 저장하는 것과 같은 수준으로 계측을 얻을 수 있는 방법을 살펴보겠다.

파이썬으로 개별 함수 추적

get_person() 및 format_greeting() 함수에서 새로운 스팬을 시작해 보자.

```
def get_person(name, span):
    with opentracing.tracer.start_span('get-person') as span:
        person = Person.get(name)
        ...
        return person

def format_greeting(name, title, description):
    with opentracing.tracer.start_span('format-greeting'):
        greeting = 'Hello, '
        ...
        return greeting
```

Person.get() 메서드에 스팬을 추가할 수도 있지만 SQL 쿼리가 ORM 프레임워크에 의해 숨겨져 있기 때문에 SQL 쿼리에 접근할 수 있다면 더 유용할 것이다. 실습 6에서 그 SQL 쿼리를 어떻게 얻을 수 있는지 보게 될 것이다.

2단계: 복수 스팬을 단일 추적으로 결합

이제 추가 계측기가 있으므로 예제를 실행할 준비가 끝났다. 안타깝게도 그 결과가 기대했던 것이 아니라는 사실을 곧 알게 될 것이다. 예거 UI를 들여다볼 필요조차 없다. 예를 들어 다음과 같이 Go 애플리케이션에서 출력된 로그를 볼 수 있다.

```
Initializing logging reporter
Listening on http://localhost:8080/
Reporting span 419747aa37e1a31c:419747aa37e1a31c:0:1
Reporting span 1ffddd91dd63e202:1ffddd91dd63e202:0:1
Reporting span 796caf0b9ddb47f3:796caf0b9ddb47f3:0:1
```

계측기는 예상대로 세 개의 스팬을 만들었다. 긴 16 진수 문자열은 trace-id:span-id:parent-id:flags 형식으로 각 스팬에 대한 스팬 컨텍스트를 표현한다. 중요한 부분은 추적 ID를 나타내는 첫 번째 세그먼트로, 모두 다르다! 세 개의 스팬을 갖는 단일 추적을 생성하는 대신 세 개의 독립적인 추적을 생성했다. 이것은 기초적인 실수다. 우리가 간과한 것은 스팬 사이의 인과관계를 확립해서 트레이서가 스팬들이 동일한 추적에 속한다는 것을 알 수 있게 하는 것이었다. 이번 장의 앞부분에서 설명한 것처럼 이러한 관계는 오픈트레이싱의 **스팬 참조(span references)**로 나타난다.

오픈트레이싱 명세에 현재 정의된 스팬 참조에는 'child-of'와 'following-from'의 두 가지 유형이 있다. 예를 들어, 스팬 B는 스팬 A의 '자식(child-of)'이거나 스팬 A의 '후행(follows-from)'이라고 말할 수 있다. 두 경우 모두 스팬 A가 스팬 B의 조상인 것을 의미한다. 즉, A가 B 이전에 발생한다('happens-before'). 오픈트레이싱 명세에 정의된 두 가지 관계의 차이점은 B가 A의 자식인 경우 A는 B의 '결과에 의존한다'는 것이다. 예를 들어, Hello 애플리케이션에서 'say-hello' 스팬은 'get-person'과 'format-greeting' 스팬의 결과에 의존하므로 후자는 전자에 대한 자식 참조로 생성돼야 한다.

그러나 happens-before 스팬이 하위 스팬의 결과에 의존하지 않는 경우가 있다. 한 가지 전형적인 예는 두 번째 스팬이 때때로 캐시에 쓰기를 하는 경우에 쓰기 작업을 비동기로 호출하고 잊는(fire-and-forget) 유형의 작업일 때다. 또 다른 전형적인 예로 소비자가 메시지를 처리할 시기와 방법을 생산자가 일반적으로 알 수 없는 메시징 시스템의 생산자-소비자(producer-consumer) 패턴이 있지만, 생산자의 스팬(큐에 쓰는 행위)은 소비자 스팬(큐에서 읽는 행위)과 인과적인 연결을 맺는다. 이 같은 관계는 후행 스팬 참조로 모델링된다.

새로운 스팬 B를 생성할 때 happen-before 스팬 A에 대한 참조를 추가하려면 스팬 A에 접근하거나 더 정확하게 해당 스팬 컨텍스트에 접근해야 한다.

Go로 복수 스팬을 단일 추적으로 결합

부모 스팬을 작업자 함수에 전달하고 스팬 컨텍스트를 사용해 자식 참조를 만든다.

```go
func FormatGreeting(
    name, title, description string,
    span opentracing.Span,
) string {
    span = opentracing.GlobalTracer().StartSpan(
        "format-greeting",
        opentracing.ChildOf(span.Context()),
    )
    defer span.Finish()
    ...
}


func (r *Repository) GetPerson(
    name string,
    span opentracing.Span,
) (model.Person, error) {
    query := "select title, description from people where name = ?"
    span = opentracing.GlobalTracer().StartSpan(
        "get-person",
        opentracing.ChildOf(span.Context()),
        opentracing.Tag{Key: "db.statement", Value: query},
    )
    defer span.Finish()
    ...
}

func SayHello(name string, span opentracing.Span) (string, error) {
    person, err := repo.GetPerson(name, span)
    if err != nil {
        return "", err
    }
```

```
    span.LogKV(...)

    return FormatGreeting(
        person.Name,
        person.Title,
        person.Description,
        span,
    ), nil
}
```

결과 코드는 exercise3a 패키지에서 찾을 수 있다.

자바로 복수 스팬을 단일 추적으로 결합

상단 스팬을 getPerson()과 formatGreeting() 함수에 전달하도록 코드를 변경하고 이를 사용해 자식 참조를 만들자.

```
private Person getPerson(String name, Span parent) {
    Span span = tracer
    .buildSpan("get-person")
    .asChildOf(parent)
    .start();
    ...
}

private String formatGreeting(Person person, Span parent) {
    Span span = tracer
    .buildSpan("format-greeting")
    .asChildOf(parent)
    .start();
    ...
}
```

여기서 스팬 빌더의 유연한 구문을 사용하는 것을 볼 수 있다. asChildOf() 메서드는 스팬 컨텍스트가 필요한데, 전체 스팬을 받는 오버로드 메서드가 있으며 이 스팬에서 컨텍스트를 추출한다. sayHello() 함수의 변경 사항은 간단하므로 여기서는 생략하겠다. 결과 코드는 exercise3a 패키지에서 확인할 수 있다.

파이썬으로 복수 스팬을 단일 추적으로 결합

하위 함수의 두 스팬을 HTTP 핸들러에서 생성한 상단 스팬에 연결해 보자. 이미 get_person() 함수에 해당 스팬을 인수로 전달하므로 format_greeting() 함수에 대해서도 동일한 작업을 수행해야 한다.

```python
@app.route("/sayHello/<name>")
def say_hello(name):
    with opentracing.tracer.start_span('say-hello') as span:
        person = get_person(name, span)
        resp = format_greeting(
            name=person.name,
            title=person.title,
            description=person.description,
            span=span,
        )
        span.set_tag('response', resp)
        return resp
```

이제 start_span()에 대한 호출을 변경하고 자식 참조를 전달한다.

```python
def get_person(name, span):
    with opentracing.tracer.start_span(
        'get-person', child_of=span,
    ) as span:
        person = Person.get(name)
        ...
        return person


def format_greeting(name, title, description, span):
    with opentracing.tracer.start_span(
        'format-greeting', child_of=span,
    ):
        greeting = 'Hello, '
        ...
        return greeting
```

위 함수에서 child_of 인수는 일반적으로 스팬 컨텍스트가 할당되는 것을 예상하지만 파이썬 라이브러리에는 전체 스팬을 전달할 수 있는 편리한 폴백(fallback)이 있으며, 라이브러리가 자동으로 스팬 컨텍스트를 검색한다. 결과 코드는 exerice3a 디렉터리에서 찾을 수 있다.

3단계: 프로세스 내 컨텍스트 전파

마지막 변경 후에 애플리케이션을 실행하면 각 요청에 대해 단일 추적이 올바르게 생성된다.

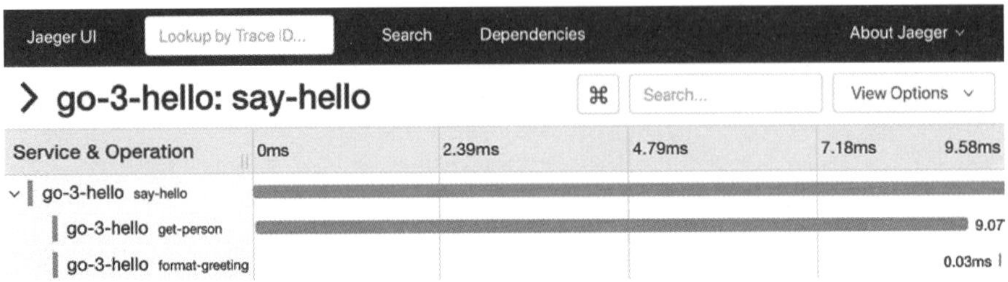

그림 4.4 작업자 함수의 스팬을 포함하는 세 개의 스팬 추적

각 추적은 예상대로 세 개의 스팬을 포함하고 있으며, 요청 시 시스템이 사용한 대부분 시간이 실제로 데이터베이스 조회 때문일 거라는 의심을 확인할 수 있다. 데이터베이스 스팬으로 더 깊숙이 들어가면 SQL 쿼리를 태그로 볼 수 있다(단, ORM 프레임워크를 사용하지 않은 Go 버전에서만 확인 가능).

그러나 이 접근법의 한 가지 주요한 단점은 애플리케이션에서 스팬을 받아들이도록 많은 메서드의 시그니처를 명시적으로 변경해야 하므로 자식 참조를 만들 때 스팬 컨텍스트를 사용할 수 있다는 것이다. 이 접근법은 대규모 애플리케이션에서는 명백하게 확장할 수 없다. 일반적으로 이 문제는 **프로세스 내 컨텍스트 전파**(in-process context propagation)로 알려져 있으며 비동기 프레임워크 및 비동기 프로그래밍 스타일을 자주 사용하는 환경에서 해결하기가 가장 힘든 문제 중 하나다.

더 복잡한 점은 프로그래밍 언어와 프레임워크에 따라 솔루션이 다르다는 것이다. 예를 들면, Node.js에서 **CLS**(Continuation Local Storage)를 이용해 컨텍스트를 전달할 수 있는데, 컨텍스트 자체는 언어에서 표준이 아니며 여러 구현이 있다. 자바나 파이썬에서는 asyncio 같은 비동기 프로그래밍 스타일을 사용하지 않는다면 스레드 로컬 변수를 사용할 수 있다. Go 언어에는 CLS 또는 스레드 로컬 메커니즘이 없으므로 완전히 다른 접근 방식이 필요하다. 오픈트레이싱 프로젝트는 최근 **범위 관리자**(Scope Managers)라고 하는 높은 수준의 접근 방식을 정의해서 프로세스 내 컨텍스트 전파 메커니즘의 세부 사항에서 계측을 대부분 추상화할 수 있게 했다.

이 단계에서는 함수 계측을 파라미터로 명시적으로 전달하지 않는 대신 오픈트레이싱의 프로세스 내 전파 메커니즘을 사용하도록 수정한다. Go 언어는 특별한 경우이므로 여기서는 파이썬과 자바로 시작한다. 파이썬과 자바에서 오픈트레이싱 API는 '활성 스팬', '범위', '범위 관리자'라는 개념을 도입했다. 이 개념들을 생각하는 가장 간단한 방법은 각 요청이 자체 스레드에서 실행되는 애플리케이션을 상상하는 것이다(매우 일반적인 모델). 서버가 새 요청을 수신하면 서버는 스팬을 시작하고 스팬을 '활성' 상태로 만드는데, 예를 들면 스팬에 주석을 추가하려는 다른 모든 계측이 트레이서(해당 스레드에 대해)에서 직접 활성 스팬에 접근할 수 있다. 서버가 일부 장기 실행 또는 원격 호출을 실행하는 경우 다른 스팬을 현재 활성 스팬의 자식(child-of)으로 생성하고 새 스팬을 '활성' 상태로 만든다. 사실상 이전 스팬은 자식 스팬이 실행되는 동안 스택에 넣어진다. 자식 스팬이 끝나면 부모가 스택에서 꺼내져서 다시 활성화된다. 범위 관리자는 이러한 활성 스팬을 관리하고 저장하는 구성 요소다.

스택에 대한 아이디어는 일종의 비유일 뿐, 실제로 항상 스택으로 구현되는 것은 아니다. 특히 요청당 스레드를 처리하는 프로그래밍이 아닌 이벤트 루프 기반 프레임워크를 다룰 때 그렇다. 그러나 범위 관리자는 이를 추상화해서 스택과 논리적으로 동일한 기능을 제공한다. 특정 프로그래밍 스타일과 프레임워크에 적합한 범위 관리자의 다양한 구현이 있다. 한 가지 제약은 동일한 애플리케이션에서 서로 다른 범위 관리자를 사용할 수 없다는 것이다. 각 범위 관리자는 특정 트레이서 인스턴스에 대한 싱글턴이기 때문이다.

활성 스팬의 관리는 범위를 통해 수행된다. 범위 관리자에게 스팬을 활성화하도록 요청하면 스팬을 포함하는 범위 객체가 반환된다. 각 범위를 한 번 닫아 스택 맨 위에서 제거하고 이전 범위(및 스팬)를 활성화할 수 있다. 범위가 닫힐 때 범위를 자동으로 완성시키거나 범위를 열어 두도록 구성할 수 있다. 이 모드 중 하나를 사용하는 것은 코드의 스레딩 모델에 의존한다. 예를 들어, 퓨처 기반(futures-based) 비동기 프로그래밍을 사용하고 원격 호출을 하는 경우, 해당 호출의 결과 핸들러는 다른 스레드에서 처리될 가능성이 크다. 그러므로 요청을 시작한 스레드에서 생성된 범위는 스팬을 완료하지 않아야 한다. 이에 대해서는 5장 '비동기 애플리케이션의 계측'에서 설명한다.

활성 스팬을 사용할 때 매우 편리한 한 가지 기능은 새 스팬이 현재 활성 스팬의 자식이어야 한다는 것을 더이상 트레이서에게 명시적으로 알릴 필요가 없다는 것이다. 다른 스팬 참조를 명시적으로 전달하지 않을 경우 트레이서는 해당 시점에 활성 스팬이 있다고 가정하고 자동으로 해당 관계를 설정한다. 이렇게 하면 스팬을 시작하는 코드가 더 단순해진다.

범위 관리자에게 전적으로 의존하는 계측 코드를 작성하는 데는 한 가지 위험이 있다. 애플리케이션 흐름이 올바르게 계측되지 않은 경우 범위 관리자에 저장된 범위 스택이 비어 있는 프로그램의 특정 위치에 도달할 수 있으며, `tracer.activeSpan().setTag(k, v)`와 같이 활성 스팬이 무조건 존재할 것으로 예상하는 구문에서 널 포인터 예외 또는 유사한 오류가 발생할 수 있다. 방어적인 코딩과 널 검사로 이 문제를 해결할 수 있지만 명확한 흐름을 갖는 잘 구조화된 애플리케이션에서는 문제가 되지 않을 수도 있다. 이번 장에서 사용하는 예제는 예상되는 활성 스팬이 널인 상황에서 자신을 찾을 수 없도록 구조화돼 있기 때문에 이러한 널 검사를 포함하지 않는다. 또 다른 권장 사항은 범위에 접근하는 코드를 범위를 시작하는 코드에 가까이 둬서 널 상황을 아예 피하는 것이다.

파이썬으로 프로세스 내 컨텍스트 전파

범위 관리자와 활성 스팬을 사용하려면 스팬 대신 범위 객체를 반환하는 트레이서의 `start_active_span()` 메서드를 호출해야 한다. 먼저 HTTP 핸들러를 변경해 보자.

```python
@app.route("/sayHello/<name>")
def say_hello(name):
    with opentracing.tracer.start_active_span('say-hello') as scope:
        person = get_person(name)
        resp = format_greeting(
            name=person.name,
            title=person.title,
            description=person.description,
        )
        scope.span.set_tag('response', resp)
        return resp
```

활성 스팬은 트레이서에서 직접 접근할 수 있으므로 더이상 다른 두 함수에 전달할 필요가 없다. 그러나 response 태그를 설정하려면 해당 범위에서 스팬을 검색해야 한다.

다른 두 함수는 비슷한 방식으로 변경된다. 가장 큰 차이점은 범위를 다시 얻고 부모 스팬을 더이상 지정할 필요가 없다는 것이다.

```python
def get_person(name):
    with opentracing.tracer.start_active_span(
        'get-person',
```

```
    ) as scope:
    person = Person.get(name)
    if person is None:
    person = Person()
    person.name = name
    scope.span.log_kv({
        'name': person.name,
        'title': person.title,
        'description': person.description,
    })
    return person


def format_greeting(name, title, description):
    with opentracing.tracer.start_active_span(
        'format-greeting',
    ):
        greeting = 'Hello, '
        ...
        return greeting
```

이 코드는 exercise3b 디렉터리에 있다.

자바로 프로세스 내 컨텍스트 전파

범위 관리자와 활성 스팬을 사용하려면 범위 관리자의 activate() 메서드에 스팬을 전달해야 하며, 이 메서드는 범위 객체를 반환한다. 먼저 HTTP 핸들러를 변경해 보자.

```
@GetMapping("/sayHello/{name}")
public String sayHello(@PathVariable String name) {
    Span span = tracer.buildSpan("say-hello").start();
    try (Scope s = tracer.scopeManager().activate(span, false)) {
        ...
    } finally {
        span.finish();
    }
}
```

여기서는 범위에서 close() 메서드를 자동으로 호출하는 try-with-resource 문을 사용하고 있으며, 이는 범위 관리자에서 이전에 활성화된 스팬을 복원한다. 범위를 닫을 때 범위 관리자가 스팬을 완료하지 않도록 지시하는 activate() 메서드에 두 번째 인수로 false를 전달한다. 이것은 파이썬에서 한 것과 다르다. 자바 오픈트레이싱 API v0.31은 자동 완성(auto-finish) 동작을 갖는 범위를 지원하지만, 이후 버전에서는 계측에서 의도하지 않은 실수를 유발할 수 있어 더는 사용되지 않는다. 또한 try-with-resource 문에 대한 변수 범위 지정 규칙에 따라 try() 부분에서 선언된 닫기 가능 변수는 본문 내부에서만 볼 수 있지만, catch() 및 finally 블록에서는 볼 수 없다.

이는 예외 또는 오류 상태를 스팬에 기록할 수 없다는 것을 의미한다. 즉, 다음 코드는 훨씬 간단하지만 유효하지 않다.

```
try (Scope scope = tracer.buildSpan("get-person").startActive(true)) {
    ...
} catch (Exception e) {
    // 범위 변수가 보이지 않으므로 컴파일이 되지 않는다
    scope.span().setTag("error", true);
    scope.span().log(...);
}
```

getPerson() 함수와 formatGreeting() 함수의 변경은 유사하다. 현재 활성 스팬이 있는 한 트레이서가 자동으로 자식 참조를 만들어주므로 더이상 부모 스팬을 함수 인수로 명시적으로 전달해서 child-of 참조를 만들 필요가 없다.

```
private Person getPerson(String name) {
    Span span = tracer.buildSpan("get-person").start();
    try (Scope s = tracer.scopeManager().activate(span, false)) {
        ...
    } finally {
        span.finish();
    }
}

private String formatGreeting(Person person) {
    Span span = tracer.buildSpan("format-greeting").start();
    try (Scope s = tracer.scopeManager().activate(span, false)) {
```

```
    ...
  } finally {
    span.finish();
  }
}
```

새로운 코드가 전에 비해 그렇게 단순해 보이지는 않는다. 그러나 실제 프로그램에서는 함수의 여러 중 첩된 수준이 있을 수 있으며, 스팬 객체를 모든 함수의 인수로 통과시키지 않아도 되므로 많은 타이핑과 API 변경을 줄일 수 있다.

코드의 최종 버전은 exercise3b 패키지에서 확인할 수 있다.

Go로 프로세스 내 컨텍스트 전파

파이썬과 자바에서는 스레드 로컬 변수를 사용할 수 있기 때문에 프로세스 내 전파가 상대적으로 쉽다. Go는 그러한 메커니즘을 가지고 있지 않으며, 고루틴의 고유한 ID를 얻는 수단을 제공하지도 않기 때문에 컨텍스트를 추적할 수 있는 내부 매핑을 만들 수도 없었다. 그 이유 중 하나는 Go의 디자인 원칙 중 하나인 '마법은 없다(no magic)' 때문인데, 이는 프로그램의 동작이 항상 명확하고 쉽게 따라 할 수 있는 프로그래밍 스타일을 장려한다. 자바에서는 대단히 인기가 있는 리플렉션 기반(reflection-based) 의존성 주입 프레임워크조차도 마치 마법처럼 어디서나 함수를 파라미터로 가져오는 것처럼 보이기 때문에 Go에서는 눈살을 찌푸리게 된다.

반면 Go는 클라우드 네이티브 소프트웨어 개발을 위한 가장 인기 있는 언어 중 하나다. 프로세스 내 컨텍스트 전파는 분산 추적에 유용할뿐더러 고성능 애플리케이션에서 중요한 RPC 데드라인, 타임아웃 및 취소를 구현하는 것과 같은 다른 기법에도 유용하다. 이 문제를 해결하기 위해 Go 표준 라이브러리는 context.Context라는 인터페이스를 정의하는 표준 모듈인 context를 제공하며, 이 모듈은 프로세스 내 요청 컨텍스트를 보유하고 전달하는 컨테이너로 사용된다. 이 타입에 익숙하지 않은 경우, Context 타입을 처음 소개한 블로그 게시물을 참고한다(https://blog.golang.org/context). 다음은 이 블로그에서 발췌한 흥미로운 부분이다.

> *"구글에서 Go 프로그래머는 들어오는 요청과 나가는 요청 사이의 호출 경로에 있는 모든 함수에 대한 첫 번째 인수로 Context 파라미터를 전달해야 한다. 그렇게 함으로써 다른 여러 팀에서 개발한 Go 코드가 잘 상호 운용될 수 있다. 이 방식은 시간 초과 및 취소에 대한 간단한 제어를 제공하고 보안 자격 증명과 같은 중요한 값이 Go 프로그램을 통해 올바르게 전송되게 한다."*

따라서 Go의 솔루션은 애플리케이션이 모든 함수 호출 간에 Context 객체를 명시적으로 전달하게 하는 것이다. 이 솔루션은 그 프로그램 자체가 컨텍스트 전파를 전적으로 책임지고 있기 때문에 '마법은 없다' 원칙의 정신에 굉장히 충실하다. 또한 분산 추적을 위해 프로세스 내 전파 문제를 완전히 해결한다. 확실히 자바나 파이썬보다 더 침해적이며, 어떤 것(스팬)의 전달을 다른 것(컨텍스트)으로 바꾼 것처럼 보일 수도 있다. 그러나 이 방식이 Go 언어 표준이고 Context가 분산 추적 외에도 훨씬 광범위한 애플리케이션에서 사용되고 있어 많은 Go 애플리케이션이 표준 라이브러리에서 권장하는 스타일로 이미 작성된 조직에서는 사용하기가 어렵지 않다.

Go에 대한 오픈트레이싱 API에서는 이를 초기에 인식하고 현재 스팬을 Context 객체의 일부로 전달하고 거기서 새 스팬을 시작하는 것을 단순화하는 헬퍼 함수를 제공했다. 이 함수를 사용해 Hello 애플리케이션을 정리해 보자. 첫 번째 스팬은 HTTP 핸들러 함수에서 만들어지며, ContextWithSpan()을 호출해서 전달되는 컨텍스트에 해당 스팬을 저장해야 한다. 컨텍스트 자체는 이미 http.Request 객체에 의해 제공된다. 그런 다음 스팬을 전달하는 대신 새 ctx 객체를 첫 번째 인수로 SayHello() 함수에 전달한다.

```
func handleSayHello(w http.ResponseWriter, r *http.Request) {
    span := opentracing.GlobalTracer().StartSpan("say-hello")
    defer span.Finish()
    ctx := opentracing.ContextWithSpan(r.Context(), span)

    name := strings.TrimPrefix(r.URL.Path, "/sayHello/")
    greeting, err := SayHello(ctx, name)
    ...
}
```

컨텍스트를 GetPerson() 및 FormatGreeting() 함수에 전달해서 SayHello() 함수를 비슷하게 변경한다. 관례에 따라 여기서는 항상 첫 번째 인수로 ctx를 넣는다. LogKV() 메서드를 호출할 참조 스팬이 더이상 없으므로 다른 오픈트레이싱 헬퍼 함수인 SpanFromContext()를 호출해서 현재 스팬을 검색한다.

```
func SayHello(ctx context.Context, name string) (string, error) {
    person, err := repo.GetPerson(ctx, name)
    if err != nil {
        return "", err
    }
```

```
    opentracing.SpanFromContext(ctx).LogKV(
        "name", person.Name,
        "title", person.Title,
        "description", person.Description,
    )

    return FormatGreeting(
        ctx,
        person.Name,
        person.Title,
        person.Description,
    ), nil
}
```

이제 GetPerson() 함수를 컨텍스트에서 작동하도록 변경해 보자.

```
func (r *Repository) GetPerson(
    ctx context.Context,
    name string,
) (model.Person, error) {
    query := "select title, description from people where name = ?"

    span, ctx := opentracing.StartSpanFromContext(
        ctx,
        "get-person",
        opentracing.Tag{Key: "db.statement", Value: query},
    )
    defer span.Finish()

    rows, err := r.db.QueryContext(ctx, query, name)
    ...
}
```

이 코드에서는 opentracing.StartSpanFromContext() 헬퍼 함수를 사용해 현재 컨텍스트에 저장된 스팬의 자식(child-of)으로 새 스팬을 시작한다. 이 함수는 새로운 스팬 및 새로운 스팬을 포함한 Context의 새로운 인스턴스를 반환한다. 자식(child-of)에 대한 참조를 명시적으로 전달할 필요가 없으며, 이는 헬퍼가 수행한다. 이제 코드가 컨텍스트를 인식하므로 컨텍스트를 충실히 활용하려고 하며 데이터베이스 API

인 db.QueryContext()에까지 컨텍스트를 전달하려고 한다. 지금은 그것이 추적 용도로 필요하지 않지만, 요청 취소 등에 사용할 수 있다.

마지막으로 FormatGreeting() 함수를 비슷하게 변경한다.

```
func FormatGreeting(
    ctx context.Context,
    name, title, description string,
) string {
    span, ctx := opentracing.StartSpanFromContext(
        ctx,
        "format-greeting",
    )
    defer span.Finish()
    ...
}
```

코드의 최종 버전은 exercise3b 패키지에서 확인할 수 있다. 프로그램을 실행하고 모든 추적 ID가 동일한지 검사해서 스팬이 올바르게 연결됐는지 확인할 수 있다.

```
$ go run ./exercise3b/hello.go
Initializing logging reporter
Listening on http://localhost:8080/
Reporting span 158aa3f9bfa0f1e1:1c11913f74ab9019:158aa3f9bfa0f1e1:1
Reporting span 158aa3f9bfa0f1e1:1d752c6d320b912c:158aa3f9bfa0f1e1:1
Reporting span 158aa3f9bfa0f1e1:158aa3f9bfa0f1e1:0:1
```

실습 정리

이번 실습에서는 애플리케이션의 세 가지 함수를 나타내는 세 개의 스팬으로 계측 범위를 늘렸다. 오픈트레이싱을 통해 스팬 참조를 사용해 스팬 간의 인과관계를 설명하는 방법을 알아봤다. 또한 함수 호출 간에 프로세스 내 컨텍스트 전파를 위해 오픈트레이싱 범위 관리자와 Go의 context.Context 메커니즘을 사용했다. 다음 실습에서는 두 개의 내부 함수를 다른 마이크로서비스에 대한 RPC 호출로 대체하고 **프로세스 간 컨텍스트 전파**(inter-process context propagation)를 지원하기 위해 필요한 추가 계측이 무엇인지 확인하겠다.

실습 4: RPC 요청 추적

이번 장의 시작 부분에서 이 애플리케이션을 흥미롭게 만들겠다고 약속했다. 지금까지 이 애플리케이션은 단일 프로세스였으며 특히 분산 추적을 위한 시험 환경으로 흥미롭지 않았다. 이번 실습에서는 Hello 애플리케이션을 단일 아키텍처에서 마이크로서비스 기반 애플리케이션으로 바꿀 것이다. 그렇게 하는 동안 다음을 수행하는 방법을 배울 것이다.

- 둘 이상의 마이크로서비스에서 트랜잭션 추적
- 주입 추적점 및 추출 추적점을 사용해 프로세스 간 컨텍스트 전달
- 오픈트레이싱 권장 태그 적용

1단계: 단일 아키텍처 분해

메인 애플리케이션에서는 내부적으로 데이터베이스에서 사람의 정보를 검색하고 그 정보로 인사말을 구성하는 두 가지 주요 기능을 수행한다. 이 두 기능을 각각 마이크로서비스로 추출할 수 있다. 첫 번째를 '빅 브라더(Big Brother)'라고 하고 두 번째를 '포매터(Formatter)'라고 부를 것이다. 빅 브라더 서비스는 HTTP 포트 8081에서 수신 대기하고 단일 엔드포인트인 getPerson을 제공해서 Hello 애플리케이션과 마찬가지로 경로 파라미터로 전달된 사람의 이름을 읽는다.

이 서비스는 사람에 대한 정보를 JSON 문자열로 반환한다. 다음과 같이 이 서비스를 테스트할 수 있다.

```
$ curl http://localhost:8081/getPerson/Gru
{"Name":"Gru","Title":"Felonius","Description":"Where are the minions?"}
```

포매터 서비스는 HTTP 포트 8082에서 수신 대기하고 단일 엔드포인트인 formatGreeting을 제공한다. 이 서비스는 URL 쿼리 파라미터로 인코딩된 이름, 제목, 설명을 사용하고 일반 텍스트 문자열로 응답한다. 다음은 이 서비스를 호출하는 예다.

```
$ curl 'http://localhost:8082/formatGreeting?name=Smith&title=Agent' Hello, Agent Smith!
```

이제 세 개의 마이크로서비스를 사용하기 때문에 각 서비스를 별도의 터미널 창에서 시작해야 한다.

Go로 구현한 마이크로서비스

세 개의 마이크로서비스로 분해된 Hello 애플리케이션의 리팩터링된 코드는 exercise4a 패키지에서 확인할 수 있다. 코드 대부분이 이전과 같고 단지 옮기기만 했으므로 여기서 모든 것을 재현하지는 않는다. 메인 애플리케이션인 hello.go는 빅 브라더와 포매터 서비스에 각각 HTTP 호출을 수행하는 getPerson() 및 formatGreeting()이라는 두 개의 로컬 함수를 갖도록 리팩터링된다. 이 두 함수는 HTTP 요청을 실행하고 오류를 처리하기 위해 공유 모듈인 lib/http/에서 헬퍼 함수인 xhttp.Get()을 사용한다.

여기서는 두 개의 하위 모듈인 bigbrother와 formatter를 추가했다. 각 모듈에는 하나의 main.go 파일이 있다. 이 파일은 고유한 서비스 이름을 가진 새로운 추적 프로그램을 인스턴스화하고 HTTP 서버를 시작한다는 점에서 이전 hello.go와 비슷하다. 예를 들어, 포매터 서비스의 main() 함수는 다음과 같다.

```go
func main() {
    tracer, closer := tracing.Init("go-4-formatter")
    defer closer.Close()
    opentracing.SetGlobalTracer(tracer)

    http.HandleFunc("/formatGreeting", handleFormatGreeting)

    log.Print("Listening on http://localhost:8082/")
    log.Fatal(http.ListenAndServe(":8082", nil))
}
```

데이터 저장소를 초기화하는 부분이 hello.go에서 bigbrother/main.go로 옮겨졌는데, 빅 브라더 서비스가 데이터베이스에 대한 접근이 필요한 유일한 서비스이기 때문이다.

자바로 구현한 마이크로서비스

exercise4a 패키지에는 Hello 애플리케이션을 세 개의 마이크로서비스로 다시 구현한 '실습 3: 함수 추적과 컨텍스트 전달'의 리팩터링된 코드가 들어 있다. HelloController 클래스에는 여전히 동일한 getPerson()과 formatGreeting() 함수가 들어 있지만 이제 그 두 함수는 자동 주입되도록 지정한 스프링의 RestTemplate을 사용해 exercise4a.bigbrother 및 exercise4a.formatter 패키지에 구현된 두 개의 새로운 서비스에 대한 HTTP 요청을 실행한다.

```
@Autowired
private RestTemplate restTemplate;
```

각 하위 패키지에는 App 클래스(BBApp과 FApp)와 컨트롤러 클래스가 있다. 모든 App 클래스는 고유한 이름으로 자체 트레이서를 인스턴스화하므로 추적에서 서비스를 분리할 수 있다. JPA 애노테이션은 HelloApp에서 BBApp으로 옮겨지는데, 이 BBApp 클래스만이 데이터베이스에 접근하기 때문이다. 서로 다른 포트에서 실행되는 두 개의 새로운 서비스가 필요하기 때문에 main() 함수에서 server.port 환경변수를 각각 재정의한다.

```
@EnableJpaRepositories("lib.people")
@EntityScan("lib.people")
@SpringBootApplication
public class BBApp {

    @Bean
    public io.opentracing.Tracer initTracer() {
        ...
    return new Configuration("java-4-bigbrother")
        .withSampler(samplerConfig)
        .withReporter(reporterConfig)
        .getTracer();
    }

    public static void main(String[] args) {
        System.setProperty("server.port", "8081");
        SpringApplication.run(BBApp.class, args);
    }
}
```

두 개의 새로운 컨트롤러는 HelloController와 유사하며, 이전에 getPerson() 및 getPerson() 함수에 있던 코드를 포함한다. 또한 HTTP 핸들러 함수의 맨 위에 새로운 스팬을 추가했다.

새 서비스는 메인 터미널과 유사한 별도의 터미널 창에서 실행할 수 있다.

```
$ ./mvnw spring-boot:run -Dmain.class=exercise4a.bigbrother.BBApp
$ ./mvnw spring-boot:run -Dmain.class=exercise4a.formatter.FApp
```

파이썬으로 구현한 마이크로서비스

세 개의 마이크로서비스로 분해된 Hello 애플리케이션의 리팩터링된 코드는 exercise4a 패키지에서 사용할 수 있다. 코드의 대부분이 이전과 같고 단지 옮기기만 했으므로 여기서 모든 것을 재현하지는 않는다. hello.py에 있는 get_person() 및 format_greeting() 함수는 두 개의 새로운 마이크로서비스로 HTTP 요청을 실행하도록 변경하며, bigbrother.py와 formatter.py 모듈에서 구현된다. 그 서비스 모두 각자의 트레이서를 만든다. 예를 들어 빅 브라더 코드는 다음과 같다.

```python
from flask import Flask
import json
from .database import Person
from lib.tracing import init_tracer
import opentracing

app = Flask('py-4-bigbrother')
init_tracer('py-4-bigbrother')

@app.route("/getPerson/<name>")
def get_person_http(name):
    with opentracing.tracer.start_active_span('/getPerson') as scope:
        person = Person.get(name)
        if person is None:
            person = Person()
            person.name = name
        scope.span.log_kv({
            'name': person.name,
            'title': person.title,
            'description': person.description,
        })
        return json.dumps({
            'name': person.name,
            'title': person.title,
            'description': person.description,
        })

if __name__ == "__main__":
    app.run(port=8081)
```

새 서비스는 메인 터미널과 유사한 별도의 터미널 창에서 실행할 수 있다.

```
$ python -m exercise4a.bigbrother
$ python -m exercise4a.formatter
```

2단계: 프로세스 간 컨텍스트 전달

원하는 언어로 리팩터링된 애플리케이션을 테스트해 보자. 다음은 Go 앱을 찾는 방법이다.

```
$ go run exercise4a/hello.go
Initializing logging reporter
Listening on http://localhost:8080/
Reporting span 2de55ae657a7ddd7:2de55ae657a7ddd7:0:1

$ go run exercise4a/bigbrother/main.go
Initializing logging reporter
Listening on http://localhost:8081/
Reporting span e62f4ea4bfb1e34:21a7ef50eb869546:e62f4ea4bfb1e34:1
Reporting span e62f4ea4bfb1e34:e62f4ea4bfb1e34:0:1

$ go run exercise4a/formatter/main.go
Initializing logging reporter
Listening on http://localhost:8082/
Reporting span 38a840df04d76643:441462665fe089bf:38a840df04d76643:1
Reporting span 38a840df04d76643:38a840df04d76643:0:1

$ curl http://localhost:8080/sayHello/Gru Hello, Felonius Gru! Where are the minions?
```

인사말 출력까지는 애플리케이션이 예상대로 작동한다. 안타깝게도 리팩터링의 결과로 끊어진 추적 문제가 다시 발생했다. 즉, Hello 애플리케이션에 대한 단일 요청으로 인해 로그에 다른 추적 ID로 표시된 세 개의 독립적인 추적이 만들어졌다. 물론 그것을 예상했어야 했다. 일체형 애플리케이션에서는 프로세스 내 컨텍스트 전파를 사용해 모든 스팬이 서로 연결되어 동일한 추적으로 연결되게 했다. RPC 요청을 생성하면 컨텍스트 전파가 중단되므로 다른 메커니즘이 필요하다. 오픈트레이싱 API는 모든 추적이 프로세스 간의 컨텍스트를 전송하는 데 사용되는 Inject() 및 Extract() 메서드 쌍을 구현하도록 요구한다.

이 API의 설계는 여러 가지 가정하에 이루어졌기 때문에 다음과 같이 흥미로운 이력을 갖고 있다.

- 사실상 모든 기존 추적 시스템은 서로 다른 표현을 사용하기 때문에 추적 구현에서 사용하는 메타데이터의 내용에 대해 어떤 것도 알 수 없었다.

- 개념적으로 매우 유사한 메타데이터가 있는 시스템(예: 집킨, 예거, 스택드라이버)조차도 전송을 위해 매우 다른 형식을 사용하기 때문에 메타데이터의 직렬화된 형식에 대해 어떤 것도 알 수 없었다.

- 전송 프로토콜 및 해당 프로토콜에서 메타데이터가 인코딩되는 위치에 대해 어떤 것도 알 수 없었다. 예를 들면, HTTP를 사용하는 경우 일반 텍스트 헤더로 메타데이터를 전달하는 것이 일반적이지만 카프카 또는 여러 스토리지 시스템(예: 카산드라)에서 사용하는 사용자 정의 전송 프로토콜을 통해 전송할 때는 일반 텍스트 HTTP 형식이 적합하지 않을 수 있다.

- 트레이서가 여러 다른 모든 전송 프로토콜을 인식하도록 요구할 수 없으므로 트레이서를 유지 관리하는 팀은 존재할 수 있는 모든 가능한 사용자 정의 프로토콜에 대해 걱정하지 않고 좁고 잘 정의된 범위에 집중할 수 있다.

오픈트레이싱은 이러한 우려의 대부분을 추상화해서 추적 구현에 위임함으로써 이를 해결할 수 있었다. 첫째, 주입/추출 메서드는 이미 추상화된 스팬 컨텍스트 인터페이스에서 작동한다. 전송의 차이를 해결하기 위해 '형식(format)' 개념을 도입했다. 이 형식은 실제 직렬화 형식을 나타내는 것이 아니라 여러 다른 전송에 있는 메타데이터 지원 유형을 나타낸다. 오픈트레이싱에는 'text-map', 'binary', 'http-headers'의 세 가지 형식이 정의돼 있다. 마지막 형식인 'http-headers'을 지원한다는 것은 대소문자를 구분하지 않는 헤더 이름 및 헤더를 임의대로 정의하는 것과 같이 친숙하지 않은 특징을 지닌 HTTP가 널리 사용되는 프로토콜이라는 것을 다시 한 번 반증한다. 개념적으로 http-headers 형식은 헤더값 전송이 문자열 키-값 쌍의 모음으로 메타데이터 개념을 지원할 것으로 기대한다는 점에서 text-map과 유사하다. binary 형식은 메타데이터가 불투명한 일련의 바이트로만 표현될 수 있는 프로토콜과 함께 사용된다(예: 카산드라 전송 프로토콜).

오픈트레이싱 API에서 소개된 두 번째 추상화는 캐리어(carrier)의 개념이다. 캐리어는 실제로 트레이서가 선택한 형식에 따라 메타데이터를 저장하는 데 사용할 수 있는 물리적 컨테이너를 제공한다는 점에서 형식과 밀접하게 결합된다(여러 형식을 단일 유형으로 병합하는 오픈트레이싱에 대한 토론이 있음). 예를 들면, text-map 형식의 경우 캐리어는 자바의 Map<String, String> 또는 Go의 map[string]string일 수 있다. 반면 Go에서 binary 형식의 캐리어는 표준 io.Writer 또는 io.Reader다(스팬 컨텍스트를 주입하느냐, 추출하느냐에 따라 다름). 이러한 오픈트레이싱 API를 호출해서 메타데이터를 주입/추출하는 계측기는 처리 중인 전송을 항상 알고 있으므로 일반적으로 기반 RPC 요청 객체에 연결된 적절한 캐리어를 구성하고 트레이서가 잘 정의된 캐리어 인터페이스를 통해 데이터를 채우거나(주입) 읽는다(추출). 이것으로 애플리케이션에서 사용되는 실제 전송에서 트레이서 주입/추출 구현의 분리가 가능하다.

Hello 애플리케이션에서 이 메커니즘을 사용하려면 메인 Hello 서비스에서 Inject()에 대한 호출을 추가하고 빅 브라더 및 포매터 서비스에서 Extract()에 대한 호출을 추가해야 한다. 또한 각 아웃바운드 HTTP 호출을 나타내는 새로운 스팬을 시작할 것이다. 이는 분산 추적에서는 관례적인데, 다운스트림 서비스에 소요된 시간을 상위 레벨인 say-hello 스팬으로 돌리고 싶지 않기 때문이다. 일반적으로 애플리케이션이 데이터베이스 같은 다른 서비스를 원격 호출할 때마다 해당 호출을 래핑하는 새 스팬을 생성하고자 한다.

Go로 프로세스 간 컨텍스트 전달

먼저 hello.go를 변경해서 다른 서비스를 호출하기 전에 메타데이터를 HTTP 요청에 주입하자. 두 개의 내부 함수인 getPerson() 및 formatGreeting()은 HTTP 요청을 실행하기 위해 헬퍼 함수인 xhttp.Get()을 사용한다. 이 헬퍼 함수를 다음과 같은 새로운 로컬 함수인 get()에 대한 호출로 대체하자.

```go
func get(ctx context.Context, operationName, url string) ([]byte, error) {
    req, err := http.NewRequest("GET", url, nil)
    if err != nil {
        return nil, err
    }

    span, ctx := opentracing.StartSpanFromContext(ctx, operationName)
    defer span.Finish()

    opentracing.GlobalTracer().Inject(
        span.Context(),
        opentracing.HTTPHeaders,
        opentracing.HTTPHeadersCarrier(req.Header),
    )

    return xhttp.Do(req)
}
```

여기서 몇 가지 새로운 일이 일어나고 있다. 먼저, 앞에서 논의한 대로 HTTP 요청을 래핑하는 새로운 스팬을 시작한다. 그런 다음 트레이서에서 Inject() 함수를 호출해서 스팬 컨텍스트, 원하는 표현 형식인 opentracing.HTTPHeaders, HTTP 요청 헤더를 감싸는 래퍼(어댑터)로 생성한 캐리어를 전달한다. 남은 것은 호출 사이트를 대체하는 것이다.

```go
func getPerson(ctx context.Context, name string) (*model.Person, error) {
    url := "http://localhost:8081/getPerson/"+name
    res, err := get(ctx, "getPerson", url)
    ...
}

func formatGreeting(
    ctx context.Context,
    person *model.Person,
) (string, error) {
    ...
    url := "http://localhost:8082/formatGreeting?" + v.Encode()
    res, err := get(ctx, "formatGreeting", url)
    ...
}
```

이제 요청에서 인코딩된 메타데이터를 추출해서 새 스팬을 만들 때 그 메타데이터를 사용하도록 다른 두 서비스를 변경해야 한다. 예를 들어 빅 브라더 서비스에서는 다음과 같다.

```go
func handleGetPerson(w http.ResponseWriter, r *http.Request) {
    spanCtx, _ := opentracing.GlobalTracer().Extract(
        opentracing.HTTPHeaders,
        opentracing.HTTPHeadersCarrier(r.Header),
    )
    span := opentracing.GlobalTracer().StartSpan(
        "/getPerson",
        opentracing.ChildOf(spanCtx),
    )
    defer span.Finish()
```

```
    ctx := opentracing.ContextWithSpan(r.Context(), span)
    ...
}
```

호출 측과 마찬가지로 여기서는 요청 헤더에서 스팬 컨텍스트를 디코딩하기 위해 HTTPHeaders 형식과 캐리어가 있는 트레이서의 Extract() 메서드를 사용한다. 그런 다음 추출된 스팬 컨텍스트를 사용해 호출자 스팬에 대한 자식 참조를 설정해서 새 스팬을 시작한다. 포매터 서비스의 핸들러에 유사한 변경을 적용할 수 있다. 또한 상위 Hello 서비스는 HTTP 서버이기 때문에 이미 추적을 시작한 클라이언트가 호출할 수도 있다. 그러므로 say-hello 스팬을 시작하는 코드를 유사한 추출-시작(extract-and-start) 스팬 코드로 바꾸자.

Extract() 함수에서 반환된 오류는 다른 코드에 영향을 미치지 않으므로 이 오류를 무시하는데, 가령 형식이 잘못됐거나 누락되어 트레이서가 요청에서 컨텍스트를 추출할 수 없는 경우 nil과 오류를 반환한다. 나쁜 영향 없이 ChildOf() 함수에 nil을 전달할 수 있는데, 그것을 그냥 무시하고 트레이서가 새로운 추적을 시작한다.

자바로 프로세스 간 컨텍스트 전달

자바에서 트레이서의 inject()나 extract() 메서드를 호출하려고 할 경우 Go와 파이썬에서와 같이 HTTP 헤더를 표현하기 위한 동일한 표준 관례가 없으므로 조금 더 많은 작업이 필요하다. 즉, 그 표현은 HTTP 프레임워크에 의존한다. 타이핑을 좀 덜기 위해 다른 세 컨트롤러가 상속하는 헬퍼 기본 클래스인 TracedController를 사용할 수 있다. 이 새로운 클래스는 get()과 startServerSpan()의 두 헬퍼 메서드를 제공한다.

```java
protected <T> T get(
    String operationName,
    URI uri,
    Class<T> entityClass,
    RestTemplate restTemplate) {
        Span span = tracer.buildSpan(operationName).start();
        try (Scope s = tracer.scopeManager().activate(span,
        false)) {
            HttpHeaders headers = new HttpHeaders();
            HttpHeaderInjectAdapter carrier =
```

```
        new HttpHeaderInjectAdapter(headers);
        tracer.inject(scope.span().context(),
        Format.Builtin.HTTP_HEADERS, carrier);
        HttpEntity<String> entity = new HttpEntity<>(headers);
        return restTemplate.exchange(
            uri, HttpMethod.GET, entity,
            entityClass).getBody();
    } finally {
        span.finish();
    }
}
```

get() 메서드는 아웃바운드 HTTP 요청을 실행하는 데 사용된다. 추적 컨텍스트를 요청 헤더에 주입해야 하므로 스프링의 HttpHeaders 객체를 사용해 어댑터 클래스 HttpHeaderInjectAdapter에 래핑하는데, 이는 오픈트레이싱의 TextMap 인터페이스 구현처럼 보이게 만든다. TextMap은 tracer.extract()에서 사용하는 iterator() 메서드와 tracer.inject()에서 사용하는 put() 메서드가 있는 인터페이스다. 여기서는 inject() 메서드만 호출하므로 iterator() 메서드는 구현하지 않는다.

```
private static class HttpHeaderInjectAdapter implements TextMap {
    private final HttpHeaders headers;

    HttpHeaderInjectAdapter(HttpHeaders headers) {
        this.headers = headers;
    }

    @Override
    public Iterator<Entry<String, String>> iterator() {
        throw new UnsupportedOperationException();
    }

    @Override
    public void put(String key, String value) {
        headers.set(key, value);
    }
}
```

HttpHeaders 객체가 추적 컨텍스트를 전달하는 헤더와 함께 어댑터를 통해 트레이서에 의해 채워지면 HttpEntity를 생성하는데, 이 객체는 스프링의 restTemplate가 요청을 실행하는 데 사용한다.

컨트롤러에 있는 HTTP 핸들러가 구현하는 인바운드 HTTP 요청에 대해서는 get()의 반대 작업을 수행하는 startServerSpan() 메서드를 구현한다. 이 메서드는 새 서버 측 스팬을 시작할 때 헤더에서 스팬 컨텍스트를 추출해서 부모로 전달한다.

```
protected Span startServerSpan(
    String operationName, HttpServletRequest request)
    {
        HttpServletRequestExtractAdapter carrier =
        new HttpServletRequestExtractAdapter(request);
        SpanContext parent = tracer.extract(
            Format.Builtin.HTTP_HEADERS, carrier);
        Span span = tracer.buildSpan(operationName)
        .asChildOf(parent).start();
        return span;
    }
```

이번에는 HttpServletRequest의 HTTP 헤더를 다루고 있으며, 이 클래스는 API를 노출해서 한 번에 다 가져오지 않고 한 번에 하나씩만 처리한다. 트레이서에 대한 TextMap 인터페이스가 다시 필요하기 때문에 다른 어댑터 클래스를 사용한다.

```
private static class HttpServletRequestExtractAdapter implements TextMap
{
    private final Map<String, String> headers;

    HttpServletRequestExtractAdapter(HttpServletRequest request) {
        this.headers = new LinkedHashMap<>();
        Enumeration<String> keys = request.getHeaderNames();
        while (keys.hasMoreElements()) {
            String key = keys.nextElement();
            String value = request.getHeader(key);
            headers.put(key, value);
        }
    }
```

```
    @Override
    public Iterator<Entry<String, String>> iterator() {
        return headers.entrySet().iterator();
    }

    @Override
    public void put(String key, String value) {
        throw new UnsupportedOperationException();
    }
}
```

여기서는 `iterator()` 메서드에만 관심이 있으므로 다른 메서드는 항상 예외를 던진다. 생성자는 서블릿 요청을 받아 모든 HTTP 헤더를 일반 맵으로 복사하며, 이 맵은 나중에 이터레이터를 가져오는 데 사용된다. 예를 들면, https://github.com/opentracing-contrib/java-web-servlet-filter 라이브러리의 `HttpServletRequestExtractAdapter` 같은 좀 더 효율적인 구현이 있지만 더 복잡하기 때문에 더 간단하지만 항상 헤더를 복사해서 덜 효율적인 자체 버전을 제공했다.

기본 컨트롤러 클래스를 사용해 메인 컨트롤러를 약간 변경하는데, 예를 들면 다음과 같다.

```
@RestController
public class HelloController extends TracedController {

    @Autowired
    private RestTemplate restTemplate;

    @GetMapping("/sayHello/{name}")
    public String sayHello(@PathVariable String name,
    HttpServletRequest request) {
        Span span = startServerSpan("/sayHello", request);
        try (Scope s = tracer.scopeManager().activate(span, false)) {
            ...
            return response;
        } finally {
            span.finish();
        }
    }
}
```

```
private Person getPerson(String name) {
    String url = "http://localhost:8081/getPerson/" + name;
    URI uri = UriComponentsBuilder
        .fromHttpUrl(url).build(Collections.emptyMap());
    return get("get-person", uri, Person.class, restTemplate);
}
```

BBController와 FController의 HTTP 핸들러도 비슷하게 변경된다.

파이썬으로 프로세스 간 컨텍스트 전달

hello.py가 HTTP 요청을 하는 방법을 먼저 바꾸자. 이전에는 requests 모듈을 직접 사용했으므로 그 대신 다음 _get() 함수에 래핑하자.

```
def _get(url, params=None):
    span = opentracing.tracer.active_span
    headers = {}
    opentracing.tracer.inject(
        span.context,
        opentracing.Format.HTTP_HEADERS,
        headers,
    )
    r = requests.get(url, params=params, headers=headers)
    assert r.status_code == 200
    return r.text
```

스팬 컨텍스트를 주입하려면 tracer.active_span 속성을 통해 수행할 수 있는 현재 스팬에 접근해야 한다. 그런 다음 비어 있는 딕셔너리로 캐리어인 headers를 만들고 트레이서의 inject() 메서드를 사용해 http-headers 형식을 요청하는 헤더를 채운다. 그런 다음, 결과 딕셔너리를 HTTP 헤더로 requests 모듈에 간단히 전달한다.

수신 측에서는 컨텍스트를 추출하고 그 컨텍스트를 사용해 자식 참조를 만들기 위해 동일한 헤더를 읽어야 한다. 플라스크에서는 인바운드 HTTP 헤더에 접근하는 데 사용할 수 있는 객체인 request를 노출한다. 다음은 bigbrother.py에서 이 작업을 수행하는 방법이다.

```python
from flask import request

@app.route("/getPerson/<name>")
def get_person_http(name):
    span_ctx = opentracing.tracer.extract(
        opentracing.Format.HTTP_HEADERS,
        request.headers,
    )
    with opentracing.tracer.start_active_span(
        '/getPerson',
        child_of=span_ctx,
    ) as scope:
        person = Person.get(name)
        ...
```

hello.py와 formatter.py에 있는 HTTP 핸들러에서도 같은 변경 작업을 해야 한다. 그리고 나면 세 개의 마이크로서비스가 방출하는 모든 스팬이 동일한 추적 ID를 가질 것이다.

3단계: 오픈트레이싱 추천 태그 적용

애플리케이션 테스트를 반복하면 세 가지 서비스 모두가 동일한 추적 ID로 스팬을 지정하고 있음을 볼 수 있을 것이다. 추적이 훨씬 더 재미있어 보이기 시작한다. 특히, 호출 그래프에 네트워크 호출을 두 개 더 도입했기 때문에 데이터베이스 호출이 더이상 상위 요청의 대부분을 차지하지 않는다는 것을 알 수 있다. 특히 요청이 시작될 때 이러한 네트워크 호출에서 발생하는 지연 시간을 확인할 수도 있다. 이것은 애플리케이션에 마이크로서비스를 도입하는 것이 분산된 동작을 어떻게 복잡하게 만드는지를 보여준다.

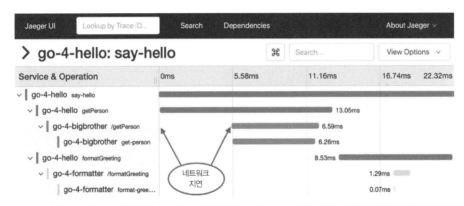

그림 4.5 세 가지 마이크로서비스에 걸친 추적. 네트워크 지연 시간은 go-4-hello 서비스에 있는 내부 스팬에서 다운스트림 마이크로서비스의 HTTP 서버 엔드포인트를 나타내는 스팬으로 내릴 때 명확하게 관찰할 수 있다.

할 일이 딱 하나 남아있다. 앞서 오픈트레이싱의 의미적인 관례에 관해 이야기했다. HTTP 요청은 오픈 트레이싱이 HTTP 요청을 나타내는 스팬에 주석을 달기 위해 사용해야 하는 여러 권장 태그를 정의하는 일반적인 패턴이다.

이러한 태그를 사용하면 백엔드 추적을 통해 표준 집계 및 분석을 수행할 수 있을뿐더러 추적의 의미를 더 잘 이해할 수 있다. 이 마지막 단계에서 다음 표준 태그를 적용하려고 한다.

- span.kind: 이 태그는 RPC 요청에서 서비스의 역할을 식별하는 데 사용된다. 가장 자주 사용되는 값은 client 와 server로서 이 예제에서도 이 값을 사용하려고 한다. 메시징 시스템에서 사용되는 또 다른 쌍은 producer와 consumer다.

- http.url: 이 태그는 클라이언트가 요청했거나 서버가 제공한 URL을 기록한다. 클라이언트 측 URL은 일반적으로 서버가 알고 있는 URL이 업스트림 프락시에 의해 재작성됐을 수 있으므로 좀 더 흥미롭다.

- http.method: GET 또는 POST 등

Go에서의 표준 태그

이미 아웃바운드 HTTP 호출을 위한 추적 계측기를 캡슐화했으므로 표준 태그를 get() 함수 한 곳에 서 쉽게 추가할 수 있다. 다만 두 번째 파라미터가 어떤 유형이라도 상관없는 좀 더 일반적인 span. SetTag(key, value) 메서드와 달리 Set(Span, string)과 같이 엄격하게 타입을 확인하는 Set() 메서드를 가지고 태그를 정의하는 확장 패키지인 ext(ottag으로 이름을 변경함)를 추가로 임포트해야 한다.

```go
import ottag "github.com/opentracing/opentracing-go/ext"

func get(ctx context.Context, operationName, url string) ([]byte, error) {
    ...
    span, ctx := opentracing.StartSpanFromContext(ctx, operationName)
    defer span.Finish()

    ottag.SpanKindRPCClient.Set(span)
    ottag.HTTPUrl.Set(span, url)
    ottag.HTTPMethod.Set(span, "GET")
    opentracing.GlobalTracer().Inject(
        span.Context(),
        opentracing.HTTPHeaders,
```

```
        opentracing.HTTPHeadersCarrier(req.Header),
    )

    return xhttp.Do(req)
}
```

서버 측에서는 span.kind 태그만 추가한다. 오픈트레이싱 API에서는 span.kind = server 태그를 설정하고 자식 참조를 추가하는 StartSpan() 메서드에 대한 RPCServerOption 옵션을 제공한다.

```
func handleFormatGreeting(w http.ResponseWriter, r *http.Request) {
    spanCtx, _ := opentracing.GlobalTracer().Extract(
        opentracing.HTTPHeaders,
        opentracing.HTTPHeadersCarrier(r.Header),
    )
    span := opentracing.GlobalTracer().StartSpan(
        "/formatGreeting",
        ottag.RPCServerOption(spanCtx),
    )
    defer span.Finish()
    ...
}
```

이 실습을 위한 전체 코드는 exercise4b 패키지에서 확인할 수 있다.

자바에서의 표준 태그

TracedController의 get() 메서드에 아웃바운드 호출에 대한 세 개의 태그를 추가할 수 있다. Go와 유사하게 표준 태그는 오픈트레이싱 라이브러리에 의해 엄격하게 타입을 확인하는 set(span, value) 메서드를 노출하는 객체로 정의된다. 예를 들면, Tags.HTTP_URL 상수는 값이 문자열일 것으로 예상하지만 Tags.HTTP_STATUS(여기서는 사용하지 않음)는 값이 정수일 것으로 예상한다.

```
import io.opentracing.tag.Tags;

    protected <T> T get(String operationName, URI uri,
                    Class<T> entityClass,
                    RestTemplate restTemplate) {
```

```
        Span span = tracer.buildSpan(operationName).start();
        try (Scope s = tracer.scopeManager().activate(span,false)) {
            Tags.SPAN_KIND.set(scope.span(), Tags.SPAN_KIND_CLIENT);
            Tags.HTTP_URL.set(scope.span(), uri.toString());
            Tags.HTTP_METHOD.set(scope.span(), "GET");

            ...
        } finally {
            span.finish();
        }
    }
```

`span.kind=server` 태그는 `startServerSpan()` 메서드에 추가될 수 있다.

```
protected Span startServerSpan(
    String operationName, HttpServletRequest request)
 {
    ...
    Span span = tracer.buildSpan(operationName)
    .asChildOf(parent).start();
    Tags.SPAN_KIND.set(span, Tags.SPAN_KIND_SERVER);
    return span;
}
```

모든 수정 사항이 포함된 최종 코드는 exercise4b 패키지에서 확인할 수 있다.

파이썬에서의 표준 태그

먼저 아웃바운드 HTTP 요청에 대한 태그를 _get() 함수에 추가할 수 있다. Go나 자바와 달리 파이썬 오픈트레이싱 라이브러리는 태그 상수를 간단한 문자열로 정의하므로 스팬에서 set_tag() 메서드를 사용해야 한다.

```
from opentracing.ext import tags

def _get(url, params=None):
    span = opentracing.tracer.active_span
    span.set_tag(tags.HTTP_URL, url)
    span.set_tag(tags.HTTP_METHOD, 'GET')
```

```
    span.set_tag(tags.SPAN_KIND, tags.SPAN_KIND_RPC_CLIENT)
    headers = {}
    ...
```

서버 측에서는 새로운 스팬을 생성할 때 span.kind = server 태그만 추가할 것이다(여기서는 formatter.
py의 코드만 보여주겠다).

```
from opentracing.ext import tags

@app.route("/formatGreeting")
def handle_format_greeting():
    span_ctx = opentracing.tracer.extract(
        opentracing.Format.HTTP_HEADERS,
        request.headers,
    )
    with opentracing.tracer.start_active_span(
        '/formatGreeting',
        child_of=span_ctx,
        tags={tags.SPAN_KIND: tags.SPAN_KIND_RPC_SERVER},
    ) as scope:
    ...
```

모든 수정 사항이 포함된 최종 코드는 exercise4b 패키지에서 확인할 수 있다.

실습 정리

이번 실습에서는 이전의 일체형 Hello 애플리케이션을 세 개의 마이크로서비스로 나눴다. 다양한 네트
워크 프로토콜에서 프로세스 간에 추적 메타데이터를 전파하기 위해 오픈트레이싱 API에서 제공하는 주
입/추출 메커니즘에 대해 설명했다. 추가적인 의미론적 주석을 사용해 클라이언트 및 서버 범위를 향상
시키기 위해 오픈트레이싱 권장 표준 태그를 사용했다.

실습 5: 배기지 사용

이전 실습에서는 마이크로서비스에서 분산 컨텍스트 전파 메커니즘을 구현했다. 프로세스 내 또는 프로
세스 간 컨텍스트 전달 메커니즘은 분산 추적 메타데이터에 그다지 특화돼 있지 않다는 것을 쉽게 알 수

있다. 그것은 분산 실행의 호출 그래프에서 다른 유형의 메타데이터를 전달할 만큼 충분히 일반적이다. 오픈트레이싱의 제작자들은 그 사실을 인식하고 '배기지(baggage)'라는 임의의 메타데이터를 위한 또 다른 범용 컨테이너를 정의했다. 이 용어는 원래 X-Trace 시스템의 제작자 중 한 명인 로드리고 폰세카 (Rodrigo Fonseca) 교수가 만들었다. 오픈트레이싱 배기지는 애플리케이션 자체에서 정의되고 사용되는 키/값 쌍의 임의 집합이다. 10장 '분산 컨텍스트 전파'에서 이 메커니즘의 다양한 용도에 대해 살펴볼 것이다. 이번 실습에서는 Hello 애플리케이션에서 이 메커니즘을 사용해 보겠다.

배기지의 가장 큰 장점 중 하나는 마이크로서비스의 API를 변경하지 않고도 호출 그래프를 통해 데이터를 전달하는 데 배기지를 사용할 수 있다는 것이다. 당연히 배기지는 합법적인 사용 사례에만 사용해야 하며, 적절한 서비스 API를 설계하지 못한 것에 대한 변명이 배기지의 사용 사례가 되면 안 된다. Hello 애플리케이션의 경우 그러한 잘못된 방식의 예가 될 수 있지만, 여기서는 데모를 위해서만 배기지를 사용할 것이다.

특히 포매터 서비스는 항상 'Hello'라는 단어로 시작하는 문자열을 반환한다. 요청에 그 단어를 배기지로 지정해 인사말을 바꿀 수 있는 이스터 에그를 만들 예정이다. 예거 계측 라이브러리는 `jaeger-baggage: k1=v1, k2=v2, ...`와 같은 특수한 HTTP 헤더를 인식한다. 이것은 테스트용 배기지를 수동으로 제공할 때 유용하며, 여기서도 활용할 수 있다. 또한 배기지는 항상 `Span.SetBaggageItem()`을 사용해 애플리케이션 내에서 명시적으로 설정할 수 있다.

이 실습에서는 포매터 서비스의 `FormatGreeting()` 함수를 간단히 변경해서 `greeting`이라는 배기지 항목에서 인사말을 읽는다. 해당 배기지 항목이 설정돼 있지 않으면 'Hello'라는 단어가 계속 기본값으로 사용된다. 애플리케이션의 다른 곳에서 변경한 사항이 없으면 다음과 같은 쿼리를 실행할 수 있다.

```
$ curl -H 'jaeger-baggage: greeting=Bonjour' \
        http://localhost:8080/sayHello/Kevin
Bonjour, Kevin!
```

Go에서 배기지 사용하기

```
func FormatGreeting(
    ctx context.Context,
    name, title, description string,
) string {
```

```go
    span, ctx := opentracing.StartSpanFromContext(
        ctx,
        "format-greeting",
    )
    defer span.Finish()

    greeting := span.BaggageItem("greeting")
    if greeting == "" {
        greeting = "Hello"
    }
    response := greeting + ", "
    ...
}
```

자바에서 배기지 사용하기

```java
@GetMapping("/formatGreeting")
public String formatGreeting(
    @RequestParam String name,
    @RequestParam String title,
    @RequestParam String description,
    HttpServletRequest request)
{
    Scope scope = startServerSpan("/formatGreeting", request);
    try {
        String greeting = tracer
            .activeSpan().getBaggageItem("greeting");
        if (greeting == null) {
            greeting = "Hello";
        }
        String response = greeting + ", ";
        ...
        return response;
    } finally {
        scope.close();
    }
}
```

파이썬에서 배기지 사용하기

```python
def     format_greeting(name, title, description):
    with opentracing.tracer.start_active_span(
        'format-greeting',
    ) as scope:
        greeting = scope.span.get_baggage_item('greeting') or 'Hello'
        greeting += ', '
        if title:
            greeting += title + ' '
        greeting += name + '!'
        if description:
            greeting += ' ' + description
        return greeting
```

실습 정리

이번 실습에서는 오픈트레이싱 배기지를 사용해 애플리케이션 API를 변경하지 않고도 분산 호출 그래프 전체에 값을 투명하게 전달하는 방법을 보여준다. 이것은 간단한 예제일 뿐이며 10장 '분산 컨텍스트 전파'에서 배기지의 실제 사용법을 살펴본다.

실습 6: 자동 계측

이전 실습에서는 애플리케이션에 여러 수동 계측을 추가했다. 그래서 분산 추적을 위한 코드를 작성하는 데 항상 많은 노력이 필요하다는 인상을 받을 수도 있다. 실제로는 분산 추적 커뮤니티 기여 조직인 오픈 트레이싱 프로젝트에 존재하는 인기 있는 프레임워크를 위해 이미 생성된 많은 양의 공급 업체 중립적인 오픈소스 계측기 덕분에 상황이 훨씬 나아졌다(https://github.com/opentracing-contrib/meta). 이번 실습에서는 Hello 애플리케이션에 수동으로 추가되는 반복적인 계측을 최소화하기 위해 이러한 모듈 중 일부를 살펴본다.

Go를 이용한 오픈소스 계측

Go는 '마법은 없다'이라는 설계 원칙 때문에 다른 언어에 비해 명시적인 코드 계측에서 벗어나기가 약간 더 힘들다. 이번 실습에서는 HTTP 서버와 클라이언트 계측에 초점을 맞추겠다. 여기서는 nethttp 모듈을 포함하고 오픈트레이싱 미들웨어로 HTTP 서버와 클라이언트를 래핑할 수 있는 함수를 가진 라이브러리 중 하나인 github.com/opentracing-contrib/go-stdlib를 사용하겠다. 서버 측에서는 새로운 내부 패키지인 othttp에 ListenAndServe() 함수를 정의한다.

```go
package othttp

import (
    "log"
    "net/http"

    "github.com/opentracing-contrib/go-stdlib/nethttp"
    "github.com/opentracing/opentracing-go"
)

// ListenAndServe는 단일 엔드포인트로 계측된 서버를 시작한다.
func ListenAndServe(hostPort string, endpoint string) {
    mw := nethttp.Middleware(
        opentracing.GlobalTracer(),
        http.DefaultServeMux,
        nethttp.OperationNameFunc(func(r *http.Request) string {
            return "HTTP " + r.Method + ":" + endpoint
        }),
    )

    log.Print("Listening on http://" + hostPort)
    log.Fatal(http.ListenAndServe(hostPort, mw))
}
```

nethttp.Middleware()는 들어오는 요청에서 메타데이터를 추출하고 새 스팬을 시작한다. 이를 통해 가령 hello.go에 있는 메인과 핸들러 함수를 단순화할 수 있다.

```go
func main() {
    tracer, closer := tracing.Init("go-6-hello")
    defer closer.Close()
    opentracing.SetGlobalTracer(tracer)

    http.HandleFunc("/sayHello/", handleSayHello)
```

```
    othttp.ListenAndServe(":8080", "/sayHello")
}

func handleSayHello(w http.ResponseWriter, r *http.Request) {
    span := opentracing.SpanFromContext(r.Context())

    name := strings.TrimPrefix(r.URL.Path, "/sayHello/")
    greeting, err := SayHello(r.Context(), name)
    if err != nil {
        span.SetTag("error", true)
        span.LogFields(otlog.Error(err))
        http.Error(w, err.Error(), http.StatusInternalServerError)
        return
    }
    span.SetTag("response", greeting)
    w.Write([]byte(greeting))
}
```

더이상 스팬을 만들지는 않지만, 오픈트레이싱 코드는 아직 남아 있다. 일부는 스팬에 response 태그를
설정하는 것과 같이 완전히 사용자 정의 로직이므로 오픈트레이싱 코드를 남겨두는 것이 불가피하다. 오
류 처리 코드는 완전히 반복적인 코드인데, 여기서는 그러한 코드를 작성하는 것을 피하고 싶기 때문에
아쉬울 따름이다(물론 더 큰 코드베이스의 헬퍼 함수로 캡슐화해야 한다). 그러나 Go가 오류 처리 기
능을 포함하지 않는 HTTP API를 정의하는 방식으로 인해 그것을 완전히 피할 수는 없다. 표준 라이브
러리보다 고급 RPC 프레임워크, 즉 실제로 핸들러가 오류를 반환할 수 있는 어떤 것을 사용한다면(예:
gRPC) 이 코드를 표준 계측기에 캡슐화할 수도 있다.

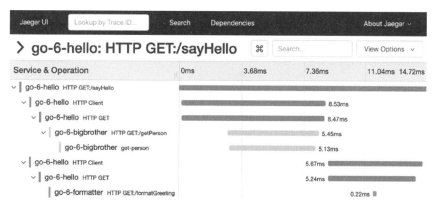

그림 4.6 사용자 정의 계측기를 github.com/opentracing-contrib/go-stdlib로 바꾼 후 Go에서 예제를 추적

또한 nethttp 모듈을 사용해 아웃바운드 HTTP 호출을 계측하므로 일부 반복적인 코드도 줄어든다. 전체 코드는 exercise6 패키지에서 확인할 수 있다.

자바를 이용한 자동 계측

자바의 자동 계측 실습은 '모든 계측'을 제거할 수 있고 모든 HTTP 및 데이터베이스 호출을 보여주는 매우 상세한 추적 정보를 얻을 수 있기 때문에 특히 흥미롭다.

이것은 스프링 프레임워크를 통해 간단히 클래스패스에 jar 파일을 추가하는 것만으로 계측 클래스를 제공할 수 있으므로 부분적으로는 스프링 프레임워크가 설계된 방식 덕분이기도 하다. 여기서는 pom.xml 파일에 들어 있는 의존성에 대한 주석만 해제하면 된다.

```
<dependency>
    <groupId>io.opentracing.contrib</groupId>
    <artifactId>opentracing-spring-cloud-starter</artifactId>
    <version>0.1.13</version>
</dependency>
```

그런 다음 별도의 터미널 창에서 exercise6 패키지의 코드를 실행해 보자.

```
$ ./mvnw spring-boot:run -Dmain.class=exercise6.bigbrother.BBApp
$ ./mvnw spring-boot:run -Dmain.class=exercise6.formatter.FApp
$ ./mvnw spring-boot:run -Dmain.class=exercise6.HelloApp
$ curl http://localhost:8080/sayHello/Gru
Hello, Felonius Gru! Where are the minions?%
```

그림 4.7 모든 사용자 정의 계측기를 제거하고 opentracing-spring-cloud-starter의 jar 파일을 추가한 후 자바에서 얻은 추적 예제

빅 브라더 서비스의 get-person 스팬에 대한 유일하게 남은 수동 계측을 포함한 추적은 여전히 매우 자세하게 나타난다. HTTP 핸들러를 나타내는 서버 측 스팬은 핸들러 메서드의 이름에서 파생된 이름을 얻는다. 즉 /sayHello/{name} 경로가 sayHello() 메서드에 의해 처리되고 sayHello라는 스팬 이름을 결과로 얻는다.

반면 아웃바운드 HTTP 요청은 GET(즉, HTTP 메서드)이라는 매우 일반적인 스팬 이름을 갖고 있다. 이는 클라이언트가 서버가 어떻게 엔드포인트를 호출하는지 실제로 알지 못하고 자동 계측이 앞에서 논의했던 것처럼 잠재적으로 호출되는 URL이 대부분 구별되므로 작업 이름으로 사용할 수 없는 대상 URL만 갖고 있기 때문에 놀랄 일은 아니다.

데이터베이스 쿼리는 Query라는 스팬 이름으로 표시된다. 이 스팬을 확장하면 데이터베이스 쿼리를 포함해서 자동 계측으로 추가된 유용한 스팬 태그를 확인할 수 있다.

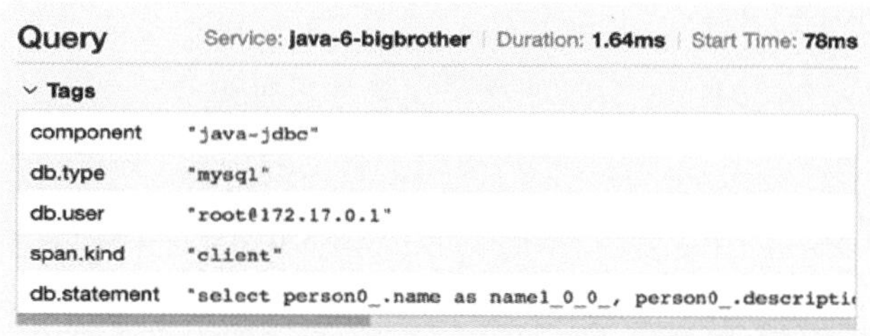

그림 4.8 자동 계측으로 데이터베이스 쿼리 스팬에 추가된 많은 유용한 태그

완전히 자동화되고 거의 제로 터치인 계측 치고는 아주 나쁘지 않다! 그러나 추적에서 다운스트림 마이크로서비스에 있는 HTTP 엔드포인트를 나타내는 스팬이 부모 스팬보다 나중에 끝나는 특이한 경우를 볼 수도 있다. 나는 수차례에 걸쳐 테스트를 다시 실행했고 항상 특이한 같은 결과를 얻었지만 수동 계측기를 사용한 '실습 5: 배기지 사용'에서 추적은 항상 '정상'으로 보였다. 이에 대한 한 가지 가능한 설명은 서버가 클라이언트에 이미 응답을 보낸 후 스팬이 완료됐을 때, 즉 스프링 프레임워크에 의해 요청 파이프라인 정리 중 일부가 수행되는 동안에 자동 계측이 그 프레임워크의 낮은 수준에서 수행될 수 있다는 것이다.

이 계측 스타일은 상용 APM 공급 업체에서 제공하는 소위 '에이전트 기반 계측'과 다소 유사하다. 에이전트 기반 계측은 종종 멍키 패칭(monkey patching)이나 바이트코드 재작성 같은 다양한 기술을 통해 애플리케이션 또는 라이브러리의 코드를 보완해서 애플리케이션을 변경하지 않아도 작동한다.

예제의 버전은 거의 제로 터치와 유사하지만 여전히 예거 트레이서를 인스턴스화하기 위해 App 클래스에 코드를 갖는다. 이 코드는 트레이서를 전역 트레이서로 자동으로 등록하는 API를 구현할 수 있게 하는 traceresolver 모듈(https://github.com/opentracing-contrib/java-tracerresolver)을 사용해 완전히 제로 터치(클래스 경로에 jar 파일을 추가하지 않음)를 할 수 있다. 그런 다음 오픈트레이싱의 다른 모듈인 https://github.com/opentracing-contrib/java-spring-tracer-configuration을 사용해 전역 트레이서를 스프링 빈으로 자동 등록할 수 있다.

자바 커뮤니티의 일부 사람들은 전역 변수에 대한 의존성이 생기기 때문에 traceresolver 접근 방식을 안티패턴으로 생각할 수도 있다. 특히 스프링 프레임워크를 위한 다른 대안은 예거 설정을 스프링으로 내보내고 트레이서 빈을 애플리케이션에 제공하는 다른 모듈인 https://github.com/opentracing-contrib/java-spring-jaeger를 사용하는 것이다. 이 모듈에 대한 테스트는 여러분의 몫으로 남겨두겠다.

파이썬을 이용한 자동 계측

이번 실습에서는 애플리케이션의 여러 부분을 거의 자동으로 계측할 수 있는 두 개의 오픈소스 라이브러리를 사용한다. 첫 번째는 플라스크를 위한 계측기인 https://github.com/opentracing-contrib/python-flask다. 이 라이브러리는 완전 자동화는 아니지만 코드 한 줄로 플라스크용 미들웨어를 설치할 수 있다(import 문을 계산할 경우 두 줄).

```
from flask_opentracing import FlaskTracer

app = Flask('py-6-hello')
init_tracer('py-6-hello')
flask_tracer = FlaskTracer(opentracing.tracer, True, app)
```

안타깝게도 이 책을 쓰는 시점에서 이 라이브러리는 최근에 파이썬용으로 출시된 범위 관리자 API를 지원하도록 업그레이드되지 않았다. 결과적으로 이 프레임워크가 모든 인바운드 요청에 대한 스팬을 생성하더라도 그 스팬을 활성 스팬으로 설정하지는 않는다. 이 문제를 해결하기 위해 lib/tracing.py에 간단한 어댑터 함수를 포함시켰다.

```
def flask_to_scope(flask_tracer, request):
    return opentracing.tracer.scope_manager.activate(
        flask_tracer.get_span(request),
```

```
        False,
    )
```

플라스크의 request 객체를 사용해 FlaskTracer에 현재 요청에 대해 만든 스팬을 제공하도록 요청한다. 그런 다음 오픈트레이싱 범위 관리자를 통해 해당 스팬을 활성화하지만 False를 마지막 인수로 전달해서 FlaskTracer가 시작한 스팬을 완료하도록 처리하기 때문에 범위가 닫히면 스팬이 종료되지 않기를 원한다는 것을 나타낸다. 이 헬퍼 함수를 사용하면 HTTP 핸들러의 장황한 계측을 한 줄로 대체할 수 있다.

```
@app.route("/getPerson/<name>")
def get_person_http(name):
    with flask_to_scope(flask_tracer, request) as scope:
        person = Person.get(name)
        ...
```

다른 두 개의 마이크로서비스에서 동일한 변경 사항을 적용하자. flask_opentracing 라이브러리가 범위 매니저와 활성 스팬으로 작동하도록 업그레이드되면 flask_to_scope()에 대한 이 호출조차도 필요하지 않으며, 스팬은 자동으로 사용할 수 있게 된다. scope 변수를 사용하지 않고 활성 스팬에 대한 접근 권한을 얻고 싶다면 active_span 속성을 통해 트레이서에서 언제든지 얻을 수 있다.

```
opentracing.tracer.active_span.set_tag('response', resp)
```

여기서 사용하고자 하는 두 번째 라이브러리는 우버의 opentracing_instrumentation이다(https://github.com/uber-common/opentracing-python-instrumentation).

이 라이브러리에는 urllib2, requests, SQLAlchemy, redis(클라이언트) 등과 같은 여러 모듈에 추적을 추가하기 위해 멍키 패칭 기술(즉, 잘 알려진 라이브러리 함수를 동적으로 다시 작성)을 사용하는 client_hooks라는 하위 모듈이 있다. 메인 모듈에서 이 라이브러리를 활성화하는 것 외에는 애플리케이션의 소스코드를 변경할 필요가 없다.

```
from opentracing_instrumentation.client_hooks import install_all_ patches

app = Flask('py-6-hello')
init_tracer('py-6-hello')
install_all_patches()
```

즉, _get() 함수에서 HTTP 요청의 수동 계측을 제거해서 다음과 같이 간단히 만들 수 있다.

```
def _get(url, params=None):
    r = requests.get(url, params=params)
    assert r.status_code == 200
    return r.text
```

또한 이것은 SQLAlchemy의 ORM에 의해 숨겨져 있던 SQL 쿼리를 더 깊이 계측할 수 있음을 의미한다. 동시에 get_person() 함수에 있는 추가적인 스팬과 같이 일부 사용자 정의 계측을 계속 유지하고 싶다면 쉽게 그렇게 할 수 있으며 포함된 두 라이브러리 모두 호환 가능하다.

그림 4.9 사용자 정의 계측을 Flask–OpenTracing과 우버의 opentracing–python–instrumentation으로 대체한 후 파이썬에서 얻은 추적 예제

이러한 변경 사항을 적용한 후(exercise6 모듈에서 확인할 수 있음) 이전 스크린 숏과 유사한 상세 추적 정보를 얻을 수 있다. 자동 계측기가 'SQL SELECT'라는 스팬을 추가한 것을 볼 수 있다. 이 스팬을 검사하면 태그 중 하나에 ORM 프레임워크에서 실행된 완전한 SQL 쿼리가 포함된 것을 볼 수 있다.

```
SELECT people.name AS people_name, people.title AS people_title, people.description AS
people_description
FROM people
WHERE people.name = %(param_1)s
```

실습 7: 추가 혜택

이번 실습에는 코드 예제나 권장 사항이 없다. 대신 오픈트레이싱 레지스트리[5]에 있는 많은 양의 커뮤니티 공헌 계측 라이브러리를 둘러보기를 바란다. 애플리케이션에서 사용 중인 프레임워크가 그 목록에서 이미 지원되는지 확인하고 시도해 보자. 지원되지 않는다면 이번 장에서 얻은 기술을 사용해 새로운 모듈을 만들어 공헌하자. 또는 프레임워크의 개발자를 알고 있는 경우 그들에게 오픈트레이싱 도구를 추가하고 프레임워크에서 추적을 사용하도록 요청하자.

오픈트레이싱의 다른 구현으로 동일한 Hello 애플리케이션을 사용해 볼 수도 있다. 집킨 또는 기타 오픈소스 시스템과 상용 시스템에 대한 오픈트레이싱 호환 라이브러리[5]를 찾을 수 있다. 실습에서 변경해야 하는 유일한 곳은 InitTracer 함수다.

정리

이번 장에서는 추적 계측에 관해 이야기했다. 간단한 주석에서부터 프로세스 내 컨텍스트와 프로세스 간에 분산된 컨텍스트를 전송하기 위해 주입/추출 추적점을 사용하는 방법에 이르기까지 계측으로 다뤄야 할 일반적인 작업들을 살펴봤다.

그러고 나서 주제에서 잠깐 벗어나 분산 호출 그래프와 함께 추가 메타데이터를 전달하기 위해 배기지 API를 사용하는 방법을 살펴봤다.

인기 있는 라이브러리를 위해 이미 만들어진 오픈소스 계측기를 사용해 몇 줄의 코드를 변경하거나 사실상 변경 없이 애플리케이션에 최소한의 변경만으로 계측기를 적용할 수 있는 방법들을 검토했다. 무엇보다도 이번 장에서 검토한 모든 계측기는 공급 업체에 완전히 중립적이다. 여기서는 예거 트레이서를 함께 사용했지만 다른 오픈트레이싱 호환 트레이서로 손쉽게 교체할 수 있다.

다음 장에서는 마이크로서비스 사이에서 내부적으로 퓨처를 사용하거나 외부적으로 메시징을 사용하는 비동기 동작을 수행하는 애플리케이션과 관련된 고급 계측 사례를 살펴본다.

참고 자료

1. 오픈트레이싱 프로젝트: http://opentracing.io/

2. 코드 예제: https://github.com/wikibook/tracing

3. 예거 프로젝트: https://jaegertracing.io/

4. 오픈트레이싱 의미론적 관례: https://github.com/opentracing/specification#semantic-conventions

5. 오픈트레이싱 호환 트레이서 및 계측 라이브러리 목록: https://opentracing.io/registry/

05

비동기 애플리케이션의
계측

4장 '오픈트레이싱을 이용한 계측 기초'에서 오픈트레이싱 API를 이용해 분산 추적을 위한 마이크로서비스 기반 애플리케이션을 계측하는 기초적인 방법을 살펴봤다. 모든 실습을 마쳤다면 메달을 받을 자격이 있다! Hello 애플리케이션은 의도적으로 매우 단순하게 만들어졌으며 마이크로서비스 간 블로킹 동기 호출만 수행했다.

이번 장에서는 아파치 카프카 위에 구축된 마이크로서비스 간에 비동기 메시징 기반 상호작용을 사용하는 온라인 채팅 애플리케이션인 Tracing Talk를 계측해 보려고 한다. 이미 앞에서 논의한 것과 동일한 오픈트레이싱 기본 기능을 사용하는 메시징 시스템을 통해 메타데이터 컨텍스트를 전달하는 방법과 스팬 간에 인과관계를 일반 RPC 시나리오와 다르게 모델링할 수 있는 방법을 알아본다.

동일한 계측 원칙이 집킨의 브레이브(Brave)나 오픈센서스(OpenCensus) 같은 다른 추적 API에도 적용되더라도 오픈트레이싱 API를 계속 사용할 것이다. 채팅 애플리케이션은 약간 더 복잡하기 때문에 스프링 프레임워크를 이용해 자바로 구현하는 방법만 살펴보겠다.

이번 장을 마치면 비동기 애플리케이션에 계측을 적용할 수 있는 지식을 얻게 될 것이다.

사전 요구사항

Tracing Talk 채팅 애플리케이션을 실행하려면 여러 가지 인프라 의존성을 배포해야 한다.

- 아파치 카프카: 메시징 플랫폼

- 레디스: 채팅 메시지를 위한 백엔드 스토어

- 아파치 주키퍼(Zookeeper): 카프카에서 사용

- 예거 추적 백엔드: 추적을 수집하고 분석

이 절에서는 채팅 애플리케이션을 실행하기 위한 환경 설정을 살펴본다.

프로젝트 소스코드

예제는 깃허브에 있는 책 소스코드 저장소의 Chapter05 디렉터리에서 찾을 수 있다. 다운로드 방법에 대해서는 4장 '오픈트레이싱을 이용한 계측 기초'를 참고한 후 Chapter05 디렉터리로 전환해서 예제를 실행한다.

애플리케이션 소스코드는 다음과 같은 구조로 구성돼 있다.

```
tracing/
  Chapter05/
    exercise1/
      chat-api/
      giphy-service/
      storage-service/
    lib/
    webapp/
    pom.xml
```

애플리케이션은 하위 모듈인 exercise1에 정의된 세 개의 마이크로서비스로 구성된다. 다음 절에서 그러한 서비스의 역할을 검토한다. 마이크로서비스는 lib 모듈에 정의된 일부 공유 구성 요소와 클래스를 사용한다. webapp 디렉터리에는 채팅 애플리케이션의 자바스크립트 프런트엔드에 대한 소스코드가 있다. 그러나 애플리케이션이 생성하는 정적 HTML 파일은 이미 webapp/public 아래에 미리 컴파일되어 체크인돼 있으므로 빌드할 필요가 없다.

자바 개발 환경

4장 '오픈트레이싱을 이용한 계측 기초' 예제와 유사하게 JDK 8 이상이 필요하다. 메이븐 래퍼가 체크인되고 필요에 따라 메이븐을 다운로드한다. pom.xml의 메이븐 프로젝트는 다중 모듈 프로젝트로 설정돼 있으므로 메이븐의 로컬 저장소에 의존성을 설치하려면 install을 실행해야 한다.

```
$ ./mvnw install
[...    skip a lot of Maven logs ...]
[INFO] Reactor Summary:
[INFO]
[INFO] Tracing Talk 0.0.1-SNAPSHOT ...........SUCCESS [  0.420  s]
[INFO] lib .................................SUCCESS [  1.575  s]
[INFO] exercise1 ...........................SUCCESS [  0.018  s]
[INFO] chat-api-1 ..........................SUCCESS [  0.701  s]
[INFO] giphy-service-1 .....................SUCCESS [  0.124  s]
[INFO] storage-service-1 0.0.1-SNAPSHOT ......SUCCESS [  0.110  s]
[INFO] ------------------------------------------------------------
[INFO] BUILD SUCCESS
[INFO] ------------------------------------------------------------
```

카프카, 주키퍼, 레디스, 예거

이 시스템들 각각을 다운로드하고 설치하는 것은 꽤 힘든 작업이다. 이것들을 모두 독립적으로 실행하지 않고, 필요한 모든 의존성을 도커 컨테이너로 돌려주는 도커 컴포즈(Docker Compose) 구성을 제공한다.

도커를 설치하는 방법은 도커 설명서(https://docs.docker.com/install/)를 참조한다. docker-compose 도구는 도커와 함께 설치하거나 수동으로 설치할 수 있다(https://docs.docker.com/compose/install/). docker-compose를 사용해 모든 의존성을 시작할 수 있다.

```
$ docker-compose up
Starting chapter-06_kafka_1                  ... done
Starting chapter-06_jaeger-all-in-one_1      ... done
Starting chapter-06_redis_1                  ... done
Starting chapter-06_zookeeper_1              ... done
[... lots and lots of logs ...]
```

이 작업을 별도의 터미널에서 실행하게 둔다. 백그라운드에서 모든 것을 실행하고 싶다면 docker-compose up --detach와 같이 --detach 플래그를 전달하면 된다. 모든 의존성이 성공적으로 시작됐는지 확인하려면 docker ps 또는 docker-compose ps 명령을 실행한다. 예를 들면, 다음과 같이 Up 상태에서 네 개의 프로세스가 보일 것이다.

```
$ docker ps | cut -c1-55,100-120
CONTAINER ID     IMAGE      STATUS
b6723ee0b9e7     jaegertracing/all-in-one:1.6      Up 6     minutes
278eee5c1e13     confluentinc/cp-zookeeper:5.0.0-2 Up 6     minutes
84bd8d0e1456     confluentinc/cp-kafka:5.0.0-2     Up 6     minutes
60d721a94418     redis:alpine                      Up 6     minutes
```

도커 없이 각 의존성을 설치하고 실행하더라도 추가 변경없이 Tracing Talk 애플리케이션은 작동할 것이며, 개별 설치에 대한 지침은 이 책에서는 다루지 않는다.

이 장을 끝내고 나면 docker-compose 명령을 강제 종료하거나 터미널을 분리한 경우라면 다음 명령을 실행해서 모든 의존성을 중지할 수 있다.

```
$ docker-compose down
```

Tracing Talk 채팅 애플리케이션

계측에 대해 이야기하기 전에 채팅 애플리케이션을 검토해 보자. 이 애플리케이션은 머신러닝 회사인 Agolo의 사이트 안정성 엔지니어(site reliability engineer)인 마무드(무디) 사다(Mahmoud (Moody) Saada)가 첫 Distributed Tracing NYC 모임에서 발표한 데모(https://github.com/saada/tracing-kafka)에 채택됐다.

애플리케이션이 실행되면 http://localhost:8080/에서 웹 프런트엔드에 접근할 수 있다. 각 방문자에게는 **Guest-1324** 같은 임의의 이름이 화면에 할당되며, **Edit** 버튼을 사용해 이름을 변경할 수 있다. 채팅 기능은 매우 기본적이며, 새로운 메시지가 보낸 사람의 이름과 상대적인 타임스탬프와 함께 하단에 표시된다. **/giphy <topic>** 형식으로 메시지를 입력하면 애플리케이션이 giphy.com의 REST API를 호출하고 지정된 토픽에 임의의 이미지를 표시한다.

그림 5.1 Tracing Talk 채팅 애플리케이션의 프런트엔드 화면

이 애플리케이션은 그림 5.2의 아키텍처 다이어그램에 나와있는 여러 프런트엔드 및 백엔드 구성 요소로 이뤄져 있다.

- 자바스크립트 프런트엔드는 리액트(https://reactjs.org/)로 구현된다. 정적 파일은 8080 포트에서 실행되는 chat-api 마이크로서비스에 의해 제공된다. 프런트엔드는 몇 초마다 모든 메시지를 폴링하는데, 이는 채팅 애플리케이션을 구현하는 가장 효율적인 방법은 아니지만 백엔드 메시징에 집중할 수 있게 하는 간단한 방법이다.

- chat-api 마이크로서비스는 프런트엔드에서 API 호출을 수신해서 새 메시지를 기록하거나 이미 누적된 메시지를 모두 검색한다. 이 서비스는 다른 마이크로서비스와 비동기적으로 통신하는 방법으로 카프카 토픽에 새로운 메시지를 게시한다. 또한 이 서비스는 레디스에서 누적된 메시지를 읽으며, 그 메시지는 storage-service 마이크로서비스에 의해 레디스에 저장된다.

- storage-service 마이크로서비스는 카프카에서 메시지를 읽고 세트(set) 형태로 레디스에 저장한다.

- 또한 giphy-service 마이크로서비스는 카프카에서 메시지를 읽고 **/giphy <topic>** 문자열로 시작하는지 확인한다. 내부 메시지 구조에는 image 필드가 있으며, 해당 필드가 비어 있으면 giphy.com의 REST API에 대한 원격 HTTP

호출이 이뤄져 **<topic>**과 관련된 10개의 이미지를 쿼리한다. 그런 다음 서비스가 그 이미지 중 하나를 무작위로 선택해서 메시지의 image 필드에 해당 이미지의 URL을 저장하고, 동일한 카프카 토픽에 메시지를 게시한다. 이 메시지는 storage-service 마이크로서비스에서 다시 선택되어 레디스에 업데이트된다.

- 아파치 주키퍼는 카프카가 토픽과 구독 상태를 유지하기 위해 내부적으로 사용한다.

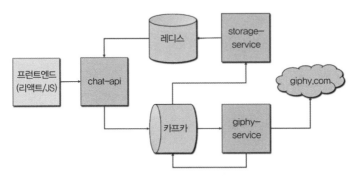

그림 5.2 Tracing Talk 채팅 애플리케이션의 아키텍처

구현

이제 애플리케이션의 주요 구성 요소의 구현 및 소스코드를 검토하겠다.

lib 모듈

lib 모듈에는 세 가지 마이크로서비스에서 사용되는 여러 클래스가 들어 있다. 그중 일부는 단순한 값 객체(AppId나 Message)지만 다른 것들은 다른 빈(KafkaConfig나 RedisConfig)을 등록하는 스프링 구성 빈이고 나머지(GiphyService, KafkaService, RedisService)는 giphy.com, 카프카, 레디스와 각각 통신하는 기능을 캡슐화한 프로세스 내 서비스다.

AppId

AppId 클래스는 현재 서비스의 이름을 노출하는 빈을 정의한다. 이 클래스는 모든 세 가지 서비스의 메인 App 클래스에서 생성되며, 예를 들면 다음과 같다.

```
@Bean
public AppId appId() {
    return new AppId("chat-api");
}
```

서비스 이름은 KafkaConfig에서 카프카 드라이버가 사용하는 클라이언트 ID 문자열을 구성하는 데 사용된다.

Message

Message 클래스는 전체 애플리케이션에서 사용하는 채팅 메시지의 구조를 정의하는 값 객체다.

```
public class Message {
    public String event;
    public String id;
    public String author;
    public String message;
    public String room;
    public String date;
    public String image;
}
```

이 클래스에는 프런트엔드에서 새 메시지를 받을 때 chat-api 서비스에 의해 호출되는 init() 메서드가 있다. 이 클래스는 고유 ID와 타임스탬프 같은 메시지의 일부 메타데이터를 채우는 데 사용된다.

KafkaConfig와 KafkaService

KafkaConfig 클래스는 메시지를 보내는 데 사용되는 카프카 템플릿과 카프카 메시지를 수신하고 애플리케이션별 핸들러를 실행하는 데 사용되는 리스너 컨테이너 팩토리라는 두 가지 빈을 노출하는 스프링 환경설정이다. KafkaService 클래스는 다른 마이크로서비스가 카프카에 메시지를 보내고 메시지 핸들러에서 오픈트레이싱 스팬을 시작하는 데 사용되는 헬퍼 클래스다. 계측에 대한 세부 사항은 조금 후 살펴보겠다.

RedisConfig와 RedisService

카프카 클래스와 유사하게 RedisConfig 클래스는 레디스와 통신하기 위한 빈을 정의하고 RedisService 클래스는 Message 클래스를 사용해 메시지를 저장하고 검색하는 비즈니스 헬퍼 클래스다.

GiphyService

GiphyService 클래스는 giphy.com의 REST API를 호출하고 임의로 반환된 10개의 이미지 중 하나의 URL 을 임의로 검색하는 로직을 캡슐화하는 헬퍼 클래스다. 오픈트레이싱을 이용해 자동 계측된 스프링의 RestTemplate을 사용해 HTTP 호출을 수행한다.

chat-api 서비스

chat-api 서비스는 메인 함수를 포함하고 AppId 빈을 채우는 App과 REST API를 구현하는 ChatController 의 두 클래스로 구성된다. 스프링은 모듈의 pom.xml 파일에 있는 아티팩트에 정적 파일을 포함하기 때문에 프런트엔드에 대한 정적 HTML 자산을 자동으로 제공한다.

```
<build>
    <resources>
        <resource>
            <directory>../../webapp</directory>
            <includes>
                <include>public/**</include>
            </includes>
        </resource>
    </resources>
</build>
```

컨트롤러는 두 가지 주요 메서드인 getMessages()와 postMessage()를 정의한다. getMessages() 메서드는 /message 엔드포인트에 HTTP GET 요청에 대한 요청 핸들러를 구현한다. 이 메서드는 RedisService를 사용해 대화방에 대해 현재 저장된 메시지를 모두 검색하고 이를 JSON으로 프런트엔드에 반환한다. 프런트엔드의 현재 구현은 다른 대화방을 만들 수 없으므로 항상 "lobby"로 기본 설정된다.

```
@RequestMapping(value = "/message", method = RequestMethod.GET)
public @ResponseBody List<Message> index(
    @RequestParam(value = "room", defaultValue = "lobby")
    String room
        )throws Exception {
        List<Message> messages = redis.getMessages(room);
        System.out.println("Retrieved " + messages.size()
            " messages.");
```

```
    return messages;
}
```

두 번째 메서드인 `postMessages()`는 동일한 엔드포인트로 HTTP POST 요청을 처리한다. 이 메서드는 요청 본문에서 JSON 메시지를 읽고 `msg.init()`를 호출해서 일부 메타데이터를 초기화하고 `KafkaService` 헬퍼 클래스를 사용해 카프카에 메시지를 전송한다.

```
@RequestMapping(value = "/message",
    consumes = { "application/json" },
    produces = { MediaType.APPLICATION_JSON_VALUE },
    method = RequestMethod.POST)
public ResponseEntity<Message> postMessage(
        @RequestBody Message msg
) throws Exception {
    msg.init();
    System.out.println("Received message: " + msg);

    kafka.sendMessage(msg);
    System.out.println("Message sent sync to Kafka");
    return new ResponseEntity<Message>(msg, HttpStatus.OK);
}
```

소스코드 저장소에 있는 이 메서드의 실제 코드는 환경변수에 따라 헬퍼 클래스의 `kafka.sendMessage()` 와 `kafka.sendMessageAsync()` 메서드 중 하나를 선택할 수 있기 때문에 약간 더 복잡해 보인다. 이번 장의 뒷부분에서 그 부분을 다시 살펴보겠다. 기본 파라미터로 서비스를 실행하면 앞의 목록에서 설명한 동기 메서드가 사용된다.

storage-service 마이크로서비스

storage-service 마이크로서비스는 메인 함수와 카프카 메시지 핸들러를 모두 구현하는 단일 클래스인 App을 가장 간단한 형태로 가지며, 다음과 같다.

```
@KafkaListener(topics = "message")
public void process(@Payload Message message,
    @Headers MessageHeaders headers) throws Exception
```

```
{
    System.out.println("Received message: " + message.message);
    redis.addMessage(message);
    System.out.println("Added message to room.");
}
```

다시 말하면, 저장소에 있는 코드는 오픈트레이싱 스팬과 범위를 만드는 추가적인 코드를 포함하고 있기 때문에 약간 다른데, 그 부분은 뒤에서 살펴보겠다.

giphy-service 마이크로서비스

storage-service 서비스와 마찬가지로 giphy-service 마이크로서비스는 메인 함수와 카프카 메시지 핸들러를 포함하는 단일 App 클래스로 구현된다. 핸들러는 메시지에 첨부된 이미지가 없는지 여부와 메시지의 텍스트가 /giphy 문자열로 시작하는지 여부를 확인해서, 그렇다고 하면 GiphyService의 query() 메서드를 통해 문자열의 나머지를 giphy.com의 REST API를 쿼리하는 데 사용되는 토픽으로 읽는다. 그런 다음 서비스는 message.image 필드에 이미지의 URL을 저장하고 카프카로 그 메시지를 다시 전송하며, 카프카에 저장된 메시지는 storage-service 마이크로서비스에 의해 다시 수집되어 레디스에 업데이트된다. giphy-service 마이크로서비스는 업데이트된 메시지를 다시 받지만 메시지에는 image 필드가 이미 채워져 있으므로 아무것도 하지 않는다.

```
@KafkaListener(topics = "message")
public void process(
        @Payload Message message,
        @Headers MessageHeaders headers
) throws Exception {
    System.out.println("Received message: " + message.message);
    if (message.image == null &&
        message.message.trim().startsWith("/giphy")) {
        String query = message.message.split("/giphy")[1].trim(); System.out.println("Giphy
requested: " + query);
        message.image = giphy.query(query);
        if (message.image != null) {
            kafka.sendMessage(message);
            System.out.println("Updated message, url=" +
                message.image);
```

```
        }
    }
}
```

이번에도 추적 코드는 생략했다.

애플리케이션 실행

'사전 요구사항' 절의 내용을 따랐다면 카프카, 레디스, 예거가 도커 컨테이너로 실행 중일 것이다. Tracing Talk 애플리케이션의 나머지 구성 요소를 시작하려면 제공된 Makefile을 사용해 수동으로 실행 해야 한다(먼저 ./mvnw install을 실행한다). 별도의 터미널 창에서 다음 세 명령을 실행한다.

```
$ make storage
$ make giphy
$ make chatapi
```

이 명령을 실행하면 로그가 많이 출력될 것이다. chat-api 서비스는 준비가 되면 **Started App in x.xx seconds**라는 메시지를 출력한다. storage-service 와 giphy-service 마이크로서비스도 이 메시지를 출 력하지만, 카프카 소비자의 로그가 바로 출력되기 때문에 이를 인식하지 못할 수도 있다. 다음과 같은 로 그가 출력되면 준비가 된 상태다.

```
2018-xx-xx 16:43:53.023  INFO 6144 --- [ntainer#0-0-C-1]
o.s.k.l.KafkaMessageListenerContainer      : partitions assigned:
[message-0]
```

여기서 [message-0]은 애플리케이션에서 사용하는 message 토픽의 파티션 0을 나타낸다.

세 가지 마이크로서비스가 모두 준비되면 http://localhost:8080/에서 프런트엔드에 접근한다. 예를 들면, /giphy hello와 같이 메시지를 /giphy 명령과 함께 보내본다. 메시지가 채팅에 표시되고 사라진 다음 다시 나타나고 이미지가 표시되는 독특한 동작을 볼 수 있는데, 모두 약 1초의 지연이 있다. 이는 프런트 엔드의 폴링 특성 때문인데, 즉 해당 인스턴스에서 다음과 같은 현상이 발생할 수 있다.

- 프런트엔드는 chat-api 서비스에 메시지를 보낸다. 이 서비스는 카프카에게 메시지를 쓰고 프런트엔드로 되돌려 보내 채팅 패널에 표시한다.

- 1초 정도 후에 프런트엔드는 모든 현재 메시지에 대해 chat-api 서비스를 폴링하며, storage-service 마이크로서비스가 아직 처리하지 않았기 때문에 최신 메시지를 다시 받지 못할 수도 있다. 프런트엔드는 메시지를 화면에서 제거한다.

- storage-service 마이크로서비스는 카프카에서 메시지를 수신해서 레디스에 저장한다. 프런트엔드의 다음 폴링에서 이 메시지를 선택해서 다시 표시한다.

- 마지막으로, giphy-service 마이크로서비스는 메시지에 이미지를 업데이트하고 다음 폴링에서 프런트엔드가 이미지와 함께 메시지를 표시한다.

이렇게 왔다갔다하는 동작은 실제 서비스를 제공하는 애플리케이션에서 볼 수 있는 것은 아니므로 프런트엔드와 chat-api 서비스 사이에 지속적인 웹소켓 연결을 사용해 개선할 수 있다. 그러나 이 예제는 애플리케이션의 비동기 특성에 대한 유용한 사례를 제공한다. 이 동작을 항상 볼 수 있는 것은 아니며, 개인적으로는 이 현상을 클래스 로딩, 다른 서버와의 연결 설정 등으로 인해 마이크로서비스가 콜드 스타트(cold start)한 후 가장 자주 목격했다.

추적 관찰

애플리케이션이 실행 중이고 /giphy 명령으로 하나 이상의 메시지를 보내면 예거 UI에서 이 메시지가 어떻게 보이는지 확인할 수 있다. 예거의 Services 드롭다운에는 chat-api-1, storage-service-1, giphy-service-1이라는 세 가지 마이크로서비스의 이름이 표시될 것이다. 여기서는 chat-api-1을 포함하는 추적을 검색하려고 한다. 그러나 이 서비스는 여러 다른 스팬을 생성하므로 Operation 드롭다운에서 postMessage라는 작업 이름으로 필터링하려고 한다.

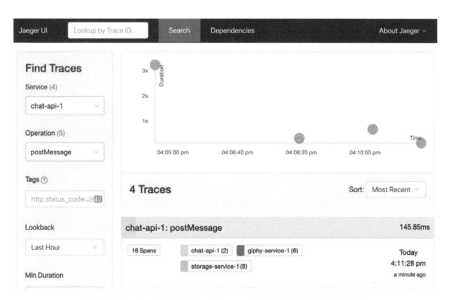

그림 5.3 chat-api 서비스의 postMessage 엔드포인트에 대한 추적 검색

/giphy 명령이 포함된 메시지에 대한 추적인 경우 세 개의 서비스를 모두 볼 수 있다. 그러나 카프카 또는 레디스에 대한 스팬은 볼 수 없으며, 이것은 예상된 것이다. 이 현상은 이미 4장 '오픈트레이싱을 이용한 계측 기초'에서 접했으며, 거기서는 MySQL 데이터베이스에 대한 스팬을 볼 수 없었다. 그 이유는 이러한 모든 서드파티 기술이 아직 오픈트레이싱으로 계측되지 않기 때문이며, 우리가 관찰할 수 있는 스팬은 애플리케이션이 이러한 백엔드와 통신할 때 애플리케이션에서 생성되는 클라이언트 측 스팬이다. 앞으로 상황이 바뀌기를 바란다.

그림 5.4 chat-api 서비스에서 postMessage 엔드포인트에 대한 요청 추적의 간트 차트

요청에 대한 간트 차트 추적 보기로 이동하면 애플리케이션에서 발생한 모든 상호작용 및 소요 시간에 대한 자세한 정보가 표시된다. chat-api 서비스는 카프카(send 스팬)에 메시지를 보내 POST 요청을 처리했다.

메시지가 게시되면 storage-service와 giphy-service가 그 메시지를 거의 동시에 수신하는 것이 receive 스팬에 나타난다. storage-service 마이크로서비스는 비교적 빠르게 레디스에 저장했지만 giphy-service 마이크로서비스는 giphy.com의 REST API에 쿼리를 만들고 카프카에 업데이트된 메시지를 다시 보내는 데 시간이 조금 걸렸다.

이 업데이트는 storage-service와 giphy-service에서 다시 수신됐으며 이번에는 훨씬 빠르게 처리됐다. 이러한 최종 스팬은 나머지 추적과 비교할 때 다소 짧기 때문에 타임라인을 이해하기 어렵다. 다행스럽게도 예거 UI는 화면 상단에 있는 추적 미니 맵을 통해 시간 선택 기능을 제공한다(그림에는 표시되지 않음). 이 기능을 사용하면 관심 영역 주변으로 마우스를 수평으로 끌어 추적의 마지막 부분을 확대할 수 있다.

그림 5.5 그림 5.4와 같은 추적을 나타내는 간트 차트지만 첫 Giphy 상호 작용의 끝까지 확대됐다.

이 확대 화면에서는 storage-service 마이크로서비스가 다시 메시지를 수신해서 레디스에 저장한 것을 볼 수 있다. giphy-service 마이크로서비스도 메시지를 받았지만 메시지에 이미 이미지 URL이 있기 때문에 REST API 호출을 하지 않았다.

때로는 giphy-service의 send 스팬은 상위 스팬인 process의 종료 시간을 초과하고, 심지어 storage-service가 카프카에서 보낸 메시지를 수신한 시간을 초과하기 때문에 약간 특이해 보인다. 4장 '오픈트레이싱을 이용한 계측 기초'에서 스프링 계측을 통해 이 동작을 이미 봤다. 더 많은 계측기를 더 깊게 사용하지 않는 상황에서 카프카 템플릿에 있는 send() 메서드의 비동기 동작이 이 현상을 야기했다는 것이 가장 좋은 추측이다. 이 메서드는 메시지가 이미 카프카에 생성되고 심지어 다른 서비스에 의해 소비된 후 다른 스레드에 있는 스팬을 닫을 수도 있다. 이는 비동기 애플리케이션에서는 흔히 있는 일이며, 분산 추적과 같은 도구 없이 이런 애플리케이션의 동작을 분석하는 것이 얼마나 어려운지를 보여줄 뿐이다.

오픈트레이싱을 사용한 계측

애플리케이션을 실행해서 보기 좋은 추적 결과를 얻었으니 이제 이번 장의 요점으로 가서 이렇게 하기 위해 어떻게 계측했는지 살펴볼 시간이다. 이전에 논의했듯이 오픈트레이싱 프로젝트의 기본 목표는 다른 오픈소스 프로젝트 및 프레임워크를 위한 오픈소스 계측기를 만들 수 있는 API를 제공하는 것이다. Tracing Talk 애플리케이션에서는 코드에 추가된 수동 계측이 거의 없으며 그와 같은 적은 양의 계측

코드는 근본적인 한계라기보다는 각 계측 라이브러리가 상대적으로 성숙하지 못한 것에 기인한다는 점에서 카프카, 레디스, 스프링 프레임워크에 대한 오픈소스 계측에 크게 의존한다. 또한 이 예제는 우리가 사용 중인 추적 라이브러리에 완전히 독립적인 것으로 만들었다. 예거 트레이서를 인스턴스화하는 명시적인 코드가 있는 4장 '오픈트레이싱을이용한 계측 기초'와 달리 이번에는 클래스 패스에서 발견되는 추적자라면 어떤 것이든 자동으로 인스턴스화하는 '트레이서 리졸버(tracer resolver)' 메커니즘을 사용한다.

스프링 계측

4장 '오픈트레이싱을 이용한 계측 기초'와 유사하게 스프링 컨테이너에 io.opentracing.Tracer 유형의 빈이 있다면 RestTemplate 클래스를 비롯해 많은 스프링 구성 요소에서 opentracing-spring-cloud-starter 라이브러리를 사용해 자동으로 추적 계측을 활성화할 수 있다.

```
<dependency>
    <groupId>io.opentracing.contrib</groupId>
    <artifactId>opentracing-spring-cloud-starter</artifactId>
    <version>0.1.13</version>
</dependency>
```

트레이서 리졸버

트레이서 리졸버(Tracer resolver, https://github.com/opentracing-contrib/java-tracerresolver)는 자바의 서비스 로더(Service Loader) 메커니즘을 사용해 클래스 패스에서 트레이서를 인스턴스화하는 것을 지원하는 라이브러리다. 스프링 컨테이너에서 이러한 트레이서를 사용할 수 있게 여기서는 또 다른 아티팩트인 opentracing-spring-tracer-configuration-starter를 사용했다(이 라이브러리는 중간 과정으로 tracerresolver 의존성을 가져온다).

```
<dependency>
    <groupId>io.opentracing.contrib</groupId>
    <artifactId>
        opentracing-spring-tracer-configuration-starter
    </artifactId>
    <version>0.1.0</version>
</dependency>
```

```
<dependency>
    <groupId>io.jaegertracing</groupId>
    <artifactId>jaeger-client</artifactId>
    <version>0.31.0</version>
</dependency>
```

jaeger-client 의존성을 포함시킴으로써 예거 트레이서 팩토리를 tracerresolver 모듈의 클래스 패스에서 사용할 수 있게 한다. opentracing-spring-tracer-configuration-starter 모듈은 인스턴스화된 트레이서를 tracerresolver에서 스프링 컨텍스트로 바인드한다. 같은 결과를 얻을 수 있는 다른 방법도 있다. 예를 들면, https://github.com/opentracing-contrib/java-spring-jaeger 라이브러리는 싱글턴 기반 tracerresolver 접근법을 피하고 예거 구성을 스프링과 직접 통합한다. 그러나 tracerresolver는 트레이서 구현의 작성자가 여러 프레임워크와 통합에 관여하지 않고도 스프링뿐만 아니라 다른 프레임워크와 함께 작동하는 더욱 일반적인 메커니즘이다.

여기서는 예거 트레이서를 구성하기 위한 코드를 더이상 작성하지 않으므로 Makefile에서 수행되는 파라미터를 전달하기 위해 환경변수를 사용하고 있다. 예를 들면, -D 스위치를 통해 메이븐에 전달된 다음의 파라미터를 사용해 storage-service 마이크로서비스를 시작한다.

```
JAEGER_SAMPLER_TYPE=const
JAEGER_SAMPLER_PARAM=1
JAEGER_SERVICE_NAME=storage-service-1
```

이 작업이 모두 끝나면, 필요한 경우 KafkaConfig 클래스에서 오토와이어드(auto-wired) 의존성을 선언해서 트레이서에 접근할 수 있다.

```
import io.opentracing.Tracer;

@Configuration
public class KafkaConfig {

    @Autowired
    Tracer tracer;

    ...
}
```

레디스 계측

레디스는 Tracing Talk 애플리케이션의 목적을 위해 스프링의 RestTemplate으로 giphy.com의 API를 호출하는 것과 유사하게 호출하는 또 다른 서비스다. 안타깝게도 스프링을 위한 오픈트레이싱 도구는 아직 RedisTemplate 계측을 지원하지 않는다.

따라서 여기서는 레디스 클라이언트 중 하나, 즉 io.lattuce:lettuce-core를 직접 사용한다. 다행스럽게도 이 레디스 클라이언트에 대한 계측을 제공하는 오픈트레이싱 라이브러리인 java-redis-client가 이미 있다.

```
<dependency>
    <groupId>io.opentracing.contrib</groupId>
    <artifactId>opentracing-redis-lettuce</artifactId>
    <version>0.0.5</version>
</dependency>
```

이 의존성을 통해 TracingStatefulRedisConnection 데코레이터로 레디스 연결을 래핑해서 추적 계측을 포함하는 RedisCommands 빈을 만들 수 있다.

```
import io.lettuce.core.RedisClient;
import io.lettuce.core.api.StatefulRedisConnection;
import io.lettuce.core.api.sync.RedisCommands;
import io.opentracing.Tracer;
import io.opentracing.contrib.redis.lettuce.
TracingStatefulRedisConnection;

@Configuration
public class RedisConfig {
    @Autowired Tracer tracer;

    @Bean
    public StatefulRedisConnection<String, String> redisConn() {
        RedisClient client = RedisClient.create("redis://localhost");
        return new TracingStatefulRedisConnection<>(
            client.connect(), tracer, false);
    }
```

```
    @Autowired StatefulRedisConnection<String, String> redisConn;

    @Bean
    public RedisCommands<String, String> redisClientSync() {
        return redisConn.sync();
    }
}
```

이 접근법의 한 가지 남은 단점은 client.connect()를 호출해서 생성된 연결이 명시적으로 StatefulRedisConnection<String, String> 타입이라는 것이다. 즉, 키와 값을 문자열로만 지원한다. 스프링 데이터를 사용했다면 Message 클래스를 JSON에 직렬화된 값으로 사용할 수 있을 것이다.

대신 여기서는 RedisService 클래스에서 볼 수 있듯이 FasterXML/Jackson의 ObjectMapper를 사용해 그것을 수동으로 처리했다.

```
@Service
public class RedisService {
    @Autowired
    RedisCommands<String, String> syncCommands;

    public void addMessage(Message message) throws Exception {
        ObjectMapper objectMapper = new ObjectMapper();
        String jsonString = objectMapper.writeValueAsString(message);

        syncCommands.set("message:" + message.id, jsonString);

        Long epoch = Instant.parse(message.date).getEpochSecond(); syncCommands.zadd(message.room,
            epoch.doubleValue(), message.id);
    }
}
```

카프카 계측

카프카는 스프링에 대한 오픈트레이싱 지원 기능을 이미 갖추고 있어서 상황이 조금 더 좋다. 여기서는 다음과 같은 의존성을 사용한다.

```
<dependency>
    <groupId>org.springframework.kafka</groupId>
    <artifactId>spring-kafka</artifactId>
    <version>2.1.8.RELEASE</version>
</dependency>
<dependency>
    <groupId>org.apache.kafka</groupId>
    <artifactId>kafka-clients</artifactId>
    <version>2.0.0</version>
</dependency>
<dependency>
    <groupId>io.opentracing.contrib</groupId>
    <artifactId>opentracing-kafka-spring</artifactId>
    <version>0.0.14</version>
</dependency>
```

마지막 모듈의 낮은 0.0.14 버전은 초기 실험 버전임을 나타낸다. 이 모듈은 생산자와 소비자를 위한 데코레이터를 제공하지만 스프링 초기화의 일부로 자동으로 활성화하는 기능은 없다.

메시지 생산

KafkaConfig 클래스는 카프카에 메시지를 보내는 데 사용되는 KafkaTemplate 빈을 등록한다.

```
@Bean
public KafkaTemplate<String, Message> kafkaTemplate() throws Exception
{
    return new KafkaTemplate<>(producerFactory());
}
```

생산자 팩토리는 TracingProducerFactory로 데코레이트된 팩토리다.

```
private ProducerFactory<String, Message> producerFactory()
    throws Exception
{
    Map<String, Object> props = new HashMap<>();
    props.put(ProducerConfig.BOOTSTRAP_SERVERS_CONFIG,
        "localhost:9092");
    props.put(ProducerConfig.CLIENT_ID_CONFIG, clientId());
```

```
    ProducerFactory<String, Message> producer =
        new DefaultKafkaProducerFactory<String, Message>(
            props,
            new StringSerializer(),
            new JsonSerializer<Message>());
    return new TracingProducerFactory<String, Message>(producer, tracer);
}
```

이것은 아주 간단하고 스프링 템플릿을 사용하기 때문에 Message 클래스를 위한 JSON 직렬자 (serializer)를 등록해서 스프링의 직렬화 메커니즘을 활용할 수 있다. 이 템플릿에서는 카프카에 다음과 같이 메시지를 보낼 수 있다.

```
@Service
public class KafkaService {
    private static final String TOPIC = "message";

    @Autowired
    KafkaTemplate<String, Message> kafkaTemplate;

    public void sendMessage(Message message) throws Exception {
        ProducerRecord<String, Message> record =
            new ProducerRecord<>(TOPIC, message); kafkaTemplate.send(record).get();
    }
}
```

그림 5.6 opentracing-kafka-spring 라이브러리의 계측으로 수집한 카프카 생산자 스팬의 태그

예거 UI에서 수집한 추적으로 돌아가서 send 스팬 중 하나를 확장하면 이 스팬은 java-kafka 구성 요소에서 span.kind=producer 태그를 가지고 생성됐으며 message_bus.destination 태그에 message라는 토픽 이름으로 수집됐다는 것을 확인할 수 있다.

스팬의 기록 자체는 어렵지 않다. 예전에는 데이터베이스 호출을 통해 이 작업을 수행했다. 앞의 계측에서 특별한 것은 일반적으로 추적에서 가장 하위 노드로 끝나는 데이터베이스 호출에서 자주 발생하는 것처럼 스팬 컨텍스트가 손실되지 않는다는 것이다. 대신 스팬 컨텍스트가 카프카 메시지 헤더에 기록된다. 이 책을 읽는 독자는 TracingProducerFactory에서 실행 순서를 따라가도 된다. 하지만 여기서는 흥미로운 부분인 io.opentracing.contrib.kafka.TracingKafkaUtils의 inject() 메서드로 바로 이동하겠다.

```
static void inject(SpanContext spanContext, Headers headers, Tracer tracer) {
    tracer.inject(spanContext, Format.Builtin.TEXT_MAP,
        new HeadersMapInjectAdapter(headers, false));
}
```

이 코드는 익숙할 것이다. 스팬 컨텍스트가 직렬화되어 tracer.inject() 호출을 사용해 카프카 메시지 헤더에 저장된다. 유일하게 새로운 부분은 HeadersMapInjectAdapter으로, 이 클래스는 카프카 레코드 헤더를 오픈트레이싱의 TextMap 캐리어 API에 맞춰주는 일을 한다.

다른 곳에서는 이 메서드가 scope.span()을 통해 접근하는 현재 활성 스팬의 스팬 컨텍스트와 레코드 헤더를 전달해서 호출된다.

```
try {
    TracingKafkaUtils.inject(scope.span().context(),
        record.headers(), tracer);
} catch (Exception e) {
    logger.error("failed to inject span context", e);
}
```

메시지 소비

이제 소비자 측에서 추적 계측이 어떻게 작동하는지 검토해 보자. 추적에서 계측이 두 가지 스팬을 만든다는 것을 이미 확인했다. 하나는 일반적으로 매우 짧은 receive고, 다른 하나는 메시지 핸들러의 실제 실행을 래핑하는 process다.

안타깝게도 예거 UI는 현재 이러한 스팬에서 사용된 스팬 참조 유형을 표시하지 않는다(메시징을 통한 추적은 비교적 새로운 분야다). 오른쪽 상단 모서리에 있는 **View Options** 드롭다운 메뉴에서 **Trace JSON**을 선택하면 그 사실을 확인할 수 있다. 이렇게 하면 추적에 대한 JSON 표현을 보여주는 새 브라우저 창이 열린다.

스팬 이름 receive와 process를 찾는 경우 이러한 스팬 유형 모두가 후행(follows-from) 스팬 참조 유형으로 정의된다. 4장 '오픈트레이싱을 이용한 계측 기초'에서 간략하게 논의했듯이 후행 참조는 현재 스팬을 선행자와 연결하고 그 선행자가 현재 스팬의 결과에 종속되지 않았음을 나타낸다. 이는 비동기 메시징 애플리케이션의 경우에 의미가 있다. 생산자는 큐에 메시지를 쓰고 응답을 기다리지 않는다. 대개 생산자는 소비자가 누구인지, 소비자 수가 많은지, 아니면 현재 모두 다운됐는지조차 알지 못한다. 오픈트레이싱의 의미론적 정의에 따르면 생산자는 나중에 메시지를 소비하는 어떤 프로세스의 결과에 의존하지 않는다. 따라서 후행 참조를 사용하는 receive 스팬이 완벽히 이해된다.

receive와 process 스팬 간의 관계는 실제로 생산자/소비자 관계와 유사하다. receive 스팬은 전체 메시지 묶음을 큐에서 읽을 때 카프카 드라이버 깊숙한 곳에서 실행된다. process 스팬은 애플리케이션 코드에서 비동기로 시작된다. receive 스팬은 process 스팬의 결과에 직접 종속되지 않으므로 후행 참조를 통해 연결된다.

추적을 처음 사용하는 사람들은 때때로 왜 생산자가 메시지를 쓰는 순간에 시작하고 소비자가 메시지를 수신할 때 끝나는 스팬을 가질 수 없는지를 묻는다.

간트 차트는 메시징 워크플로에 사용될 때 밀도가 아주 낮게 보일 수 있기 때문에 트레이스의 간트 차트가 확실히 더 좋아 보인다. 이것이 최선의 방법이 아닌 몇 가지 이유가 있다.

- 이는 각 스팬이 단 하나의 단일 프로세스와 연관돼 있는 OpenTracing이 권장하는 모델에 반한다. 이것이 강제되는 건 아니지만 많은 추적 시스템이 다중 호스트 스팬을 나타내게 설계되지 않았다.

- 다중 호스트 스팬으로 큐에서 대기하는 데 걸리는 시간을 모델링하는 것이 많은 이점을 제공하지 않는다. 앞서 추적에서 봤듯이 생산자와 소비자에서 단일 호스트 스팬을 별도로 사용해 대기 시간을 손쉽게 추론할 수 있다.

- 여러 소비자가 있을 수 있다! 소비자는 각기 다른 시간에 메시지를 읽을 수 있으므로 다중 호스트 스팬의 종료를 단일 수신 이벤트에 연관시키는 것은 현실적이지 않다.

밀도가 낮은 간트 차트의 문제점은 UI 개선으로 더 잘 해결된다.

소비자 측 코드에서 모든 스팬 생성이 어떻게 이뤄지는지 살펴보자. receive 스팬은 기본 소비자 팩토리를 꾸미는 TracingConsumerFactory에 의해 생성된다.

```
private ConsumerFactory<String, Message> consumerFactory()
    throws Exception
{

    . . .

    return new TracingConsumerFactory<>(
        new DefaultKafkaConsumerFactory<String, Message>(
                props,
                new StringDeserializer(),
                new JsonDeserializer<>(Message.class)));
}
```

이 팩토리는 리스너 컨테이너 팩토리를 생성하는 데 사용된다.

```
@Bean
public Object kafkaListenerContainerFactory() throws Exception {
    ConcurrentKafkaListenerContainerFactory<String, Message> factory =
            new ConcurrentKafkaListenerContainerFactory<>();
    factory.setConsumerFactory(consumerFactory());
    return factory;
}
```

안타깝게도 이 라이브러리의 미숙한 상태는 이 부분에서 드러난다. 이 코드에서는 receive 스팬만 가져오고 process 스팬은 가져오지 않는다. 그 이유는 추측만 할 수 있는데, 어쩌면 코드를 유지 관리하는 개발자들이 메시지 핸들러를 위한 적절한 스프링 와이어링을 작성할 시간이 없었을 수도 있고, 어쩌면 카프카 드라이버가 process 스팬이 나중에 참조할 수 있게 receive 스팬의 스팬 컨텍스트를 저장하는 장소를 제공하지 않기 때문일 수도 있다. 때로는 미들웨어에 충분한 훅(hook)을 노출시키지 않는 프레임워크의 한계를 감수하고 작업해야 한다. io.opentracing.contrib.kafka.TracingKafkaConsumer 코드를 살펴보면 다음과 같은 메서드를 찾을 수 있다.

```
@Override
public ConsumerRecords<K, V> poll(long timeout) {
    ConsumerRecords<K, V> records = consumer.poll(timeout);
    for (ConsumerRecord<K, V> record : records) {
        TracingKafkaUtils.buildAndFinishChildSpan(
            record, tracer, consumerSpanNameProvider);
    }
    return records;
}
```

보다시피 소비자는 한 번에 여러 카프카 레코드를 읽고 나서 개별 카프카 레코드에 대한 스팬을 생성해서 즉시 스팬 생성을 완료한다. 다른 상태는 없으므로 계측은 receive 스팬의 스팬 컨텍스트를 유지하기 위해 트릭을 사용한다. 즉, 계측에서 second_span_ 문자열을 접두어로 붙여서 다른 키 세트 아래의 메시지 헤더로 다시 직렬화한다. 이 코드는 TracingKafkaUtils 클래스의 buildAndFinishChildSpan() 메서드에서 찾을 수 있다.

```
Static <K,V> void buildAndFinishChildSpan(ConsumerRecord<K, V> record, Tracer tracer)
{
    SpanContext parentContext = extract(record.headers(), tracer);
    if (parentContext != null) {
        Tracer.SpanBuilder spanBuilder = tracer.buildSpan("receive")
            .withTag(
                Tags.SPAN_KIND.getKey(), Tags.SPAN_KIND_CONSUMER);
        spanBuilder.addReference(References.FOLLOWS_FROM, parentContext);

        Span span = spanBuilder.start();
        SpanDecorator.onResponse(record, span);
        span.finish();

        // 클라이언트가 스팬 체인을 계속 추출할 수 있게
        // 생성된 스팬 컨텍스트를 레코드 헤더에 삽입
        injectSecond(span.context(), record.headers(), tracer);
    }
}
```

injectSecond() 함수는 익숙한 tracer.inject() 호출을 사용한다.

```
static void injectSecond(SpanContext spanContext, Headers headers, Tracer tracer)
{
    tracer.inject(spanContext, Format.Builtin.TEXT_MAP,
    new HeadersMapInjectAdapter(headers, true));
}
```

사용자 정의 HeadersMapInjectAdapter 클래스는 second_span_ 문자열을 키의 접두사로 지정한다.

```
public class HeadersMapInjectAdapter implements TextMap {

    private final Headers headers;
    private final boolean second;

    HeadersMapInjectAdapter(Headers headers, boolean second) {
        this.headers = headers;
        this.second = second;
    }

    @Override
    public void put(String key, String value) {
        if (second) {
            headers.add("second_span_" + key, value.getBytes(StandardCharsets.UTF_8));
        } else {
            headers.add(key, value.getBytes(StandardCharsets.UTF_8));
        }
    }
}
```

계측이 process 스팬을 자동으로 생성하지 않았다면 어떻게 그 스팬을 추적에 넣었을까? Tracing Talk 애플리케이션에서 메시지 핸들러의 예를 소개하면서 그것이 약간 단순화된 것이라고 언급했다. 이제 그 전체 형태를 storage-service 마이크로서비스를 예로 들어 살펴보자.

```
@KafkaListener(topics = "message")
public void process(@Payload Message message,
    @Headers MessageHeaders headers) throws Exception
{
    Span span = kafka.startConsumerSpan("process", headers);
```

```
    try (Scope scope = tracer.scopeManager().activate(span, true)) {
        System.out.println("Received message: " + message.message);
        redis.addMessage(message);
            System.out.println("Added message to room.");
    }
}
```

KafkaService의 헬퍼 메서드인 startConsumerSpan을 사용해 process 스팬을 수동으로 시작하고 현재 범위에서 활성화한다. 이렇게 하면 레디스 연결에서 계측과 같은 나머지 계측을 통해 현재 스팬을 가져와 추적을 계속할 수 있다.

헬퍼 메서드는 헤더에 다른 어댑터를 사용해 second_span_ 접두사가 있는 키를 추출한다(안타깝게도 계측 라이브러리의 동일한 클래스는 private임).

```
public Span startConsumerSpan(String name, MessageHeaders headers) {
    TextMap carrier = new MessageHeadersExtractAdapter(headers);
    SpanContext parent = tracer.extract(
        Format.Builtin.TEXT_MAP, carrier);
    return tracer.buildSpan(name)
        .addReference(References.FOLLOWS_FROM, parent)
        .start();
}
```

이 스팬을 수동으로 시작하지 않았다면 보다시피 상위 추적이 receive 스팬을 가장 하위 스팬으로 중지했을 것이고 레디스 또는 giphy.com의 API 호출이 새 추적을 시작했을 것이다. 메시지 핸들러에서 스팬 생성문을 주석으로 처리해서 이를 확인하는 것은 독자들을 위한 연습으로 남겨둔다.

비동기 코드 계측하기

서비스 간 메시징을 사용하는 것이 비동기 애플리케이션을 구현하는 유일한 방법은 아니다. 때로는 단일 서비스 내의 코드가 비동기일 때도 있다. Node.js 같은 환경에서는 이것이 코드를 작성하는 표준 방법이며, 다른 스타일의 프로세스 내 컨텍스트 전파가 필요하다.

자바에서는 비동기 코드가 종종 퓨처(future)와 익스큐터(executor)를 사용해 작성된다. Tracing Talk 애플리케이션에서는 이미 동기 방식으로만 이러한 API를 사용했다. 예를 들면, KafkaService.

sendMessage() 메서드는 비동기 API의 흔적인 ListenableFuture를 반환하는 send() 함수를 호출한다. 여기서는 get()을 호출하고 완료될 때까지 블로킹해서 동기 방식으로 다시 돌아간다.

```java
public void sendMessage(Message message) throws Exception {
    ProducerRecord<String, Message> record =
        new ProducerRecord<>(TOPIC, message);
    kafkaTemplate.send(record).get();
}
```

우리가 사용한 추적 구현은 비동기 API 경계를 통해 추적 컨텍스트를 올바르게 전송하게 관리한다. 그렇다면 그것을 직접 시도하고 싶다면 어떻게 해야 할까? KafkaService 클래스에는 sendMessageAsync() 라는 메시지를 보내는 또 다른 메서드가 있다. 이 메서드는 kafkaTemplate.send()가 블로킹 호출인 것처럼 가장하고 CompletableFuture와 익스큐터를 사용해 호출자 스레드와 다른 스레드에서 해당 호출을 실행한다.

```java
public void sendMessageAsync(Message message, Executor executor)
        throws Exception
{
    CompletableFuture.supplyAsync(() -> {
        ProducerRecord<String, Message> record =
            new ProducerRecord<>(TOPIC, message);
        kafkaTemplate.send(record);
        return message.id;
    }, executor).get();
}
```

chat-api 서비스는 KSEND 환경변수를 사용해 sendMessage()와 sendMessageAsync() 메서드 간의 사용을 전환한다. 두 번째 함수는 익스큐터를 필요로 하기 때문에 chat-api 서비스는 다음과 같이 구성한다.

```java
@Bean
public Executor asyncExecutor() {
    ThreadPoolTaskExecutor executor = new ThreadPoolTaskExecutor();
    executor.setCorePoolSize(2);
    executor.setMaxPoolSize(2);
    executor.setQueueCapacity(10);
```

```
    executor.setThreadNamePrefix("send-to-kafka-");
    executor.initialize();
    return executor;
}


Executor executor1 = asyncExecutor();
```

이 익스큐터를 사용하기 위해 KSEND=async1 파라미터로 chat-api를 시작할 수 있다.

```
$ make chatapi KSEND=async1
```

편의를 위해 이 명령에 대해 별도의 make 타깃을 추가했다.

```
$ make chatapi-async1
```

채팅에 메시지를 게시하고 추적을 찾아보면 기대한 것처럼 두 개의 추적을 생성하는데, 단일 스팬인 postMessage를 포함하는 상위 수준의 엔드포인트에 대한 추적과 send 스팬을 루트로 시작하고 일반적인 추적의 나머지를 포함하는 추적이 그것이다. 두 번째 추적을 찾으려면 Operation 드롭다운 상자에서 send를 선택해야 할 수도 있다.

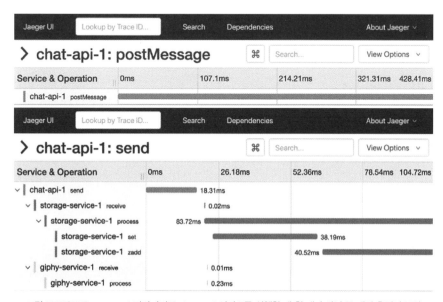

그림 5.7 KSEND = async1 파라미터로 chat-api 서비스를 실행할 때 한 개가 아닌 두 개의 추적이 보임

이렇게 추적을 쪼개는 것은 의도했던 바가 분명 아니다. 비동기 `CompletableFuture`를 사용해 요청을 실행했으며, 이는 카프카 템플릿에서 사용된 퓨처와 크게 다르지 않다. 문제는 스레드 간에 프로세스 내 컨텍스트를 올바르게 전달하게 관리하지 않았다는 점이다. 퓨처에 전달된 람다(lambda) 함수는 호출자 스레드의 활성 스팬에 접근할 수 없는 다른 스레드에서 실행된다. 그 차이를 메우기 위해 현재 활성 스팬을 가져와 다른 스레드에서 실행되는 람다 코드 안에서 다시 활성화할 수 있다.

```
public void sendMessageAsync(Message message, Executor executor)
        throws Exception
{
    final Span span = tracer.activeSpan();
    CompletableFuture.supplyAsync(() -> {
        try (Scope scope = tracer.scopeManager().activate(span, false))
        {
            ProducerRecord<String, Message> record =
            new ProducerRecord<>(TOPIC, message); kafkaTemplate.send(record);
            return message.id;
        }
    }, executor).get();
}
```

이 변경 사항을 적용하고 채팅 메시지로 테스트를 다시 실행하면(먼저 mvn install을 실행하는 것을 잊지 않는다) postMessage와 send 스팬이 제대로 연결되어 추적이 정상으로 돌아가는 것을 볼 수 있다. 안타깝게도 이 방식은 추적 코드를 애플리케이션 코드에 직접 추가해야 하는데, 이는 가능한 한 피하려고 했던 조치다. 아다시피 우리가 추가한 코드는 퓨처에 전달하는 람다 함수에 특별히 국한되지 않는다. supplyAsync() 코드에 대한 호출을 쭉 따라가 보면 결국 스레드의 실제 로직인 러너블(runnable)이 익스큐터로 전달되는 지점에 도달하게 된다. 그 시점까지 모든 실행은 현재 활성 스팬에 접근할 수 있는 동일한 호출자 스레드에서 발생한다. 따라서 일반적인 솔루션은 스레드 간의 활성 스팬 전송을 수행하기 위해 익스큐터를 (데코레이팅해서) 계측하는 것이다. 이것이 바로 opentracing-contrib/java-concurrent 라이브러리의 TracedRunnable 클래스가 수행하는 작업이다.

```
public class TracedRunnable implements Runnable {

    private final Runnable delegate;
    private final Span span;
```

```
    private final Tracer tracer;

    public TracedRunnable(Runnable delegate, Tracer tracer) {
        this.delegate = delegate;
        this.tracer = tracer;
        this.span = tracer.activeSpan();
    }

    @Override
    public void run() {
        Scope = span == null ? null :
        tracer.scopeManager().activate(span, false);
        try {
            delegate.run();
        } finally {
            if (scope != null) {
                scope.close();
            }
        }
    }
}
```

TracedRunnable 클래스는 데코레이터가 생성될 때 현재 스팬을 수집하고 델리게이트(delegate)에서 run()을 호출하기 전에 새 스레드에서 해당 스팬을 활성화한다. 내부적으로 TracedRunnable을 사용하는 이 라이브러리에서 익스큐터를 TracedExecutor로 래핑할 수 있다. 그러나 데코레이터를 적용하려면 여전히 코드를 변경해야 한다. 대신 스프링 계측기가 자동으로 처리하게 할 수 있다!

asyncExecutor() 메서드는 이미 @Bean으로 주석이 달려있으며, 이는 이 메서드가 스프링 컨텍스트에 주입되고 그 시점에 자동 계측이 이 메서드를 감지하고 추적을 위해 자동으로 데코레이트된다는 의미다. 새로운 컨텍스트를 생성하는 함수를 호출하는 대신 스프링 컨텍스트에서 빈을 다시 가져오면 된다.

```
Executor executor1 = asyncExecutor();

@Autowired
Executor executor2;
```

이미 짐작했겠지만(또는 소스코드를 봤겠지만) chat-api 서비스에 KSEND=async2 파라미터로 두 번째 익스큐터를 사용하게 알릴 수 있다.

```
$ make chatapi KSEND=async2
```

또는 make 타깃을 사용해도 된다(make chatapi-async).

채팅 메시지 테스트를 다시 실행하면 추적이 정상으로 돌아간 것을 볼 수 있으며, 메시지에 /giphy 명령이 포함된 경우 최대 16스팬까지 가진다.

이번 절을 마무리하기 전에 비동기 프로그래밍에서 후행 참조와 자식 참조의 사용에 대해 마지막으로 언급할 내용이 있다. 때로는 스택의 하위 레벨에 있는 코드가 스레드의 현재 활성 스팬과의 실제 관계를 알지 못하는 경우가 있다. 예를 들어 카프카로 메시지를 보내는 것을 생각해 보면 이 작업은 카프카 템플릿의 비동기 send() 메서드를 사용해 수행된다.

생산자 데코레이터는 항상 호출자 스레드에서 활성화된 스팬에 대한 자식 참조를 사용해 send 스팬을 만든다. chat-api 서비스의 경우 send()에서 반환되는 퓨처에서 get()을 항상 호출하기 때문에 올바른 경우인 것으로 보인다. 즉, send 스팬이 완료될 때까지 HTTP 응답이 생성되지 않는다. 그러나 이는 엄격한 의존성이 아니며 비동기 API의 완료가 더 상위 스팬에 영향을 미칠 것으로 예상하지 않고 비동기 API가 호출되는 상황을 상상하기 쉽다. 후행 참조는 그러한 시나리오에서 더 적절하지만 하위 계측에서는 그러한 의도를 추론할 수 없다.

여기서 가장 좋은 방법은 호출자가 스팬에 대한 올바른 인과 관계를 맺게 만드는 것이다. 호출자가 호출하고 잊는(fire-and-forget) 유형의 비동기 호출을 했다는 것을 알고 있는 경우 호출자는 우선적으로 후행 스팬을 시작할 수 있으므로 하위에서 생성된 자식 스팬은 올바른 인과 관계 참조를 갖는다. 다행스럽게도 비동기 프로그래밍을 사용하는 경우에도 종종 부모 스팬이 자식 결과에 의존하기 때문에 명시적으로 인과 관계를 맺는 것이 필요한 경우는 상당히 드물다.

정리

이번 장에서는 비동기 애플리케이션에 대한 추적 계측이라는 고급 주제를 살펴봤다. 서비스 간 비동기 통신의 예로 아파치 카프카를 사용해 메시징 인프라를 통해 추적 컨텍스트를 전파하는 방법과 메시지 버스의 양쪽 끝에 생산자와 소비자 스팬을 만드는 방법을 설명했다. 마지막으로 자바의 퓨처나 익스큐터 같은 프로세스 내 비동기 프로그래밍을 사용하는 애플리케이션을 계측하는 방법을 살펴봤다. 계측 자체는 오픈트레이싱에만 국한된 반면, 비동기 애플리케이션을 계측하는 원칙은 일반적이었으며 스팬 모델을 기반으로 구축된 모든 추적 API에 적용할 수 있었다.

이번 장에서 사용한 계측기 대부분은 깃허브의 opentracing-contrib 조직에 있는 다양한 오픈소스 모듈에서 가져왔다. 여기서는 예거 트레이서를 인스턴스화하는 코드를 피하고 대신 런타임 구성 옵션을 사용했다. 모든 계측기는 공급 업체에 의존성이 없으므로 다른 오픈트레이싱 호환 트레이서를 사용할 수 있다.

오픈트레이싱은 계측 문제를 해결한다. 이것이 업계에서 분산 추적을 광범위하게 채택하는 방식에서 가장 큰 문제일 수는 있지만 유일한 문제는 아니다.

다음 장에서는 오픈트레이싱을 넘어서는 더 큰 추적의 생태계를 살펴보고, 그 밖에 어떤 새로운 표준이 개발되고 있는지 살펴본다. 일부 프로젝트는 대립되고 일부는 적지 않게 중복되므로 프로젝트가 해결하는 문제 유형과 주요 대상에 따라 분류해서 소개한다.

참고 자료

1. 분산 추적 NYC 밋업: https://www.meetup.com/Distributed-Tracing-NYC/

06

추적 표준과
에코시스템

마이크로서비스가 지배하는 세계에서 종단 간 추적은 더는 '있으면 좋은' 기능이 아니라 (마치 포커 게임할 때 '판돈'이 있어야 게임이 가능하듯이) 최신 클라우드 네이티브 애플리케이션을 이해하는 데 필요한 '기본' 기능이다. 4장 '오픈트레이싱을 이용한 계측 기초'에서 분산 추적을 위해 간단한 'Hello, world!' 애플리케이션을 수동으로 계측하는 데 필요한 예제를 살펴봤다. 그 예제를 보고 나서 "앗, 코딩할 게 많네"라는 인상이 남았다면 그 예제를 만든 목표 중 하나는 달성한 셈이다. 고품질의 추적 데이터를 얻기 위해 계측을 개발하고 배포하는 것은 조직에서 분산 추적 솔루션을 출시하는 데 유일하지는 않더라도 가장 큰 도전과제다. 13장 '대규모 조직에서의 추적 구현'에서 조직적인 관점에서 그 과정을 더욱 쉽게 만들기 위한 실제적인 기법들을 검토할 것이다.

이번 장에서는 다음 내용을 다룬다.

- 계측의 도전과제를 완화하거나 제거하는 것을 목표로 하는 오픈소스 프로젝트

- 기업이 AWS Kinesis 또는 Cloud Spanner 같은 관리형 클라우드 서비스를 채택할 때 악화되는 상호운용성 및 격리된 데이터에 대한 문제를 해결하려는 표준 이니셔티브

계측 스타일

4장 '오픈트레이싱을 이용한 계측 기초'에서 수행했던 완전한 수동 계측은 핵심 원칙을 입증하는 데 유용했지만, 그러한 계측 스타일은 비용이 대단히 많이 들며 대규모 클라우드 네이티브 애플리케이션에 대해 간단하게 확장할 수 없기 때문에 실제로는 매우 드물다. 또한 마이크로서비스 기반 애플리케이션에서 대부분 계측 추적점이 RPC 라이브러리 같은 몇 안 되는 프레임워크를 통해 통신이 이뤄지는 프로세스 경계 옆에서 발생하기 때문에 수동 계측 스타일이 불필요하다.

프레임워크를 계측하는 경우, 프레임워크에 계측을 한 번만 적용하고 그다음 해당 계측을 애플리케이션 전체에서 재사용해야 한다. 이것이 애플리케이션의 수동 계측이 전혀 없다는 것을 의미하지는 않지만 일반적으로 일부 독특한 애플리케이션 로직이 수동 계측을 필요로 하는 특수한 경우, 예를 들면 일부 사용자 정의 공유 리소스에 대한 접근을 모니터링하는 경우로 제한된다.

일반적으로 **에이전트 기반**이라고 하는 또 다른 계측 스타일이 있는데, 이는 애플리케이션의 자동 제로 터치 계측을 보장한다. 파이썬이나 자바스크립트 같은 동적 언어에서는 런타임에 애플리케이션에 투명하게 클래스나 모듈을 동적으로 수정하는 **멍키 패칭(monkey-patching)**과 같은 기법을 통해 수행된다. 예를 들면, 널리 사용되는 파이썬 모듈인 requests는 HTTP 요청을 실행하는 데 사용되는 정적 함수인 requests.get()을 갖고 있다. 추적 계측 에이전트는 클라이언트 측 추적 스팬을 생성하고 원래 함수인 requests.get()을 호출한 다음 스팬(HTTP 상태 코드와 같은 요청의 결과가 포함된)을 완료하는 래퍼로 해당 함수를 대체할 수 있다.

이 같은 동적인 코드 수정을 허용하지 않는 자바 애플리케이션에서는 바이트 코드 조작을 통해 유사한 효과를 얻을 수 있다. 예를 들면, 자바 런타임 실행 파일에는 java.lang.instrument API와 상호작용하는 라이브러리를 로드하는 명령행 스위치인 -javaagent가 있으며, 클래스가 로드될 때 자동으로 계측을 적용한다.

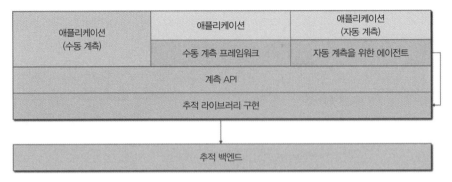

그림 6.1 추적 계측의 세 가지 유형과 계측 API와의 상호작용. 계측 API는 애플리케이션 및 프레임워크 개발자로부터 상세한 메타데이터 전파 및 추적 보고 형식을 추상화해서 추적 백엔드와 통신하는 추적 라이브러리 구현에 위임한다. 에이전트 기반 계측은 종종 API를 우회하고, 구현으로 바로 이동해서 추적 공급 업체 간에 이식할 수 없게 만든다.

에이전트 기반 계측은 종종 프레임워크와 직접 통합된 계측보다 유지 관리가 훨씬 더 복잡하다. 프레임워크가 확장성을 염두에 두고 설계되면 미들웨어, 인터셉터, 필터 등의 형태로 추적 코드를 추가하는 것은 일반적으로 매우 간단하다. 아쉽게도 일부 프레임워크는 확장할 수 있는 수단을 제공하지 않는다. 이러한 경우 멍키 패칭 및 에이전트 기반 계측이 유일한 수단이다. 역사적으로 뉴 렐릭(New Relic)이나 앱다이내믹스(AppDynamics) 같은 대형 상용 APM 공급 업체만이 여러 언어를 위한 에이전트를 제공했기 때문에 기반 프레임워크가 계속 진화하고 증가함에 따라 많은 엔지니어링 자원이 그러한 프레임워크의 유지 관리에 사용됐다. 오늘날 에이전트 기반 계측은 데이터독(DataDog) 및 엘라스틱(Elastic)과 같은 신규 공급 업체 및 아파치 스카이워킹(Apache SkyWalking)과 같은 일부 오픈소스 프로젝트에서 찾을 수 있다. 안타깝게도 이러한 라이브러리는 일반적으로 공급 업체의 특정 추적 백엔드와 결합된다.

개인적으로 파이썬으로 추적 계측기를 구현하려고 했던 초창기에 urllib2, requests, MySQLdb, SQLAlchemy 등과 같은 몇 가지 인기 있는 파이썬 모듈을 변경하기 위해 멍키 패칭 스타일을 사용하는 opentracing_instrumentation[1] 모듈을 작성했다. 이 모듈은 오픈트레이싱 API[2]를 통해 공급 업체 중립적인 계측기를 적용해 모든 호환 트레이서 구현과 함께 사용할 수 있다. 2018년 말에 또 다른 오픈트레이싱 개발자 그룹은 오픈트레이싱 API를 통해 자바 애플리케이션을 자동으로 계측해서 추적 이벤트를 생성하는 '특별한 에이전트(Special Agent)'[3]라는 새로운 자바 프로젝트를 시작했다.

수동 계측과 프레임워크 계측 둘 다 분산 트랜잭션을 설명하기 위한 어떤 **계측 API**가 필요하다. 이 API는 추적점에 의미와 인과관계를 가진 데이터를 주석으로 지정하고 프로세스와 구성 요소 경계 안에서 또는 그 사이에서 컨텍스트 메타데이터를 전파하기 위한 기본 기능을 제공해야 한다. 이전 장에서 봤듯이 계측 API 사용자, 애플리케이션 또는 프레임워크 개발자는 네트워크 요청의 메타데이터를 나타내는 데 사용한 데이터 형식 또는 백엔드에 보고할 때 수집된 추적과 같은 해당 API의 구현 방법에 관심을 가질 필요가 없다. 애플리케이션 개발자에게 가장 중요한 부분은 계측 API가 '모든 프레임워크에서 일관되게' 사용되는 것이다.

전형적인 마이크로서비스(그림 6.2)는 일부 자체 비즈니스 로직을 포함하고 있으나 인바운드 요청을 처리하기 위한 서버 프레임워크, 잠재적으로 다른 마이크로서비스를 호출하기 위한 별도의 RPC 프레임워크, 인프라 구성 요소와 통신하기 위한 데이터베이스 및 큐 드라이버와 같은 인프라 요구사항에 대해 일반적으로 오픈소스인 다수의 표준 프레임워크를 사용한다. 이러한 모든 프레임워크는 추적을 위해 계측 돼야 하지만 공통 API 없이는 컨텍스트 메타데이터를 서로 전달하는 방법조차 모를 것이다.

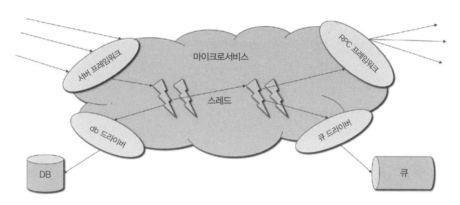

그림 6.2 자체 비즈니스 로직과 오픈소스 프레임워크로 구성된 전형적인 마이크로서비스

계측 API의 요구사항은 다음과 같이 요약할 수 있다.

- 분산 트랜잭션과 관련된 작업의 충분한 의미와 인과관계를 수집하려면 표현력이 있어야 한다.

- 여러 프로그래밍 언어에서 사용할 수 있는 유사한 추적 기본 요소를 제공해야 한다. 클라우드 네이티브 애플리케이션이 여러 언어로 작성돼 있는 것은 꽤 일반적이며, 개념적으로 여러 다른 API를 처리해야 하는 것은 개발자들에게 추가적인 인지 부하를 만들어낸다.

- 동시에 API는 특정 프로그래밍 언어에서 잘 사용되는 관용구(idioms)와 명명 규칙을 자연스럽게 사용할 수 있어야 한다.

- 기본 요소는 컨텍스트 메타데이터가 어떤 형식으로 전송되는지와 수집된 추적이 어떻게 추적 백엔드에 보고되는지를 추상화하는 것이다. 이러한 고려 사항은 추적 시스템 운영자와 성공적인 배치에 중요하지만 계측 시에는 관련이 없으므로 서로 분리돼야 한다.

- 공급 업체 중립적이어야 한다. 프레임워크 또는 애플리케이션을 위한 계측기 작성에는 비용이 많이 든다. 해당 계측기와 함께 사용할 추적 시스템을 동시에 결정할 필요는 없다. 이번 장에서 쓰는 '공급 업체'라는 용어는 상용 APM 벤더나 클라우드 공급자의 관리형 추적 시스템, 오픈소스 추적 프로젝트 등 어느 것이든 될 수 있다.

- 별도의 종속성 없이 독립형 라이브러리로 이상적으로 패키징된 경량 API여야 한다.

계측 API에 대한 추가 요구사항은 이 API가 널리 채택돼야 한다는 것이다. 표준화 노력에도 불구하고 표준을 위해 경쟁하는 것은 커뮤니티를 파괴한다. 경쟁은 구현에는 적합하지만 다른 오픈소스 개발자에게 어려운 선택을 떠안기기 때문에 표준에는 적합하지 않다. 경쟁 구도에 있는 API 중 어느 것을 사용해 프레임워크를 계측해야 할까? 만일 개발자가 프레임워크를 잘못 선택하면 그것으로 개발된 추적 코드가 다른 사람이 애플리케이션을 작성하는 데 사용할 수도 있는 다른 프레임워크와 호환되지 않게 된다.

이전 장에서는 앞의 모든 기준을 충족하는 계측 API인 오픈트레이싱 API를 사용했다. 오픈트레이싱 API는 라이트스텝(LightStep), 인스타나(Instana), 데이터독(DataDog), 뉴 렐릭(New Relic), 솔라윈즈(SolarWinds) 같은 APM 공급 업체와 오픈집킨(OpenZipkin), 예거(Jaeger), 스테이지모니터(Stagemonitor), 호쿨라(Hawkular), 스카이워킹(SkyWalking)과 같은 오픈소스 프로젝트, 그리고 오픈트레이싱을 가장 초기에 채택했던 곳 중 하나인 우버와 같은 최종 사용자를 비롯한 여러 추적 실무자 간의 협력을 통해 개발돼 왔다.

배포 및 상호 운용성 추적의 내부

이전에 언급했듯이 계측 API의 표준화가 조직에서 추적 솔루션을 성공적으로 출시하기 위한 유일한 측면은 아니며, 실제 고려할 사항은 훨씬 복잡하다. X라는 기업(그림 6.3)에서 다음과 같은 가상의 애플리케이션을 만든다고 해보자. 이 애플리케이션에서 모든 마이크로서비스는 오픈트레이싱 API로 계측되며, 예거 라이브러리를 사용해 단일 설치된 예거 백엔드에서 추적을 수집한다.

이것이 완성된 아키텍처이고 마이크로서비스가 어떤 외부 시스템과도 통신하지 않는다고 가정하면(이 가정은 적어도 외부 결제 처리 모듈을 호출해야 하는 Billing 구성 요소의 경우 현실적이지 않다), 이 같은 형태의 배포에서 애플리케이션의 모든 구성 요소를 포괄하는 완전한 추적의 수집을 방해하는 상호 운용성 문제는 없다.

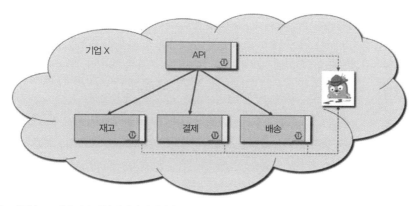

그림 6.3 오픈트레이싱으로 계측되며 단일 설치된 예거에서 모든 추적을 수집하는 클라우드 또는 온프레미스에 배포된 가상의 애플리케이션. 실선 화살표는 비즈니스 요청을 나타내고 점선 화살표는 추적 데이터 수집을 나타낸다.

실제 상황은 대개 더 복잡하다. 회사가 데이터 보호 및 개인 정보 보호 규정을 준수해야 하고, 분석을 통해 이를 달성하는 가장 빠른 방법이 신용카드를 처리하는 **결제** 구성 요소를 아마존의 클라우드 서비스인 AWS로 옮기는 것이라는 사실을 깨달았다고 해보자. AWS는 AWS에서 제공하는 다른 서비스와도 통합되는 자체 추적 솔루션인 X-Ray를 제공하므로 예거 대신 X-Ray를 사용해 결제 서비스를 추적할 수도 있다.

또한 **재고** 모듈에서 사용하는 데이터베이스가 더 확장되지 않아 구글의 클라우드 스패너(Cloud Spanner) 같은 관리형 데이터베이스 서비스로 교체하기로 결정했다고 가정해 보자. 대부분 관리형 구글 서비스와 마찬가지로 스패너는 내부적으로 구글의 스택드라이버(StackDriver)로 추적한다.

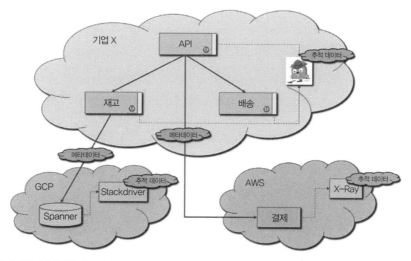

그림 6.4 가상의 애플리케이션을 더 복잡하게 전개하면 추적에서 시스템의 전체 모습을 관찰할 수 있도록 여러 다른 추적 백엔드 간에 통합 지점이 생긴다. 예거, 스택드라이버, X-Ray의 세 가지 추적 시스템은 모두 요청의 메타데이터를 인코딩하고 수집된 추적 데이터를 저장 및 노출하는 데 서로 다른 데이터 형식을 사용한다.

그림 6.4는 온프레미스 및 클라우드 모두에서 실행되는 구성 요소를 포함하는 확장된 아키텍처를 보여준다. 시스템의 복잡성이 증가했을뿐더러 전보다 훨씬 더 많은 트랜잭션의 완전한 종단 간 추적이 필요하다. 안타깝게도 그렇게 하기 전에 해결해야 할 두 가지 새로운 문제가 있다. 첫 번째 문제는 주어진 트랜잭션에 대해서도 완전한 단일 추적조차 얻지 못할 것이라는 것이다.

3장 '분산 추적의 핵심'에서 서비스가 네트워크 호출을 할 때 추적 시스템이 주로 요청 헤더로서 컨텍스트 메타데이터를 특정 방식으로 인코딩해서 전파한다는 것을 기억할 것이다. 이 예제의 경우 메타데이터는 예거, 스택드라이버, X-Ray 같은 다른 추적 시스템으로 계측되는 구성 요소 간에 교환된다. 추적 데이터 간의 인과관계를 유지하려면 메타데이터의 전송 형식에 합의해야 한다. 이번 장의 뒷부분에서 그러한 제안된 형식을 살펴보겠다.

두 번째 문제는 추적의 여러 부분이 여러 추적 백엔드에 의해 수집된다는 점이다. 단일 관점에서 분산된 여러 추적을 조립하기 위해서는 단일 시스템 및 단일 데이터 형식으로 외부로 전달할 필요가 있다. 이 책을 쓰는 시점에는 업계에서 표준 추적 데이터 형식을 만들려고 시도는 하고 있지만 그런 표준 형식은 아직 존재하지 않는다.

추적의 다섯 가지 그림자

오늘날의 추적 에코시스템은 꽤 파편화되고 어쩌면 혼란스러울 수 있다. 전통적인 APM 공급 업체는 자체 API 및 데이터 프로토콜을 사용하는 에이전트 기반 계측에 많은 투자를 했다. 트위터가 업계 최초의 오픈소스 추적 시스템인 집킨을 출시한 후, 집킨(최소한 집킨의 B3 메타데이터 전파 형식)은 사실상 업계 표준으로 사용자들의 관심을 끌기 시작했다(트위터의 많은 시스템이 새 이름을 따서 명명됐으며, 집킨은 원래 Big Brother Bird 또는 B3로 X-B3-TraceId와 같이 HTTP 헤더에 접두어로 사용됐다).

2016년 구글과 아마존은 자체적인 메타데이터 및 추적 데이터 형식을 갖춘 자체 관리형 추적 시스템인 스택드라이버와 X-Ray를 발표했다. 이 시스템은 각 클라우드에서 실행 중인 애플리케이션을 추적하고 실행 중인 내부 애플리케이션의 추적 데이터를 고객의 온프레미스에서 수신하는 데 사용할 수 있다. 2016년부터 2018년 사이에 다른 여러 추적 시스템이 만들어졌고 오픈소스화됐다.

이 모든 활동은 업계의 분산 추적에 대한 관심을 증가시켰지만, 분산 추적의 상호 운용성 또는 로깅 및 지표 계측이 꽤 오랫동안 애플리케이션 프레임워크의 필수 구성 요소로 있어온 것과 같이 분산 추적을 주요 구성요소로 만드는 데는 도움이 되지 않았다. 이로 인해 추적 솔루션의 다양한 측면에 대한 표준화를 목표로 하는 몇 가지 오픈소스 프로젝트가 만들어졌다. 그러나 일부 프로젝트는 겹치는 부분이 있어 새로운 참여자를 더욱더 혼란스럽게 만든다.

최근 KubeCon EU 2018 컨퍼런스에서 구글 대퍼의 창립자이자 오픈트레이싱 프로젝트의 공동 설립자인 벤 시겔만은 이 추적 관련 프로젝트가 추적 문제의 어떤 부분을 해결하고 있는지 명확하게 정의하지 않고 있으며 네 가지 다른 추적 작업인 트랜잭션 분석, 트랜잭션 기록, 트랜잭션 연합, 트랜잭션 설명을 언급할 때 '추적(tracing)'이라는 같은 단어를 사용한다는 사실이 프로젝트 간의 혼란을 초래하고 때로는 감정을 상하게 하기도 한다고 주장했다. 개인적으로는 이러한 정신적인 노력을 요하는 추적 작업이 '추적(tracing)'이라는 이름 하에 적어도 다섯 가지 카테고리로 더 확장될 수 있다고 생각한다(그림 6.5).

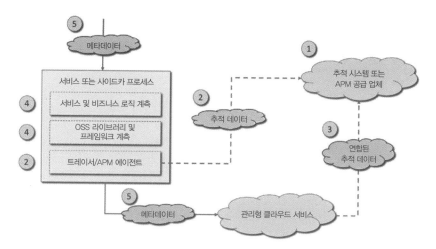

그림 6.5 추적의 여러 다른 의미: 트랜잭션 분석(1), 트랜잭션 기록(2), 트랜잭션 연합(3), 트랜잭션 설명(4), 트랜잭션 상호 연결(5)

추적이라는 단어를 들을 때 가장 먼저 떠오르는 개념은 데이터를 수집하고 추적 도구를 사용해 **트랜잭션을 분석**하는 수단을 사용자에게 제공하는 실제적인 추적 시스템이다. 2장 'HotROD 승차 추적하기'에서 테스트를 위해 HotROD를 사용했을 때 추적을 보기 위해 예거 UI를 사용한 것이 전부였지만 여전히 그 활동을 **추적**이라고 말했다.

'추적'의 의미를 다르게 받아들이는 사람들(또는 프로젝트)도 있을 것이다. 그들은 추적이 프로세스에서 **트랜잭션을 기록**하고 추적 백엔드로 보내는 것이라고 말할 것이다. 예를 들면, 서비스 메시 사이드카(또는 APM 에이전트)가 서비스의 추적을 수집하고 기록할 수 있는 위치에 있을 수도 있다.

이전 절에서 설명한 것처럼 관리형 클라우드 서비스를 도입하면 분산 트랜잭션을 완벽하게 파악하는 데 추가적인 어려움이 따른다. 예를 들어 애플리케이션이 AWS Kinesis 같은 메시징 서비스를 사용할 수 있는데, 이는 비즈니스 로직이 생산자와 소비자 모두에서 동작하므로 메시지 버스가 일반적으로 추적의 마지막 노드가 아니기 때문에 관리형 데이터베이스를 사용하는 것과는 다르다.

메시지 버스를 통해 트랜잭션을 종단 간 추적할 수 있다면 이러한 시스템의 동작을 이해하는 것이 훨씬 더 쉽지만, 관리형 서비스이기 때문에 추적의 일부를 클라우드 제공자가 운영하는 추적 시스템으로 보낼 가능성이 훨씬 높다. **트랜잭션을 연합**하거나 통합함으로써 한 곳에서 트랜잭션을 종단 간 분석할 수 있다.

비즈니스 서비스를 개발하고 있다면 보통 많은 코드를 실행하고 배포하게 되는데, 이 코드 중 일부는 직접 작성했거나 인프라 프레임워크 또는 비즈니스 기능의 확장으로 메이븐 센트럴, 깃허브, NPM 등과 같은 공유 저장소에서 종속성으로 가져온 것일 것이다. 모든 코드를 이해하기 위해서는 그러한 코드를 계측해서, 즉 **트랜잭션을 설명**함으로써 **추적**해야 한다.

마지막으로 관리형 클라우드 서비스로 돌아가서 트랜잭션이 다른 추적 공급자의 도메인을 통과할 때 추적이 중단되지 않게 해야 한다. 메타데이터 인코딩 형식에 동의함으로써 추적이 서로 다른 추적 백엔드에 기록되는 경우에도 **트랜잭션을 상호 연결**시킬 수 있다.

추적이라는 단어의 이러한 모든 의미는 유효하고 그 의미에 관심 있는 사람들이 있지만, 모두 서로 다른 것을 말한다. 이러한 여러 다른 측면을 서로 분리하는 것이 중요하며, 이렇게 분리된 측면에서 진행하는 프로젝트는 명확한 범위를 갖는다.

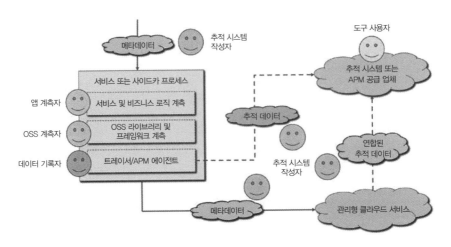

그림 6.6 추적의 여러 의미에 대한 여러 대상

대상 파악

많은 프로젝트가 추적의 여러 다른 측면을 염두에 두는 것처럼 여러 가지 그룹의 사람들을 대상으로 한다.

- 추적 시스템 제작자는 트랜잭션을 기록, 연합, 연결시키는 것과 추적 데이터 및 메타데이터에 대한 데이터 형식을 표준화하려는 프로젝트에 관심을 가진다.

- 데브옵스, SRE, 애플리케이션 개발자 등의 도구 사용자는 일반적으로 도구가 작동하고 트랜잭션을 분석하는 데 도움이 되는 경우에만 관심을 갖는다. 그들은 표준화 노력을 둘러싼 대부분 프로젝트에 관여하지 않는다.

- 데이터 기록자에는 항상은 아니지만 흔히 추적 시스템 제작자가 포함되며, 트랜잭션을 기록하는 데 관심이 있고 추적 라이브러리를 포함할 수 있는 도구에 대해 작업한다. 예를 들면, 오픈센서스 프로젝트는 데이터 기록에 중점을 두지만, 데이터를 받는 실제 추적 백엔드와는 명백히 관련이 없다. 추적 백엔드를 유지 관리하는 사람들이 그 프로젝트도 유지 관리하지는 않는다.

- 애플리케이션 개발자는 시스템의 트랜잭션을 설명하고 가시성을 확보하는 데 도움을 주는 계측 API에 관심이 있다.

- **오픈소스 소프트웨어**(OSS, Open Source Software) 프레임워크 개발자는 애플리케이션 개발자와 마찬가지로 계측 API를 사용해 트랜잭션을 설명하는 데 신경을 쓰며, 이를 통해 라이브러리 및 프레임워크 작동에 대한 동급 최고의 가시성을 사용자에게 제공할 수 있다.

에코시스템

이번 절에서는 분산 추적 영역의 일부 프로젝트를 앞에서 설명한 측면에 따라 분류해 보려고 한다. 다음 표는 특정 데이터 형식에 대한 종속성 또는 영향과 같이 각 프로젝트에서 표방하는 영역을 간략히 요약한 것이다.

| 프로젝트 | 트랜잭션 분석 | 트랜잭션 기록 | 트랜잭션 연합 | 트랜잭션 설명 | 트랜잭션 연결 |
	추적 도구	트레이서/에이전트	추적 데이터	앱/OSS 계측	메타데이터
집킨	✓	✓	✓	✓	✓
예거	✓	✓	✓		✓
스카이워킹	✓	✓	✓	✓	✓

| 프로젝트 | 트랜잭션 분석 | 트랜잭션 기록 | 트랜잭션 연합 | 트랜잭션 설명 | 트랜잭션 연결 |
	추적 도구	트레이서/에이전트	추적 데이터	앱/OSS 계측	메타데이터
스택드라이버, X–Ray, 등	✓	✓	✓	✓	✓
W3C 추적 컨텍스트					✓
W3C "데이터 교환 형식"			✓		
오픈센서스		✓	✓	✓	✓
오픈트레이싱				✓	

추적 시스템

우선 몇 가지 완전한 추적 시스템을 대상으로 그것들이 어떤 문제 영역을 차지하고 있는지 살펴보자.

집킨과 오픈집킨

집킨은 오픈소스 프로젝트로 사용 가능한 최초의 확장성 높은 분산 추적 시스템이었다. 2012년에 트위터가 출시해서 많은 추종자와 건강한 커뮤니티를 만들었다. 최초의 추적 시스템인 집킨은 이번 장에서 설명한 추적의 모든 측면을 다뤄야 했기 때문에 계측 열을 포함한 모든 열에 해당한다는 것은 놀라운 일이 아니다. 이는 집킨 프로젝트가 브레이브(Brave)라는 자체 트레이서를 적극적으로 지원하기 때문인데, 그 덕분에 스프링, 스파크, 카프카, gRPC 등과 같은 여러 프레임워크에 대한 많은 표준 계측을 제공한다. 계측 자체는 브레이브 API와 밀접하게 결합돼 있으므로 데이터 형식 수준에서만 다른 추적 시스템과 상호 운용할 수 있다.

예거

예거는 2015년에 우버에서 제작되어 2017년에 오픈소스 프로젝트로 출시됐다. 비교적 새로운 프로젝트지만 오픈트레이싱 호환성과 클라우드 네이티브 컴퓨팅 재단의 중립적인 위치에 중점을 두고 인기를 얻고 있다. 예거는 집킨과 비슷한 기능들을 제공한다. 예거 프로젝트는 자체적으로 어떤 계측기도 제공하지 않는다. 대신 기존의 풍부한 오픈트레이싱 기반 계측기와 함께 사용할 수 있는 오픈트레이싱 호환 트레이서 집합을 여러 언어로 유지 관리한다(이번 장의 뒷부분에서 설명). 따라서 예거는 앞에서 소개한 표의 계측 열에 표시가 없다. 예거의 추적 라이브러리 중 일부는 집킨 형식의 데이터를 보낼 수 있을 뿐만 아니라 집킨의 B3 메타데이터 형식을 사용할 수 있다.

스카이워킹

스카이워킹은 중국에서 시작된 또 하나의 비교적 새로운 프로젝트로서 2017년 아파치 재단에 인큐베이션 단계로 등록됐다. 추적 시스템으로 시작해서 지표 및 경보 기능과 심지어 로그를 제공하는 완전한 APM 솔루션으로 점진적으로 전환 중이다. 추적 기능에 관해서는 부분적으로 오픈트레이싱과 호환(자바만 해당)되지만, 제작자들이 중국에서 널리 사용되는 많은 프레임워크에 대해 에이전트 기반 계측에 많은 투자를 하고 있어 계측 열에 체크 표시를 얻었다.

X-Ray, 스택드라이버, 기타 도구

대규모 클라우드 제공 업체가 운영하는 여러 관리형 서비스는 AWS X-Ray 또는 구글 스택드라이버 같은 각각의 클라우드 호스팅 추적 시스템을 통해 추적된다. 이로 인해 트랜잭션에 대한 추적 데이터가 서로 다른 추적 백엔드에서 격리되기 때문에 집킨이나 예거 같은 오픈소스 제품을 포함해서 자체 추적 백엔드를 실행하는 고객에게는 문제가 발생한다. 이는 클라우드 공급 업체가 데이터 표준화 노력에 더 많은 관심을 갖게 했으며 이와 관련해서는 다음에 설명하겠다. 이 책을 쓰는 지금, 클라우드에서 호스팅되는 추적 백엔드는 모두 고객 애플리케이션을 계측하기 위한 자체 SDK 세트를 제공하므로 이러한 계측을 호환성 없게 만든다.

표준 프로젝트

보다시피 앞에서 설명한 모든 추적 시스템에는 추적 및 메타데이터를 위한 형식, 추적 기록 라이브러리, 그리고 예거를 제외한 각 추적 시스템의 개별 계측 API를 비롯한 각 문제 영역에 대한 고유한 솔루션이 있다. 이 때문에 몇몇 특별한 어댑터 없이는 서로 호환되지 않는 것이다. 지난 2년간 여러 격차를 좁히고 "HTTP 엔드포인트를 어떻게 계측할 것인가?"와 같이 크게 차별화가 필요하지 않은 분야에서 공급 업체 중립성을 확보하려는 많은 표준화 노력이 있었다.

W3C 추적 컨텍스트

2017년에 공급 업체 그룹, 클라우드 공급자, 오픈소스 프로젝트 그룹들은 **월드 와이드 웹 컨소시엄 (World Wide Web Consortium, W3C)**의 산하에 '분산 추적 작업 그룹(Distributed Tracing Working Group)'이라는 위원회를 구성해서 추적 도구 간에 상호 운용성을 위한 표준을 정의했다. 이 작업 그룹의 주요 활성 프로젝트는 추적 컨텍스트(Trace Context)[5]라고 한다. 앞의 표에서 알 수 있듯이, 이 프로젝트의 목적은 HTTP 또는 AMQP 같은 표준 프로토콜을 통해 프로세스 간에 전달되는 추적 메타데이터의 형식이라는 단일 차원에 집중적으로 관심을 기울이는 것이다.

추적 컨텍스트 프로젝트는 참여한 모든 공급 업체가 추적 식별자에 대한 개념적 모델에 동의한 2018년 초에 하나의 주요 이정표에 도달했다. 이전에는 이러한 표준이 모든 추적 시스템에서 실행 가능한지 여부에 많은 의견 차이가 있었다. 예를 들면, 오픈트레이싱 API는 일부 추적 시스템이 지원할 수 없을 것을 우려해 2년 동안 스팬 컨텍스트 API에 추적 및 스팬 ID와 유사한 것은 무엇이든 노출하도록 요구하는 것을 자제했다. W3C 추적 컨텍스트의 이 결정 이후, 그러한 장애물은 제거됐다.

추적 컨텍스트 작업 초안은 추적 메타데이터를 전파하는 두 개의 프로토콜 헤더를 제안한다. 첫 번째 헤더인 traceparent는 추적 및 범위 ID의 표준 표현을 각각 16진수 문자열로 인코딩한 16바이트 및 8바이트 배열로 보유하고 현재 서비스의 초반에 만들어지는 샘플링 결정 지표를 전달하는 flags 필드를 포함한다. 예를 들면, 다음과 같은 형태다.

```
Traceparent: 00-4bf92f3577b34da6a3ce929d0e0e4736-00f067aa0ba902b7-01
```

문자열 앞부분의 00은 이 명세의 버전이며, 끝에 있는 01은 추적이 업스트림에서 샘플링됐음을 나타내는 최하위 비트가 있는 8비트 마스크다. 두 번째 헤더인 tracestate는 추적 공급 업체에 특화되어 traceparent 헤더의 표준 형식으로는 지원되지 않을 수도 있는 메타데이터를 저장하고 전달할 수 있는 장소를 제공하도록 고안됐다. 예를 들면, 스카이워킹은 부모 스팬 ID나 부모 서비스 인스턴스 ID와 같이 traceparent 헤더에 표시할 수 없는 추가 필드를 전파한다[6].

호환되는 트레이서는 추적 그래프에서 다음 노드로 tracestate 값을 전달해야 하며, 이는 트랜잭션 실행이 한 추적 공급 업체의 도메인을 떠나 다시 돌아올 때 유용하다. 각 공급 업체는 다음과 같이 고유한 키를 사용해 자체 상태를 표시한다.

```
Tracestate: vendorname1=opaqueValue1,vendorname2=opaqueValue2
```

비교적 단순하고 형식 제안이라는 제한된 주제에 집중하고 있음에도 불구하고 이 프로젝트는 1년 이상 운영됐다. 이는 이러한 단순한 형식조차 많은 이해 관계자로부터 동의를 얻고 모든 극단적인 경우를 해결하기 위해 수개월이 걸리기 때문에 오픈소스 프로젝트에서 주제를 제한하는 것이 왜 중요한지를 보여준다. 이 책을 쓰는 시점에서 다음과 같은 질문은 해결되지 않았다.

- 추적 컨텍스트 형식 명세의 새 버전이 출시되고 트레이서가 사용 중인 버전 v'와는 다른 수신 요청에서 v를 발견하면 어떻게 동작해야 하는가? 예를 들면, $v \langle v'$과는 같이 들어오는 버전이 더 낮으면 다음 요청에서 최신 버전으로 업그레이드하고 전송할 수 있는가? $v \rangle v'$과 같이 들어오는 버전이 더 높은 경우라면 어떻게 되는가? 무시하고 새로운 추적을 시작해야 하는가?

- 클라우드 공급자가 들어오는 추적 ID를 받아들이지 않으려 한다면 어떻게 되는가? 클라우드 스패너 같은 관리형 서비스는 클라우드 공급자의 내부 추적 시스템에서 추적될 것이다. 악의적인 행위자가 이 서비스에 모두 동일한 추적 ID를 포함하는 요청을 보낼 수도 있으며, 이 경우 관리형 서비스에 대한 잘못된 데이터 또는 '무한' 추적이 발생한다. 동시에 대부분 고객이 규칙에 따라 행동하고 트랜잭션에 대해 가시성을 얻고자 하기 때문에 고객의 인바운드 추적 ID를 완전히 폐기하는 것도 해결책은 아니다.

  스패너 같은 최하위 서비스(고객 관점에서 최하위)의 경우에는 간단한 해결책이 있다. 들어오는 추적 ID는 받아들여지지 않지만 '상관 ID(correlation ID)' 같은 태그로 추적에 기록되는 것이다. 이 태그로 고객 추적 시스템의 추적을 클라우드 제공자 추적 시스템의 추적과 연결할 수 있다. 그러나 관리형 서비스가 최하단이 아닌 AWS Kinesis 같은 메시징 시스템형이라면 어떻게 될까?

- 상용 APM 공급 업체가 사용자 정의 공급 업체 상태에 고객 이름 또는 ID를 인코딩하고 두 고객인 A와 B가 요청을 교환하는 경우, 고객 A에 대한 상태가 있는 요청이 고객 B에게 도착했을 때 tracestate 헤더에서 해당 공급 업체 상태를 어떻게 나타내야 하는가? 나중에 요청이 첫 번째 고객인 A에게 돌아올 가능성이 있기 때문에 공급 업체는 두 가지를 모두 유지하려고 할 텐데, 헤더의 단일 필드에 어떻게 인코딩해야 하는가?

개인적으로 이러한 극단적인 사례들이 곧 해결되고 이 명세가 공식적인 추천 버전으로 받아들여지기를 바란다. 헤더 표준은 여러 다른 추적 라이브러리를 가진 분산 트랜잭션 교차 시스템에 분산 추적의 단일 뷰를 유지할 수 있는 기회를 제공한다.

W3C '데이터 교환 형식'

모든 추적 백엔드가 동일한 공통 형식으로 추적을 노출한다면 앞서 '트랜잭션 연합(federating transactions)'이라고 불렀던 프로세스인 여러 다른 추적 백엔드에서 추적을 결합하는 것이 훨씬 더 쉬울 것이다. 동일한 분산 추적 작업 그룹이 어떻게 그 형식을 구성할지 논의를 시작하기는 했으나, 이 책을 쓰는 시점에 공식 프로젝트는 없다. 이것은 주제를 좁혀서 큰 이익을 얻는 분산 추적 영역의 또 다른 예이지만 다른 여러 추적 시스템이 추적 데이터를 매우 다양한 방법으로 나타내므로 여전히 해결하기가 어렵다. 오늘날 공통 형식이 없는 상황에서 이 문제는 각 공급 업체가 서로 다른 공급 업체의 데이터 형식에 맞게 어댑터를 구현해야 하는 이른바 'N제곱(N-squared)' 솔루션을 통해서만 해결할 수 있다.

오픈센서스

오픈센서스(OpenCensus) 프로젝트[7]는 구글의 내부 라이브러리 집합인 센서스(Census)에서 시작됐다. 이 프로젝트는 '서비스에 대한 지표 수집 및 추적을 제공하는 벤더에 의존하지 않는 단일 라이브러리 배포본'이라는 목표를 정했다. 이 프로젝트의 로드맵에는 로그 수집에 대한 언급도 있으므로 향후에는 범위가 훨씬 더 커질 수 있다.

오픈센서스 프로젝트는 계측 API를 추적 기록의 기반 구현과 논리적 데이터 모델, 특히 메타데이터와 결합하기 때문에 다른 표준화 노력보다 더 넓은 문제 영역을 차지한다.

오픈센서스는 메타데이터에 대해 매우 독선적이며, 추적 ID, 스팬 ID, 플래그에 대한 비트마스크 모두 원래의 구글 대퍼 형식을 따른다. 예를 들면, 오픈센서스의 Go 라이브러리는 SpanContext를 다음과 같이 정의한다.

```
type TraceID       [16]byte
type SpanID        [8]byte
type TraceOptions uint32


// SpanContext는 프로세스 경계를 넘어 전달돼야 하는 상태를 포함한다
type SpanContext struct {
    TraceID      TraceID
    SpanID       SpanID
    TraceOptions TraceOptions
}
```

이 표현은 집킨 및 예거 프로젝트뿐만 아니라 구글 스택드라이버에서 사용되는 메타데이터에 대해 정확히 일치하며, 이들 프로젝트는 모두 대퍼에 뿌리를 두고 있다. tracestate 헤더에 어떤 추가 데이터도 전달할 필요 없이 W3C 추적 컨텍스트 형식과 완벽하게 호환된다. 그러나 기존의 다른 여러 추적 시스템은 메타데이터를 완전히 다르게 정의한다. 예를 들면, APM 벤더인 다이너트레이스(Dynatrace)[8]는 일곱 개의 필드를 포함하는 훨씬 더 복잡한 메타데이터 전파 형식을 가지고 있다.

```
<clusterId>;<serverId>;<agentId>;<tagId>;<linkId>;<tenantId>;<pathInf o>
```

이 논의의 목적상 이 필드의 의미는 중요하지 않지만, 이 필드가 메타데이터의 오픈센서스 뷰에 완벽히 부합하지 않는 것은 분명하다. 이와 달리, 다음에 논의할 오픈트레이싱API는 데이터가 스팬 컨텍스트에 들어가는 것에 대한 제한을 두지 않는다.

오픈센서스 프로젝트의 확실한 장점 중 하나는 추적 및 지표 기능을 결합하는 것이다. 겉보기에는 두 기능이 완전히 다른 문제 영역이어서 완전히 별도로 관리해야 할 것처럼 보인다. 그러나 2장 'HotROD 승차 추적하기'의 HotROD 예제에서 봤듯이 일부 지표는 최상위 고객 또는 제품 영역에 따라 단일 지표를 여러 시계열로 분할하는 것과 같이 추가 레이블에서 이점을 얻을 수 있다.

이 결합은 일반적으로 추적 라이브러리에서 사용할 수 있는 분산 컨텍스트 전파를 통해서만 가능하다. 따라서 전파된 컨텍스트에 대한 접근이 추적 기능에서 완전히 분리되지 않으면(10장 '분산 컨텍스트 전파'의 '추적 플레인'에서 자세히 설명) 지표 API는 필연적으로 추적과 결합된다. 그러나 이 결합은 한 방향으로만 연결되며, 지표 기능은 추적 기능의 컨텍스트 전파 기능에 의존하지만 그 반대는 아니다. 오픈센서스가 로깅 API를 구현하면 동일한 고려 사항이 로깅 API에도 적용된다.

오픈센서스 프로젝트는 다행히 외부 형식에 대해서는 독선적이지 않기 때문에 앞 표의 추적 데이터 열에 체크 표시가 없다. 대신 내부 스팬 데이터 모델을 어떤 외부 표현으로 변환해서 특정 추적 백엔드로 전송하는 일을 하는 **엑스포터(exporter)**라는 특수한 모듈을 사용한다. 이 책을 쓰는 시점에 오픈센서스에는 기본으로 집킨, 예거, 스택드라이버 추적 시스템에 대한 엑스포터가 탑재돼 있다.

오픈센서스와 오픈트레이싱의 관계에서 피할 수 없는 질문이 있다. 지표 기능은 추적 기능이 제공하는 컨텍스트 전파를 기반으로 대부분 구축돼 있으며, 모든 실질적인 목적을 위해 완전히 별도의 모듈이 될 수 있다고 이미 언급했으므로 지표 기능은 배제할 수 있다. 추적 계측의 영역에 관해 오픈센서스와 오픈트레이싱 모두 스팬과 컨텍스트 전파 기능에서 거의 동일한 의미론적 모델을 가지고 있지만, API는 약간 다르다. 안타깝게도 이 API로 프로그래밍된 계측기는 서로 호환되지 않는다. 이상적인 상태는 이 두 프로젝트가 하나의 추적 API로 통합되어 이 프로젝트 중 하나를 가지고 기존 오픈소스 계측을 재사용할 수 있게 되는 것이다. 2018년 말 두 프로젝트는 그 목표를 향한 논의를 시작했다.

오픈트레이싱

마지막으로 오픈트레이싱 프로젝트[2]로 되돌아간다. 이미 앞에서 이 프로젝트가 다양한 프로그래밍 언어로 된 계측 API의 모음이라고 소개했다. 오픈트레이싱 프로젝트의 목표는 다음과 같다.

- 애플리케이션 및 프레임워크 개발자가 코드를 계측하는 데 사용할 수 있는 단일 API를 제공

- 특히 다른 오픈소스 프레임워크, 라이브러리, 시스템에서 재사용 가능하고 이식 가능하며 구성 가능한 계측을 제공

- 추적 시스템에서 작업하는 개발자뿐만 아니라 다른 개발자가 자신의 소프트웨어에 대한 계측을 작성하고 특정 추적 공급 업체에 종속되지 않고 오픈트레이싱으로 계측된 동일한 애플리케이션의 다른 모듈과 호환될 수 있게 지원

앞의 비교 표에서 볼 수 있듯이, 오픈트레이싱이 해결하려고 하는 다른 문제는 없다. 오픈트레이싱은 메타데이터 인코딩의 형식이나 추적 데이터의 형식 또는 추적을 기록하고 수집하는 방법에 대해서는 의견이 없는데, 이러한 정보는 계측 영역의 관심사는 아니기 때문이다.

이것은 관련 없는 문제를 분리하는 것이 좋은 공학적 관례이며 순수한 API는 단일 구현을 고안하는 것보다 구현자에게 혁신을 위한 자유를 훨씬 더 많이 부여한다고 믿는 프로젝트 설립자의 입장에서 양심적인 선택이었다.

예를 들면, 예거 추적 라이브러리는 오픈센서스를 비롯한 어떤 다른 구현에서도 오랫동안 사용할 수 없었던 많은 기능을 구현한다. 또한 모든 다른 공급 업체 및 관련 당사자들로부터 구현에 대한 동의를 얻는 것이 훨씬 어려우며, 이런 문제의 범위를 줄임으로써 오픈트레이싱 프로젝트는 이미 어려운 다국어 API 설계 영역에서 훨씬 더 빨리 움직일 수 있었다.

이 책을 쓰는 시점에 오픈트레이싱 프로젝트는 Go, 자바스크립트, 자바, 파이썬, 루비, PHP, 오브젝티브-C, C++, C #의 9가지 프로그래밍 언어로 공식 계측 API를 정의한다. 이러한 API는 RPC 라이브러리에서 데이터베이스 및 큐 드라이버, 심지어 엔보이 및 엔진엑스 같은 독립형 제품까지 널리 사용되는 수십 개의 인기 있는 오픈소스 프로젝트 및 프레임워크에 대한 추적 계측기를 만드는 데 사용됐다. 오픈트레이싱 API는 분산 트랜잭션의 의미 및 인과관계를 설명하는 추상적인 방법이므로 이후 장에서 볼 수 있듯이 추적과 무관한 목적으로도 사용할 수 있다.

오픈트레이싱 프로젝트는 클라우드 네이티브 컴퓨팅 재단의 인큐베이션 단계에 있는 프로젝트다. 이 프로젝트는 프로젝트에 적극적으로 참여하는 여러 추적 시스템 제작자 및 공급 업체의 대표로 구성된 **오픈트레이싱 명세 위원회**(OpenTracing Specification Council, OTSC)에 궁극적인 의사 결정권을 부여하는 강력한 통제 모델을 갖고 있다.

대부분이 추적의 최종 사용자인 또 다른 그룹인 **오픈트레이싱 산업 자문 위원회(OpenTracing Industrial Advisory Board, OTIAB)**는 자신들의 경험과 성공, 어려움을 기반으로 OTSC에 자문하는 역할을 맡고 있다. 명세 및 언어 API를 변경하기 위한 제안은 공식적이고 엄격한 **의견 요청(Request for Comment, RFC)** 프로세스를 거친다. 때로는 획기적인 변화가 이뤄져야 하며, 그런 결정은 프로젝트 멤버가 가볍게 다루지 않는다. 예를 들면, 자바 API를 0.30 버전에서 0.31 버전으로 변경하면서 다양한 계측 시나리오에서 새 기능을 사용하는 방법을 보여주는 대규모 테스트 세트가 개발됐다. 여기에는 0.30 버전에서 쉽게 전환하기 위한 별도의 어댑터 모듈도 포함돼 있다.

오픈트레이싱 프로젝트에는 또 다른 깃허브 조직인 opentracing-contrib[10]가 포함돼 있는데, 이 조직은 인기 있는 프레임워크를 위한 실제 오픈소스 계측기의 본거지다. 이 책을 쓰는 시점에서 이 조직에는 100개가 넘는 라이브러리, 모듈, 프레임워크를 계측하는 약 80개의 저장소가 있다. 오픈트레이싱 레지스트리[11]에는 외부 호스팅 라이브러리뿐만 아니라 이 저장소들이 나열돼 있다. 여기서는 다양한 기술과 프레임워크를 위한 트레이서 또는 계측 라이브러리를 찾기 위한 키워드 검색을 지원한다(그림 6.7).

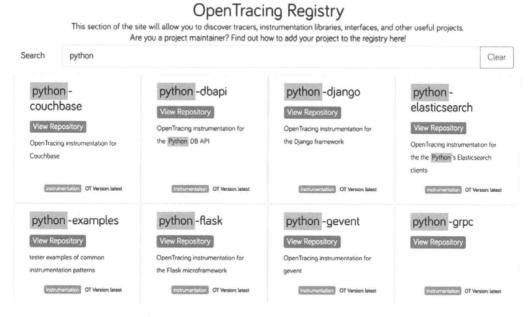

그림 6.7 OpenTracing 레지스트리에서 파이썬 관련 라이브러리 검색

정리

추적 시스템을 배치하는 것은 코드를 계측하거나 추적 백엔드를 실행하는 것만의 문제는 아니다. 이번 장에서는 추적을 수집하고 시스템 동작과 성능을 분석할 때 '즐거운 시간을 보내기' 위해 처리해야 할 다섯 가지 문제 영역을 살펴봤다. 해당 영역은 트랜잭션의 분석, 기록, 연합, 설명, 연결에 대한 것이다.

대부분 기존 추적 시스템은 다른 추적 시스템과 호환되지 않는 자체적인 방식으로 이러한 모든 영역을 포괄한다. 이는 상호 운용성을 제한하며, 특히 관리형 클라우드 서비스를 사용할 때 문제가 된다. 업계에 네 개의 표준화 프로젝트가 있으며, 그들은 서로 다른 문제 영역을 다루려고 한다. 이 장에서는 각 프로젝트의 범위를 검토하고, 왜 범위를 좁히는 것이 프로젝트의 성공에 중요한지 논의했다.

다음 장에서는 다른 기술, 특히 서비스 메시 프락시를 사용해 애플리케이션에서 추적 데이터를 추출하는 방법을 어떻게 표준화하는지 설명한다.

참고 자료

1. 오픈트레이싱 API를 위한 파이썬 계측 도구 집합: https://github.com/uber-common/opentracing-python-instrumentation/

2. 오픈트레이싱 프로젝트: http://opentracing.io/

3. 자바 애플리케이션에서 서드파티 라이브러리를 위한 자동 오픈트레이싱 계측기: https://github.com/opentracing-contrib/java-specialagent/

4. 분산 추적 작업 그룹. World Wide Web Consortium(W3C): https://www.w3.org/2018/distributed-tracing/

5. 추적 컨텍스트: 분산 추적 컨텍스트 전파 포맷을 위한 명세: https://www.w3.org/TR/trace-context/

6. 아파치 스카이워킹 프로세스 간 전파 헤더 프로토콜: https://github.com/apache/incubator-skywalking/blob/master/

7. docs/en/protocols/Skywalking-Cross-Process-Propagation-Headers-Protocol-v2.md

8. 오픈센서스 프로젝트: https://opencensus.io/

9. 다이너트레이스: 엔터프라이즈 클라우드를 위한 소프트웨어 인텔리전스: https://www.dynatrace.com/

10. 오픈트레이싱 명세와 프로젝트 통제: https://github.com/opentracing/specification/

11. 오픈트레이싱 기여: https://github.com/opentracing-contrib/

12. 오픈트레이싱 레지스트리: https://opentracing.io/registry/

서비스 메시를
이용한 추적

지금까지 애플리케이션으로부터 추적 데이터를 추출하는 여러 가지 기법을 공부했다. 애플리케이션 코드에 직접 계측기를 추가하는 방법도 있고 환경 설정을 통해 런타임에 상황에 맞춰 계측기를 활성화하는 방법도 있었다.

에이전트 기반의 계측기도 설명했다. 이는 보통 상업용 APM 벤더가 제공하는데, 외부의 추적 포인트(trace points)를 고객의 프로그램으로 집어넣는 방식이다. 이때 멍키 패칭 또는 바이트코드 조작 등의 기법을 사용한다. 이러한 기법들은 모두 화이트박스 계열의 계측기에 속한다. 왜냐하면 이러한 기법들 모두 런타임 시 겉으로 보이든 안 보이든 애플리케이션 코드의 수정이 반드시 필요하기 때문이다. 3장 '분산 추적의 핵심'에서는 블랙박스 기법에 대해 배웠다. 블랙박스 기법은 미스터리 머신[1]에서 사용한 로그처럼 외부로 관찰된 텔레메트리의 상관관계를 이용해 동작한다.

이번 장에서는 클라우드 기반 환경에서 비교적 새로운 현상 중 하나인 **서비스 메시(service meshes)**를 이용해 분산 추적을 배포하는 방법을 실제로 배우고 시도해 보자. 참고로 서비스 메시는 화이트박스 기법과 블랙박스 기법 사이의 중간쯤에 있는 기법이다. 이 책에서는 구글, IBM, 리프트(Lyft)에서 개발한 서비스 메시 플랫폼인 이스티오(Istio)[2]를 사용한다. 이스티오에는 예거 통합 기능이 내장돼 있다. 또한 이스티오와 애플리케이션을 모두 배포하는 데 쿠버네티스[3]를 사용한다.

서비스 메시

지난 2–3년 사이 서비스 메시는 점점 더 대중화됐다. 예전의 단일 애플리케이션을 마이크로서비스를 기반으로 한 분산 아키텍처로 대체하려는 조직과 기관들이 점점 더 늘고 있다. 1장 '왜 분산 추적인가?'에서 이러한 전환의 이점과 문제점에 대해 논의했다. 마이크로서비스 기반 애플리케이션의 규모와 복잡성이 커짐에 따라 서비스 간 통신은 인프라 검색, 로드 밸런싱, 속도 제한, 장애 복구 및 재시도, 종단 간 인증, 접근 제어, A/B 테스트, 카나리아 릴리스 등과 같은 문제를 해결하기 위해 인프라에서 더 많은 지원을 필요로 한다. 업계의 공통된 흐름으로 분산 애플리케이션의 각기 다른 부분이 서로 다른 프로그래밍 언어로 작성되는 경우가 종종 있다. 이로 인해 모든 인프라 기능을(각 프로그래밍 언어로 만들어진 개별 서비스 포함) 라이브러리 형태로 구현하는 것은 매우 어려울 수 있다. 여기서는 이러한 기능을 한 번만 구현한 다음, 이를 다른 여러 서비스에서 재사용할 수 있는 방법을 알아보기로 한다.

서비스 간 통신 기능을 재사용 가능한 구성 요소로 통합하는 패턴은 새로운 기술은 아니다. 2000년대 초, 널리 사용된 기술로 **ESB(Enterprise Service Bus)**가 있다. 위키피디아[4]는 ESB의 요건을 다음과 같이 정의하고 있다.

- 서비스 간의 메시지 라우팅

- 서비스 간 메시지 교환 라우팅의 모니터링 및 제어

- 통신하는 서비스 구성 요소 간의 경합 문제 해결

- 서비스 배포 및 버전 관리 제어

- 중복 서비스의 우선 순위 기반 정렬(marshalling) 사용

- 필수 서비스의 제공(예: 이벤트 처리, 데이터 변환 및 매핑, 메시지 및 이벤트 큐와 시퀀싱, 보안 또는 예외 처리, 프로토콜 변환, 적절한 통신 서비스 품질 등)

이는 마이크로서비스 기반 애플리케이션에 필요한 것과 비슷해 보인다. 그러나 ESB가 추상적인 아키텍처 패턴이었음에도 불구하고 모든 서비스 간 통신이 프락시(proxy) 기반의 중앙 계층 또는 허브 형태로 많이 구현됐다.

성능 측면에서 보면 이 말은 곧 A와 B라는 두 가지 서비스가 서로 요청 및 응답해야 할 때마다 A→ESB 와 ESB→B의 두 가지 네트워크 홉(hop)이 있어야 한다는 뜻이다. 단일 사용자의 요청에 수십 개 또는 수백 개의 마이크로서비스가 포함될 수 있는 최신 클라우드-네이티브 애플리케이션의 경우, 이러한 추가 네트워크 홉은 빠르게 추가되며 결국 애플리케이션의 처리 시간 지연에 영향을 준다. 또한 단일 중앙 레이어(single central layer)에서 발생하는 문제 또는 버그로 인해 전체 애플리케이션이 다운될 수도 있다.

도커에 의해 대중화된 컨테이너의 출현으로 **사이드카**라는 새로운 아키텍처 패턴이 등장했다. 이 패턴에서는 주요 애플리케이션 기능을 보완하는 태스크(task)와 분산 애플리케이션 내의 여러 서비스에서 공통으로 사용되는 태스크는 각 서비스에 함께 배치되지만 자체 경량 프로세스 또는 컨테이너 내에 위치한다. 이를 통해 다양한 언어들에 대한 플랫폼 서비스를 위한 동종 서비스를 제공할 수 있다. 중앙의 ESB 를 통과하는 모든 서비스 간 통신 대신, 서비스 탐색이나 라우팅 등과 같은 통신에 필요한 인프라 요구사항을 처리하는 각 마이크로서비스 옆에 사이드카 컨테이너가 배포된다. 사이드카 패턴을 사용하면 다음과 같은 이점이 있다.

- 사이드카는 메인 애플리케이션과 별도로 자체 언어로 구현할 수 있다.

- 사이드카는 메인 애플리케이션과 함께 배치된다. 따라서 두 애플리케이션 사이에 큰 시간 지연은 없다(약간의 시간 지연은 있다).

- 사이드카 각각은 단일 서비스의 단일 인스턴스만 처리하므로 오작동하는 사이드카 프로세스가 해당 인스턴스의 상태에 영향을 미칠 수 있지만 나머지 애플리케이션에는 영향을 미치지 않는다(전역 환경설정을 잘못 변경할 경우 이론상 모든 사이드카에 동시에 영향을 미칠 수는 있다).

- 사이드카는 애플리케이션 자체가 확장 기능을 제공하지 않더라도 메인 애플리케이션의 확장 메커니즘으로 작동한다. 예를 들어, 외부 애플리케이션은 모니터링 신호를 노출하지 않을 수 있지만 사이드카는 이를 보완할 수 있다.

- 사이드카의 수명주기 및 ID는 메인 애플리케이션의 수명주기 및 ID와 관련돼 있어서 사이드카가 인증 및 트랜스포트-레벨의 보안과 같은 의무사항들을 수행할 수 있다.

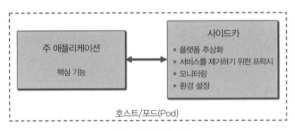

그림 7.1 사이드카 패턴

'서비스 메시(service mesh)'라는 용어는 종종 마이크로서비스 통신을 위한 인프라를 제공하기 위해 사이드카 패턴을 사용하는 것을 의미한다. 이 용어 자체는 약간 오해의 소지가 있다. 왜냐하면 '메시'에 대한 사전적 정의는 분산 애플리케이션을 구성하는 '마이크로서비스 네트워크 및 마이크로서비스 간의 상호작용'에 좀 더 정확하게 적용되기 때문이다. 그러나 업계에서는 실제 통신 라우팅 및 관리 인프라를 나타내기 위해 '서비스 메시'를 사용하는 데 집중하고 있는 것처럼 보인다. 이 책에서도 이 의견을 따를 것이다.

서비스 메시 플랫폼은 일반적으로 **데이터 플레인(data plane)**과 **제어 플레인(control plane)**의 두 가지 구성 요소를 제공한다. 데이터 플레인은 라우팅, 로드 밸런싱, 속도 제한, 회로 차단, 인증 및 보안, 모니터링 같은 런타임 작업을 담당하는 사이드카로 배포된 네트워크 프락시 집합이다. 즉, 데이터 플레인의 역할은 서비스 인스턴스에 들어오고 나가는 모든 네트워크 패킷을 변환하고 전달하고 관찰하는 것이다. 이러한 종류의 사이드카를 설명하기 위해 사용하는 별도 디자인 패턴이 있는데, 그것을 '앰버서더 패턴(Ambassador pattern)'이라고 한다. 이렇게 이름이 붙은 이유는 사이드카가 애플리케이션을 대신해서 모든 외부 통신을 처리하기 때문이다. 서비스 메시 데이터 플레인으로 사용할 수 있는 네트워크 프락시의 예로는 엔보이(Envoy), 링커디(Linkerd), 엔진엑스(NGINX), HAProxy, 트래피크(Traefik) 등이 있다.

제어 플레인은 데이터 플레인이 작업을 수행하는 방법을 결정한다. 예를 들어, 프락시가 네트워크에서 서비스 X를 어디에서 찾을 수 있는지 어떻게 알 수 있을까? 로드 밸런싱, 시간 초과 및 회로 차단에 대한 환경설정 파라미터는 어디에서 얻을 수 있을까? 누가 인증 및 권한 부여 설정을 구성하는가? 바로 제어 플레인이 이러한 결정을 담당한다. 즉 서비스 메시에서 실행되는 모든 네트워크 프락시(데이터 플레인)

에 대한 정책 및 환경설정을 제공한다. 제어 플레인은 임계 경로에 있지 않으므로 시스템의 패킷/요청을 건드리지 않는다. 이번 장에서 사용할 이스티오는 서비스 메시 제어 플레인 중 하나다. 기본 데이터 플레인으로는 엔보이를 사용한다.

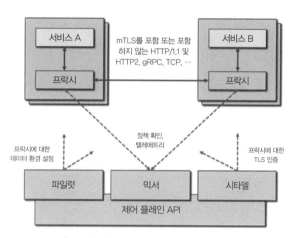

그림 7.2 이스티오를 이용하는 서비스 메시 아키텍처

그림 7.2는 이스티오 서비스 메시 플랫폼 아키텍처다. 이스티오를 상세하게 살펴보는 것은 이 책의 범위를 벗어나므로 간략한 개요만 설명하기로 한다. 데이터 플레인은 서비스 인스턴스와 함께 배치된 네트워크 프락시로 표현돼 있다. 제어 플레인은 API 레이어와 세 가지 구성요소로 이뤄져 있다.

- 파일럿(Pilot)은 프락시 사이드카에 대한 서비스 검색, (A/B 테스트, 카나리아 배포 같은) 지능형 라우팅을 위한 트래픽 관리 기능과 (타임아웃, 재시도, 회로 차단 같은) 복원력을 제공한다.

- 믹서(Mixer)는 서비스 메시 전체에서 액세스 제어 및 사용 정책을 시행하고 프락시 사이드카 및 기타 서비스에서 원격 측정 데이터를 수집한다.

- 시타델(Citadel)은 자격 증명 관리가 내장된 강력한 서비스 간 인증 및 최종 사용자 인증을 제공한다.

이스티오는 예거, 집킨 및 기타 다양한 추적 시스템을 사용해 분산 추적을 지원한다. 6장에서 설명한 데이터 포맷 추적을 위한 표준을 바탕으로, 서비스 메시에서 제공하는 추적 기능은 여러 가지 다른 추적 백엔드에서 완벽하게 이식이 가능할 것이다.

서비스 메시를 통한 관찰성

애플리케이션의 서비스 간 모든 네트워크 요청 경로에 서비스 메시를 배치하면 애플리케이션에 대한 일관되고 표준화된 원격 측정을 수집하는 데 이상적이 된다. 이러한 표준화된 관찰성만으로도 모든 요청에 대해 프락시를 거쳐 일어나는 작은 성능 손실을 보완하기에 충분할 수 있다. 왜냐하면 시스템의 동작 특성을 대폭 향상시켜 모니터링 및 문제 해결을 더욱 쉽게 할 수 있기 때문이다.

- 사이드카는 처리량, 지연 시간, 오류 비율(RED[Rate, Error, Duration] 방식이라고도 함)과 같이 서비스 인스턴스로 들어오고 나가는 트래픽에 대해 균일하게 해당 메트릭을 만들어낼 수 있다. 이를 통해 서비스의 상태를 모니터링하고 표준화된 대시보드를 만들 수 있다.

- 사이드카는 풍부한 액세스 로그를 생성할 수 있다. 때때로 이러한 로그는 컴플라이언스 준수를 위해 안전하게 생성하고 저장해야 한다. 특히 여러 언어 및 프레임워크로 구현되는 애플리케이션의 경우 로그 형식 및 표준화를 만들기가 어려울 수 있다. 이때는 모든 로그를 담당하는 하나의 논리적 구성 요소를 만드는 것이 매우 편리하다.

- 사이드카는 추적을 생성할 수 있다. 엔보이 같은 네트워크 프락시는 HTTP, gRPC 같은 일반적인 프로토콜을 통한 표준 RPC 트래픽뿐만 아니라 MySQL 데이터베이스 또는 레디스 캐시 콜 같은 다른 유형의 네트워크 콜도 처리할 수 있다. 콜 프로토콜을 이해하면 사이드카가 여러 유용한 속성과 주석을 이용해 풍부한 추적 스팬을 생성할 수 있다.

추적을 생성하는 서비스 메시의 기능은 분명히 가장 흥미로운 주제 중 하나일 것이다. 라우팅 사이드카에서 애플리케이션 외부에 추적을 생성하므로 이 기법은 마치 애플리케이션을 변경하지 않고 작동하는 블랙박스 방식의 성배(聖杯)처럼 보일 수도 있다. 안타깝게도 뭔가가 믿기지 않을 정도로 좋다면 실제로 그것은 사실이 아닐 수 있다. 뒤에서 다루겠지만, 서비스 메시 추적은 애플리케이션을 완벽한 블랙박스로 취급하는 수준까지 올라가지 않는다. 애플리케이션이 컨텍스트를 전파하기 위한 최소한의 작업을 수행하지 않으면 서비스 메시조차도 완전한 추적을 보장하지는 못한다.

사전 준비 사항

이제부터는 이스티오를 통해 추적 데이터를 수집하는 데 초점을 맞추겠다. 여기서는 4장에서 개발한 Hello, World 애플리케이션의 수정된 버전을 사용하고, 이스티오와 함께 쿠버네티스 클러스터에 배포할 것이다. 먼저 예제를 실행하기 위해 수행해야 하는 몇 가지 종속성과 설치 과정을 설명한다.

쿠버네티스와 이스티오를 설치하는 작업이 그리 쉽지는 않다는 점을 기억해두기 바란다. 이어지는 내용을 따라서 모든 것을 잘 수행하면 이번 장에서 소개하는 아이디어를 더 많이 실험할 수 있는 플랫폼을 갖게 될 것이다. 그러나 중간에 난관에 부딪치거나 모두 다 실행하지 못하더라도 좌절하지 말기 바란다. 단순히 개념을 이해하고 추적과 서비스 메시 간의 통합이 무엇인지 이해하는 것만으로도 충분하다.

프로젝트 소스코드

예제 코드는 깃허브에 있는 이 책의 소스코드 저장소에서 Chapter07 디렉터리를 확인하라. 소스코드를 내려받는 방법은 4장을 참고하라. 이제, 모든 예제를 실행할 수 있는 Chapter07 디렉터리로 이동한다.

애플리케이션 소스코드는 다음과 같은 디렉터리로 구성돼 있다.

```
tracing/
  Chapter07/
    exercise1/
    formatter/
    hello/
  Dockerfile
  Makefile
  app.yml
  gateway.yml
  routing.yml
  pom.xml
```

이 버전의 애플리케이션에는 exercise1 서브 모듈에 정의된 두 개의 마이크로서비스만 포함돼 있다. 쿠버네티스에 배포하는 컨테이너 이미지를 만드는 데 사용되는 Dockerfile 과 애플리케이션을 빌드하고 배포하기 위한 몇 가지 편리한 타깃이 포함된 Makefile이 들어 있다. 3개의 YAML(*.yml) 파일에는 쿠버네티스 및 이스티오 환경설정 정보가 담겨 있다.

자바 개발 환경

4장 '오픈트레이싱을 이용한 계측 기초'의 예제와 마찬가지로 JDK 8을 포함한 최신 버전을 설치해야 한다. pom.xml에서 메이븐 프로젝트를 다중 모듈 프로젝트로 설정한다. 그리고 메이븐 로컬 디렉터리에서 모든 종속성이 설치되게 install을 실행한다.

```
$ ./mvnw install
[...   skip a lot of Maven logs ...]
```

```
[INFO] Reactor Summary:
[INFO]
[INFO] Tracing with Service Mesh. . . . . . . . . . . . . . . . . . SUCCESS [  0.316 s]
[INFO] exercise1. . . . . . . . . . . . . . . . . . . . . . . . . . SUCCESS [  0.006 s]
[INFO] hello-1. . . . . . . . . . . . . . . . . . . . . . . . . . . SUCCESS [  2.447 s]
[INFO] formatter-1. . . . . . . . . . . . . . . . . . . . . . . . . SUCCESS [  0.330 s]
[INFO] ------------------------------------------------------------
[INFO] BUILD SUCCESS
[INFO] ------------------------------------------------------------
```

쿠버네티스

이스티오를 실행하려면 쿠버네티스를 설치해야 한다. 이번 장에서는 가상 머신 안에서 단일 노드의 쿠버네티스 클러스터를 실행하는 **minikube**(버전 0.28.2)를 이용해 예제를 테스트한다. **minikube** 설치는 다음 URL을 참고하라.

```
https://kubernetes.io/docs/setup/minikube/
```

이스티오

이번 장의 예제를 실행하기 위해 이스티오 1.0.2를 사용했다. 설치는 다음 자료를 참고한다.

```
https://istio.io/docs/setup/kubernetes/quick-start/
```

여기서는 minikube상에서 이스티오를 동작시키는 데 필요한 사항만 요약해서 설명한다.

우선 https://github.com/istio/istio/releases/tag/1.0.2/를 통해 배포판을 내려받는다. 압축 파일을 풀고 설치된 소프트웨어의 루트 디렉터리(예: ~/Downloads/istio-1.0.2/)로 이동한다. istioctl 명령어를 실행할 수 있게 /bin 디렉터리를 PATH 환경변수에 추가한다.

```
$ cd ~/Downloads/istio-1.0.2/
$ export PATH=$PWD/bin:$PATH
```

사용자 리소스 정의를 설치한다.

```
$ kubectl apply -f install/kubernetes/helm/istio/templates/crds.yaml
```

구성 요소 간의 상호 TLS 인증 없이 이스티오를 설치한다.

```
$ kubectl apply -f install/kubernetes/istio-demo.yaml
```

포드(pods)가 배포되어 실행 중인지 확인한다.

```
$ kubectl get pods -n istio-system
NAME                                        READY   STATUS      RESTARTS   AGE
grafana-6cbdcfb45-49vl8                     1/1     Running     0          6d
istio-citadel-6b6fdfdd6f-fshfk              1/1     Running     0          6d
istio-cleanup-secrets-84vdg                 0/1     Completed   0          6d
istio-egressgateway-56bdd5fcfb-9wfms        1/1     Running     0          6d
istio-galley-96464ff6-p2vhv                 1/1     Running     0          6d
istio-grafana-post-install-kcrq6            0/1     Completed   0          6d
istio-ingressgateway-7f4dd7d699-9v2fl       1/1     Running     0          6d
istio-pilot-6f8d49d4c4-m5rjz                2/2     Running     0          6d
istio-policy-67f4d49564-2jxk9               2/2     Running     0          6d
istio-sidecar-injector-69c4bc7974-w6fr      1/1     Running     0          6d
istio-statsd-prom-bridge-7f44bb5ddb-c7t     1/1     Running     0          6d
istio-telemetry-76869cd64f-jk8dc            2/2     Running     0          6d
istio-tracing-ff94688bb-rn7zk               1/1     Running     0          6d
prometheus-84bd4b9796-l66qg                 1/1     Running     0          6d
servicegraph-c6456d6f5-v7f47                1/1     Running     0          6d
```

 이 설치 작업에는 예거가 istio-tracing의 일부로 포함되고, servicegraph 구성 요소도 포함돼 있다. 따라서 앞에서 설명한 것처럼 예거 백엔드를 별도로 실행하지는 않을 것이다. 앞에서 다룬 예제(예: 도커 컨테이너)에서 실행 중이면 포트 충돌이 일어나지 않게 종료하기 바란다.

Hello 애플리케이션

이번 장에서 예제로 구현할 Hello 애플리케이션은 4장에서 사용한 것과 비슷하다. 그러나 이미 쿠버네티스를 가지고 많은 구성요소를 옮겼으니, 여기서는 설치 작업을 단순화해서 bigbrother 서비스는 설치하지 않기로 했다. 그에 따라 MySQL 데이터베이스는 실행할 필요가 없어진다. 그게 아니더라도 bigbrother 서비스는 너무 많은 개인 정보를 담고 있기 때문에 상당히 위험스럽다. 여기서는 bigbrother 서비스 대신 사람 이름을 입력 받으면 인사말과 약간의 대화형 문구를 보여주게 formatter 서비스에 약간의 로직을 추가했다. 다음의 관련 코드를 보자.

```java
@RestController
public class FController {

    private final String template;

    public FController() {
        if (Boolean.getBoolean("professor")) {
            template = "Good news, %s! If anyone needs me " + "I'll be in the Angry Dome!";
        } else {
            template = "Hello, puny human %s! Morbo asks: " +
            "how do you like running on Kubernetes?";
        }
        System.out.println("Using template: " + template);
    }


    @GetMapping("/formatGreeting")
    public String formatGreeting(@RequestParam String name,
                                 @RequestHeader HttpHeaders headers) {
        System.out.println("Headers: " + headers);

        return String.format(template, name);
    }
}
```

포매터(Formatter)의 컨트롤러는 자바 시스템 프로퍼티인 professor=true|false를 확인하고 응답에 사용하는 템플릿 문자열을 정의한다. 이 속성은 동일한 이름의 환경변수에서 Dockerfile 에 설정된다.

```
CMD java \
    ...
    -Dformatter.host=${formatter_host:-formatter} \
    -Dformatter.port=${formatter_port:-8080} \
```

```
    -Dprofessor=${professor:-false} \
    -jar ${app_name:?'app_name must be set'}.jar
```

professor 환경변수는 쿠버네티스의 리소스인 app.yml 파일에 정의돼 있다. 환경변수가 없는 v1과 환경변수가 true로 설정된 v2를 이용해 포매터에서 다른 응답을 생성하게 두 가지 버전의 서비스를 시뮬레이션한다.

```
apiVersion: extensions/v1beta1
kind: Deployment
metadata:
    name: formatter-svc-v2
spec:
    replicas: 1
    template:
        metadata:
            labels:
                app: formatter-svc
                version: v2
        spec:
            containers:
            - name: formatter-svc
              image: hello-app:latest
              imagePullPolicy: Never
              ports:
            - name: http
              containerPort: 8080
              env:
            - name: app_name
              value: "formatter"
            - name: professor
              value: "true"
```

애플리케이션은 hello 서비스로부터 시작한다. hello 서비스는 더이상 호출할 bigbrother 서비스가 없으므로 formatter 서비스의 엔드포인트인 /formatGreeting을 호출함으로써 간단한 프락시 역할을 한다.

이 코드에 추적 기능이 없다는 사실을 쉽게 알 수 있다. HelloController에는 들어오는 HTTP 요청에서 User-Agent 헤더를 읽고 확장 배기지를 저장하는 명령문이 있다. 이 명령문은 실행을 위한 추적을 생성하지 않을 것이 확실하므로 이번 장 후반부에서 다시 이야기할 것이다. 대신 여기서는 애플리케이션에서 자동으로 추적을 활성화하게 오픈트레이싱과 스프링 부트 통합을 사용한다. 이를 위해 4장에서 했던 것처럼 exercise1/hello/pom.xml에 있는 다음과 같은 종속성을 이용한다.

```
<dependency>
    <groupId>io.opentracing.contrib</groupId>
    <artifactId>opentracing-spring-cloud-starter</artifactId>
</dependency>
<dependency>
    <groupId>io.opentracing.contrib</groupId>
    <artifactId>opentracing-spring-tracer-configuration-starter</artifactId>
</dependency>
<dependency>
    <groupId>io.jaegertracing</groupId>
    <artifactId>jaeger-client</artifactId>
</dependency>
<dependency>
    <groupId>io.jaegertracing</groupId>
    <artifactId>jaeger-zipkin</artifactId>
</dependency>
```

예거 추적기의 환경설정을 자동으로 하기 위해 마이크로서비스에서 공유되는 Dockerfile의 환경변수들을 통해 관련 파라미터들을 전달한다.

```
CMD java \
    -DJAEGER_SERVICE_NAME=${app_name} \
    -DJAEGER_PROPAGATION=b3 \
    -DJAEGER_ENDPOINT=http://jaeger-collector.istio-system:14268/api/traces \
    ...
    -jar ${app_name:?'app_name must be set'}.jar
```

 여기서는 JAEGER_PROPAGATION=b3 파라미터를 설정하고 jaeger-zipkin 아티팩트를 포함하고 있다. 이것이 필요한 이유는 엔보이 프락시가 예거의 추적 컨텍스트에 대한 기본 전송 표현 방식을 인식하지 못하기 때문이다. 하지만 집킨의 B3헤더는 인식한다. 이렇게 설정하면 예거 추적기가 기본 헤더 대신 B3 헤더를 사용하게 된다.

이스티오를 이용한 분산 추적

이제 Hello 애플리케이션을 실행할 준비가 끝났다. 먼저 쿠버네티스에 배포할 수 있게 도커 이미지를 만들어야 한다. 빌드 프로세스에서는 로컬 도커 레지스트리에 이미지를 저장한다. 그러나 minikube가 가상 시스템에서 완전히 실행되고 이미지를 해당 설치의 이미지 레지스트리로 푸시해야 하기 때문에 이것은 그리 좋은 방법이 아니다. 따라서 도커에게 빌드를 푸시할 위치를 지시하는 환경변수를 정의해야 한다. 이 작업은 다음 명령어로 수행할 수 있다.

```
$ eval $(minikube docker-env)
```

다음으로 애플리케이션을 빌드한다.

```
$ make build-app
mvn install
[INFO] Scanning for projects...
[. . . skipping lots of logs . . .]
[INFO] BUILD SUCCESS
[INFO] -----------------------------------------------------------------
docker build -t hello-app:latest .
Sending build context to Docker daemon 44.06MB
Step 1/7 : FROM openjdk:alpine
[. . . skipping lots of logs . . .]
Successfully built 67659c954c30
Successfully tagged hello-app:latest
*** 다음 명령어를 실행해서 minikube에서
*** 적절한 도커 저장소가 사용됐는지 확인한다: eval $(minikube docker-env)
```

올바른 도커 레지스트리에 대한 빌드 메시지를 마지막에 추가했다. 빌드가 완료되면 애플리케이션을 배포할 수 있다.

```
$ make deploy-app
```

make가 실행할 대상은 다음 명령어다.

```
deploy-app:
    istioctl kube-inject -f app.yml | kubectl apply -f -
    kubectl apply -f gateway.yml
    istioctl create -f routing.yml
```

첫 번째 명령어는 사이드카 통합을 이용해 app.yml에 있는 배포 지침을 작성하게 이스티오에 지시하고 그 결과를 적용한다. 두 번째 명령어는 진입 경로(ingress path)를 구성해서 애플리케이션용으로 생성된 네트워킹 네임스페이스 외부에서 hello 서비스에 접근할 수 있게 한다. 마지막 명령어는 요청 헤더를 기반으로 몇 가지 라우팅을 추가한다. 이에 대해서는 이번 장의 뒷부분에서 설명하겠다.

서비스가 성공적으로 배포됐는지 확인하기 위해 실행 중인 포드를 나열한다.

```
$ kubectl get pods
NAME                                READY   STATUS    RESTARTS   AGE
formatter-svc-v1-59bcd59547-8lbr5   2/2     Running   0          1m
formatter-svc-v2-7f5c6dfbb6-dx79b   2/2     Running   0          1m
hello-svc-6d789bd689-624jh          2/2     Running   0          1m
```

예상대로 hello 서비스와 두 가지 버전의 formatter 서비스를 볼 수 있다. 애플리케이션을 배포하는 데 문제가 발생할 경우에 대비해 Makefile에 포드에서 로그를 가져오는 유용한 타깃이 포함돼 있다.

```
$ make logs-hello
$ make logs-formatter-v1
$ make logs-formatter-v2
```

curl을 통해 애플리케이션에 접근할 준비가 거의 끝났다. 하지만 우선 이스티오 진입(ingress) 엔드포인트의 주소를 알아야 한다. 이를 위해 Makefile에 다음과 같이 헬퍼 타깃을 정의했다.

```
$ make hostport
export GATEWAY_URL=192.168.99.103:31380
```

export 명령어를 수동으로 실행하거나 eval $(make hostport)를 실행한다. 그런 다음 GATEWAY_URL 변수를 통해 curl을 사용하는 애플리케이션에 요청을 보낸다.

```
$ curl http://$GATEWAY_URL/sayHello/Brian
Hello, puny human Brian! Morbo asks: how do you like running on Kubernetes?
```

보다시피 애플리케이션이 동작한다. 이제 이 요청에서 수집된 추적을 보자. 앞에서 설치한 이스티오 데 모에는 예거 설치본이 포함돼 있지만 가상 머신에서 실행 중이므로 로컬 호스트에서 접근하기 위해 포트 포워딩을 설정해야 한다. 다행히도 이를 위한 Makefile 타깃도 있다.

```
$ make jaeger
kubectl port-forward -n istio-system $(kubectl get pod -n istio-system -l app=jaeger -o jsonpath=
'{.items[0].metadata.name}') 16686:16686
Forwarding from 127.0.0.1:16686 -> 16686
Forwarding from [::1]:16686 -> 16686
```

이제 http://localhost:16686/를 통해 예거 인터페이스에 접근할 수 있다. 추적 과정에서 예거에 어떤 서 비스를 등록하는지 보기 위해 우선 Dependencies → DAG 페이지를 보자(그림 7.3).

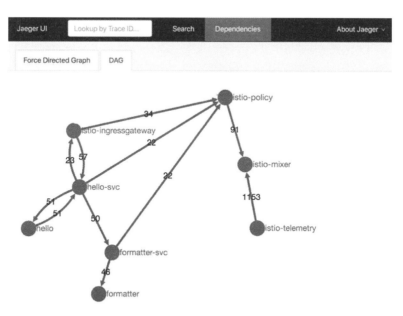

그림 7.3 예거 추적에서 캡처한 Hello 애플리케이션에 대한 서비스의 모습

이 그래프에서는 hello 및 formatter 서비스가 복제된 것처럼 나타나서 약간 이상해 보인다. app.yml 배포 파일로 돌아가면 hello 및 formatter 값을 이용해 app_name 환경변수를 서비스에 전달하고 있음을 알 수

있다. 이러한 이름은 JAEGER_SERVICE_NAME=${app_name} 자바 시스템 프로퍼티를 통해 예거 추적기에 서비스 이름으로 전달된다. 따라서 서비스 그래프에서 hello 및 formatter 서비스 간의 링크가 나타날 것으로 예상하게 된다. 대신 두 개의 다른 노드인 hello-svc 및 formatter-svc에 두 개의 서비스가 연결된 것을 볼 수 있다. 이들 이름은 쿠버네티스 구성에서 서비스에 제공한 것이다.

```
apiVersion: v1
kind: Service
metadata:
    name: hello-svc
---
apiVersion: v1
kind: Service
metadata:
name: formatter-svc
```

이들에 대한 스팬은 엔보이를 통해 자동으로 생성된다. 엔보이 프락시는 각 서비스에 대한 인바운드 및 아웃바운드 네트워크 호출을 가로챈다. 이는 hello 서비스가 hello-svc 서비스와 양방향으로 링크를 갖는 이유를 설명해준다. 사실상 hello 서비스는 hello-svc 서비스로 래핑된다. formatter 서비스는 아웃바운드 호출을 하지 않으므로 사이드카는 유입되는 화살표로 표시돼 있는 인바운드 호출만 가로챈다. 실제 서비스와 쿠버네티스의 다른 이름을 사용하면 서비스 그래프에서 이러한 세부 정보를 관찰할 수 있다.

그래프에서 다른 서비스들이 보이는가? 이것들은 이스티오 시스템의 일부다. istio-ingressgateway 노드는 curl을 통해 접근하는 공개된 API 엔드포인트를 의미한다. 오른쪽의 세 가지 노드인 policy, mixer, telemetry는 이스티오의 또 다른 서비스다. 이것들은 주요 애플리케이션 요청의 중요한 경로에 있지 않지만 동일한 추적에서 여전히 캡처된다. 간트 차트 뷰에서 해당 추적을 살펴보자. 올바른 추적을 찾으려면 **Services** 드롭다운 메뉴에서 hello-svc를 선택하라.

그림 7.4 애플리케이션과 서비스 메시를 통해 생성된 스팬을 이용한 추적(왼쪽 타원으로 표시)

그림 7.4에서는 추적의 더 흥미로운 부분을 보여줄 공간을 마련하기 위해 istio-policy 스팬을 접었다. 왼쪽에 타원으로 표시된 3군데는 스프링 부트에서의 화이트박스 계측기로 방출된 것을 의미한다. 나머지 스팬은 이스티오가 만든 것이다. 그중 하나를 펼치면 스팬 태그에 캡처된 추가 세부 사항이 많이 있음을 알 수 있다(그림 7.5).

그림 7.5 이스티오가 생성한 스팬의 태그 정보

추적에서 알 수 있듯이 서비스 메시를 사용하면 요청 처리 파이프라인에 약간의 복잡성이 더해진다. 서비스 메시 없이 이 Hello 애플리케이션을 실행하고 추적을 캡처하려면 hello 서비스에서 2개, formatter 서비스에서 1개로 총 3개의 스팬만 포함돼 있으면 된다. 서비스 메시의 동일한 추적에는 19개의 스팬이 포함돼 있다. 그러나 실제 운영 환경에서 이 간단한 애플리케이션을 실행했더라도 서비스 메시가 대신 해결해줄 많은 문제를 우리가 처리했어야 하므로 추적의 복잡성은 현실을 그대로 반영한 것이다. 서비스 메시를 통해 추적할 경우 적어도 우리 아키텍처에서 발생하는 모든 추가 상호작용에 대한 가시성은 확보할 수 있다.

예민한 독자라면 서비스 메시가 애플리케이션에 대한 블랙박스 형식의 추적을 제공한다는 전제로 이번 장을 시작했지만 실제로는 스프링 부트–오픈트레이싱 통합을 통해 내부적으로 추적 계측된 애플리케이션을 사용했다는 점을 알아챘을 것이다. 여기서 화이트박스 계측기를 제거하면 어떻게 될까? 다행히도 예제 애플리케이션에서는 그렇게 하기가 어렵지 않다. exercise1/hello/pom.xml과 exercise1/formatter/pom.xml 파일에서 예거 의존성을 제거(또는 주석 처리)하기만 하면 된다.

```xml
<!--
<dependency>
    <groupId>io.jaegertracing</groupId>
    <artifactId>jaeger-client</artifactId>
</dependency>
<dependency>
    <groupId>io.jaegertracing</groupId>
    <artifactId>jaeger-zipkin</artifactId>
</dependency>
-->
```

애플리케이션을 제거하고 다시 빌드하고 재배포해 보자.

```
$ make delete-app
istioctl delete -f routing.yml
Deleted config: virtual-service/default/formatter-virtual-svc
Deleted config: destination-rule/default/formatter-svc-destination
kubectl delete -f app.yml
service "hello-svc" deleted
deployment.extensions "hello-svc" deleted
service "formatter-svc" deleted
```

```
deployment.extensions "formatter-svc-v1" deleted
deployment.extensions "formatter-svc-v2" deleted

$ make build-app
mvn install
[... skip many logs ...]
docker build -t hello-app:latest .
[... skip many logs ...]
Successfully built 58854ed04def
Successfully tagged hello-app:latest
*** 다음 명령어를 실행해서 minikube에서
*** 적절한 도커 저장소가 사용됐는지 확인한다: eval $(minikube docker-env)

$ make deploy-app
istioctl kube-inject -f app.yml | kubectl apply -f -
service/hello-svc created
deployment.extensions/hello-svc created
service/formatter-svc created
deployment.extensions/formatter-svc-v1 created
deployment.extensions/formatter-svc-v2 created
kubectl apply -f gateway.yml
gateway.networking.istio.io/hello-app-gateway unchanged
virtualservice.networking.istio.io/hello-app unchanged
istioctl create -f routing.yml
Created config virtual-service/default/formatter-virtual-svc at revision 191779
Created config destination-rule/default/formatter-svc-destination at revision 191781
```

kubectl get pods 명령어를 이용해 포드가 실행 중 상태가 될 때까지 기다린 다음 요청을 전송한다.

```
$ curl http://$GATEWAY_URL/sayHello/Brian
Hello, puny human Brian! Morbo asks: how do you like running on Kubernetes?
```

hello-svc가 포함된 추적을 탐색하려면 하나의 추적만 보지 말고 2개의 추적을 확인한다(그림 7.6의 오른쪽 타임스탬프 확인).

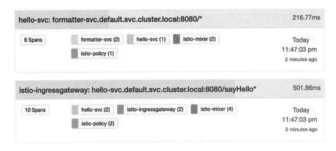

그림 7.6 화이트박스 계측기를 제거한 후 얻은 하나가 아닌 두 개의 추적 결과

더 짧은 추적을 열어 보자(스크린숏의 첫 번째 부분). 화면 상단에서 2개의 스팬이 hello-svc에서 방출 (egress)되고 formatter-svc로 다시 이어지는 것을 볼 수 있다. 이들 모두 사이드카를 통해 포착된다. 다른 스팬은 관리를 위한 활동(믹서 호출 등)이다.

그림 7.7 화이트박스 계측기를 제거한 후 두 추적 결과 중 하나의 모습

위 결과에서 볼 수 있듯이 화이트박스 계측기가 없으면 서비스 메시는 추적 기능을 제대로 제공할 수 없다. 왜 그런지는 쉽게 알 수 있다. hello 서비스가 사이드카 프락시에 의해 전달된 요청을 수신하면 요청 헤더에 추적 컨텍스트가 포함된다. 애플리케이션에는 내부 계측기가 없으므로 서비스가 formatter 서비스에 대한 아웃바운드 호출을 하면 이 컨텍스트가 전파되지 않는다. 사이드카는 아웃바운드 콜을 가로채고 추적 컨텍스트가 없음을 확인한다. 그런 다음 새로운 추적을 시작하고 필요한 헤더를 추가한다. 이 때문에 우리가 열어본 추적이 여전히 hello-svc 서비스가 formatter-svc를 호출하는 것을 보여주고 있었던 것이다.

그러면 어떻게 이렇게 동작하는 것일까? 링커디, 엔보이 같은 시스템의 매뉴얼을 봤다면 추적 기능을 작동시키기 위해 애플리케이션이 모든 인바운드 호출에서 모든 아웃바운드 호출로 알려진 헤더 집합을 전파해야 한다는 내용을 찾을 수 있을 것이다. 이를 시험해 보기 위해 hello 서비스에 두 번째 컨트롤러인 HelloController2를 추가했다. HelloController2에는 이스티오가 인바운드 요청에서부터 아웃바운드 요청까지 하기에 필요한 일련의 헤더를 복사하는 추가 로직이 있다.

```java
private final static String[] tracingHeaderKeys = {
    "x-request-id",
    "x-b3-traceid",
    "x-b3-spanid",
    "x-b3-parentspanid",
    "x-b3-sampled",
    "x-b3-flags",
    "x-ot-span-context"
};

private HttpHeaders copyHeaders(HttpHeaders headers) {
    HttpHeaders tracingHeaders = new HttpHeaders();
    for (String key : tracingHeaderKeys) {
        String value = headers.getFirst(key);
        if (value != null) {
            tracingHeaders.add(key, value);
        }
    }
    return tracingHeaders;
}
```

메인 핸들러 메서드에서 copyHeaders() 메서드를 호출하고 결과를 formatGreeting() 메서드에 전달해서 아웃바운드 요청에 포함시킨다.

```java
@GetMapping("/sayHello2/{name}")
public String sayHello(@PathVariable String name,
                       @RequestHeader HttpHeaders headers) {
    System.out.println("Headers: " + headers);

    String response = formatGreeting(name, copyHeaders(headers));
    return response;
}
```

```java
private String formatGreeting(String name, HttpHeaders tracingHeaders) {
    URI uri = UriComponentsBuilder
            .fromHttpUrl(formatterUrl)
            .queryParam("name", name)
            .build(Collections.emptyMap());
    ResponseEntity<String> response = restTemplate.exchange(
            uri, HttpMethod.GET, new HttpEntity<>(tracingHeaders),
            String.class);
    return response.getBody();
}
```

이 코드가 실행되려면 /sayHello2로 요청을 전송하기만 하면 된다.

```
$ curl http://$GATEWAY_URL/sayHello2/Brian
Hello, puny human Brian! Morbo asks: how do you like running on Kubernetes?
```

모든 것이 잘 된 것 같다. 그림 7.8처럼 예거에서 추적을 찾아보자. 다시 한 번, 혼란을 방지하기 위해 믹서에 대한 호출 결과를 펼쳐봤다. 적절한 컨텍스트 전송이 발생하고 하나의 추적이 이스티오 게이트웨이의 엔트리 지점에서 시작된다. 그리고 그 아래에서 formatter 서비스에 대한 호출을 확인할 수 있다.

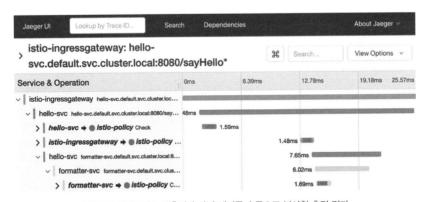

그림 7.8 화이트박스 계측기가 아닌 헤더를 수동으로 복사한 추적 결과

이제 이번 장에서 가장 중요한 내용을 공부할 때가 됐다. 서비스 메시는 애플리케이션 외부에서 뛰어난 추적 기능을 제공한다. 하지만 '일정 형태의 계측 없이는 동작하지 않는다.' 그럼 화이트박스 추적 계측기를 사용하거나 헤더를 전달해야 할까? 일반적인 추적 계측기를 사용하는 것이 좋다고 생각하는데, 바로 다음과 같은 이유 때문이다.

- 계측 추적에서 가장 어려운 부분은 컨텍스트가 올바르게 전파되는지 확인하는 것이다(특히 비동기 프로그래밍 프레임워크를 다룰 때). 전체 스팬을 전파하는 방식과 헤더만 전파하는 방식 사이에는 거의 차이가 없다. 똑같이 어려운 문제를 처리해야 하므로 어느 것으로 하더라도 쉽지가 않다.

- 애플리케이션에서 화이트박스 추적 계측기를 사용하면 데이터 수집을 훨씬 더 효과적으로 제어할 수 있다. 애플리케이션 내부에서만 볼 수 있는 일부 자원 경합이 있을 수 있으며, 사이드카를 통해 추적해서는 아무것도 드러나지 않는다. 디버깅하는 동안 매우 유용할 수 있는, 스팬에 저장하고 싶은 비즈니스 관련 특성이 있을 수 있지만 서비스 메시는 이를 알 수 없다.

- 오픈트레이싱같은 계측기를 이용할 때 애플리케이션에서는 추적을 동작시키기 위해 어떤 헤더를 전파해야 할지 알 필요가 없다. 왜냐하면 추적기 구현이 추상화돼 있기 때문이다. 이는 특히 일반적인 용도의 컨텍스트 전파, **배기지**에서 매우 중요하다. 왜냐하면 배기지를 가져오기 위해 일부 추적 구현(예: 예거)의 경우 여러 개의 헤더를 사용하기 때문이다. 이는 헤더 이름이 배기지 키와 관련돼 있어서다(이에 관해서는 10장에서 설명한다). 헤더를 수동으로 전달하려면 헤더 이름을 정확히 아는 것만으로는 충분하지 않다. 헤더가 추적 컨텍스트의 일부인지 알 수 있는 매칭 로직이 애플리케이션에 있어야 한다.

- 예제의 스프링 부트처럼 어떤 서비스에서 사용되는 애플리케이션 프레임워크와 추적 계측기가 긴밀하게 통합되면 코드 변경 없이 컨텍스트 전파가 자동으로 발생한다. 누군가가 헤더를 전파하는 것을 잊은 경우에도 특정 서비스가 중단되지 않게 훨씬 더 확실하게 보장된다.

추적 계측기의 이점에도 불구하고, 특히 스프링 부트처럼 잘 통합하려면 구현하는 데 더 많은 코드가 필요하다는 것을 알아야 한다. 개발자는 애플리케이션에 컨텍스트를 전달하는 방법뿐만 아니라 스팬을 시작하고 종료하는 방법, 유용한 속성을 이용해 주석을 추가하는 방법, 프로세스 경계를 넘나들 때 컨텍스트를 주입/추출하는 방법을 배울 필요가 있다. 이를 위해 개발자는 더 많은 공부를 해야 한다.

이스티오를 이용한 서비스 그래프 생성

이번 장의 앞에서 서비스 그래프의 예를 이미 봤다(그림 7.3). 이스티오는 추적 기능을 사용하지 않고도 유사한 서비스 그래프를 생성할 수 있는 servicegraph라는 유틸리티 서비스를 제공한다. 해당 서비스에 접근하려면 Makefile 타깃으로 포트 포워딩을 다시 설정해야 한다.

```
$ make service-graph

kubectl -n istio-system port-forward $(kubectl get pod -n istio-system -l app=servicegraph -o jso
npath='{.items[0].metadata.name}') 8088:8088
```

```
Forwarding from 127.0.0.1:8088 -> 8088

Forwarding from [::1]:8088 -> 8088
```

이렇게 하면 http://localhost:8088/에서 서비스에 접근할 수 있다. 그러나 서비스에 우리가 사용 중인 이스티오 버전의 홈페이지가 없으므로 특정 URL로 접근해야 한다. 이스티오에서 제공하는 두 가지 그래프 시각화는 다음 URL에서 확인할 수 있다.

(1) 포스–디렉티드 그래프: http://localhost:8088/force/forcegraph.html

(2) 그래프비즈(Graphviz) 기반 시각화 결과: http://localhost:8088/dotviz

여기서는 formatter 서비스의 단일 버전이 동작하는 경우만 캡처했다. 이렇게 하지 않으면 그래프가 너무 커서 읽기 어려워지고 한 장의 그림으로 만들기 어렵기 때문이다.

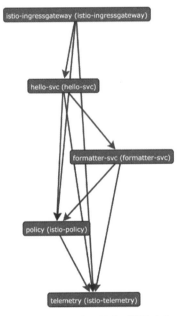

그림 7.9 포스–디렉티드 그래프 알고리즘을 이용한 서비스 그래프의 예

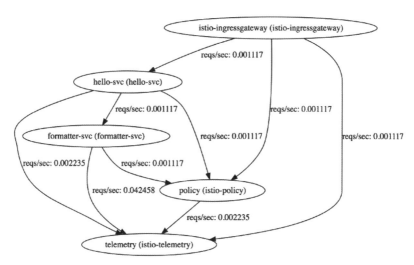

그림 7.10 그래프비즈(Graphviz)를 이용해 렌더링한 서비스 그래프

이스티오가 생성한 그래프는 예거가 생성한 그래프와 비슷하게 생겼다. 그러나 여기에는 예거 그래프에 있는 hello와 formatter 노드가 포함돼 있지 않다. 이는 그래프가 추적 데이터에서 생성되지 않고 프락시 사이드카에 의해 수집된 원격 측정기(telemetry)에서 생성되기 때문이다. 추적 정보가 없으므로 사이드카는 노드 간의 쌍별(pairwise) 통신에 대해서만 알고 있다. 그러나 이 정도면 우리가 화면으로 볼 수 있는 그래프를 만들기에 충분하고 서비스의 화이트박스 계측기에도 의존하지 않는다. 이스티오 서비스 그래프의 또 다른 좋은 점은 실시간으로 수집된 데이터를 사용하고, filter_empty, time_horizon 같은 파라미터를 허용한다는 점이다. 이를 통해 모든 서비스를 표시할지 또는 트래픽을 적극적으로 수신하는 서비스만 표시할지를 제어하고, 타임 윈도도 제어할 수 있다.

분산 컨텍스트와 라우팅

요청에 대한 라우팅에 영향을 주는 추적 API의 분산 컨텍스트 전파를 사용하는 추적과 서비스 메시를 통합하는 것으로 이번 장을 마무리하고자 한다. 예제를 실행하기 위해 pom.xml 파일에 대한 변경 사항을 되돌려서 예거 추적기 종속성을 다시 추가한다. 그런 다음 애플리케이션을 다시 작성하고 다시 배포한다.

```
$ make delete-app
$ make build-app
$ make deploy-app
$ kubectl get pods
```

이번 장의 앞부분에서 서비스의 두 가지 버전인 v1 과 v2를 배포한다고 설명했다. 여기서 v2는 추가 환경변수인 professor=true를 전달한다. 이 버전은 다른 응답을 생성하지만 아직 여기서 결과를 보여주지는 않았다. 그 결과를 확인하기 위해 기억을 더듬어 보자. 너무 오래돼서 기억이 잘 안 날 수도 있겠지만, 인터넷 초기에 넷스케이프라는 훌륭한 웹 브라우저가 있었다. 그 브라우저에서 요청을 보내는 것처럼 해보면 어떤 일이 일어날까?

```
$ curl -A Netscape http://$GATEWAY_URL/sayHello/Brian
Good news, Brian! If anyone needs me I'll be in the Angry Dome!
```

결과를 보니 formatter의 v2에서 새로운 응답을 얻었다. 스위치 -A는 요청에서 User-Agent 헤더를 설정하는 데 사용된다. 왜 이 요청은 v2 서비스로 라우팅됐을까? 다른 요청들은 그렇지 않았는데 말이다. 이는 OpenTracing 배기지에 따라 라우팅 규칙을 정의했기 때문이다. 우선 HelloController의 코드를 보자.

```
@GetMapping("/sayHello/{name}")
public String sayHello(@PathVariable String name,
                       @RequestHeader HttpHeaders headers) {
    Span span = tracer.activeSpan();
    if (span != null) {
        span.setBaggageItem("user-agent",
                        headers.getFirst(HttpHeaders.USER_AGENT));
    }

    String response = formatGreeting(name);
    return response;
}
```

여기서는 HTTP 요청 헤더에서 User-Agent 헤더를 가져와 user-agent 를 사용해 현재 스팬의 배기지로 설정한다. 코드에서는 이 부분만 변경한다. 앞에서 이미 배기지가 모든 다운스트림 호출, 즉 formatter 서비스에 대해 자동으로 전파된다는 것을 공부했다. 그러나 formatter 서비스 자체는 배기지와 관련이 없다. 대신 routing.yml 파일 내에 이스티오 라우팅 규칙을 정의했다. 이를 통해 baggage-user-agent 헤더에 *Netscape* 문자열이 있는지 확인해서 formatter-svc의 v2 요청으로 포워딩한다.

```
apiVersion: networking.istio.io/v1alpha3
kind: VirtualService
```

```
metadata:
    name: formatter-virtual-svc
spec:
    hosts:
    formatter-svc
    http:
    - match:
        - headers:
            baggage-user-agent:
                regex: .*Netscape.*
    route:
        - destination:
            host: formatter-svc
            subset: v2
    - route:
        - destination:
            host: formatter-svc
            subset: v1
```

baggage-user-agent라는 이름은 코드에서 정의한 키인 user-agent에(배기지 값을 전달하는) 집킨 추적기에서 사용된 baggage-를 접두어로 붙여 만들었다. 예거 추적기가 집킨 헤더 포맷을 지원하므로 깔끔하게 동작하게 이스티오를 통합시킨다.

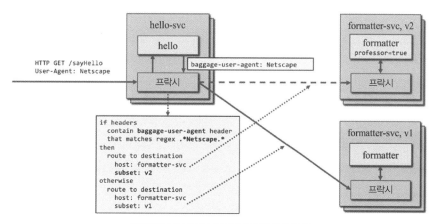

그림 7.11 분산 컨텍스트 기반 라우팅 요청의 예

당연한 얘기지만 이것은 간단한 예제일 뿐이다. 실제 시스템에서는 이 기능이 어디에 사용될까? A/B 테스트, 카나리아 배치, 테스트 계정의 트래픽 라우팅을 다르게 하는 등 다양한 방법으로 이 기능을 적용할 수 있다. 예를 들어, 일부 다운 스트림 서비스의 새 버전을 출시할 계획이 있고 특정 사용자 그룹의 트래픽만 해당 버전으로 라우팅되는 카나리아 배포를 하려고 한다고 가정해 보자. 이를테면 애플리케이션을 시험 사용하는 회사 직원의 요청을 생각해볼 수 있다. 해결할 문제는 다음과 같다. 우선 현재 요청을 실행시킬 사용자가 새 버전으로 라우팅할 수 있는지를 판단하기 위해 상위 계층에서 일부 코드를 실행해야 한다. 다음으로 라우팅이 요청별로 다운 스트림 어딘가에서 발생해야 한다. 이 경우 분산된 컨텍스트 전파와 서비스 메시 라우팅을 조합하면 굉장히 효과적이다.

정리

서비스 메시는 분산 마이크로서비스 기반 애플리케이션에 관찰성 기능을 추가하기 위한 강력한 플랫폼이다. 서비스 메시는 애플리케이션을 변경하지 않고도 다양한 메트릭과 로그를 생성한다. 이러한 메트릭과 로그는 애플리케이션을 모니터링하고 문제를 해결하는 데 사용할 수 있다. 아울러 서비스 메시는 분산 추적을 생성할 수 있다. 이때 헤더만 전달하거나 일반 추적 계측기를 통해 컨텍스트를 전파하기 위해 애플리케이션이 화이트박스 계측에 사용된다.

이번 장에서는 두 가지 방법의 장단점을 살펴보고 각각에 대한 추적의 예도 살펴봤다. 사이드카 프락시는 서비스 메시의 데이터 플레인을 구성하며, 서비스 간 통신에 대한 익숙한 지식을 통해 세부적인 최신 서비스 그래프를 생성할 수 있다. 오픈트레이싱 배기지(분산 컨텍스트 전파 도구)를 서비스 메시의 라우팅 규칙과 결합해서, A/B 테스트 및 카나리아 배포에 유용하게 타깃과 요청 범위를 고려한 라우팅 결정을 수행할 수 있다.

지금까지 애플리케이션에서 추적 데이터를 추출하는 다양한 방법을 알아봤다. 2부의 다음 장과 마지막 장에서는 추적 인프라에서 어떤 데이터를 얼마나 캡처하느냐에 영향을 주는 다양한 샘플링 전략을 검토한다.

참고 자료

1. Michael Chow, David Meisner, Jason Flinn, Daniel Peek, Thomas F. Wenisch. "미스터리 머신: 대규모 인터넷 서비스의 종단 간 성능 분석(The Mystery Machine: End-to-end Performance Analysis of Large-scale Internet)". Proceedings of the 11th USENIX Symposium on Operating Systems Design and Implementation. October 6-8, 2014.

2. "이스티오: 서비스 연결, 보안, 제어 및 관찰": https://istio.io/

3. "쿠버네티스: 운영 수준 컨테이너 오케스트레이션": https://kubernetes.io/

4. "위키피디아: 엔터프라이즈 서비스 버스": https://en.wikipedia.org/wiki/Enterprise_service_bus

08

샘플링의
모든 것

운영 환경에서 모니터링 데이터 수집은 항상 스토리지나 성능 오버헤드 같은 비용과 수집한 데이터의 표현력 사이를 절충하는 역할을 한다. 데이터를 더 많이 수집할수록 문제가 발생했을 때 상황을 더 잘 진단할 수 있었으면 하고 바라지만, 애플리케이션이 느려지거나 저장을 위해 엄청난 비용이 드는 것은 원하지 않는다. 대부분 로깅 프레임워크가 여러 수준의 로그 심각도(log severity)를 지원하지만 '디버그(debug)' 수준 내지는 그 이상으로 상세하게 기록된 것은 폐기하게 운영 환경의 로거를 튜닝하는 것이

일반적이다. 많은 조직에서 성공적인 요청이 로그를 남기지 않아야 한다는 규칙을 채택하기도 하며, 요청에 문제가 있을 때만 로그를 남긴다.

분산 추적은 이러한 절충안에 영향을 받지 않는다. 계측기의 상세 정보에 따라 추적 데이터는 애플리케이션이 유지하는 실제 비즈니스 트래픽 양을 쉽게 초과할 수 있다. 메모리에 있는 모든 데이터를 수집해서 추적 백엔드로 전송하면 애플리케이션의 시간 지연과 처리량에 영향을 미칠 수 있다. 한편 추적 백엔드는 데이터를 처리하고 저장할 때 용량 제한이 있을 수 있다. 이러한 문제를 해결하기 위해 추적 시스템 대부분은 관찰된 추적의 특정 부분만 캡처하기 위해 다양한 형태의 샘플링을 사용한다. 예를 들어, 샘플링을 하지 않을 경우 대퍼 추적기[1]는 웹 검색 작업에 대해 1.5%의 처리량과 16%의 시간 지연 오버헤드가 발생한다고 한다. 추적의 0.01%만 캡처하게 샘플링을 사용하면 처리량 오버헤드는 0.06%, 응답시간은 0.20%만큼 감소하는 것으로 나타났다.

이번 장에서는 최신 추적 시스템에서 사용되는 다양한 샘플링 기법을 알아본다. 주요 장단점, 구현 과정에서 어려운 점 등도 살펴본다. 대부분 샘플링 기법은 개별 스팬이 아닌 전체 추적 수준에서 샘플링 결정을 내리는 공통된 특징을 갖고 있다. 이를 '일관된(consistent)' 또는 '일관성 있는(coherent)' 샘플링이라고도 한다. 스팬 간의 모든 인과관계가 보존된 채로 완벽한 추적을 캡처하고 분석할 수 있다면 요청 워크플로를 훨씬 더 깊이 이해할 수 있을 것이다. 반대로 샘플링이 개별 스팬에서만 수행될 경우 요청 워크플로의 전체 호출 그래프를 재구성하는 것이 불가능하며 데이터의 가치가 크게 감소한다.

헤드 기반의 일관된 샘플링

헤드 기반(head-based)의 일관된 샘플링은 선행 샘플링(upfront sampling)이라고도 하며 추적을 시작할 때 추적당 한 번씩 샘플링 여부를 결정한다. 이는 대체로 애플리케이션에서 실행되는 추적 라이브러리가 결정하는데, 왜냐하면 첫 번째 스팬을 만드는 시점에서 추적 백엔드를 실행하면 비즈니스 인프라스트럭처의 임계 경로에 추적 인프라가 배치되므로 성능 및 안정성 측면에서 매우 좋지 않기 때문이다.

결정은 추적 메타데이터의 일부로 기록되고 컨텍스트의 일부로 호출 그래프 전체에 전파된다. 이 샘플링 기법은 추적 시스템이 특정 추적의 모든 스팬을 캡처하는지 또는 캡처할 스팬이 아무것도 없는지 확인하기 때문에 일관적이다. 헤드 기반 샘플링은 오늘날의 기존 산업 등급 추적 시스템에서 대부분 사용 중이다.

샘플링 결정이 추적의 루트에서 이뤄져야 할 때 추적자가 결정을 내리는 데 사용할 수 있는 정보는 상대적으로 적다. 그런데도 오늘날 추적 시스템에서 이러한 결정을 내리는 데 사용되는 여러 알고리즘이 있다. 이에 관해서는 다음 절에서 설명한다.

확률적 샘플링

확률적 샘플링에서 샘플링 결정은 특정 확률값을 갖는 동전 던지기를 기반으로 이뤄진다. 의사코드로 작성한 다음 예를 참고한다.

```
class ProbabilisticSampler(probability: Double) {
    def isSampled: Boolean = {
        if (Math.random() < probability) {
            return true
        } else {
            return false
        }
    }
}
```

한편 추적 시스템에서 추적 ID는 무작위로 생성된 숫자이므로 오버헤드를 줄이기 위해 난수 생성기에 대한 두 번째 호출을 피하는 데 사용할 수 있다. 일부 추적기는 구현 시 이를 이용한다.

```
class ProbabilisticSampler(probability: Double) {
    val boundary: Double = Long.MaxValue * probability

    def isSampled(traceId: Long): Boolean = {
        if (traceId < boundary) {
            return true
        } else {
            return false
        }
    }
}
```

확률적 샘플러는 헤드 기반 샘플링을 이용한 추적 시스템에서 가장 많이 사용된다. 예를 들면 모든 예거 추적기, 스프링 클라우드 슬루스(Spring Cloud Sleuth)[2] 추적기는 기본적으로 확률적 샘플러를 활용한다. 예거에서는 요청 1000개당 1번씩 추적이 이뤄지게 기본 샘플링 확률을 0.001로 설정하고 있다.

확률적 샘플러는 추적 백엔드가 수집한 스팬을 가지고 다양한 측정값을 반영할 수 있는 훌륭한 수학적 특징을 지니고 있다. 예를 들어, 일정 시간 동안 특정 서비스의 특정 엔드포인트 X에 대해 100스팬을 수집했다고 가정해 보자. 루트 스팬에 적용된 샘플링 확률 p를 알면 이 시간 동안 엔드포인트 X에 대한 총 호출 수를 100/p으로 추정할 수 있다. 이러한 추정은 여러 추적에서 패턴을 분석하는 데 매우 유용한 데이터를 제공한다. 자세한 내용은 12장에서 다룬다.

속도 제한 샘플링

샘플링을 결정하는 또 다른 간단한 구현 방법은 **속도 제한기(rate limiter)**를 사용하는 것인데, 가령 **레저부아 샘플링(reservoir sampling)**이라고도 하는 **리키 버킷 알고리즘(leaky bucket algorithm)**을 사용하는 방법이 있다. 속도 제한기는 지정된 시간 간격(예: 초당 10개의 추적 또는 1분당 하나씩 추적)마다 고정된 수의 추적만 샘플링한다. 속도 제한 샘플링은 특히 불규칙한 트래픽 패턴을 보이는 마이크로서비스에 유용할 수 있다. 트래픽이 적은 구간에서는 너무 작고 트래픽이 많은 구간에서는 너무 큰 단일 확률값으로만 확률적 샘플링이 구성될 수 있기 때문이다.

다음 코드는 예거에서 사용하는 속도 제한기의 샘플 구현이다. 여기서는 리키 버킷 알고리즘 대신 고정된 비율의 입금액이 최대 잔고 액수까지 더해지는 가상 은행 계좌로 구현했다. 어떤 고정된 규모의 입금액을 인출하기에 충분한 잔고가 있을 경우(통상 1.0 정도) 샘플링 결정이 허용된다. 잔액을 확인하기 위해 호출할 때마다 현재 잔고 액수가 경과된 시간을 기준으로 다시 계산된 다음 인출 금액과 비교된다.

```
class RateLimiter(creditsPerSecond: Double, maxBalance: Double) {
    val creditsPerNanosecond = creditsPerSecond / 1e9

    var balance: Double = 0
    var lastTick = System.nanoTime()

    def withdraw(amount: Double): Boolean = {
        val currentTime = System.nanoTime()
        val elapsedTime = currentTime - lastTick lastTick = currentTime
        balance += elapsedTime * creditsPerNanosecond
```

```
        if (balance > maxBalance) {
            balance = maxBalance
        }
        if (balance >= amount) {
            balance -= amount
            return true
        }
        return false
    }
}
```

RateLimiter 클래스가 이와 같을 때 속도 제한 샘플러는 isSampled를 호출할 때마다 1.0단위로 인출을 시도하게 구현할 수 있다. 이 샘플러가 어떻게 maxBalance를 1.0으로 설정해서 샘플링 속도를 1보다 작게 (예: 10초에 하나씩 추적) 지원하는지 보자.

```
class RateLimitingSampler(tracesPerSecond: Double) {
    val limiter = new RateLimiter(
        creditsPerSecond=tracesPerSecond,
        maxBalance=Math.max(tracesPerSecond, 1.0)
    )

    def isSampled: Boolean = {
        return limiter.withdraw(1.0)
    }
}
```

속도 제한 샘플러가 허용하는 샘플링 비율은 일반적으로 애플리케이션을 통과하는 실제 트래픽과 상관관계가 없기 때문에 확률적 샘플러로 가능한 외삽법(extrapolation) 계산이 여기서는 불가능하다. 이 때문에 속도 제한 샘플러는 그것 하나만으로는 별로 유용하지 않을 수 있다.

처리량 보장 확률적 샘플링

트래픽 폭주가 있는 서비스에 대한 속도 제한 문제를 부분적으로 해결하기 위해 예거 추적기는 **처리량 보장 샘플러(guraranteed-throughput sampler)**를 구현해 놓았다. 이는 정상 작동에 대한 확률적 샘플러와 트래픽이 낮은 구간에 대한 속도 제한기를 결합한 것이다. 속도 제한기는 확률적 샘플러가 샘플링하지 않기로 결정한 경우에만 동작한다. 특정 추적 포인트가 (최소한) 어떤 속도 이상으로 샘플링되게 보장하기 때문에 '처리량 보장'이라는 이름이 붙었다. 이 샘플러의 기본 알고리즘은 다음과 같다.

```
class GuaranteedThroughputSampler(
    probability: Double,
    minTracesPerSecond: Double
) {
    val probabilistic = new ProbabilisticSampler(probability)
    val lowerBound = new RateLimitingSampler(minTracesPerSecond)

    def isSampled: Boolean = {
        val prob: Boolean = probabilistic.isSampled()
        val rate: Boolean = lowerBound.isSampled()
        if (prob) {
            return prob
        }
        return rate
    }
}
```

하한 속도 샘플러(lower bound sampler)를 호출한 후 확률적 샘플러의 결과를 확인하는 이유는 확률적 결정이 속도 한계를 넘지 않게 보장하기 위해서다. 예거 코드에서 찾을 수 있는 실제 구현은 약간 더 복잡하다. 루트 스팬의 sampler.type과 sampler.param 태그로 결정을 내린 샘플러의 설명을 캡처하기 때문이다. 따라서 확률적 샘플러로 추적이 샘플링되면 백엔드에서는 여전히 외삽법으로 계산할 수 있다.

처리량이 보장된 샘플러는 그 자체로는 거의 사용되지 않고 **적응형 샘플링(adaptive sampling)**의 기반으로 활용된다. 이에 대해 자세히 알아보자.

적응형 샘플링

추적을 샘플링하는 주된 이유는 데이터가 너무 많아서 (처리가 안 될 수도 있는) 과부하를 받는 추적 백엔드를 피하기 위해서다. 단순한 확률적 샘플링을 사용하고 확률값을 조정해서 일정한 비율의 추적 데이터가 추적 백엔드로 전송되게 할 수 있다. 그런데 (실제로는 거의 그렇지 않지만) 비즈니스 트래픽이 대략 안정적인 수준에 머물러 있다고 가정해 보자. 예를 들어, 온라인 서비스는 대부분 밤 시간대보다 낮 시간대 트래픽 처리량이 더 많다. 추적 백엔드가 변화가 심한 트래픽을 처리할 수 있는 몇 가지 방법이 있다.

- 백엔드 스토리지가 최대 트래픽을 처리하기 위해 더 많이 공급될 수 있다. 단점은 트래픽이 적을 때 용량 낭비가 발생한다는 것이다.

- 카프카 같은 메시징 솔루션 위에 추적 처리 파이프라인을 구현할 수 있다. 카프카는 일반적으로 메시지 처리를 수행하지 않기 때문에 데이터베이스보다 탄력적이고 확장성이 뛰어나다. 반면 데이터베이스는 들어오는 모든 데이터를 인덱싱해야 한다. 트래픽이 급증할 경우 데이터베이스에 적시에 저장할 수 없는 초과 데이터는 메시지 큐에 버퍼링된다. 따라서 추적 데이터를 사용자에게 제공하기 전에 시간 지연이 발생할 수 있다.

- 예거에서 기본으로 지원하는 또 다른 간단한 옵션은 데이터베이스가 들어오는 모든 데이터를 충분히 빠르게 저장할 수 없을 때 트래픽을 차단하는 것이다. 그러나 이 메커니즘은 정상적인 상황을 처리하는 게 아닌 예기치 않은 트래픽 급등이 발생할 때만 사용해야 한다. 로그가 모두 수집되지 않고 흘려지는 현상, 즉 로그 셰딩(log shedding)은 수집 파이프라인 초기에 전체 추적이 아닌 개별 스팬에서 작동하는 상태 비저장(stateless) 수집기에서 발생한다. 따라서 셰딩 중 특정 추적에 대해 지속적으로 스팬을 저장 및 삭제할 수 있음을 보장할 수 없다.

단순한 샘플러를 사용할 경우 또 다른 문제점은 트래픽 양으로 여러 종류의 작업 규모를 구분할 수 없다는 것이다. 예를 들어, 지메일 서버에는 get_mail 엔드포인트가 있을 수 있는데, 이는 manage_account 엔드포인트보다 1천 배나 더 자주 호출된다.

모든 엔드포인트가 동일한 확률적 샘플러로 샘플링된 경우, 높은 트래픽의 get_mail 엔드포인트에서 낮은 오버헤드와 추적 볼륨을 보장할 수 있을 만큼 확률값이 충분히 작아야 한다. manage_account 엔드포인트가 높은 샘플링 속도를 허용할 만큼 충분히 오버헤드를 처리할 만한 예산을 갖고 있더라도 엔드포인트에서 충분한 추적을 얻기에는 너무 작을 것이다.

예거 추적기는 루트 스팬, 즉 새로운 추적을 시작하는 스팬에 대해 별도로 구성된 샘플러를 사용하는 '연산 단위 샘플링(per-operation sampling)'이라는 샘플링 전략을 지원한다. 이 샘플링은 내부 스팬을 포함하고 있을 수 있다. 하지만 예를 들어 어떤 작업을 수행하고 추적을 시작하는 백그라운드 스레드가 서비스에 있을 경우 그것은 실제로 서비스에 의해 노출되고 추적되는 엔드포인트일 때가 많다. 연산 단위 샘플링에서는 트래픽 규모에 따라 엔드포인트마다 서로 다른 샘플링 확률을 사용할 수 있다. 문제는 대규모 분산 시스템에서 모든 서비스와 모든 엔드포인트에 대해 적절한 샘플러 파라미터를 어떻게 결정할 것인가다. 각 서비스의 추적기를 수동으로 구성할 경우 수백 또는 수천 개의 마이크로서비스로 구성된 최신 클라우드 네이티브 시스템에서는 확장성이 좋지 않다.

적응형 샘플링 기법은 추적 데이터 생성의 실제 비율과 원하는 비율 간의 차이를 기반으로 아키텍처 전체에서 샘플링 파라미터를 동적으로 조정해서 이러한 문제를 해결하려고 한다. 관측과 조정이 추적기에서 지역적으로 수행되느냐 또는 추적 백엔드에서 전역적으로 수행되느냐에 따라 두 가지 유형으로 구현할 수 있다.

 간결성 차원에서 다음 절에서는 **서비스당 샘플링**(sampling per service)을 참고하여 설명하겠지만, 실제로 알고리즘은 운영 수준, 즉 **서비스 및 엔드포인트**(service and endpoint)에서 구현된다.

로컬 적응형 샘플링

로컬 적응형 샘플링은 트래픽이 서로 다른 워크로드에 걸쳐 샘플링 확률을 자동으로 사용자 요건에 맞춰 정의하는 기법으로, 구글의 대퍼 논문[1]에 설명돼 있다. 대퍼 논문의 저자가 제안한 적응형 샘플러는 확률적 샘플링 결정을 내릴 뿐만 아니라 샘플 추적이 일정 비율에 도달하는 것을 목표로 시간에 따른 샘플링 확률을 자동으로 조정한다. 즉, 추적기가 고정된 확률의 샘플링이 아니라 샘플링된 추적의 원하는 비율 또는 **유효 샘플링 속도**(effective sampling rate)에 의해 파라미터화된다. 이는 앞에서 설명한 속도 제한 샘플러와 비슷하다. 그런 다음 추적기는 추적 횟수에 따라 자체 샘플링 확률을 자동으로 조정해서 현재 확률로 샘플링하고 해당 수치를 목표 속도에 가깝게 만든다. 구글이 알고리즘의 정확한 상세 정보를 공개하지는 않았지만, 다음 절에서 모든 서비스 인스턴스의 글로벌 규모에서만 그와 유사한 것을 알아보기로 한다.

글로벌 적응형 샘플링

대퍼의 로컬 적응형 샘플링은 실제 확률이 동적으로 조정되는 동안 모든 서비스에서 동일한 샘플링 확률을 또 하나의 균일한 파라미터로 대체할 수 있게 한다. 목표 유효 속도는 여전히 마이크로서비스의 각 추적기에 제공해야 하는 환경설정 파라미터다. 이 파라미터는 아키텍처별로 다를 수 있다.

- 어떤 서비스는 다른 어떤 서비스보다 중요할 수 있으며 더 많은 추적이 필요할 수 있다.

- 어떤 서비스는 작고 얕은 추적만 생성할 수 있지만, 어떤 서비스는 수천 스팬에 달하는 추적을 생성할 수 있다.

- 동일한 서비스의 특정 엔드포인트는 매우 중요할 수 있다(예: 우버 앱의 StartTrip). 추적할 때 어떤 엔드포인트는 별로 중요하지 않을 수 있다(예: 몇 초에 한 번씩 자동차의 위치로 핑을 전송).

- 어떤 서비스는 몇 가지 인스턴스만 실행하고 어떤 서비스는 수백 또는 수천 개의 인스턴스를 실행해 많은 규모의 추적을 결과로 만들 수 있다.

서비스마다 다른 목표 속도를 할당할 수 있어야 하고 이는 서비스가 실행 중이어도 마찬가지다. 또한 대규모 아키텍처에서 주어진 마이크로서비스의 개수가 확장이 안 되기 때문에 여기서는 이러한 파라미터를 수동으로 관리하지 않을 것이다.

14장에서 자세히 보겠지만, 예거 클라이언트 라이브러리는 의도적으로 예거 추적 백엔드의 피드백 루프를 이용해 설계했다. 이를 통해 백엔드가 환경설정 변경사항을 다시 클라이언트로 푸시할 수 있다. 이렇게 설계하면 백엔드에서 제어되는 좀 더 지능적인 적응형 샘플링을 구축할 수 있다. 샘플링 결정을 위해 단일 서비스 인스턴스의 정보로만 제한된 로컬 적응형 샘플링과 달리 백엔드는 수집 후 추적을 모두 관찰하고 트래픽 패턴의 전체적인 관점을 기반으로 샘플링 파라미터에 대한 조정을 계산할 수 있다.

목표

적응형 샘플링을 사용해서 얻고자 하는 몇 가지 목표가 있다.

- 특정 서비스가 모든 서비스 인스턴스에서 평균 N회/초로 샘플링되게 한다. 추적당 한 번 샘플링 결정을 하므로 이것은 **초당 특정 추적 수**(TPS: traces per second)를 목표로 하는 것과 같다. N은 '1분당 1회 추적'처럼 샘플링 속도를 나타내기 위해 1보다 작을 수 있다.
- 여러 서비스에서 나온 추적은 강도에 따라 스팬의 수가 다를 수 있다. 이에 따라 또 한 가지 목표는 샘플링된 추적에서 추적 백엔드로 흐르는 '초당 스팬 수(spans per second)'를 안정적으로 만드는 것이다.
- 스팬은 거기에 기록되는 태그와 이벤트의 수에 따라 그 바이트 크기가 크게 다를 수 있다. 이를 고려할 때 대상 측정값은 '초당 바이트(bytes per second)'가 될 텐데, 이는 서비스에서 샘플링한 모든 추적에 담긴 모든 스팬의 전체 바이트 크기를 포함한다.

이러한 목표는 서로 중요도가 다를 수 있는데, 그것은 분산 시스템과 추적 계측기의 상세 정보 수준에 따라 달라진다. 그 대부분은 로컬 적응형 샘플링으로 해결할 수 없다. 샘플링 결정을 내릴 때 정보가 없기 때문이다. 다음 절에서 설명할 글로벌 적응형 샘플링 알고리즘은 앞의 세 가지 목표에 모두 효과적일 수 있지만, 실제로 예거는 현재 TPS 최적화만 구현한다.

이론

예거의 적응형 샘플링은 개념상으로는 고전적인 **PID(proportional-integral-derivative)** 제어기와 비슷하다. PID 제어기는 차량의 크루즈 컨트롤(cruise control)처럼 지속해서 변조된 제어가 필요한 다양한 애플리케이션에 적용됐다. 고속도로에서 자동차를 운전 중이고 약 60mph로 일정한 속도를 유지하려 한다고 상상해 보자. 이때 이 자동차를 제어하고자 하는 프로세스로 생각할 수 있다. 측정된 **프로세스 값**(process value)으로 현재 속도 $y(t)$를 관찰하고 자동차 엔진의 출력을 **보정 신호**(correction signal) $u(t)$로 변경해서 영향을 준다. 60mph인 **원하는 프로세스 값**(desired process value) $r(t)$ 와 현재 속도 사이의 **오차**(error) $e(t)$를 최소화하기 위해 PID 제어기(그림 8.1)는 각각이 제어기 이름을 의미하는 비례식, 적분 항, 미분 항(P, I, D로 표시)의 가중치 합계로 보정 신호 $u(t)$를 계산한다.

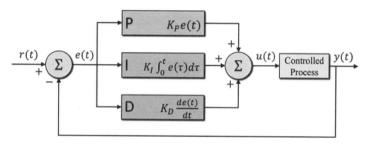

그림 8.1 기존의 PID 제어기, 행동은 계수 K_P, K_I, K_D로 정의한다.

이 항들을 적응형 샘플링 문제에 적용해 보자.

- 우리가 제어하려는 프로세스 값 $y(t)$는 특정 시간 동안 모든 인스턴스를 대상으로 특정 서비스에 대해 샘플링된 추적의 수다. TPS에서 측정할 수 있다.

- 예상 프로세스 값 $r(t)$는 계측된 애플리케이션의 오버헤드 수준과 추적 백엔드의 용량을 고려해서 허용 가능하다고 생각되는 대상 TPS다.

- 제어 신호 $u(t)$는 알고리즘으로 계산하는 샘플링 확률이다. 이는 백엔드로 클라이언트에 전달된다.

- 오류는 표준 항이다: $e(t) = r(t) - y(r)$.

표준 PID 제어기의 비례식, 적분, 도함수 항은 구현 단계에서 분산형 속성을 해결해야 하기 때문에 적응형 샘플링 문제에 바로 적용하기 어렵다.

아키텍처

그림 8.2는 예거 적응형 샘플링 아키텍처다. 왼쪽에 추적 데이터를 수집해서 예거 수집기(실선)로 전송하는 예거 추적 라이브러리를 실행하는 마이크로서비스가 여러 개 있다. 수집기의 적응형 샘플링 인프라스트럭처는 모든 서비스에 대해 원하는 샘플링 확률을 계산하고 그것들을 정기적으로 해당 정보를 폴링(polling)하는 추적 라이브러리(점선)로 다시 제공한다. 여기서 전체 수집 파이프라인은 관련성이 없으

므로 표시하지 않았다. 적응형 샘플링은 각 예거 수집기 내부에서 실행되는 4개의 협력 구성 요소로 구현된다.

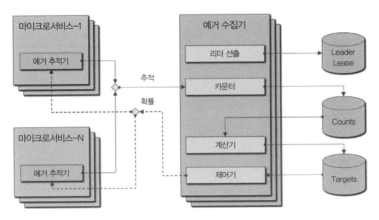

그림 8.2 예거의 적응형 샘플링

카운터(Counter)는 수집기가 수신한 모든 스팬을 받아서 각 마이크로서비스 및 각 작업에서 수신한 루트 스팬의 수를 추적한다. 루트 스팬의 태그가 확률적 샘플러를 통해 샘플링됐음을 나타내면 새 샘플 추적으로 카운트한다.

카운터(Counter)는 특정 관측 기간 τ(보통 1분) 동안 카운트 수를 집계하고 그 기간의 끝에 축적된 카운트 수를 데이터베이스의 **Counts** 테이블에 저장한다. 각 수집기는 **카운터** 구성 요소를 실행하므로 주기마다 데이터베이스에 저장된 K개의 요약이 있다. 여기서 K는 수집기 개수다.

계산기(Calculator)는 초당 샘플 추적 수 $y(t)$에 따라 개별 서비스, 엔드포인트 쌍에 대해 수정 신호(샘플링 확률) $u(t)$ 계산을 담당한다. 우선 마지막 주기 m에 대한 **Counts** 테이블에서 이 엔드포인트에 대한 누적 요약을 모두 읽어서 프로세스 값 $y(t)$를 계산한다. 여기서 m은 환경설정 파라미터다(보통 10으로 설정하며, 이는 되돌림 간격 10분에 해당한다). 되돌림 기간(lookback period)을 사용하는 이유는 이동 평균(PID 컨트롤러의 적분 항과 유사)을 효과적으로 계산해서 함수를 부드럽게 만들기 때문이다. **계산기**는 각 서비스 및 엔드포인트에 대한 샘플링 확률 $u(t)$을 계산해서 **Targets** 테이블에 저장한다.

계산 결과를 서로 오버라이딩하는 다른 수집기로부터 **계산기** 구성 요소가 영향을 받지 않게 한 번에 하나의 **계산기**만 활성화한다. 이렇게 하려면 매우 간단한 리더 선출(leader election)을 실행하면 된다. 각 수집기에는 정기적으로 데이터베이스에 리더 임대(leader lease) 튜플 (N, T) 저장을 시도하는 **리더**

선출(Leader Election) 구성 요소가 들어 있다. 여기서 N은 경쟁자의 이름 또는 ID이고 T는 임대 만료 시간이다. 이는 카산드라 데이터베이스에서 쿼럼 쓰기로 compare-and-set 연산을 통해 수행된다. 두 수집기 모두 자신이 리더라고 생각할 수 있는 상황에서 나타나는 네트워크 지연에 대해 이 리더 선출 기법이 완벽한 방어를 해주지는 않지만 적응형 샘플링의 목적으로는 충분하다. 일어날 수 있는 최악의 경우는 잘못된 리더가 동일한 확률 계산을 반복하고 데이터를 덮어쓰는 것이다.

마지막으로, 각 수집기의 제어기(Controller)는 Targets 테이블에서 계산한 확률을 주기적으로 읽고 메모리에 캐시한 다음 예거 추적기로 다시 전송한다. 추적기는 주기적으로 샘플링 전략(점선으로 표시)에 대해 수집기를 폴링한다. 일단 추적기에서 새로운 확률값을 사용할 수 있으면 모든 새로운 추적에 이 값을 사용한다.

샘플링 확률 $u(t)$ 계산

계산기(Calculator)가 m개의 되돌림 기간에 대한 누적 카운트 수를 읽었을 때 $y(t)$의 현재 값을 얻기 위해 이들을 모두 합하고 m으로 나눈다. 그러면 $u(t)$의 예상값은 다음과 같이 계산할 수 있다.

$$u'(t) = u(t-1) \times q \text{, 여기서:}$$

$$q = \frac{r(t)}{y(t)}$$

하지만 이 식으로 항상 정확한 값 $u(t)$를 계산하지 못할 수도 있다. 몇 가지 예제를 살펴보자. 대상 비율이 $r(t) = 10\text{TPS}$이고 현재 속도는 $y(t) = 20\text{TPS}$라고 가정한다. 이는 현재 서비스에서 사용 중인 샘플링 확률이 너무 높아서 절반으로 줄이고 싶다는 의미다.

$$q = \frac{r(t)}{y(t)} = \frac{10}{20} = \frac{1}{2} \quad \text{따라서}$$

$$u'(t) = u(t-1) \times q = \frac{u(t-1)}{2}$$

샘플링 확률에 이러한 변경 $(u(t) \Leftarrow u'(t))$을 문제없이 적용할 수 있다. 왜냐하면 추적 백엔드로 전달되는 데이터가 점점 더 줄어들기 때문이다. 사실 여기서는 가능하면 빨리 확률을 적용하려고 한다. 왜냐하면 이 서비스는 명백히 과다한 샘플링을 하고 있고 추적 백엔드에 과부하가 걸리기 때문이다. 지금부터는 반대의 경우로 $r(t) = 20$, $y(t) = 10$일 때를 생각해 보자.

$$u'(t) = u(t-1) \times \frac{r(t)}{y(t)} = 2u(t-1)$$

즉, 실제로 샘플링하는 것보다 두 배 많은 샘플을 샘플링하는 것이다. 직관적인 해결 방법은 현재 샘플링 확률값을 두 배로 하는 것이다. 그러나 실제로 이를 시도했을 때 다음과 같은 트래픽 패턴으로 인해 샘플링 확률 수준과 샘플링된 추적량 모두에서 많은 변동성이 나타났다.

- 일부 서비스는 주기적으로 트래픽이 급증한다. 예를 들어 30분마다 몇몇 cron 작업이 일어나서 서비스를 쿼리하기 시작한다. 잠잠한 기간 동안 추적 백엔드는 이 서비스의 추적을 거의 수집하지 않으므로 샘플링 확률을 올려서 샘플링 속도를 높이려고 한다. 가능하면 100%까지도 고려한다. 그러면 cron 작업이 실행될 때마다 서비스에 대한 모든 단일 요청이 샘플링된다. 결국 엄청난 추적 데이터로 인해 추적 백엔드가 다운된다. 적응형 샘플링은 트래픽에 반응하고 새로운 샘플링 전략을 고객에게 되돌리는 데 시간이 걸리기 때문에 몇 분간 지속될 수 있다.

- 특정 기간 동안 트래픽이 다른 가용 영역으로 유출될 수 있는 서비스와 유사한 또 다른 패턴이 발생한다. 예를 들어, 우버의 SRE(site reliability engineers)는 심각한 정전 사태가 발생한 특정 도시의 트래픽 장애를 조치하는 대기 중인 운영 프로시저를 통해 완화 시간을 최소화한다. 그사이 다른 엔지니어는 정전 사태의 근본 원인을 조사한다. 이러한 장애 조치 기간 동안 서비스에서 수신되는 추적이 없으므로 적응형 샘플링이 샘플링 확률을 높이게 유도한다.

이 문제를 부분적으로 해결하기 위해 $q>1$일 때 $u'(t) = u(t-1) \times q$를 바로 계산하지 않고 댐핑 함수(damping function) β를 사용한다. 이렇게 하면 샘플링 확률값의 증가율을 늦출 수 있다(PID 제어기의 도함수 항과 유사하다). 예거에 구현돼 있는 댐핑 함수는 확률값 증가율에 θ을 부과한다.

$$\beta(\rho_{new}, \rho_{old}, \theta) = \begin{array}{ll} \rho_{old} \times (1+\theta), & \frac{\rho_{new} - \rho_{old}}{\rho_{olo}} > \theta \\ \rho_{new}, & otherwise \end{array}$$

여기서 ρ_{old}와 ρ_{new}는 이전 확률 $u(t-1)$과 새로운 확률 $u'(t)$에 대응된다. 다음 표는 이 함수와 관련한 몇 가지 예제를 보여준다. 시나리오 1은 0.1에서 0.5로 확률값 증가폭이 상대적으로 크다. 그리고 최대 0.15까지만 높일 수 있게 허용한다. 시나리오 2는 0.4에서 0.5로 확률값 증가폭이 상대적으로 작고 값을 그대로 유지할 수 있게 한다.

	시나리오 1: 0.1에서 0.5로 확률값을 높인다	시나리오 2: 0.4에서 0.5로 확률값을 높인다
ρ_{old}	0.1	0.4
ρ_{new}	0.5	0.5
θ	0.5(50%)	0.5(50%)
$\dfrac{\rho_{new} - \rho_{old}}{\rho_{old}}$	4.0	0.2
증가 허용 여부?	400% > 50% → '아니오'	20% < 50% → '네'
ρ_{final}	0.1*(1+0.5)=0.15	0.5

댐핑 함수를 이용해 제어값을 계산한 결과는 다음과 같다.

$$u'(t) = u(t-1)\frac{r(t)}{y(t)}$$

$$u(t) \Leftarrow \begin{cases} u'(t), & u'(t) < u(t-1) \\ \min\left[1, \beta\left(u'(t), u(t-1), \theta\right)\right], & otherwise \end{cases}$$

적응형 샘플링의 의미

앞에서 설명한 적응형 샘플링 알고리즘에는 여러 가지 파라미터가 있다. 초당 추적을 측정할 때 파라미터 τ는 관찰 기간을, m은 되돌림 구간을, $r(t)$는 측정된 예상 샘플링 속도를(알고리즘에서 가장 중요) 의미한다. 이론상으로 알고리즘은 각 서비스가 자체 목표 속도(target rate) $r(t)$일 때 동작한다. 그렇다면 실제로 그 값을 어떻게 알 수 있을까? 가장 간단한 방법은 모든 서비스에 대해 상수 r을 정의하는 것이다. 이렇게 하면 추적 백엔드가 쉽게 처리할 수 있는 추적 데이터 볼륨을 수신할 수 있다. 그 결과 모든 서비스가 자체 샘플링 확률로 수렴하므로 각 서비스에서 샘플링되는 추적의 양은 거의 비슷하다.

이 방법은 일부 경우에는 적용할 만하다. 예를 들어, 추적 백엔드의 용량이 제한돼 있고 추적 볼륨의 대부분을 처리량 성능이 높은 서비스에 할당하지 않고 아키텍처상의 모든 마이크로서비스 표현을 보장해야 하는 경우를 생각해볼 수 있다.

또 다른 시나리오로, 처리량이 높은 서비스에서 더 많은 추적 결과를 수집하면서 비율을 비선형으로 조정하고 싶을 수 있다. 예를 들어, 서비스가 동작 중인 인스턴스의 수 n을 알고 있는 배포 관리 시스템과 적응형 샘플링을 통합할 수 있다. 그런 후 추적 예산을 log(n) 비율로 할당할 수 있다. 또한 계산 작업에 다른 신호를 포함시켜 측정 시스템과 통합할 수도 있다. 추적 백엔드에 적응형 샘플링을 구현하면 제한된 추적 예산을 좀 더 유연하게 배분할 수 있다.

확장

적응형 샘플링 알고리즘을 다른 두 가지 최적화 목표인 초당 스팬 또는 초당 바이트 수에 어떻게 적용할까? 앞에서 설명한 디자인에서는 수집기가 개별 스팬에서만 동작하므로 전체 추적을 볼 수 없으며, 메인 애플리케이션 서비스는 자유롭게 자신의 추적 데이터를 임의의 수집기로 보낼 수 있다.

한 가지 해결책으로 파티셔닝 스키마를 구현하는 방법이 있다. 이에 관해서는 테일 기반 샘플링을 다루는 절에서 자세히 설명한다. 하지만 파티셔닝에는 조정 작업이 필요하며, 이로 인해 추적 백엔드의 아키텍처가 복잡해진다. 한편, 원하는 샘플링 확률을 계산하기 위해 초당 스팬 수 또는 바이트 수를 정확하게 계산하지 않아도 된다는 사실을 이용하는 좀 더 간단한 해결책도 있다. 이 경우 이미 집계한 결과를 기반으로 계산을 수행하기 때문에 근삿값 계산만 필요하다.

12장 '데이터 마이닝을 통한 통찰력 수집'에서 설명할 데이터 파이프라인에 대해 사후 처리 작업을 수행할 수 있다. 또 스팬 S 또는 바이트 B의 관점에서 평균 추적 크기를 미리 계산할 수 있다. 통계량 결과가 있으므로 $y(t)$를 다음과 같이 계산해서 적응형 샘플링 설계를 앞에서와 동일하게 사용할 수 있다.

$$(초당 스팬 수) = (초당 추적 수) \times S$$

$$또는$$

$$(초당 바이트 수) = (초당 추적 수) \times B$$

또 다른 확장 방안으로 적응형 샘플링을 적용해 최소 한도 이상의 처리량을 보장하는 샘플러에 있는 하한 샘플링 속도를 계산하는 것이 있다. 추적 백엔드가 이전에는 볼 수 없었던 새로운 서비스를 배포한다고 가정해 보자. 수집기의 적응형 샘플링 구성 요소에는 새로운 서비스에 대한 대상 샘플링 확률(target sampling probability) $u(t)$를 계산할 데이터가 없다. 대신 그 값을 샘플링 확률의 기본값으로 할당할 것이고, 이는 필요에 따라 보수적 관점에서 매우 낮은 속도로 설정된다.

새로운 서비스가 많은 트래픽을 얻지 못하면 이 확률로 샘플링되지 못할 수 있다. 이런 상황에서 하한 속도 제한기(lower-bound rate limiter)는 해결책으로 최소 한도 규모의 추적 데이터를 샘플링한다. 다만 적응형 샘플러에서 다시 계산을 시작할 수 있을 만큼 데이터가 충분해야 한다. 그러나 이 하한 속도는 시스템을 제어하는 또 다른 파라미터다. 따라서 어떤 값이 이 파라미터에 적절할지를 여기서 또 다시 고민해야 한다.

1분에 한 번씩 추적하게 설정했다고 가정해 보자. 꽤 합리적으로 보이는데, 왜 이렇게 하지 않을까? 안타깝게도, 갑자기 서비스를 1000대의 인스턴스에 배포하면 심각할 정도로 제대로 동작하지 않는다. 하한 속도 제한기는 각 서비스 인스턴스에 대해 로컬이다. 즉 각각은 매분 하나의 추적을 샘플링하거나 초당 $1000 \div 60 = 16.7$개의 추적을 샘플링한다. 이러한 현상이 수백 개의 마이크로서비스와 엔드포인트에서 발생하면 우리가 원하던 확률적 샘플러 대신 하한 속도 제한기에 의해 갑작스럽게 샘플링되는 많은 추적 결과를 얻게 된다. 여기서 창의력을 발휘해야 한다. 즉 실행 중인 각 서비스와 엔드포인트의 고유한 인스턴스 개수를 고려해서 하한 샘플링 속도 할당 방식을 제시할 수 있다. 한 가지 해결 방안으로 해당 수치를 파악할 수 있는 배포 시스템과 통합하는 방법을 생각해볼 수 있다. 또는 확률을 계산할 때 사용한 것과 동일한 적응형 샘플링 알고리즘을 사용해 각 서비스에 적합한 하한 속도를 계산하는 방법도 있다.

컨텍스트-맞춤형 샘플링

지금까지 설명한 모든 샘플링 알고리즘은 시스템에서 실행한 요청에 대해 아주 적은 정보만 사용한다. 모든 운영환경에서 발생하는 트래픽의 특정 부분집합에 주의를 집중시키고 더 높은 빈도로 샘플링하는 것이 유용한 상황이 있다. 예를 들어, 구글의 모니터링 시스템에서 특정 버전의 안드로이드 앱 사용자에게만 문제가 발생하고 있다고 알릴 수 있다. 더 완벽한 추적 데이터를 수집하고 근본 원인을 진단하려면 앱 버전의 요청에 대한 샘플링 속도를 높이는 것이 좋다.

동시에, 샘플링이 모바일 앱이 아닌 백엔드 서비스에서 발생하는 경우 샘플링을 위해 이러한 특정 조건을 평가하는 코드가 포함된 새 버전의 서비스를 배포하고 싶지는 않을 것이다. 이상적으로는, 추적 인프라스트럭처는 상황에 맞는 선택 기준을 설명하고 샘플링 프로파일을 변경하기 위해 마이크로서비스의 추적 라이브러리로 푸시하는 유연한 메커니즘을 갖춰야 한다.

페이스북의 캐노피(Canopy)[3]는 이러한 인프라를 지원하는 추적 시스템의 예로, 엔지니어가 더 높은 속도로 샘플링하고자 하는 프로파일을 설명할 수 있게 해주는 DSL(domain-specific language)을 제공한다. 이 DSL에서 설명한 조건문(predicate)들은 마이크로서비스에서 실행 중인 추적 코드에 자동으로 전파되고 미리 정의된 시간 동안 인바운드 요청에 대해 실행된다. 캐노피는 이 메커니즘을 통해 샘플링한 추적 결과를 추적 저장소에 별도의 네임 스페이스로 격리시킨다. 이렇게 해서 일반 알고리즘을 통해 샘플링된 나머지 추적 결과와 섞이지 않게 별도 그룹으로 분리할 수도 있다.

애드혹 샘플링과 디버그 샘플링

때때로 분산 시스템에 요청을 한 번만 실행해서 샘플링 결과를 얻고 싶을 때가 있다. 이렇게 하면 특히 개발 및 통합 테스트 과정이 손쉬워지는 장점이 있다. 클라우드 네이티브 애플리케이션은 지나칠 정도로 많은 마이크로서비스로 구성되므로 운영 시스템을 완전히 대표하는 테스트 또는 준비 환경을 유지 및 관리하는 것이 거의 불가능할 때가 많다. 그 대신, 많은 조직에서는 '운영 환경에서 테스트'를 지원하는 인프라를 구현하고 있다. 특정 마이크로서비스를 담당하는 엔지니어는 다른 모든 마이크로서비스는 일반적인 운영 인스턴스로 유지하면서 특정 서비스를 위해서만 생성한 스테이징 환경에 새 버전을 배포할 수 있다. 엔지니어는 추적 장비에 이 요청을 샘플링해야 한다는 것을 지정하는 특수 헤더와 함께 서비스에 대한 일련의 요청을 실행한다. 이렇게 수집한 추적을 흔히 '디버그(debug)' 추적이라고 한다.

컨텍스트 맞춤형 샘플링을 사용해서 동일한 결과를 얻을 수도 있다. 앞에서 설명한 특정 헤더나 요청 속성을 찾는 조건문을 DSL에 작성하면 된다.

그러나 컨텍스트-맞춤형 샘플링을 지원하는 추적 시스템은 실제로 많지 않다. 반면 대부분 시스템은 온디맨드 디버그 추적 기능을 지원한다. 예를 들어, HTTP 서버에 예거 추적 라이브러리가 설치돼 있다면 디버그 요청은 jaeger-debug-id라는 HTTP 헤더를 전송해서 초기화할 수 있다. 다음 명령어를 보자.

```
$ curl -H 'jaeger-debud-id: foo-bar' http://example.com/baz
```

예거는 이 요청에 대해 생성된 추적을 샘플링하고 디버그 추적으로 표시해서 백엔드에 추가 다운샘플링에서 이 요청을 제외하게 한다. 헤더의 foo-bar 값은 루트 스팬의 태그로 저장되므로 태그 검색을 통해 추적기를 예거 UI에 놓을 수 있다.

HotROD 애플리케이션으로도 해보자. HotROD를 실행하지 않았다면 2장 'HotROD 승차 추적하기'에서 HotROD와 예거의 단일 머신 백엔드를 어떻게 시작하면 되는지 확인하기 바란다. 준비되면 다음 명령어를 실행한다.

```
$ curl -H 'jaeger-debug-id: find-me' 'http://0.0.0.0:8080/dispatch'
Missing required 'customer' parameter
```

이 서비스는 예상대로 에러를 낸다. 필요한 파라미터를 전달해 보자.

```
$ curl -H 'jaeger-debug-id: find-me' \
'http://0.0.0.0:8080/dispatch?customer=123' {"Driver":"T744909C","ETA":120000000000}%
```

각자 수신한 값은 약간 다를 수 있겠지만, 성공적인 응답을 나타내는 JSON 출력 결과가 화면에 나타날 것이다. 이제 예거 UI로 가보자. 앞에서 본 결과를 가지고 예거 UI를 보려고 한다면 왼쪽 상단의 **Jaeger UI** 텍스트를 클릭해서 빈 검색 페이지로 이동한다. **Services** 드롭다운 메뉴 중 frontend 서비스를 선택하고 **Tags** 필드에 jaeger-debug-id=find-me 쿼리를 입력한다(그림 8.3).

그림 8.3 예거 UI의 디버그 ID를 이용한 추적 검색

이제 **Find Traces** 버튼을 클릭한다. 그러면 예거는 두 가지 추적 결과를 찾아낼 것이다(그림 8.4).

- 프런트엔드 서비스의 단일 스팬만 포함한 것으로, 입력 인자(argument)가 없어서 실패한 첫 번째 요청의 결과

- 6개 서비스와 50개 정도의 포괄적인 요청을 성공적으로 처리한 결과

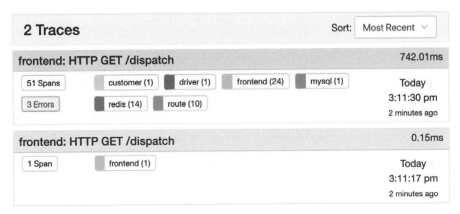

그림 8.4 디버그 ID 태그 검색을 통해 예거 UI에서 찾아낸 추적 결과

작은 추적은 에러 메시지로 리턴되지만 에러가 있다고 표시되지는 않았다. 예제에서는 검사 결과 HTTP 상태 코드 400(bad request)이 표시된다. 이는 HTTP 서버를 계측하는 데 사용된 opentracing-contrib/go-stdlib의 버그일 수 있다. 한편, 어떤 사람들은 (서버 오류를 의미하는) 500~900 범위의 상태 코드만 에러로 표시해야 하고, 클라이언트 오류를 의미하는 400~499 코드는 표시하지 말아야 한다고 주장하기도 한다.

이 추적 중 하나를 클릭하고 최상위 스팬을 확장하면 find-me 값의 jaeger-debug-id 태그가 나타난 것을 확인할 수 있다. 오른쪽 맨 위에 있는 **View Options** 드롭다운 메뉴를 보자. **Trace JSON**을 선택하면 루트 스팬의 flags 필드가 3, 이진수로는 00000011로 설정된 것을 볼 수 있을 것이다. 여기서 이진수 표현은 추적이 샘플링됐음을 나타내는 가장 오른쪽(최하위) 비트를 의미하는 비트 마스크다. 두 번째 가장 오른쪽 비트는 디버그 추적을 의미한다.

```
{
    "traceID": "1a6d42887025072a",
    "spanID": "1a6d42887025072a",
    "flags": 3,
    "operationName": "HTTP GET /dispatch",
    "references": [
],
"startTime": 1527458271189830,
"duration": 106,
"tags": [
    {
```

```
            "key": "jaeger-debug-id",
            "type": "string",
            "value": "find-me"
        },
        ...
```

오버샘플링 처리 방법

현재 샘플링 수준을 고려할 때 백엔드가 추적 데이터를 처리하고 저장할 수 있는 충분한 용량을 갖는지 확인하는 것은 대규모 조직에서 추적 백엔드를 운영하는 모든 팀이 지닌 고민거리일 것이다. 추적의 최종 사용자는 일반적으로 추적 백엔드 용량의 제한 내에서 더 긴 보존 기간을 사용해 가능한 가장 높은 샘플링 속도를 원한다. 이는 필연적으로 이해가 상충하는 문제를 일으킨다.

경우에 따라 추적 팀이 사용자가 설정한 샘플링 속도를 완전히 제어하지 못하기도 한다. 예를 들어, 예거 라이브러리에서 기본 환경설정은 특정 마이크로서비스에서 사용해야 하는 샘플링 전략을 추적 백엔드에 지속해서 확인하는 특별한 샘플러를 인스턴스화한다. 그러나 (1) 기본 환경설정을 비활성화하고 (2) 더 높은 확률 샘플러를 이용하는 확률적 샘플러처럼 다른 버전의 샘플러를 인스턴스화하는 마이크로서비스를 엔지니어가 개발하는 것도 얼마든지 가능하다. 악의적 의도가 없더라도 개발 중에는 100% 샘플링으로 서비스를 실행하는 것이 유용할 때가 많고, 때로는 운영 환경설정에서 설정을 변경하는 것을 잊어버리는 경우가 있다. 추적팀은 이러한 사고가 발생하지 않게 하고 싶을 것이다.

포스트—컬렉션 다운샘플링

과부하로부터 추적 백엔드를 보호하기 위해 추적이 수집 계층에 도착한 후 2차 샘플링을 수행하는 방법을 생각해볼 수 있다. 이 방법은 대퍼 논문에서 설명하고 있으며, 예거에도 구현돼 있다.

누적 샘플링이 일관성을 띠게 만들고 싶다는 점을 기억하자. 추적에서 하나의 스팬을 다운샘플링하면 전체 추적을 폐기해야 하며, 반대의 경우도 마찬가지다. 다행히도 단일 예거 추적의 모든 스팬은 동일한 추적 아이디(ID)를 공유한다. 따라서 단일 수집기가 특정 추적에 대해 모든 스팬을 볼 수는 없지만 일관된 다운샘플링 결정을 내리는 것은 여전히 쉽다. 추적 ID를 0에서 1 사이의 숫자로 해싱하고 이를 원하는 다운샘플링 확률과 비교할 수 있다.

```
val downSamplingProbability: Double = 0.1
def downSample(span: Span): Boolean = {
    if (span.isDebug) {
        return false
    }
    val z: Double = hash(span.traceId)
    return z < downSamplingProbability
}
```

이러한 다운샘플링 기법은 평균 글로벌 샘플링 속도를 조정하고 추적 저장소에 저장되는 데이터의 양을 제어하는 데 사용할 수 있는 부가 기능을 추적팀에게 제공한다. 오작동하는 서비스가 잘못된 샘플링 환경설정을 배포하고 추적 백엔드에 과부하가 걸리기 시작할 때 추적팀이 추적 볼륨을 백엔드 용량보다 작게 되돌리려면 서비스 사용자에게 연락하고 복구를 요청해서 다운샘플링 속도를 높이면 된다. 다운샘플링 비율은 앞에서 설명한 적응형 샘플링과 유사한 접근 방식을 사용해 자동으로 조정할 수도 있다.

포스트-컬렉션 다운샘플링 기술을 사용할 때 알아둬야 할 몇 가지 단점이 있다. 백엔드에 저장된 추적 수가 서비스에 정의된 샘플링 확률과 일치하지 않기 때문에 서비스를 추적하려는 엔지니어에게 혼란을 야기할 때가 많다. 디버그 추적이 저장되지 않으면 특히 혼란스럽다. 따라서 앞의 예제 코드에서 모든 디버그 추적을 다운샘플링에서 확실히 제외시켜야 한다.

또한 다운샘플링은 추적 데이터를 기반으로 한 다양한 통계량의 외삽 계산(extrapolation)을 복잡하게 만든다. 특히 이러한 계산이 오프라인으로 수행되는 경우 더욱 그렇다. 수집기가 0이 아닌 다운샘플링을 사용하는 경우 원래 샘플링 확률이 스팬 태그에 기록되는 것과 유사하게 추적에서 비율을 기록하는 것이 가장 좋다.

스로틀링

스로틀링(Throttling)은 소스에서 오버샘플링 문제를 해결하려고 시도하며 추적의 첫 번째 스팬에서 추적기가 샘플링을 결정한다. 결정 여부에 관계없이 jaeger-debug-id 헤더를 전송해서 서비스에서 지나치게 많은 추적(또는 디버그 추적)을 시작했다고 판단되면 스로틀링은 강제로 다른 속도 제한기를 사용하게 한다.

캐노피는 추적 라이브러리에서 이러한 스로틀링을 사용하는 것으로 보고됐다. 이 책을 쓰는 시점에서 우버의 예거 내부 빌드는 디버그 추적에 대한 스로틀링을 구현했다. 하지만 예거의 오픈소스 버전에서는 해당 기능이 릴리스되지 않은 상태였다. 적절한 스로틀링 속도의 선택은 앞에서 설명한 하한 샘플링 속도를 선택하는 것과 동일한 문제다. 즉, 스로틀링 속도를 단일값으로 고정하면 트래픽 양이 차이가 많이 나는 서비스에는 적합하지 않을 수 있다.

결국 적응형 샘플링은 분산된 속도 제한 문제의 또 다른 버전이기 때문에 예제의 적응형 샘플링은 스로틀링 속도를 계산할 수 있게 알고리즘을 확장할 예정이다.

테일 기반의 일관성 있는 샘플링

헤드 기반 샘플링은 장점도 있지만 단점도 있다. 구현하기 매우 쉬운 반면 대규모로 확장할 경우 관리하기가 쉽지 않다. 아직 다루지 않은 헤드 기반 샘플링의 또 다른 단점은 추적에서 캡처한 시스템의 동작 방식에 대한 샘플링 결정을 조정할 수 없다는 것이다. 메트릭 시스템의 결과에서 서비스 요청 대기 시간의 99.9번째 백분위 수가 매우 높게 나왔다고 가정해 보자. 이는 평균 1,000건의 요청 중 단 하나만 변칙적인 동작이 있다는 것을 의미한다. 헤드 기반 샘플링과 0.001의 확률로 추적하는 경우 이러한 비정상적인 요청 중 하나를 샘플링하고 그 이상을 설명할 수 있는 추적을 포착할 수 있는 기회는 1백만 분의 1 정도밖에 안 된다.

최신 클라우드 기반 애플리케이션을 통해 얼마나 많은 트래픽이 발생하는지 고려한다면 1백만 분의 1이 그다지 낮은 것은 아니라고 할 수 있고, 그러한 일부 흥미로운 추적이 포착되겠지만, 이는 추적 백엔드에 캡처하고 저장한 1,000개의 추적 중 999개는 그리 흥미롭지 않다는 의미이기도 하다.

비정상적인 요청 대기 시간이나 오류, 이전에 보지 못했던 콜 그래프 분기처럼 추적에 기록된 비정상적인 것을 확인할 때까지 샘플링 결정을 지연시킬 수 있다면 좋을 것이다. 안타깝게도 비정상 동작을 유발할 수 있는 추적의 초기 조각들(earlier fragments)은 헤드 기반 샘플링을 사용하는 추적 시스템에 기록되지 않기 때문에 비정상 동작을 추적하는 시점은 너무 늦다.

완벽한 추적 데이터가 있고 추적 데이터를 저장하기 위해 캡처할지 말지에 관해 더욱 현명한 결정을 내릴 때 **테일-기반 샘플링**은 요청 실행의 맨 마지막에 샘플링 호출을 수행해서 이 문제를 해결한다. '흥미로운' 추적을 구성하는 것은 실제로 학술 연구에서 활발히 이뤄지고 있다. 다음은 잠재적으로 시도해 볼 만한 전략이다.

- 최상위 요청의 대기 시간을 기준으로 샘플링한다. 이를 위해 지연 시간 버킷의 히스토그램을 유지한다. 또 저장된 추적에 대해 각 버킷의 표현이 동일하게 속도 제한기를 이용한다. 즉, 대기 시간이 0ms~2ms인 분당 n개의 추적, 대기 시간이 2ms~5ms인 분당 n개의 추적 등으로 샘플링한다.

- 대기 시간 대신 추적에서 캡처한 에러를 기반으로 유사한 표현 기법을 사용한다. 예를 들어, 추적에서 9가지 유형의 에러를 관찰했다면 각 에러를 캡처한 모든 추적의 1/10로 표시한다. 그러면 전체 추적의 나머지 1/10은 에러 없이 추적할 수 있을 것이다.

- 추적 간의 유사성 측정값이 있을 때 유사도를 기반으로 추적 데이터를 그룹화하기 위해 클러스터링 기법을 사용할 수 있다. 추적 데이터가 속한 클러스터의 크기에 반비례하게 샘플링할 수도 있다. 그뿐만 아니라 예외적인 추적 데이터에 더 높은 가중치를 부여할 수도 있다[4].

테일 기반 샘플링의 또 다른 흥미로운 특징은 추적 백엔드의 오버샘플링 및 과부하 문제를 거의 완전히 제거한다는 점이다. 전체 추적을 수집한 후의 샘플링 결정은 추적 모델 백엔드가 요청하는 데이터의 양을 정확히 알고 쉽게 조정할 수 있는 풀 모델(pull model)과 동일하다.

테일 기반 샘플링의 명백한 단점 또는 최소한의 내포된 문제점은 다음과 같다.

- 100% 트래픽에 대해 추적 데이터 수집을 활성화해야 한다. 헤드 기반 샘플링에 비해 훨씬 더 큰 성능 오버헤드가 발생한다. 여기서 추적 계측기에 대한 호출은 요청이 샘플링되지 않았을 때 사실상 no-op 연산을 수행하게 단락(short-circuit)된다. 정리하면, 샘플링하지 않고도 대퍼 추적 프로그램은 1.5%의 처리량과 16%의 대기 시간 오버헤드를 발생시키는 것으로 보고됐다.

- 요청 실행이 완료되고 전체 추적이 수집되어 샘플링 결정을 통과할 때까지 수집된 추적 데이터를 어딘가에 보관해야 한다.

테일 기반 샘플링이 샘플링을 사용하는 '이유'를 바꾼다는 점이 흥미롭지 않은가? 우리는 더이상 애플리케이션의 성능 오버헤드를 줄이기 위해 노력하지 않아도 된다. 추적 백엔드에 저장하는 추적 데이터의 양을 제한하려고 하고 있지만 '모든 데이터는 어딘가에 보관해야 한다.' 어떻게 하면 될까?

중요한 것은 요청 실행이 진행되는 동안 모든 데이터를 어딘가에 유지해야 한다는 것이다. 애플리케이션에서 요청의 대부분은 매우 빠르게 실행되므로 단 몇 초 동안 주어진 추적에 대한 데이터만 보유하면 된다. 그런 다음 샘플링 결정을 내릴 수 있으며, 대부분의 경우 데이터를 버린다. 왜냐하면 헤드 기반 샘플링처럼 추적 백엔드에서 추적과 전체적으로 동일한 비율로 저장하기 때문이다. 따라서 추가 성능 오버헤드를 피하기 위해 요청 시간 동안 메모리에 추적 데이터를 보관하는 것이 합리적이라고 볼 수 있다.

테일 기반 샘플링을 성공적으로 사용하는 기존 솔루션이 있다. 라이트스텝(LightStep)은 독점적인 LightStep [x]PM 기술[5]로 이 분야를 개척했다. 2018년 12월, 시그널에프엑스(SignalFx)에서는 NoSample™ 아키텍처[6]라는 테일 기반 샘플링 기능을 갖춘 **애플리케이션 성능 모니터링 (application performance monitoring, APM)** 솔루션을 출시했다고 발표했다. 한편, (비공개 형태로 신기술, 사업 등을 추진하는) '스텔스 모드(stealth-mode)'의 스타트업인 옴니션(Omnition) (https://omnition.io/)은 테일 기반 샘플링을 지원하는 오픈센서스(OpenCensus) 수집기의 오픈소스 버전을 구축하는 오픈센서스 프로젝트를 진행하고 있다[7].

테일 기반 샘플링 아키텍처가 어떻게 동작하는지 그림 8.5를 통해 알아보자. 2개의 마이크로서비스와 2개의 요청 실행이 추적 T1과 T2로 기록된 것을 볼 수 있다. 하단에는 추적 수집기 인스턴스 2대가 있다. 수집기의 목적은 추적에 대한 모든 스팬이 수신될 때까지 메모리에 진행 중인 추적 결과를 임시로 저장한다. 그리고 추적이 오른쪽에 영구 저장되는 추적 스토리지에 캡처될 만큼 흥미로운지 결정하기 위해 일부 샘플링 알고리즘을 호출한다.

수집기는 상태 비저장 속성을 지니고 있기 때문에 균일한 클러스터로 표시되는 경우인 앞에서 본 아키텍처와 달리 이러한 새 수집기는 추적 ID 기반의 데이터 파티션 기술을 사용해야 한다. 이렇게 하면 특정 추적에 대한 모든 스팬이 동일한 수집기로 전송된다.

이 아키텍처에서는 추적 T1, T2의 모든 스팬이 첫 번째, 두 번째 수집기에서 각각 어떻게 수집되고 있는지 보여준다. 이 예제에서는 두 번째 추적인 T2에만 관심이 있다고 간주해서 저장소로 전송됐지만, T1은 새로운 추적을 위한 공간을 확보하기 위해 별도의 처리 없이 삭제된다.

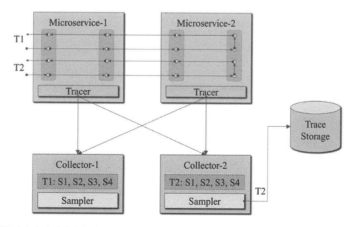

그림 8.5 테일 기반 샘플링의 가상 아키텍처 예: 추적이 완료될 때까지 수집기는 추적 결과 각각을 메모리에 저장한다. 특정 추적 결과에 대한 모든 스팬이 단일 수집기로 모이면 추적 ID를 기반으로 스팬을 파티션한다.

이 아키텍처 구현에서 어려운 점은 무엇일까? 데이터 파티셔닝은 확실히 불편한 사항이다. 왜냐하면 파티션 키의 범위를 어디서 갖고 있는지 결정하기 위해 수집기 사이의 조율이 필요하기 때문이다. 보통 이 것은 별도의 서비스를 실행해 구현할 수 있다. 예를 들면, 아파치 주키퍼나 etcd 클러스터 등이 있다. 또한 수집기 중 하나가 충돌할 경우 파티션 링을 셔플링하고 데이터 복구를 위해 하나 이상의 레플리카(복제본)를 사용해 각 수집기를 실행해야 하는 등의 문제도 처리해야 한다. 이러한 새로운 기능을 추적 시스템에 모두 구현하는 대신 기존의 확장 가능한 메모리 내장형 저장소 솔루션을 사용하는 편이 더 쉬울 것이다.

또 다른 흥미로운 과제는 애플리케이션 프로세스에서 추적 데이터를 수집기에 보내는 비용이다. 헤드 기반 샘플링을 사용하는 시스템에서 이 비용은 샘플링 속도가 낮기 때문에 대개 무시할 만하지만 테일 기반 샘플링 시스템에서는 모든 단일 스팬을 다른 서버로 전송해야 한다. 또한 처리된 비즈니스 요청에 대해 잠재적으로 많은 스팬을 필요로 한다. 서비스로 비용 자체는 (1) 유선상에서 전송하기 위해 추적 데이터를 바이너리 표현으로 직렬화하거나 (2) 네트워크 전송이라는 두 가지 부분으로 구성돼 있다. 이러한 비용을 줄일 수 있는 몇 가지 방법이 있다.

- 스팬 데이터는 중복 비율이 매우 높으므로 압축 프로세스를 개발해서 애플리케이션 프로세스에서 전달해야 하는 데이터의 크기를 크게 줄인다.

- 데이터를 원격 호스트로 보내는 대신 호스트에서 실행되는 데몬 프로세스(예: 많은 예거 배포에서 사용되는 jaeger-agent 프로세스)로 전송할 수 있다. 루프백 인터페이스를 통한 통신은 실제 네트워크를 통한 전송보다 저렴하다. 그러나 이 방식을 보면 특정 추적에 대해 모든 스팬을 수신하는 서버가 더이상 없다. 왜냐하면 추적에 참여하는 마이크로서비스가 서로 다른 호스트에서 실행될 가능성이 높기 때문이다. 에이전트는 추적 아이디로 파티션한 수집기 클러스터와 통신해야 하며, 에이전트에 저장된 스팬 관련 요약 정보를 제공해야 한다. 흥미로운 추적을 결정하는 데 사용되는 정확한 샘플링 알고리즘을 모르기 때문에 두 번째 단계에서 전송해야 할 데이터의 양이 얼마나 되는지 알아내기가 어렵다. 잘 생각해 보면 스팬 데이터의 상당 부분을 보내야 하므로 이 방법은 그리 매력적이지 않다. 한 가지 이점은 데몬이 파티셔닝 스키마를 인식하고 추적 라이브러리에 동일한 로직을 갖는 것이 아니라 해당 수집기(또는 저장장치 노드)에 직접 데이터를 전달할 수 있다는 점이다.

- 또 다른 흥미로운 방법은 애플리케이션 프로세스와 데몬 간에 공유 메모리를 사용하는 것이다. 이렇게 하면 추적을 통신 포맷으로 직렬화하는 오버헤드가 제거된다. 앞에서 본 방식과 마찬가지로 수집기가 샘플링 결정을 내리기 전에 스팬에 대한 상위 개념의 요약만 알면 된다.

마지막으로 샘플링 결정을 내리기 전에 추적이 완료됐는지, 즉 수집기가 이 추적에 대해 생성된 모든 스팬을 수신했는지 확인해야 한다. 이는 스팬이 아키텍처의 여러 호스트에 도달할 수 있기 때문에 보기보다 어려운 문제다. 심지어 데이터 센터 밖에 있는 모바일 애플리케이션에서는 지연 시간의 예측도 불가능하다. 12장 '데이터 마이닝을 통한 통찰력 수집'에서 이 문제에 대한 몇 가지 해결책을 설명한다. 가장 기초적인 수준의 구현은 추적에 대해 더이상의 스팬을 수신하지 않는 특정 시간 간격만큼 기다린 후 추적을 완료하고 샘플링할 준비가 됐음을 선언하는 것이다.

정리하면, 인터넷 회사에서 일반적으로 요구되는 수조 건의 요청에 맞게 확장할 수 있는 테일 기반 샘플링을 효율적으로 구현하는 것은 흥미로운 도전 과제 중 하나다. 이 분야에서 신선한 오픈소스 솔루션이 나타나기를 진심으로 기대한다.

부분 샘플링

추적 시스템에서 사용된 방법을 이용하는 샘플링 기술들의 개요를 정리해 보자. 구체적으로 말하면 샘플링 결정이 추적의 모든 스팬을 일관성 있게 수집한다고 보장하지는 않는다. 이것은 샘플링 결정이 호출 그래프의 모든 노드에서 완전히 임의로 이뤄진 것이 아니라 콜 그래프의 일부만 샘플링된다는 것을 의미한다. 특히 샘플링 결정은 비정상적인 대기 시간 또는 에러 코드 같은 추적의 이상 현상을 감지한 후 수행할 수 있다. 추적 라이브러리는 엔트리 스팬이 완료되기 전까지 메모리에서 현재 활성 추적에 대한 모든 스팬을 유지하게 약간 변경된다. 일단 샘플링이 결정되면 모든 스팬을 추적 백엔드로 보낸다. 이 경우, 샘플링하지 않고 실행을 끝냈기 때문에 서비스에서 앞서 생성된 모든 다운스트림 호출의 스팬들은 수집되지 못할 것이다. 하지만 적어도 현재 서비스의 내부 동작들은 추적에 표시될 것이다. 그리고 어떤 다운스트림 시스템이 호출됐고, 어쩌면 어떤 다운스트림 시스템이 오류를 일으켰는지도 볼 수 있을 것이다. 또한 호출 그래프에서 현재 추적의 샘플링을 트리거한 사실을 호출기(caller)에 전달할 수 있다. 호출기는 요청 완료를 기다리는 메모리의 모든 스팬을 임시 저장한다. 이 절차를 따르면 현재 노드 위에 콜 그래프의 서브 트리를 샘플링할 수 있으며, 문제를 감지한 서비스의 오류에 대한 응답으로 업스트림 서비스가 실행할 수 있는 다른 서브트리를 샘플링할 수 있다.

정리

추적 애플리케이션의 성능 오버헤드를 줄이고 추적 백엔드에 저장해야 하는 데이터의 양을 제어하기 위해 추적 시스템에서는 샘플링을 이용한다. 중요한 두 가지 샘플링 기법, 즉 요청 실행 초기에 샘플링 결정을 내는 헤드 기반 일관된 샘플링과 실행 후 샘플링 결정을 내리는 테일 기반 샘플링이 있다.

기존 추적 시스템은 대부분 애플리케이션에 최소한의 오버헤드를 부과하는 헤드 기반 샘플링을 구현한다. 다양한 샘플링 알고리즘을 사용해 샘플링 동작과 추적 백엔드에 미치는 영향을 조정할 수 있다. 예거는 추적 팀의 운영 부담을 줄이고 트래픽 볼륨이 큰 차이를 보이는 엔드포인트를 공평하게 처리할 수 있는 적응형 샘플링을 구현한다. 테일 기반 샘플링에 대한 몇 가지 상용 솔루션 및 오픈소스 솔루션이 있다.

이상으로 분산 추적의 데이터 수집 문제에 대한 내용을 마친다. 3부에서는 2장 'HotROD 승차 추적하기'에서 공부한 것 외에 실제 추적 애플리케이션과 종단 간 추적의 사례를 살펴보기로 한다.

참고 자료

1. Benjamin H. Sigelman, Luiz A. Barroso, Michael Burrows, Pat Stephenson, Manoj Plakal, Donald Beaver, Saul Jaspan, and Chandan Shanbhag, "대퍼, 대규모 분산 시스템 추적 인프라(Dapper, a large-scale distributed system tracing infrastructure)", Technical Report dapper-2010-1, Google, April 2010.

2. "스프링 클라우드 슬루스, 스프링 클라우드를 위한 분산 추적 솔루션(Spring Cloud Sleuth, a distributed tracing solution for Spring Cloud)": https://cloud.spring.io/spring-cloud-sleuth/

3. Jonathan Kaldor, Jonathan Mace, Michał Bejda, Edison Gao, Wiktor Kuropatwa, Joe O'Neill, Kian Win Ong, Bill Schaller, Pingjia Shan, Brendan Viscomi, Vinod Venkataraman, Kaushik Veeraraghavan, and Yee Jiun Song, "캐노피: 종단 간 성능 추적과 분석 시스템(Canopy: An End-to-End Performance Tracing and Analysis System)", Symposium on Operating Systems Principles

4. Pedro Las-Casas, Jonathan Mace, Dorgival Guedes, and Rodrigo Fonseca, "실행 추적의 가중치 기반 샘플링: 건초 더미에서 바늘 더 잘 찾아내기(Weighted Sampling of Execution Traces: Capturing More Needels and Less Hay)", In Proceedings of the 9th ACM Symposium on Cloud Computing, October 2018

5. Parker Edwards, "LightStep [x]PM 아키텍처 해설": https://lightstep.com/blog/lightstep-xpm-architecture-explained/

6. Ami Sharma and Maxime Petazzoni. "클라우드 네이티브 세상을 위한 APM 리이미징: 시그널에프엑스 마이크로서비스 APM 소개(Reimagining APM for the Cloud-Native World: Introducing SignalFx Microservices APM™)": https://www.signalfx.com/blog/announcing-signalfx-microservices-apm/

7. 오픈센서스 서비스(OpenCensus Service): https://github.com/census-instrumentation/opencensus-service

09

등불
켜기

2부에서는 데이터를 추적하는 종단 간 애플리케이션을 구축하기 위한 다양한 기법을 살펴봤다. 이제 일반적인 인프라 추적에 더해서 데이터를 이용해 어떤 것을 할 수 있는지 알아보자.

2장에서 무엇이 가능한지를 HotROD 데모 애플리케이션을 실행했을 때 이미 확인했다. 이번 장에서는 종단 간 추적의 이점과 일상의 작업을 수행하는 데 도움이 되는 추적 데이터의 사용법을 철저하게 알아본다. 여기서 제시한 아이디어 중 일부는 이론적이다. 따라서 실현 가능성은 있지만 종단 간 추적의 가능성을 탐색하기 시작할 때 많은 것을 해야 하므로 기존 추적 시스템에서 그 모든 것을 구현할 수는 없다.

단지 이러한 아이디어가 여러분의 추적 인프라에서 생성된 데이터를 이용해서 수행할 작업에 영감을 줄 수 있으면 좋겠다.

지식 기반으로서의 추적

추적의 가장 중요한 이점 중 하나는 복잡한 분산 시스템의 작동 방식에 가시성을 더한다는 것이다. 구글의 추적 인프라를 만든 벤 시겔만은 2005년 자신의 팀이 추적 기능을 배포했을 당시 "마치 누군가가 어둠 속에서 환하게 불을 켠 것 같았다. 일반적인 프로그래밍 오류부터 캐시 오류, 네트워크 하드웨어 문제, 알 수 없는 종속성에 이르기까지 모든 것을 볼 수 있었다"라고 말했다[1]. 이러한 가시성은 특정 이슈나 장애를 조사할 때뿐만 아니라 전체 애플리케이션의 작동 방식, 아키텍처 구성 방법 등을 이해하는 기초로서 매우 중요하다.

어떤 새로운 팀에 멤버로 고용되어 그 시스템에 아직 익숙하지 않은 상태라고 가정해 보자. 시스템 아키텍처나 배포 모드, 병목 현상에 대해 어떻게 알 수 있을까? 관련 기술 문서 자료에는 참고할 만한 수준의 정보가 거의 없다. 대부분 엔지니어는 시스템의 작동 방식을 문서화하는 데 시간을 투자하기보다는 새로운 기능을 구축하려고 한다. 내 경험을 예로 들어 보겠다. 나는 2개월 전부터 컴플라이언스를 목적으로 새로운 분산 모니터링 시스템을 구축하는 프로젝트를 진행 중이다. 더 나은 방법을 개발 및 테스트 과정에서 알아냈기 때문에 원본 RFC(Request for Comments) 문서에 설명된 시스템 아키텍처는 이미 쓸모가 없어졌다. 이러한 상황은 여러 팀, 특히 마이크로서비스 및 애자일 개발 방식을 많이 사용하는 팀에서 흔히 볼 수 있다.

문서가 신뢰할 만하지 않은 경우, 새 팀 구성원이 시스템에 대해 알 수 있는 유일한 방법은 기존 팀 구성원에게 시스템에 대해 설명해 달라고 요청하는 것이다. 이는 여러 조각으로 흩어진 지식을 바탕으로 한다는 점에서 매우 느린 프로세스이며, 빠르게 움직이는 조직에서는 부정확할 수도 있다.

분산 추적은 더 나은 대안을 제공한다. 운영 환경에서 발생하는 시스템 구성 요소 간의 실제 상호작용을 관찰함으로써 시스템 아키텍처, 서비스 종속성, 예상된/예상치 못한 상호작용에 대해 자동으로 유지 관리되는 최신 정보에 접근할 수 있다. 이 정보를 숙련된 동료에게 얻기보다는 새로운 팀 구성원이 스스로 발견할 수 있으며, 도구를 통해 시스템 동작을 학습하고 이해할 수 있다. 추적 인프라에서 제공하는 데이터는 매우 풍부하다. 따라서 세분화된 정보로 구체화할 수 있다. 여기서 말하는 세분화된 정보로는 엔드포인트가 종속돼 있는 다운스트림 서비스의 엔드포인트, 사용 중인 데이터 저장소와 네임스페이스, 서비스가 읽고 쓰는 카프카 토픽 같은 것이 있다. 한마디로 '칠흑 같은 어둠 속에서 밝은 등불 켜기'에 비유할 수 있다.

서비스 그래프

앞 장에서는 서비스 그래프의 예를 살펴봤다. 또한 예거가 생성한 일부 서비스 메시 이스티오에서 생성한 서비스 그래프를 봤다. 이와 관련해서 위브웍스 스코프(Weaveworks Scope)[2], 카이알리(Kiali) [3] 같은 오픈소스 툴도 있다. 이들은 서비스 메시와 같은 다른 인프라 구성요소와 통합하거나 네트워크 연결과 트래픽을 스니핑해서 유사한 서비스 그래프를 제공할 수 있다. 이러한 그래프는 시스템의 아키텍처를 신속하게 파악하는 데 매우 유용하다. 이 보고서에는 에지별 처리량(초당 요청 수), 대기 시간 백분율, 오류 개수, 서비스의 상태 및 성능을 나타내는 신호 같은 추가 모니터링 신호가 포함될 때가 많다. 다양한 시각화 기법을 이용해 선의 두께 또는 애니메이션(예: 넷플릭스의 Vizceral[4])을 사용해 에지의 상대 처리량을 나타내거나 색상을 이용해 노드의 상태를 표현하는 등 이해도를 향상시킬 수 있다. 애플리케이션이 모든 서비스를 단일 서비스 그래프에 맞출 만큼 충분히 작으면 개별 구성 요소에 대해 상세히 살펴볼 수 있는 기능을 이용해 애플리케이션 상태에 대한 개요를 빠르게 확인할 수 있기 때문에 모니터링 스택의 나머지 부분에 대한 진입점으로 그래프를 사용할 수 있다.

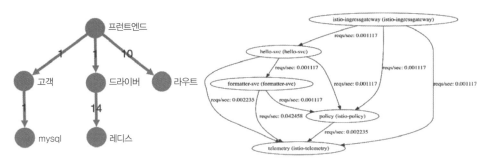

그림 9.1 서비스 그래프의 예. 왼쪽: 예거를 통해 찾아낸 2장의 HotROD 애플리케이션 아키텍처
오른쪽: 메시 이스티오 서비스로 찾아낸 7장의 Hello 애플리케이션의 아키텍처

그러나 이러한 서비스 그래프에는 다음과 같은 몇 가지 제약 사항이 있다.

- 애플리케이션이 점점 더 복잡해지고 더 많은 구성 요소와 마이크로서비스가 누적될수록 전체 애플리케이션 서비스 그래프가 너무 복잡해져서 개별 노드를 이해할 수 없게 되고 시스템 상태에 대한 직관적인 개요가 주는 주요 이점을 잃게 된다.

- 마이크로서비스는 종종 트래픽 패턴과 다운스트림 종속성이 서로 다른 여러 개의 엔드포인트를 노출한다. 세부 수준의 네트워크 스니핑을 그래프로 생성하는 툴들의 경우 엔드포인트 레벨에서 정보를 표시할 수 없을 때가 많다. 서비스 메시에 의해 생성된 그래프는 엔드포인트 단위로 렌더링될 수 있지만 쉽게 이해할 수 없을 정도로 아주 복잡해진다.

- 대부분 그래프는 서비스 또는 엔드포인트 간의 쌍방향 종속성만 캡처하는 것으로 제한된다. 앞에서 본 그림에서 이스티오가 생성한 그래프에서는 hello-svc ┃ formatter-svc ┃ policy ┃ telemetry라는 4개의 서비스를 통과하는 경로가 있음을 알 수 있다. 그러나 이 순서가 실제로 단일 분산 트랜잭션에서 발생할 수 있는지를 알 수 있는 방법은 없다. 업스트림 콜이 hello-svc 서비스이거나 istio-ingressgateway인 경우만 policy ┃ telemetry 콜이 발생하고 formatter-svc 서비스인 경우는 발생하지 않는다. 서비스 메시에서 네트워크 활동 또는 비추적 텔레메트리를 모니터링하는 도구로 그래프를 만들 때 기본적으로 인접한 노드 간의 에지들만 보여주게 제한한다. 따라서 특정 서비스의 모든 의존성을 이해하려고 하면 상당히 잘못된 결과가 나타날 수 있다. 그리고 특정 다운스트림 서비스에 장애가 발생한 동안 경위를 조사할 가치가 있는지 결정해야 할 수도 있다.

이러한 제약에도 불구하고 쌍방향 의존성을 지닌 그래프는 오늘날 대부분의 분산 추적 툴과 상업용 벤더 사이에서 실질적인 표준으로 자리하고 있다.

깊이 있는 경로 인지형 서비스 그래프

인접한 노드 간의 에지로만 작성된 서비스 그래프의 제약 사항을 다루기 위해 우버 팀은 추적 데이터를 집계하고 서비스 그래프로 시각화하는 다른 방법을 개발했다. 첫째, 인터페이스에서는 사용자가 그래프의 초점(focal point) 서비스를 선택하게 한다. 서비스의 업스트림 및 다운스트림 종속성을 이해하려고 하는 개발자가 툴을 사용할 경우, 서비스 선택이 자연스럽게 이뤄진다. 문제가 발생한 상태에서 툴이 사용되면 최상위 API 서비스 또는 게이트웨이가 시작 지점으로 선택된다. 그래프의 한 노드에 초점을 맞추면 관련 없는 모든 노드를 필터링하고 전체 서비스 그래프의 크기를 관리 가능한 수준의 부분집합으로 크게 줄인다.

이 툴은 추적에서 관찰된 아키텍처를 통해 실제 경로를 고려해서 추적 데이터에서 그래프를 만들기 때문에 관련 없는 노드들을 정확하게 필터링할 수 있다. 그림 9.2의 (A)에 있는 5개의 마이크로서비스 및 엔드포인트가 포함된 콜 그래프를 고려해 보자. 이 알고리즘은 루트 서비스 A에서 시작해 리프 노드로 끝나는 트리의 모든 중복되지 않은 분기점(브랜치)을 수집한다. 이 과정은 특정 타임 윈도에 대해 집계하는 모든 추적 작업에서 반복적으로 이뤄진다. 그런 다음, 선택된 초점 서비스 B에 대한 최종 의존성 그래프는 (C)에 나타난 것처럼 서비스 B를 통과하지 않는 모든 경로를 필터링해서 누적된 브랜치들을 통해 재구성된다.

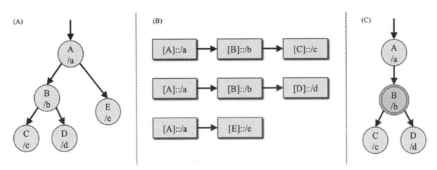

그림 9.2 (A) 서비스와 엔드포인트 간의 샘플 호출 그래프. (B) 알고리즘으로 추출한 경로들. (C) 초점에 해당하는 서비스 B를 선택한 후 수집한 경로에서 재구성한 종속성 그래프 결과.

실제에서는 이 기법을 어떻게 사용할 수 있을까? 그림 9.3은 우버의 프로덕션 데이터를 가지고 만든 예제다. 서비스 이름은 기호로 대체했다. 그래프상의 서비스 대부분은 실제로 더 많은 인접 노드를 가지고 있다. 그리고 이러한 인접 노드들이 그림에 포함되면 너무 복잡해져서 사용 불가능한 상태가 된다. 따라서 이렇게 하지 않고 선택된 초점 서비스(이 예제에서는 **shrimp** 서비스)를 통과하는 추적 데이터로만 그래프를 만든다. 이렇게 하면 인접한 노드뿐만 아니라 서비스의 업스트림, 다운스트림 모두에 대한 실제 종속성을 더 명확하게 얻을 수 있다.

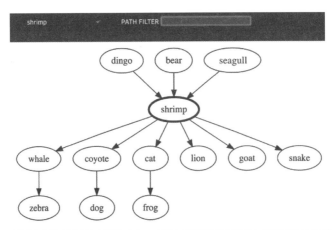

그림 9.3 초점 서비스로 선택된 shrimp 서비스 기반의 경로 그래프 샘플(굵은 선 참조)

종속성 그래프를 생성할 때 경로 기반 기법을 이용하면 또 다른 장점을 얻을 수 있다. 예제에서 최상단 레이어의 **dingo** 서비스와 최하단 레이어의 **dog** 서비스를 보자. 그래프상에서 하나의 노드에서 다른 노드로 이어지는 경로가 명확히 하나임을 알 수 있다. 이를 통해 **dingo**는 **dog**와 종속 관계임을 알 수 있다. 그러나 이러한 종속 관계가 실제로 존재할까? 경로 기반 데이터를 잘 보면 이 질문의 답을 얻을 수 있을 것이다. 그림 9.4는 경로 필터로 dog 또는 dingo를 입력했을 때 어떤 결과가 나타나는지 보여준다.

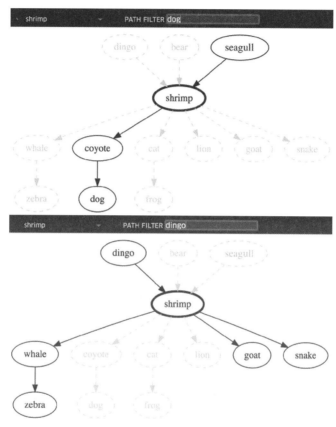

그림 9.4 경로–인지형 필터링을 이용해 dingo 서비스가 dog 서비스에 종속성을 지니는지를 조사하는 예. 서비스를 통과하는 경로(왼쪽)와 dingo 서비스를 통과하는 경로(오른쪽)만 보여준다. 모든 경로는 굵은 선으로 표시된 초점 서비스인 shrimp를 통과한다.

이 툴에서 선택된 서비스를 통과하는 모든 추적 결과와 관련이 없는 서비스들은 희미하게 표시해서 필터링을 적용했다. 예제를 보면 seagull 서비스에서 시작한 요청들만 dog 서비스에 도달한다. 반면 dingo 서비스에서 시작한 요청들은 전혀 다른 콜 그래프를 만들어낸다는 사실을 알 수 있다.

한편 그래프에 나와 있는 것처럼 서비스 레벨이 아닌 엔드포인트 레벨에서 종속성 그래프를 보여주는 용도로 이 툴을 변경할 수 있다. 이를 위해 모든 서비스 및 엔드포인트 조합을 위한 개별 노드를 생성한다. 이렇게 생성한 그래프는 대체로 규모가 상당히 커서 시각화 결과를 한 번에 보기가 어렵고 위아래로 스크롤해야 한다. 그러나 서비스 간의 인터랙션 전체를 파악해야 할 경우 훌륭한 상세 정보를 제공한다.

이 툴이 초점 서비스뿐만 아니라 매칭되는 서비스도 강조해서 보여주면 좋을 것이다. 경로 필터는 사실 서브스트링 (substring) 탐색 문제다. 따라서 두 개 이상의 서비스에 매칭될 수 있다.

끝으로, 이러한 그래프에는 특정 경로 또는 대기 시간 백분위 수를 통과하는 초당 요청과 같은 성능 메트릭을 첨가할 수 있다. 성능 측정치를 통해 조사가 필요한 문제 있는 영역을 빠르게 강조 표시할 수 있다.

아키텍처상의 문제점 탐지

때때로 조직이 마이크로서비스를 채택하고 기존의 일체형 시스템을 분해하려고 할 때 서로 밀접하게 상호 연결돼 있고 종속성을 지닌 여러 마이크로서비스로 구성된 '분산형 일체형 애플리케이션(모놀리스)'으로 끝나는 경우가 있다. 이는 비공개 메서드 내지는 어떤 형태의 캡슐화도 없이 원래의 모놀리식 시스템을 설계하는 것과 같다. 이렇게 만들면 모든 컴포넌트가 다른 모든 컴포넌트를 호출할 수 있다. 이처럼 전체 시스템에 바로 접근할 수 있는 방식은 조직이 초기 단계에서 빠르게 움직일 수 있게 해준다. 하지만 결국 상호 종속성이 추가되면서 복잡도가 증가해서 개발자의 발목을 잡고 속도도 느려질 수밖에 없다. 왜냐하면 임의의 서비스에 대한 사소한 변경이 아키텍처 전체에 큰 파급 효과를 일으킬지 누구도 알 수 없기 때문이다.

기본적인 쌍별(pairwise) 그래프일 경우에도 서비스 그래프는 서비스 간의 높은 연결성을 잘 표현할 수 있다. 또한 거의 완전하게 연결된 그래프에서 나타날 수 있는 아키텍처 문제를 강조하고 고치는 데 매우 효과적일 수 있다.

예를 들어, 결제 및 주문 이행처럼 동일한 비즈니스 도메인에 속한 서비스들 사이에 더 높은 선호도를 유지할 수 있다. 동시에 다른 도메인에 있는 서비스 간의 연결을 줄이고 잘 정의된 API 게이트웨이를 통해 모든 요청을 프락시화할 수 있다(그림 9.5).

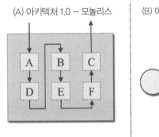
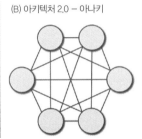
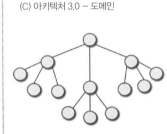

그림 9.5 (A) 모놀리식 구조로 시작한 애플리케이션. (B) 애플리케이션이 마이크로서비스로 진화한다. 그러나 경계가 명확하지 않아서 거의 모든 서비스가 연결돼 있는 '분산형 모놀리식' 구조다. (C) 애플리케이션이 명확한 API와 경계를 가지고 비즈니스 도메인으로 구성돼 있다.

성능 분석

애플리케이션 성능 분석을 위해 추적 데이터를 사용하는 것은 분산 추적의 전형적인 사례다. 추적을 통해 다음과 같은 애플리케이션 성능의 다양한 측면을 조사할 수 있다.

- **가용성**: 애플리케이션이 최종 사용자 쿼리에 응답하는가? 애플리케이션이 최종 사용자에게 응답하지 않거나 중단됐을 경우, 복잡한 아키텍처에서 문제가 있는 위치를 정확히 찾아내기 위해 추적 기술을 사용할 수 있다.

- **정확성**: 애플리케이션이 정확한 답을 제공하는가? 예를 들어, 차량 공유 모바일 앱을 이용해 뉴욕 시내에서 차량을 호출하려고 하고 있고, '예상 도착 시간 55분'이라고 시스템이 응답했다면 이 응답의 정확성이 의심스러울 것이다. 아마 시스템이 정확도는 높지만 속도가 느려 시간 내에 끝내지 못하는 알고리즘 기반의 마이크로서비스를 사용하려고 했을 것이고, 요청은 처리 속도는 빠르지만 정확도가 떨어지는 다른 마이크로서비스로 장애 조치를 취했을 것이다. 분산 추적을 통해 요청 경로를 따라 가면서 애플리케이션이 결정에 어떻게 도달했는지도 분석할 수 있다.

- **속도**: 애플리케이션이 쿼리에 얼마나 빨리 응답하는가? 수많은 서비스가 단일 요청에 응답하기 위해 함께 동작하는 복잡한 분산 애플리케이션의 대기 시간 프로파일을 파악하는 것은 매우 어렵다. 운영 환경에서 수집된 분산 추적은 지연 시간 질문에 응답하기 위한 최고의 툴이다.

앞에서 본 성능 측정기를 통한 성능 저하 '탐지(detecting)'는 '진단(diagnosing)' 문제와는 다르다는 점에 주의한다. 탐지는 샘플링 없이 높은 정확도의 측정값(telemetry)을 수집하는 측정 시스템을 통해 이뤄진다. 그러나 측정 시스템에서는 기록 비용을 최소화하기 위해 집계가 집중적으로 이뤄진다. 집계는 모니터링 및 경고에 유용하지만 문제를 설명하는 데는 효과적이지 않다. 이번 절에서는 분산 추적을 이용해 애플리케이션의 성능을 분석하는 몇 가지 기법을 설명하겠다.

임계 경로 분석

많은 추적 툴이 추적에서 '임계 경로'를 분석할 수 있는 기능을 제공한다(안타깝게도 예거와 집킨에는 현재 이 기능이 없다). 이것은 병렬 실행의 개별 구성 요소가 전반적인 분산 트랜잭션의 전체적인 종단 간 지연 시간에 미치는 영향을 이해하는 데 사용되는 고전적인 기법이다. 미스터리 머신 논문(Mystery Machine paper)[5]에서는 임계 경로를 다음과 같이 정의했다.

> *"임계 경로는 종단 간 대기 시간의 차분 증가폭과 동일한 크기로 세그먼트 실행 시간의 차분 증가폭이 나타나는 세그먼트 세트로 정의한다."*

즉, 트랜잭션의 전체 지속 시간에 영향을 주지 않고 추적에서 특정 스팬의 지속 시간을 늘릴 수 있다면 이 스팬은 임계 경로에 있는 것이 아니다. 추적을 분석할 때 우리는 임계 경로에 있는 스팬을 관심 있게 다룬다. 임계 경로에 있는 스팬을 최적화하는 것이 그리 유용하지는 않아도 최적화를 통해 전체적인 대기 시간을 줄일 수 있기 때문이다.

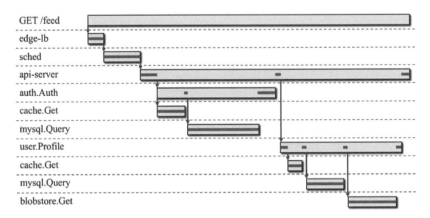

그림 9.6 임계 경로의 예. 스팬 중심에 빨간색 막대로 표시된다.
소셜 미디어 웹사이트를 대상으로 한 가상 추적 결과.

그림 9.6은 임계 경로가 소셜 미디어 웹 사이트에서 가상 추적을 찾는 방법의 예다. 임계 경로를 통해 전체 추적을 파악할 수 있을 뿐만 아니라 현재 시각화 결과를 확대/축소할 수도 있다. 예를 들어, 전체 추적을 보면 나머지 시간은 다운스트림 호출로 소요되기 때문에 api-server 스팬의 일부만 임계 경로로 표시돼 있다. 그러나 상위 3개 서비스를 통한 임계 경로에 집중하기 위해 해당 스팬의 모든 세부 사항을 접으면 전체 api-server 스팬이 임계 경로 일부가 된다(그림 9.7).

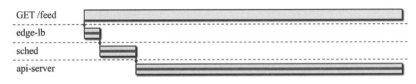

그림 9.7 api-server 스팬의 전체 세부 사항을 접었을 때 임계 경로의 변화

임계 경로 시각화를 사용해 요청의 전체적인 종단 간 지연 시간을 개선하려면 어떻게 해야 할까?

- 임계 경로에서 벗어나는 모든 스팬을 무시할 수 있다. 최적화를 수행한다고 해서 지연 시간이 줄어들지 않는다.

- 임계 경로에서 가장 긴 스팬을 찾을 수 있다. 앞의 예에서 특정 스팬의 지속 시간을 50%까지 줄일 수 있다면 첫 번째 mysql.Query 스팬에 이를 적용해 전체적인 종단 간 지연 시간을 줄이는 데 가장 큰 영향을 줄 수 있을 것이다.

- 끝으로, 여러 유사 추적에서 임계 경로를 분석하고 임계 경로의 가장 큰 평균 백분율을 나타내는 스팬 또는 임계 경로에서 다른 경로보다 더 자주 발견되는 스팬에 주의를 기울일 수 있다. 이렇게 하면 이상치로 판명될 특정 스팬을 최적화하느라 시간을 소비하는 상황을 줄일 수 있다.

임계 경로의 체계적인 분석은 시스템의 장기적인 안정성에 매우 중요하다. 추적 및 성능 프로파일링 문제를 담당하는 구글 엔지니어인 자아나 B. 도간(Jaana B. Dogan)은 Velocity NYC 2018 콘퍼런스[6]의 기조 연설에서 **CPDD(Critical Path Driven Development)**라는 새로운 용어를 제시했다. 자아나는 대규모 아키텍처에서 모든 단일 서비스의 가용성이 그 자체로는 목표가 아니라는 것을 관찰했다.

최종 사용자 관점에서 시스템을 보는 것, 최종 사용자의 요청에 대한 임계 경로상에 있는 서비스가 사용 가능하고 효율적인지 확인하는 것이 더욱 중요하다. CPDD에서 엔지니어링 업무의 기본 요건은 다음과 같다.

- 임계 경로를 자동으로 발견
- 임계 경로를 안정적이고 빠르게 만들기
- 운영 환경에서 임계 경로를 디버깅 가능하게 만들기

분산 추적 같은 툴이 이러한 업무를 달성하는 데 중요한 역할을 한다.

추적 패턴의 인식

데이터 추적에서 혜택을 얻는 가장 간단한 방법으로 성능 문제를 나타내는 특정 추적 패턴을 찾는 방법을 생각해 볼 수 있다. 이러한 패턴은 시각적이고 사람의 뇌는 시각적 정보를 신속하게 분석하는 데 능하므로 매우 효과적이다. 이는 위브웍스(Weaveworks) 엔지니어 브라이언 보어햄(Bryan Boreham)이 KubeCon EU 2018에서 발표한 내용에서 영감을 얻었다. 브라이언은 분산 추적에 대한 경험에서 얻은 일부 패턴을 공유했다[6].

에러 마커 탐색

2장에서 본 HotROD 애플리케이션의 추적을 다시 한 번 생각해 보자. 예거가 스팬에 error 태그가 있는 경우 빨간색 원 안에 흰색 느낌표 형태로 스팬을 강조 표시했다. 장애가 발생했을 경우 이러한 마커를 통해 아키텍처에서 문제가 있는 영역을 빠르게 확인할 수 있다. HotROD 추적의 경우, 레디스에 대한 13

건의 요청 중 3건의 타임아웃 요청은 애플리케이션이 드라이버를 로딩하기 위한 작업 전체를 완료하기 위해 들인 시간의 40% 이상에 해당한다. 간혹 실행 과정에서 에러를 감지하기도 한다. 즉, 이전 요청이 잘못된 응답을 리턴해서 후속 실행이 실패하고 에러 태그로 스팬을 주석 처리할 수 있으므로 해당 상황을 예의 주시할 필요가 있다. 그렇더라도 에러 마커를 시각화하면 추적 과정에서 주의 깊게 들여다 볼 영역이 어디인지 빠르게 알 수 있다.

그림 9.8 스팬에 있는 에러 마커는 보통 실행 중 발생한 문제를 가리킨다.

임계 경로상의 최장 스팬 탐색

앞에서 설명한 것처럼 추적을 통해 임계 경로를 식별하면 성능의 병목 현상을 없앨 수 있다. 그림 9.9의 **작업 B** 스팬과 같이 임계 경로상의 최장 스팬을 검사하고 최적화하면 다른 두 작업의 스팬을 최적화하는 대신 전체 요청 대기 시간에서 가장 큰 이득을 얻을 수 있다.

그림 9.9 최적화를 위한 첫 번째 후보로 임계 경로상에서 최장 스팬을 탐색하는 예

누락된 상세 정보 탐색

때로는 그림 9.10과 같은 추적 사례도 있다. 서버가 **작업 A**와 **작업 B** 사이 CPU에서 실제 작업을 수행하는 것이 가능하지만, 이 패턴은 계측기가 누락됐음을 나타내는 경우가 많다. 서버가 데이터베이스 쿼리를 기다리고 있고 데이터베이스 드라이버가 추적을 위한 준비가 되지 않았을 수 있다. 서버가 그 시간 동안 일부 내부 계산을 수행 중임을 알고 있는 경우, 적절하게 명명된 스팬을 추가하면 다음 사용자가 추적을 훨씬 쉽게 읽을 수 있다.

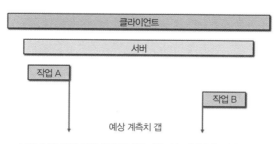

그림 9.10 실행 중인 스팬의 갭은 계측이 누락됐음을 의미한다.

순차적 실행 또는 '계단식' 실행을 피하라

2장에서 레디스에 대한 호출이 순차적으로 수행된 HotROD 추적을 통해 이 패턴의 예를 봤다. 이러한 경우 추적이 쉽게 탐지할 수 없는 '계단식(staircase)' 패턴을 갖게 되는데, 이는 종종 최적에 준하는 실행을 의미한다. 물론 알고리즘이 순차적으로 태스크를 실행해야 하는 상황이 있다. 하지만 통상 이 패턴은 디자인상의 실수일 수도 있고 단순히 추상화 레이어에 의해 만들어진 마스킹 버그일 수 있다. 예를 들면 **ORM(object-relational mapping)** 라이브러리를 이용했을 때 '계단식' 패턴이 생성되는 경우가 많다. 이러한 상황이 발생하게 구현한 개발자가 없는데도 말이다. 상위 레벨의 코드는 논리적으로 오류가 없는 것처럼 보인다(예: 쿼리 결과를 순회). 그러나 속을 들여다 보면 초기 쿼리에서 로드되지 않았던 개체들의 일부 필드를 생성하기 위해 ORM 라이브러리가 반복문의 각 반복 시행을 별도의 SQL 쿼리로 변환해서 일부 필드를 채웠을 수도 있다.

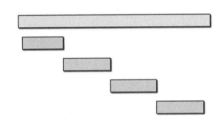

그림 9.11 순차적 실행 또는 '계단식' 실행은 통상 최적에 준하는 결과를 보여준다.

'계단식' 패턴을 피하는 방법은 시나리오에 따라 다양하다. HotROD의 경우 레디스에서 운전자 레코드를 한 번에 하나씩 로딩해야 하는 비즈니스 로직에 제한이 없다. 따라서 모든 요청은 병렬 처리가 가능하다. 또는 개별 서브 쿼리를 피하기 위해 데이터베이스 측면에서 많은 쿼리를 벌크 쿼리, 조인 연산으로 대체할 수 있다. 이러한 간단한 문제가 얼마나 자주 발생하는지, 추적을 통해 얼마나 쉽게 발견할 수 있는지, 그 결과로 얻을 수 있는 성능 향상이 얼마나 대단한지(예: 메뉴, 카탈로그 같은 화면에서 지연 시간이 수초 또는 수십 초에서 1초 미만으로 줄어드는) 등을 보면 놀라울 정도다.

정확하게 동시에 종료하는 경우를 주의하라

이 패턴의 경우 언제나 실제 문제를 나타내지는 않지만 숨겨진 내용이 상당히 많고 추가 조사가 필요하다. 모두 같은 시간(나노 초 수준까지 정확히 똑같지는 않겠지만 스팬의 상대적인 길이는 인지할 수 없을 정도)에 완료하는 일련의 스팬이 있다고 가정해 보자. 이것은 여러 작업이 통상 무작위성을 띠고 약간씩 다른 시간에 시작하고 완료하기 때문에 보기 드물게 높은 동시성을 지닌 동적 시스템이라 할 수 있다.

일련의 스팬이 '정확하게' 모두 같은 시간에 끝날 수 있는 원인은 무엇일까? 한 가지 가능성은 시스템이 취소에 대한 타임아웃을 지원하는 경우다. 그림 9.12에서 최상위 스팬은 4개의 작업이 끝날 때까지 기다렸다. 그러나 할당된 시간 내에 완료되지 않았기 때문에 취소되어 전체 요청을 중단했다. 이 시나리오에서는 타임아웃 파라미터를 조정하고 싶을 수도 있고, 개별 작업 단위가 예상보다 오래 걸리는 이유를 조사하고 싶을 수도 있다.

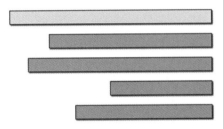

그림 9.12 정확하게 동시에 완료된 스팬들: 의심스러운 것이 진하게 표시돼 있다.

이 패턴을 관찰할 수 있는 또 다른 예는 리소스 경합이 있고 모든 요청은 일부 락(lock)이 걸린 상태에서 대기하는 경우다. 예를 들면 테이블에 락을 건 요청에 대한 실행 시간이 긴 데이터베이스 트랜잭션을 생각해볼 수 있다. 락이 풀리면 작업들을 신속하게 완료할 수 있다. 추가 계측을 반영해서 이 모든 스팬에 영향을 끼치는 것이 무엇인지 조사하고 싶을 수도 있다.

2장의 HotROD 애플리케이션에서 이러한 계측의 예를 본 적이 있다. 거기서 데이터베이스 스팬에는 로그 문이 포함돼 있는데, 그 로그 문은 락에서 대기 중이고 진행을 방해하는 다른 트랜잭션을 설명한다. 작업자 스팬을 작은 청크로 나누면 도움이 될 수도 있다. 전체 작업 단위를 하나의 스팬으로 표현했다고 해서 그것이 그 모든 시간에 CPU에서 실행되고 있었다는 뜻은 아니다. 뮤텍스에서 차단되는 것과 같은 상황은 추가 계측 없이는 추적에 반영되지 않는다. 공유 리소스를 중심으로 계측기를 향상시키면 작업이 진행되지 못하게 막는 것이 무엇인지 좀 더 명확하게 볼 수 있다.

모범 사례

앞에서 설명한 기법들은 일반적으로 우리가 해결하려는 문제를 나타내는 추적을 얻을 수 있다고 가정한다. 우버의 예거와 같은 추적 인프라가 불과 몇 시간도 안 걸려서 수집하는 수백 만의 데이터 사이에서 추적을 어떻게 찾을 수 있는지 알아보자.

평균 대기 시간과 같은 평균 성능 지표만 모니터링해서는 안 된다는 것은 **SRE(Site Reliability Engineering)** 분야에서 잘 알려진 사실 중 하나다. 그렇게 할 경우 많은 성능 이상치들이 잘 드러나지 않기 때문이다. 예를 들어, 사용자의 1%는 심각한 대기 시간과 응답 없는 애플리케이션을 경험할 수 있지만 평균 지연 시간은 목표 지연 시간을 넘지 않을 수 있다. 인터넷 규모로 봤을 때 사용자의 1%는 애플리케이션의 성능 저하로 인해 영향을 받는 사람의 수가 수 백만 명이라는 것을 의미한다. 대부분 모니터링 가이드라인은 p99, p99.9처럼 대기 시간을 높은 백분위 수로 모니터링할 것을 권장한다. 대기 시간에 대한 1초의 p99.9 값은 사용자의 99.9%가 1초 미만의 대기 시간을 경험한다는 것을 의미한다. 나머지 0.1%는 안타깝지만 요청 처리가 1초 이상 걸리며, 이런 것들이 우리가 찾아서 조사하려는 대표적인 추적에 대한 요청일 것이다.

1초 이상 걸리는 요청을 찾고 있으며 메트릭 대시보드처럼 비정상적인 대기 시간이 어느 시점에 발생했는지 안다고 해보자. 이때 충분히 캡처할 만큼 높은 샘플링 속도/비율을 가정한 상태에서 추적 시스템에 쿼리를 조회할 수 있다. 예를 들어, 예거 UI의 검색 패널을 사용하면 스팬의 정확한 범위와 기간을 지정할 수 있다. 그러나 수동으로 수행하는 작업은 지루한 프로세스이며, 1분마다 시스템 중단 상태에서 시도할 만한 성격의 작업이 아니다.

오늘날 일부 상용 추적 시스템은 '모범 사례(exemplars)'라는 좀 더 사용자 친화적인 인터페이스를 제공한다. 그것은 동일한 엔드포인트에 대한 스팬의 예와 엔드포인트의 p99 대기 시간 같은 관측된 시계열의 전통적인 그래프 시각화를 결합해서 동일한 그래프에 점으로 표시한다(스팬의 시작 타임스탬프는 x좌표, 지속시간은 y좌표로). 시계열 그래프를 사용하면 대기 시간의 비정상적인 스파이크를 쉽게 발견할 수 있으며, 그래프의 해당 영역에서 빠르게 탐색해서 샘플 추적을 수행할 수 있다.

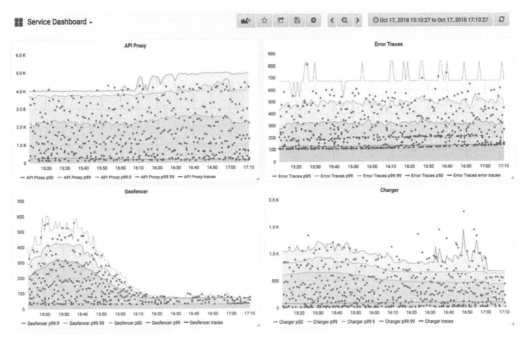

그림 9.13 그라파나 대시보드의 모습.
시계열 그래프 상단에 추적 샘플(점)이 중첩돼 있다.

추적 모범 사례와 시계열 그래프를 조합하는 것은 성능 저하를 나타내는 관련 추적을 쉽게 찾을 수 있을 뿐더러, 온콜(on-call) 워크플로 및 대시보드 정보를 표시해서 시스템 추적 기능을 엔지니어에게 가르쳐줄 수 있는 훌륭한 방법이다.

지연 시간 히스토그램

시스템이 더 복잡해지면서 시간 지연을 높은 백분위 수로 설정하고 모니터링하는 것만으로는 충분치 않게 됐다. 호출기(caller) 서비스 또는 요청과 연결할 수 있는 다른 차원(예: 고객 계정)에 따라 서비스의 동일한 엔드포인트에 대한 요청이 근본적으로 다른 성능 프로필을 나타내는 것은 흔한 일이다. 이러한 성능 프로파일은 분산 시스템에서 다양한 동작을 나타내므로 (아무리 백분위 수가 높더라도) 단일 백분위로 성능을 측정해서는 안 되며, 일단 숫자의 분포부터 조사한다. 지연 시간 히스토그램 그래프는 추적 데이터를 기반으로 그래프를 보여줄 수 있는 실제 성능 분포의 실질적인 근삿값이다. 시스템의 다른 동작은 보통 정규 분포의 종 모양이 아닌 여러 모달 분포를 갖는 다중 모달 분포에서 자주 나타난다.

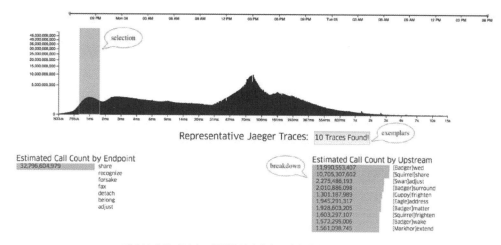

그림 9.14 추적 데이터로 생성한 인터랙티브 지연 시간 히스토그램 그래프

KubeCon/CloudNativeCon NA 2017의 예거 살롱(Jaeger Salon)에서 우버 팀은 운영 시스템의 추적을 집계하고 특정 서비스 및 엔드포인트에 대한 지연 시간 히스토그램을 생성하기 위해 개발한 내부 툴을 시연했다(그림 9.14). 지연 시간 관찰값의 전체 범위는 x축으로 표시되며, 여러 버킷으로 세분화돼 있다. 특정 시간 윈도우에서 특정 버킷의 시간 지연을 가진 서비스/엔드포인트에 대한 호출 횟수는 y축으로 표시된다. 추적이 샘플링되고 있으므로, 호출 횟수는 수집된 추적의 실제 개수와 루트 스팬의 태그로 기록된 샘플링 확률을 가지고 외삽법을 통해 계산할 수 있다.

$$estimated\ call\ count = \frac{observed\ count\ of\ spans\ within\ latency\ bucket}{trace\ sampling\ probability}$$

히스토그램의 분포를 보면 지속시간이 짧은 경우(1~3ms)에서 여러 차례 높은 빈도를 나타내고 중간에 아주 크게 높은 빈도를 나타내며(70~100ms), 지속 시간이 최대 15초인 경우까지 긴 꼬리가 있는 다중 모달이다. 이 툴은 상단의 타임라인에서 슬라이더를 조정해서 시간을 옮길 수 있는 기능을 제공했다. 가장 중요한 점은 이 툴을 사용하면 배포판의 일부를 선택하고 업스트림 호출기가 호출 횟수를 분석할 수 있을뿐더러 선택한 시간 지연을 보여주는 샘플 추적을 보여준다는 것이다.

이 툴은 초기 프로토타입이었지만 이를 통해 시스템 내에서 비정상적인 동작을 시각화하고 조사할 수 있었다. 이를테면, 캐시 미스(cache miss)를 유발하는 거의 사용되지 않는 데이터를 쿼리해서 특정 호출기가 느린 응답을 일으키는 등의 경우를 생각해볼 수 있다.

최근 LightStep [x]PM이라는 추적 솔루션을 제공하는 업체인 라이트스텝에서는 히스토그램 시각화의 고급스럽고 세련된 버전인 Live View를 발표했다. 필터링 기능이 제한적이었던 우버의 프로토타입과 달리, Live View는 추적 스팬에 추가할 수 있는 사용자 정의 태그를 비롯해 여러 차원으로 데이터를 슬라이싱(slicing) 및 다이싱(dicing)할 수 있다.

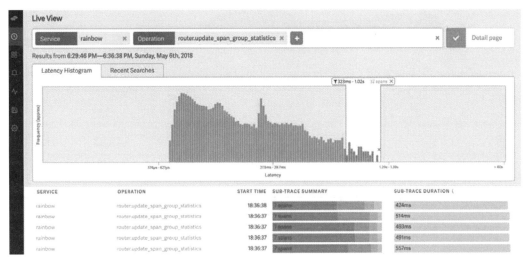

그림 9.15 라이트스텝의 Live View를 이용한 시간 지연 히스토그램 분석.
상단의 필터 상자를 사용해 데이터를 여러 차원으로 슬라이싱 및 다이싱할 수 있다.

시간 지연 히스토그램을 이용해 성능 문제를 조사하는 것은 분산 시스템의 복잡한 동작을 더 잘 이해하기 위해서라고 보면 된다. 추적의 사전 집계를 통해 분석할 가치가 있는 추적 정보를 바탕으로 결정을 내리고 임의의 이상치가 나타나지 않게 할 수 있다.

롱텀 프로파일링

사실 성능 최적화에서 완료란 있을 수 없다. 애플리케이션은 끊임없이 진화하고 새로운 기능을 개발해서 새로운 비즈니스 요구사항에 적응한다. 이로 인해 복잡성이 늘어나고 시스템에 예기치 않은 새로운 동작이 추가된다. 이전에 수행한 최적화 작업은 새로운 인터랙션으로 인해 더는 적용할 수 없는 상태이거나 성능 저하로 인해 폐기될 수 있다. 롱텀 프로파일링을 이용하면 실제 문제가 일어나기 전에 성능 저하를 점검하고 조기에 감지해서 해결할 수 있다.

롱텀 프로파일링을 위한 가장 간단한 단계는 성능 추세를 모니터링하는 것이다. 오늘 엔드포인트 대기 시간의 상위 99.9%를 그래프에 표시하고 전 달 캡처한 플롯과 비교했을 때 최근 그래프가 꾸준히 높아지는 것이 보이는가? 만약 그렇다면 성능 저하가 일어나고 있는 것이다. 그러나 2개의 수를 비교하는 것보다 히스토그램을 통해 대기 시간 분포를 비교하는 것이 더 잘 알 수 있는 방법이다. 오늘 자 히스토그램이 긴 꼬리 쪽으로 이동하는 것이 보이는가? 그렇다면 역시 성능 저하가 일어나는 것이다. 분포상에 과거에 없었던 새로운 모드일 수도 있다.

집계 추적 데이터를 통한 추세 모니터링은 성능 저하에 대해 알려주는 것 외에도 변경 사항의 근본 원인에 대한 통찰력을 제공하기 때문에 기존 측정보다 확실한 이점이 있다. 핀터레스트 엔지니어인 나오만 아바스(Naoman Abbas)는 Velocity NYC 2018에서 성능에 대한 추세를 이해하기 위해 적용한 두 가지 분석 기법을 발표했다[9].

그중 하나는 오프라인 분석기다. 오프라인 분석기는 추적 모양과 두 개의 타임프레임에 대한 설명을 입력으로 받는다. 그런 다음, 관찰 추적 수, 관련 서비스 개수, 개별 연산의 자체 대기 시간의 평균 `같은 특정 누적 통계치를 계산하는 각각의 타임프레임에 걸쳐 집계를 수행한다. 이들 결과를 비교해서 엔지니어들은 아키텍처에서 특정 변경 사항이 성능 저하에 영향을 끼칠 수 있다는 가설을 세울 수 있다. 그런 다음 더 자세한 필터링 기준으로 분석기를 다시 실행해 이러한 가설을 테스트할 수 있다.

두 번째 방법은 전체 수집된 추적 결과에서 피처를 실시간으로 추출하는 것과 관련된 기법이다. 예를 들어 백엔드 스팬에서 소요된 누적 시간과 네트워크에서 대기 시간을 비교하는 경우, 또는 추적 결과에서 (필터링 및 분석 용도로) 추가 차원을 추출하느라 소요된 누적 시간과 백엔드 스팬의 누적 소요 시간을 비교하는 경우를 생각해볼 수 있다. 조금 더 구체적인 예로 요청을 실행하는 클라이언트 애플리케이션 (안드로이드나 iOS 앱)이나 요청이 발생한 국가 등이 있다. 이들에 대해서는 12장 '데이터 마이닝을 통한 통찰력 수집'에서 더 자세히 알아보겠다.

정리

이번 장에서는 복잡한 분산 시스템을 분석하고 이해하기 위해 추적 데이터를 사용할 수 있는 모든 측면을 대략적으로 살펴봤다. 결국 가장 많이 채택되는 종단 간 추적을 이용해 업계의 소프트웨어 엔지니어와 학계의 컴퓨터 과학자들이 더욱 흥미롭고 혁신적인 기법과 애플리케이션을 개발할 수 있을 것이라 확신한다. 뒤에서 더 많은 아이디어를 살펴볼 텐데, 그중에는 추적 데이터 자체를 기반으로 하는 것도 있고, 추적 인프라를 통해 만들 수 있는 것도 있다.

참고 자료

1. Ben Sigelman. "오픈트레이싱: 마이크로서비스를 위한 등불 켜기(Turning the Lights on for Microservices)". Cloud Native Computing Foundation Blog:

2. https://www.cncf.io/blog/2016/10/20/opentracing-turning-the-lights-on-for-microservices/

3. 위브웍스 스코프(Weaveworks Scope): https://github.com/weaveworks/scope

4. 카이알리: 이스티오 서비스 메시를 위한 관찰성(Kiali: observability for the Istio service mesh): https://kiali.io

5. Vizceral: 애니메이션 기반 트래픽 그래프 시각화 도구(animated traffic graphs): https://github.com/Netflix/vizceral

6. Michael Chow, David Meisner, Jason Flinn, Daniel Peek, Thomas F. Wenisch. "미스터리 머신: 대규모 인터넷 서비스의 종단 간 성능 분석". Proceedings of the 11th USENIX Symposium on Operating Systems Design and Implementation. October 6-8, 2014.

7. Jaana B. Dogan. "임계 경로 주도 개발(Critical path driven development)". Velocity NYC 2018: https://conferences.oreilly.com/velocity/vl-ny/public/schedule/detail/71060

8. Bryan Boreham. "번개처럼 빠르게 사용자 쿼리를 전달하기 위한 예거와 프로메테우스 사용 방법(How We Used Jaeger and Prometheus to Deliver Lightning-Fast User Queries)". KubeCon EU 2018: https://youtu.be/qg0ENOdP1Lo?t=1094

9. Ben Sigelman. "성능은 숫자가 아닌 형상이다(Performance is a Shape, Not a Number)". Lightstep Blog, May 8, 2018: https://lightstep.com/blog/performance-is-a-shape-not-a-number/

10. Naoman Abbas. "성능 및 운영상의 도전 과제를 해결하기 위한 분산 추적 데이터 이용(Using distributed trace data to solve performance and operational challenges)". Velocity NYC 2018: https://conferences.oreilly.com/velocity/vl-ny/public/schedule/detail/70035

10

분산 컨텍스트
전파

3장 '분산 추적의 핵심'에서 오늘날 대부분 추적 시스템이 원인을 나타내는 메타데이터 전파를 사용하고 있다고 배웠다. 이러한 전파 기법을 분산 컨텍스트 전파라고 하며, 추적 이벤트를 개별 실행과 연관시키기 위한 기본이다. 추적 데이터 컬렉션과는 달리 컨텍스트 전파 메커니즘은 항상 요청에 대해 100% 동작한다. 심지어 샘플링 결정을 해야 할 경우에도 그렇다. 4장 '오픈트레이싱을 이용한 계측 기초'와 5장 '비동기 애플리케이션의 계측'에서는 추적 계측 API를 알아봤다. 아울러 애플리케이션에서 컨텍스트 전파를 어떻게 구현하는지도 간단히 다뤘다.

앞에서 추적과 전혀 관련이 없는 기능을 구현하기 위해 일반적인 용도의 컨텍스트 전파 형태인 오픈트레이싱 배기지를 사용했다. 여기서 '추적과 전혀 관련이 없는 기능'의 예로는 요청의 특정 서브세트(예: 2장의 HotROD 데모에서 특정 고객으로부터 들어오는 요청)에 대한 측정값 수집하기, 호출 그래프를 통해 특정 데이터를 투명하게 전달하기(4장 참조), 메타데이터 기반의 서비스 메시를 이용해 라우팅 결정하기(7장 참조) 등이 있다.

알다시피 추적 인프라의 최상위 레벨에서 구현 가능한 컨텍스트 전파와 관련된 유용한 응용 사례들이 많이 있다. 이번 장에서 이 중 몇 가지를 살펴볼 것이다. 하지만 먼저 다음과 같은 질문을 하고 싶다. 다른 기능과 더불어 전체적인 종단 간 추적을 컨텍스트 전파 '위에' 구현해야 할 경우 컨텍스트 전파가 추적 API와 함께 번들로 제공되는 대신 별도의 계측 레이어가 돼야 하지 않을까? 뒤에서 설명하겠지만 이 질문의 답은 '그렇다'이다. 이론적으로는 분리할 수 있다. 하지만 실제로는 미묘한 차이가 있으며 추적 기능을 번들로 제공해야 하는 타당한 이유가 있다.

추적 컨텍스트 전파 메커니즘은 추적 데이터 수집에 영향을 주는 샘플링 결정에 관계없이 모든 요청에 대해 항상 활성화돼 있다.

브라운 추적 플레인

브라운 대학교의 로드리고 폰세카(Rodrigo Fonseca) 교수 팀은 이벤트 기반 추적 시스템인 X-Trace[1]와 모니터링 프레임워크인 Pivot Tracing[2]의 개발 등 분산 추적에 관해 많은 연구를 수행했다. 이번 장에서는 X-Trace와 Pivot Tracing에 관해 자세히 알아본다. 그들은 다른 프로젝트에서 빌드한 핵심 제네릭 메타데이터 전파를 제공하는 컴포넌트 공유 집합(또는 '배기지')인 추적 플레인[3]도 개발했다. 이번 장에서 살펴볼 추적 플레인은 최근 들어 훨씬 더 원론적인 방식으로 범용화됐다.

분산 시스템에서 리소스 계정에 대한 테넌트 ID 사용 및 구성요소 전반에 걸쳐 조정된 스케줄링 결정, 실패 테스트 및 분산 디버깅을 위한 타기팅 명령어 전파, 보안 정책 위반 탐지를 위한 오염(taint) 추적 등 종단 간 실행의 분석 및 관리에 초점을 맞춘 기존의 많은 '크로스커팅(cross-cutting)' 툴을 고려할 때 범용 컨텍스트 전파 프레임워크의 필요성은 명확하다. 자세한 내용은 2장 'HotROD 승차 추적하기' 및 브라운 대학교의 조너선 메이스(Jonathan Mace)의 박사학위 논문[5]을 참고하기 바란다.

이러한 도구는 큰 잠재력과 유용성에도 불구하고 기존의 분산 시스템, 특히 마이크로서비스를 기반으로 하는 시스템에 배포하기가 어렵다. 왜냐하면 추적 시스템과 마찬가지로 애플리케이션 소스코드를 수정해야 할 수도 있기 때문이다. 변경 사항은 보통 논리적으로 메타데이터를 전파하는 데 사용되는 코드와 특정 복합 기능 툴의 로직이라는 두 부분으로 나눌 수 있다.

컨텍스트 전파는 대개 툴과 독립적이다. 스레드, 큐, RPC, 메시징 프레임워크 같은 애플리케이션의 구조와 동시성 모델에만 의존한다. 크로스커팅 툴 로직은 일반적으로 툴이 전파해야 하는 메타데이터의 정확한 시맨틱과 관련되지만, 전파 메커니즘 자체는 관련이 없다.

전통적으로 툴 계측은 앞에서 설명한 추적 계측의 경우처럼 메타데이터 전파 로직과 밀접하게 얽혀 있다. 결합도가 강할 경우 복합 기능 툴의 배포가 더 어려워진다. 툴 제작자가 툴 자체의 로직도 알아야 하고 메타데이터 전파가 제대로 구현돼 있는지 확인하기 위해 애플리케이션의 로직 및 동시성 모델도 알아야 하기 때문이다. 또 여러 툴 간의 전파 로직의 재사용 측면에서 결합도는 방해 요인이다.

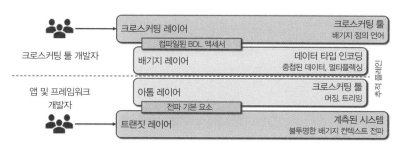

그림 10.1 추적 평면의 레이어 기반 설계

추적 평면은 계층적 아키텍처를 제공함으로써 크로스커팅 툴 계측에서 메타데이터 전파를 분리한다. 아키텍처의 최상단에는 **크로스커팅 레이어(Cross-Cutting Layer)**가 있으며 이는 종단 간 추적 같은 실제 툴의 계층을 표현한다. 각 툴에는 추적을 위한 스팬 ID와 추적 ID 같은, 전파가 필요한 자체 메타데이터가 있다. 이 툴은 프로토콜 버퍼 정의 언어와 유사한 **BDL(Baggage Definition Language)**을 사용해 메타데이터에 대한 스키마를 정의한다. 예거 같은 추적 툴에서는 다음과 같이 배기지 스키마를 정의할 수 있다.

```
bag TracingTool {
    int64 traceID = 0;
    int64 spanID = 1;
    bool  sampled = 2;
}
```

추적 평면 프로젝트에서는 BDL을 다른 프로그래밍 언어로 변환하는 컴파일러를 제공한다. 컴파일러는 배기지에 있는 데이터에 접근하고 조작하기 위한 인터페이스를 생성한다. 예를 들면 다음과 같다.

```
tt := TracingTool.ReadFrom(baggageCtx)
tt.SetSpanID(123)
```

배기지 레이어(Baggage Layer)는 추적 평면의 최상위 레이어다. 구조화된 방식으로 메타데이터에 접근할 수 있는 크로스커팅 레이어를 제공한다. 그리고 데이터 타입을 크로스 플랫폼 이진 포맷으로 인코딩하고 중첩된 데이터 타입을 처리한다. 그뿐만 아니라 여러 크로스커팅 툴이 단일 배기지 컨텍스트(멀티플렉싱) 내의 고유한 메타데이터를 별도의 네임스페이스에 유지할 수 있게 한다. 배기지 레이어는 최상위 레벨 툴이 하위의 **아톰 레이어(Atom Layer)**에 직접 접근할 수 있기 때문에 필수 구성 요소는 아니다. 하지만 그렇게 되면 해당 툴은 하위 레벨 바이너리 데이터에 대해서도 작동해야 할 것이다.

아톰 레이어는 핵심 컨텍스트 전파 계층이다. 여기에는 배기지 컨텍스트에 저장된 메타데이터의 의미에 대한 지식이 없다. 따라서 불투명한 이진 데이터로 취급한다. 아톰 레이어는 다음과 같은 5가지 연산을 갖추고 있다.

```
Serialize(BaggageContext): Bytes
Deserialize(Bytes): BaggageContext
Branch(BaggageContext): BaggageContext
Merge(BaggageContext, BaggageContext): BaggageContext
Trim(BaggageContext): BaggageContext
```

처음 두 연산은 가령 HTTP 헤더를 통한 RPC 요청의 일부로 실행이 프로세스 간에 이뤄질 때 배기지를 인코딩 및 디코딩하는 데 사용된다. Branch와 Merge 연산은 실행이 여러 분기(로컬 분기 또는 발신 RPC 요청)로 분할된 다음 다시 결합될 때 사용된다. Merge 연산에는 두 가지 컨텍스트에서 배기지를 병합하는 구체적인 의미가 담겨 있다. 자세한 내용은 이 책에서 다루지 않는다(관련 문서를 참고하기 바란다).

Trim은 레거시 시스템 및 독점 프로토콜에서 흔히 발생하는 요청 메타데이터의 크기를 제한하는 프로토콜을 통해 통신할 때 배기지 컨텍스트 크기에 제약이 있는 경우에 사용된다.

아톰 레이어의 연산들은 **트랜짓 레이어(Transit Layer)**에서 사용된다. 이 레이어 자체는 추적 평면 프레임워크의 일부가 아니다. 애플리케이션 개발자와 프레임워크 개발자가 배기지 컨텍스트를 조작하기 위해 제작한 실제 계측 툴이다. 이들 개발자는 스레딩 및 큐잉 모델의 동시성 시맨틱 내지는 RPC 구현의 세부사항 같은 애플리케이션 및 프레임워크의 입출력 기능을 알고 있다. 그러나 그들은 배기지 컨텍스트의 내용에 대해 알 필요가 없는데, 이는 다른 크로스커팅 툴이 트랜짓 레이어의 계측을 기반으로 구축될 수 있게 한다.

이 책의 4장 '오픈트레이싱을 이용한 계측 기초'를 공부했다면 아마도 오픈트레이싱과 몇 가지 유사한 점을 찾았을 것이다.

- Tracer 인터페이스의 Inject()와 Extract() 연산은 아톰 레이어 추적 평면의 Serialize()와 Deserialize() 연산과 비슷하다. 전송 프로토콜에 영향을 받지 않게 하기 위해 추적 평면은 배기지의 이진 인코딩만 사용하며, 오픈트레이싱은 텍스트 기반 표현을 허용한다.

- 오픈트레이싱에서 새로운 하위 스팬을 시작하는 것은 새 스팬이 상위 스팬과 별도로 전파되는 배기지의 복사본을 수신하기 때문에 Branch() 연산에 상응한다. 오픈트레이싱은 역방향 전파(예: RPC 응답 헤더를 통한)를 지원하지 않으며, 하나 이상의 상위 참조가 있는 스팬이 생성될 때 배기지 병합에 대한 명확한 시맨틱을 정의하지 않는다. 따라서 Merge() 연산에 상응하는 기능은 없다. Trim() 연산 역시 오픈트레이싱에 명시적으로 정의돼 있지 않다.

- 스팬 API는 종단 간 추적 영역에 특화된 크로스커팅 레이어로 매핑된다.

- 애플리케이션 내부의 오픈트레이싱 계측은 트랜짓 레이어와 대응된다. 여기서는 통신 포맷의 컨텍스트를 인코딩 및 디코딩하기 위해 인젝션 및 추출 메서드의 조합을 사용한다. 또한 프로세스 내에 있는 컨텍스트를 전파하기 위해 **scope API**와 **scope manager API**를 사용한다(4장 '오픈트레이싱을 이용한 계측 기초' 참조).

- 스팬상에서 SetBaggateItem()과 GetBaggageItem() 메서드는 대개 아톰 레이어의 나머지 부분에 해당한다. 오픈트레이싱 배기지는 문자열만 지원하기 때문에 다양한 메타데이터를 나타내기 위한 복합 데이터 타입이나 네임스페이스를 갖춘 배기지 레이어가 없다.

이 시점에서 한 가지 나올 만한 질문은 추적 평면과 비슷한 계층화된 아키텍처를 이용해 (다른 추적 API과 더불어) 오픈트레이싱이 구현되지 않은 이유는 무엇일까 라는 것이다. 역설적이게도 당시에는 이 아키텍처가 발명되지 않았기 때문에 이 아키텍처를 사용하지는 않았지만, 나중에 실제로 오픈트레이싱이 된 것의 최초 반복을 **분산 컨텍스트 전파**(Distributed Context Propagation, DCP)라고 불렀다. 이후, 저자들이 프로젝트의 주된 이유가 '분산 추적'을 하기 위한 것이라는 것을 깨닫고, 전형적으로 화이트박스 계측의 복잡성이라는 진입 장벽을 줄임으로써 소프트웨어 개발자들이 보다 쉽게 접근할 수 있게 하기 위한 것이라는 것을 알게 되면서 오픈트레이싱으로 이름이 바뀌었다.

다음과 같은 오픈트레이싱 툴을 알아보자. 이것은 HTTP를 처리하는 미들웨어이며 Go 언어로 구현했다.

```
func MiddlewareFunc(
    tracer opentracing.Tracer,
    http.HandlerFunc,
) http.HandlerFunc {
    fn := func(w http.ResponseWriter, r *http.Request) {
        parent, _ := tracer.Extract(
            opentracing.HTTPHeaders,
            opentracing.HTTPHeadersCarrier(r.Header),
        )
        span := tracer.StartSpan(
            "HTTP " + r.Method, ext.RPCServerOption(parent),
        )
        defer sp.finish()
        ext.HTTPMethod.Set(span, r.Method)
        ext.HTTPUrl.Set(span, r.URL.String())
        ...
        ctx := opentracing.ContextWithSpan(r.Context(), span)
        h(w, r.WithContext(ctx))
        span.Finish()
    }
    return http.HandlerFunc(fn)
}
```

tracer.Extract()를 호출하는 것은 추적 평면에서 Deserialize()를 호출하는 것과 상응한다. 추적 동작을 유지하려면 tracer.StartSpan() 호출을 그대로 유지해야 한다. 그러나 필요한 시맨틱을 유지하려면 추적 평면의 Branch() 호출도 추가해야 한다. 바꿔 말하면, 공유 추적 평면 구현으로 컨텍스트 전파 동작을 추출하기 위해 두 가지 API 모두 적극적으로 사용해야 한다.

오픈트레이싱 API를 작업하는 추적 실무자들은 이렇게 할 경우 이미 심상치 않은 추적 계측을 더 복잡하게 만들 거라고 생각했다. 반면 배기지 전파 옵션을 제공하면서 추적 계측만 사용하는 데 초점을 맞추면 분산 추적을 도입하려는 조직에 훨씬 쉽게 다가갈 수 있었다. 뒤에서 설명하겠지만 오픈트레이싱 및 기타 추적 API에서 사용 가능한 제한된 버전의 배기지 지원 기능만으로도 여전히 수많은 크로스커팅 툴을 구현할 수 있다.

피벗 추적

피벗 추적(Pivot Tracing)[2]은 브라운 대학교의 또 다른 훌륭한 프로젝트로, **SOSP(Symposium on Operating Systems Principles) 2015** 학회에서 최우수 논문상을 수상했다. 피벗 추적은 사용자가 시스템의 한 지점에서 임의의 측정값들을 런타임에 정의한 다음, 리포팅을 위해 시스템의 다른 부분에 있는 이벤트로 이 측정값들을 선택, 필터링, 그룹화할 수 있게 함으로써 분산 시스템에 대한 동적 인과 관계 모니터링을 제공한다.

2장의 HotROD 예제에서는 HotROD를 추적하는 예제를 다뤘는데, 다운스트림 서비스에서 최단 경로를 계산하는 데 소요된 시간을 측정하고, 이를 호출 그래프에서 더 높게 정의된 customer ID로 넘겼다. 피벗 추적은 다음과 같이 완전히 새로운 차원에서 이를 처리한다.

- 코드 삽입을 통해 계측을 동적으로 만들기
- 동적 계측 정보를 제공하는 복잡한 쿼리 언어 지원

논문에서는 이 쿼리를 어떻게 평가하는지 설명했다.

```
FROM bytesRead IN DataNodeMetrics.incrBytesRead
JOIN client IN FIRST(ClientProtocols) ON client ⇒ bytesRead
GROUP BY client.procName
SELECT client.procName, SUM(bytesRead.delta)
```

이 쿼리는 HBase, 맵리듀스, HDFS 클라이언트를 실행하는 다른 클라이언트의 요청을 처리하는 HDFS 데이터 노드에 적용된다. 이 쿼리는 두 개의 추적 포인트에 있는 데이터를 다룬다. 하나는 스택의 맨 위에 있는 ClientProtocols로, 클라이언트의 유형 및 프로세스 이름을 캡처한다. 다른 하나는 스택의 맨 아래에 있는 데이터 노드에서 실행되는 DataNodeMetrics다. 이것은 특정 요청(incrBytesRead)에 대해 디스크에서 읽은 바이트 수를 포함한 다양한 통계치를 수집된다.

쿼리는 모든 요청을 client.procName으로 그룹화하고, 클라이언트당 총 디스크 사용량을 계산한다. HotROD 예제와 매우 비슷해 보이지만 HotROD에서는 소요된 시간 계산을 하드코딩했을 뿐만 아니라 수작업으로 메타데이터의 두 파라미터인 세션 ID와 고객 이름에 속성을 지정해야 했다. 예를 들어, 브라우저의 User-Agent 헤더 같은 다른 파라미터로 집계를 수행하려면 route 서비스의 코드를 변경해야 한다. 하지만 피벗 추적에서는 쿼리를 변경하기만 하면 된다!

피벗 추적의 또 다른 훌륭한 메커니즘은 쿼리에 ⇒ 기호로 표시돼 있는 인과적인 과거에 수행했던 조인 연산을 수행하는 기능이다. `DataNodeMetrics`와 `ClientProtocols` 모두 추적 포인트에 의해 생성된 이벤트 이며, 운영 시스템에서는 초당 수천 개의 이벤트를 생성할 것이다.

'과거에 수행했던' 조인 연산에서는 인과 관계가 있는 이벤트만 결합할 수 있다. 이 예에서는 디스크 읽기 를 유발하는 클라이언트 요청이 이 경우에 해당한다. 피벗 추적 구현에서 과거에 수행했던 조인 연산은 동일한 분산 트랜잭션에서 발생하는 이벤트로 제한됐다. 그러나 이론적으로는 인과 관계의 더 광범위한 정의로 확장될 수 있다. 예를 들면 다른 실행에 영향을 미치는 실행 이벤트 같은 것이 있다.

논문에서는 피벗 추적을 사용해 HDFS에서 성능 문제를 진단하고 구현상의 버그를 찾아내는 방법을 보 여준다. 피벗 추적 쿼리의 동적 특성을 바탕으로 문제의 근본 원인을 찾고 소프트웨어 버그를 보여줄 수 있을 수 있을 때까지 시스템에 반복적으로 특정 쿼리를 요청할 수 있다. 그리고 다양한 차원의 처리량 측 정 항목 및 결과를 그룹화할 수 있다. 더 자세한 내용은 직접 논문을 읽고 파악하기 바란다.

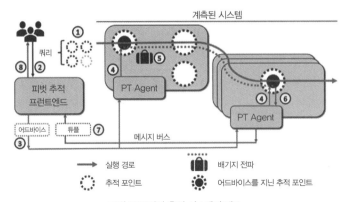

그림 10.2 피벗 추적 시스템의 개요

피벗 추적이 앞에서 설명한 모든 것을 어떻게 실현하는지 알아보자. 여기서 설명하는 시스템은 자바로 구현했으며 바이트코드 조작 및 추적 포인트 입력을 통해 애플리케이션을 동적으로 계측할 수 있게 한 다. 추적 포인트는 스코프 내 변수 같은 특정 속성을 포함하는 이벤트를 내보낸다. 피벗 추적은 코드상의 기존(영구적) 추적 포인트에서도 동작할 수 있다. 그림 10.2의 다이어그램은 쿼리를 평가하는 방법을 보 여준다.

1. 추적 포인트의 이벤트는 쿼리에 대한 어휘를 정의한다(예: 앞의 쿼리에서 사용된 `ClientProtocols` 이벤트와 `DataNodeMetrics.incrBytesRead` 및 procName과 delta 속성).

2. 연산자는 지원되는 어휘를 사용해 시스템에서 평가하려는 쿼리를 생성한다.

3. 피벗 추적 프런트엔드에서는 쿼리를 분석한 후 애플리케이션에 내장된 피벗 추적 에이전트에 배포되는 '어드바이스'라는 중간 표현으로 컴파일한다.

4. 에이전트는 추적 포인트에 동적으로 설치하는 코드를 어드바이스의 명령어에 매핑한다.

5. 실행이 추적 포인트들을 통과하면 어드바이스로부터 코드를 실행한다. 어드바이스의 특정 명령어들은 추적 포인트에서 관찰된 이벤트의 특정 속성을 메타데이터 컨텍스트로 감싼 다음 실행과 함께 배기지를 통해 전파하게 한다. 예를 들어, 쿼리에서 procName 속성을 `ClientProtocols` 추적 포인트의 첫 번째 호출로 감싼다. 그런 다음 데이터 튜플을 생성하기 위해 incrBytesRead 추적 포인트를 통해 접근(압축 해제)한다.

6. 어드바이스의 다른 명령어들은 데이터 튜플을 방출하게 추적 포인트에 지시할 수 있다.

7. 데이터 튜플은 로컬로 집계되고, 메시지 버스를 통해 피벗 추적 백엔드로 스트리밍된다.

8. 프런트엔드는 최종 집계를 수행하고 리포트를 생성한다.

흥미로운 점은 일반적으로 '과거에 수행했던' 조인 연산을 구현하는 데는 비용이 많이 들 수 있다는 것이다. 따라서 조인 연산을 평가하기 전에 모든 튜플을 클러스터에서 전체적으로 집계해야 한다. 피벗 추적은 이 프로세스를 엄청나게 단순화하는데, 이를 위해 (요청 크기에 따른 비용이 증가할 수 있는) 관련 group-by 속성을 캡처하고 전파하는 방법을 이용한다. 그에 따라 배기지에서 추출한 속성을 방출된 튜플에 포함시켰을 때 실제 조인 연산이 내부적으로 수행된다.

피벗 추적은 배기지 전파를 자체적으로 구현하지 않는다. 대신, 앞에서 설명한 추적 평면 기능을 이용한다. 그러나 알고리즘에 대한 설명에서 배기지 메커니즘에 대한 요구사항은 매우 적으며 오픈트레이싱 구현에 의해 쉽게 충족될 수 있다. 이를테면 pivot-tracing 키를 가진 단일 배기지 아이템 및 JSON 문자열을 값으로 인코딩하는 식이다. 추적 평면이 배기지 컨텍스트의 병합을 통해 처리하는 극단적인 경우도 일부 있다. 이를테면 동일한 카운터를 증가시키는 병렬 실행과 같은 식이다. 그러나 많은 시스템에서 이러한 병합은 필요하지 않다(적어도 스팬 모델을 통해 실행을 나타낼 수 있는 한).

피벗 추적은 계측을 동적으로 설치할 수 있다. 따라서 오픈트레이싱 계측과 공존할 수 있으며, 쿼리 평가를 위해 오픈트레이싱 배기지를 사용할 수 있다.

카오스 엔지니어링

시스템 중단 시간이 비즈니스의 수익에 미치는 막대한 영향을 해결하기 위해 많은 조직에서는 시스템이 내결함성을 갖추게 다양한 소프트웨어 및 하드웨어 장애를 예측하고 완화하기 위해 카오스 엔지니어링(Chaos Engineering)을 채택하고 있다. 많은 조직이 **FIT(Failure Injection Testing)**[6], 넷플릭스의 **Simian Army**[7], 우버의 **uDestroy**, https://gremlin.com의 상용 제품 같은 '서비스로서의 실패(Failure as a service)'를 내부적으로 구현하고 있다.

이러한 시스템은 카오스 엔지니어링을 과학적인 분야로 취급하는 입장을 지지한다.

1. **가설을 세운다**: 시스템에서 잘못될 수 있다고 생각하는 것은 무엇인가?

2. **실험을 계획한다**: 사용자에게 영향을 미치지 않으면서 어떻게 실패를 재현할 수 있을까?

3. **실패 시 예상 피해 범위를 최소화한다**: 가장 작은 실험을 먼저 시도해 보라.

4. **실험을 실시한다**: 결과와 시스템의 동작 방식을 주의 깊게 모니터링한다.

5. **분석한다**: 시스템이 예상대로 작동하지 않았다면 버그가 있는 것이다(축하한다). 모든 것이 계획대로 진행됐다면 실패했을 때 영향받을 수 있는 범위를 늘려서 반복 시행한다.

안타깝게도 결함 주입을 위한 인프라를 갖추는 것은 시작에 불과하다. 분산 시스템 전반에 걸친 결함의 조합이라는 더 어려운 부분이 **장애 시나리오(failure scenario)**에 추가로 등장한다. 이를 애플리케이션에 존재하는 모든 에러 모드를 실행하는 결함 주입 시나리오(가능한 최소 집합)에 투자하는 일반적인 **검색 문제(search problem)**로 볼 수 있다. 각 시나리오의 수는 잠재적인 결함의 수에 기하급수적으로 비례하므로 전체 검색을 다루는 것은 매우 어렵다.

실패 시나리오를 생성하는 가장 일반적인 방법은 무작위 검색과 프로그래머 유도 검색이다. 무작위 검색은 단순과 보편성이라는 장점이 있지만 최소 조건의 조합을 포함한 심층적(또는 연쇄 반응적) 오류를 발견하기는 상당히 어려울 수 있다. 또한 중복되거나 최종 사용자에게 영향을 미치지 않는다고 밝혀진 시나리오를 테스트하면서 많은 리소스 낭비를 초래할 때도 많다. 도메인 전문가의 직관을 활용하는 방법은 대규모 아키텍처로 확장하기 어렵다. 우버 같은 회사에서는 3,000개가 넘는 개별 마이크로서비스가 있다. 이 때문에 시스템의 전체적인 복잡성을 그대로 유지하면서 사소한 오류를 예상할 수 있는 엔지니어는 거의 없다.

넷플릭스의 최근 연구[8]에서는 가능한 오류 주입 시나리오를 통해 검색을 유도하는 기법으로서 **리니지 (계보) 기반 오류 삽입(Lineage-driven Fault Injection, LDFI)**을 어떻게 사용하는지 보여줬다. 넷플릭스 사이트와 사용자 간의 가장 중요한 상호작용 중 하나는 '앱 부팅(app boot)' 워크플로다. 여기서는 먼저 메타데이터가 포함된 기본 페이지 및 사용자의 초기 동영상 목록을 불러온다. 이는 수십 개의 내부 마이크로서비스와 수백 가지의 잠재적 고장 지점(failure point)이 포함된 매우 복잡한 요청이다. 검색을 무작정 될 때까지 시도하는(Brute force) 방식으로 할 경우 2^{100}번의 실험이 필요할 만큼 검색 공간이 엄청나다. LFDI 기법을 사용할 경우 장애 시나리오의 전체 검색 공간은 200번의 실험으로도 충분했다. 아울러 연구팀은 "사용자가 콘텐츠 스트리밍 서비스를 사용하지 못하게 할 수 있는 11가지 새로운 치명적 장애가 있으며 이들 중 일부는 서비스 오류 이벤트의 조합이 포함된 '심화형' 장애 시나리오"라는 사실을 발견했다.

LDFI 기법에 대한 자세한 설명은 이 책에서 다루지 않는다. 그러나 넷플릭스에서 쓰는 종단 간 추적 인프라는 LDFI 기술을 실현 가능하게 하는 데 중요한 역할을 했다. LDFI 서비스는 운영 환경에서 수집한 분산 추적을 지속해서 모니터링했다. 또한 개별 실행 내의 '종속성(dependencies)' 및 개별 실행 간의 '중복성(redundancy)'을 갖는 수명이 긴(long-lived) 모델을 작성하기 위해 LDFI 서비스는 수집한 분산 추적을 사용했다.

이 모델은 LDFI가 몇몇 오류의 조합이 성공적인 결과에 끼칠 수 있는 영향에 대해 (결과에서 원인에 이르기까지) 역추적하기 위해 이용하는 '계보(lineage)' 그래프를 구성하는 데 사용됐다. 그리고 사용자가 볼 수 있는 오류를 유발할 수 있다고 입증된 조합을 FIT 인프라스트럭처를 이용해 테스트했다[7]. 실패 시나리오에 대한 기준에 일치하는 요청들은 테스트 중에 특정 서비스 호출에 지연 시간을 추가하거나 그러한 호출을 완전히 실패하는 등의 오류를 설명하는 메타데이터로 내용이 더 풍부해진다. 이러한 메타데이터에 인코딩된 오류 명령어는 예상대로 분산 컨텍스트 전파를 이용하는 호출 그래프를 통해 전달된다.

실패 탐색 공간의 탐사를 위해 수집한 종단 간 추적을 사용하는 것은 매우 흥미롭다. 그러나 서비스에 오류 명령어를 전달하기 위해 메타데이터 전파를 사용하는 것이 이번 장에서 특히 중요하다. 많은 '서비스로서의 실패' 시스템은 결함 주입을 위해 특정 서비스, 서비스 인스턴스, 호스트 등을 대상으로 할 수 있는 실행 스크립트를 지원한다. 그러나 시스템의 특정 '구성요소'뿐만 아니라 특정 '트랜잭션'에 대한 스코프를 지정해야 하기 때문에 여러 가지 중요한 오류 시나리오를 이러한 용어로 표현할 수는 없다.

그림 10.3의 시간 순서도는 LDFI 기법으로 재현한 카프카의 복제 버그를 보여준다. 세 개의 카프카 복제본이 단일 파티션을 처리하게 구성돼 있지만, **주키퍼**에 멤버십 메시지 **(M)**을 전송하면 임시 네트워크

파티션이 **복제본 B**와 **복제본 C**에서 전달된 메시지 유실을 유발한다. 그리고 유일하게 남아있는 복제본
이라고 추정되는 **복제본 A**가 리더가 된다. 클라이언트의 요청 (**C**)는 메시지 (**L**)을 통해 **복제본 A**가 리
더임을 확인한다. 클라이언트가 **복제본 A**에 데이터를 쓸 때 (**W**) 쓰기는 성공한 것으로 인식된다. 그후,
복제본 A에 장애가 발생하고, 그에 따라 메시지 내구성 보장을 위반한다.

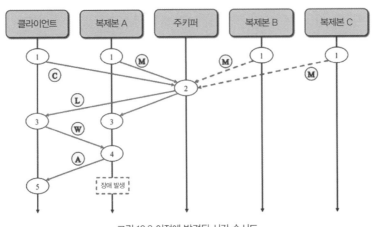

그림 10.3 이전에 발견된 시간 순서도.
카프카 복제 버그를 LDFI를 통해 재현했다.

메타데이터를 통해 오류 명령어를 전파하더라도 이러한 특정 버그는 재현하기가 매우 어렵다. 실패 시
나리오를 시뮬레이션하기 위해 여러 가지 오류를 조심스럽게 조정해야 하고 최소 4개 이상의 서로 다른
RPC 체인과 관련돼 있기 때문이다. 그러나 메타데이터 전파를 사용하는 것은 특정 요청의 컨텍스트에서
시스템 구성요소에 대상 오류 명령어를 전달하는 데 여전히 매우 중요한 기법이다.

트래픽 레이블링

상위 레벨에서 컨텍스트를 요청하기 위한 메타데이터를 추가하고 호출 그래프를 통해 이를 전파하는 것
은 다양한 차원에 따라 애플리케이션에 전체 트래픽을 분할하는 한 가지 방법이다. 예를 들어, 각 외부
요청에 그것이 나타내는 유형의 회사 제품을 표시하고 (구글의 경우 Gmail, Docs, YouTube 등이 있
고, 우버의 경우 Ridesharing, Uber Eats, Uber Bikes 등이 있다) 이를 메타데이터로 전파하면 데이
터 센터에서 제공하는 트래픽의 양이 각 제품 라인에 얼마나 많은지에 대한 정확한 그림을 얻을 수 있다.
엄밀히 말하면, 앞서 설명한 피벗 추적 및 LDFI 기법을 트래픽의 분할로 간주할 수 있지만 메타데이터를
통과하는 값은 매우 복잡하고 중복될 확률이 낮다(이를 '카디널리티가 높다'고 한다).

이번 절에서는 낮은 카디널리티 차원을 사용하는 트래픽 레이블링에 대해 설명한다.

운영 환경에서 테스트하기

운영 환경에서 테스트하는 것은 오늘날 흔한 실천법의 하나다. 인터넷 규모의 분산 시스템이 갖는 복잡도하에서는 여러 극단적인 경우 내지는 (스테이징 환경의 시뮬레이션을 통해 운영 환경에서 관찰할 수도 있는) 다양한 사용자 행위들을 동일한 수준으로 다루는 것이 불가능하기 때문이다. 어떤 테스트 요청은 데이터만 읽을 수 있는 반면, 요청들 중에는 시스템 상태를 변경하는 것도 있다(예: 시뮬레이션된 우버 라이드(Uber ride)를 시뮬레이션된 라이더가 취하는 경우).

시스템의 일부 서비스에서는 관련 데이터를 살펴봄으로써 요청을 테스트 트래픽으로 식별할 수 있다. 예를 들면 가상의 우버 라이더 계정에는 데이터베이스에 특수 마커가 있을 가능성이 높다. 그러나 많은 서비스에는 이러한 지식이 없을 수도 있다. 예를 들어, 일반 스토리지 레이어에서는 테스트 계정 마커에 접근하는 동안 데이터에서 해당 저장소를 찾지 못한다. 따라서 트래픽이 테스트용인지 실제 운영 환경인지를 나타내는 테넌시(tenancy) 같은 레이블을 전파해서 호출 그래프의 루트에서 테스트 계정에 의해 생성된 트래픽에 레이블을 지정하는 것이 유용하다. 시스템 구성요소가 이러한 레이블을 사용할 수 있는 방법은 여러 가지가 있다.

- 일종의 다운스트림 서비스를 소유하고 있고 특정 수준의 트래픽을 처리하게 서비스를 제공하고 있다고 가정해 보자. 서비스로 유입되는 트래픽 볼륨의 모니터링을 설정하고 해당 볼륨이 특정 임계치를 넘을 경우 알림 기능이 동작하게 정의할 수 있다(오토 스케일링을 사용하는 경우에도 비용 절감을 이유로 이를 수행하고자 할 수 있다).

- 이제 스택에서 몇 가지 상위 서비스가 시험용 테스트 트래픽을 많이 생성해서 용량(capacity) 및 탄력성(resiliency) 테스트를 수행 중이라고 상상해 보자. 트래픽을 인식하기 위한 테넌시 메타데이터 같은 것을 사용하지 않을 경우, 서비스는 트래픽 증가가 실제 운영 트래픽의 증가 때문인지 단지 테스트 때문인지 알 수가 없다. 아무 이유 없이 경보기가 작동할 수 있다는 얘기다! 반면 시험용 트래픽에 따라 레이블링이 이뤄진 것을 알고 있다면 실제 운영 트래픽 증가에만 경보를 작동시키고 테스트에서 발생한 트래픽 증가는 무시하게 정의할 수 있다. 11장에서 이를 매우 쉽게 만들 수 있는 방법을 구체적으로 살펴보기로 한다.

- 일부 구성요소에서는 테스트 테넌시를 이용해 트래픽을 인식하고, 자동으로 **읽기 전용(read-only)** 모드로 전환하거나 다른 데이터베이스에 쓰기를 지시하게 설정할 수 있다.

- 일부 구성요소에서는 운영 클러스터에서 시험용 트래픽을 전혀 제공하지 않으려는 경우도 있다(즉, 운영 환경에서 테스트할 준비가 돼 있지 않은 경우다). 스테이징 클러스터로 요청을 재전송하기 위해 라우팅 레이어는 테스트 테넌시 메타데이터를 사용하기도 한다.

운영 환경에서 디버깅하기

부분적으로 운영 환경을 재현하는 스테이징 환경을 만들 수 없기 때문에 운영 환경에 테스트 철학이 담겨 있다고 생각해 보자. 이 경우 운영에서 디버깅, 특히 마이크로서비스 디버깅에 대해서도 다뤄야 한다. 종단 간 추적이 아무리 강력하더라도 사전에 프로그래밍된 추적 포인트를 통해 수집한 정보에 국한된다. 때로는 애플리케이션의 전체 상태를 검사하고 코드를 단계별로 실행하며 변수를 변경하고 문제를 이해하거나 버그를 찾아야 할 때가 있다. 이러한 곳에서 전통적인 디버거가 빛을 발한다. 그러나 '마이크로서비스 기반' 애플리케이션에서는 각 상태가 여러 프로세스에 분산돼 있으며, 각 프로세스는 특정 시간에 처리 중인 모든 동시 요청에 대해 많은 상태(state)를 갖는다. 특정 요청의 동작을 디버깅하려면 다른 언어로 만들어졌을 가능성이 높은 여러 서비스들의 인스턴스에 디버거를 연결해야 할 수도 있다. 아울러 주어진 서비스의 어느 인스턴스가 요청을 받을지 파악해야 할 수도 있다.

이 문제를 해결하는 데 유용한 매우 흥미로운 프로젝트 중 하나로 Solo.io에서 개발한 **스쿼시 디버거 (Squash debugger)**가 있다[9]. 스쿼시는 다음 세 가지 요소로 구성돼 있다.

1. 스쿼시 사용자 인터페이스는 비주얼 스튜디오 코드(Visual Studio Code) 또는 IntelliJ처럼 널리 사용되는 IDE 플러그인 솔루션이다. 로컬 환경에서 개발하는 것처럼 마이크로서비스에서 브레이크포인트(breakpoint)(또는 중단점)를 설정할 수 있다. 또한 스쿼시 플러그인은 스쿼시 서버와 조율해서 운영 클러스터에서 실행 중인 서비스에 브레이크포인트를 설치할 수 있다.

2. 스쿼시 서버는 브레이크포인트에 대한 정보를 갖고 있으며, 스쿼시 클라이언트를 조정한다.

3. 스쿼시 클라이언트는 애플리케이션과 함께 실행되고 디버거에 대한 바이너리를 포함하며, 실행 중인 마이크로서비스 프로세스에 디버거를 연결할 수 있는 데몬 프로세스다.

스쿼시는 특수한 헤더 같은 마커를 포함한 요청에 대해 디버깅 세션을 시작할 수 있는 엔보이 프락시용 필터를 제공함으로써 **서비스 메시 이스티오**와 통합한다. 다른 운영 요청으로부터 인스턴스를 격리하기 위해 스쿼시는 운영 트래픽의 나머지 부분에 영향을 주지 않고 프로세스의 전체 상태를 다른 인스턴스로 복제하고 해당 인스턴스에 디버거를 연결할 수 있다. 스쿼시에 관한 더 자세한 정보는 관련 자료를 참고하기 바란다.

이것이 트래픽 레이블링 및 컨텍스트 전파와 어떤 관련이 있을까? 우리는 임의의 운영 요청이 브레이크포인트에 걸려서 실제 사용자들이 영향을 받는 상황이 일어나지 않기를 원한다. 그러나 동시에, 실제로 생성된 요청을 처리하는 여러 마이크로서비스에서 브레이크포인트를 찾아야 할 수도 있다. 이러한 조정 작업은 메타데이터 전파를 통해 훨씬 쉽게 해결할 수 있다. 요청 헤더 안에 인코딩 되어 있는 특이한 배기지 아이템이 HTTP 요청에 포함돼 있으면서 예거 배기지 문법을 사용하는 배기지 아이템 세트를 가지고 시스템에 대한 최상위 레벨의 요청을 발부했을 경우에만 활성화되게 브레이크포인트를 정의할 수 있다. 다음 명령어를 보자.

```
$ curl -H 'jaeger-baggage: squash=yes' http://host:port/api/do-it
```

서비스에 오픈트레이싱과 예거가 설치돼 있으면 이 배기지 항목은 자동으로 호출 그래프를 통해 전달되고 브레이크포인트를 트리거한다. 여러 개발자가 운영 환경에서 디버깅할 수 있게 하려면 배기지 항목을 일부 토큰 또는 사용자 이름으로 설정해서 각 개발자가 수작업으로 요청한 브레이크포인트만 얻게 해야 한다.

운영 환경에서 개발하기

운영 환경과 유사한 스테이징 환경이 없다면 다른 서비스와 상호작용하는 마이크로서비스를 개발하는 것 역시 어려운 과제다. 스테이징 클러스터가 있더라도 코드를 배포하는 프로세스는 대개 절차가 복잡해서 상당히 번거로울 수 있다(컨테이너 생성, 생성한 컨테이너를 레지스트리에 업로드, 신규 서비스 버전 등록 등). 서비스 인스턴스를 로컬에서 실행하고 운영 트래픽을 프락시할 수 있다면 훨씬 더 빠른 방법이다. 다운스트림 서비스의 경우 터널을 설정하기만 하면 되므로 훨씬 더 쉽다. 그러나 서비스가 적절한 요청을 얻기 위해 운영에서 업스트림 서비스가 필요하다면 어떨까? 그리고 운영 모바일 앱으로 상위 레벨 사용자 워크플로를 실행하고 싶고 로컬 인스턴스가 그러한 실행의 일부를 제공하게 하려면 어떻게 해야 할까? 다행히도 이 문제의 해결책이 있다. 예를 들어, Telepresence[10]는 쿠버네티스와 통합되며, 선호하는 IDE에 원하는 디버거를 연동해서 로컬 PC에서 실행 가능한 다른 서비스 인스턴스에 모든 요청을 포워딩하는 프락시로 운영 서비스를 대체할 수 있다.

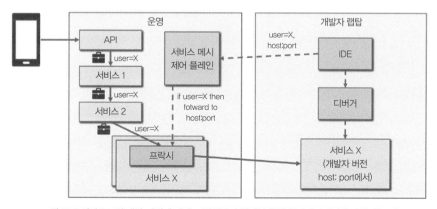

그림 10.4 서비스 X의 개발 버전에 대해 프락시를 수행해서 운영 환경에서 개발을 수행하는 예

그림 10.4는 이러한 접근 방식을 보여준다. 개발자는 디버깅하려는 서비스의 로컬 인스턴스(Service X)를 시작한다. 이때 IDE와 디버거가 연결돼 있다고 가정한다. **IDE** 플러그인은 운영 환경의 제어 서버와 통신한다. 이러한 제어 서버로는 이스티오 같은 **서비스 메시 제어 플레인(Service Mesh Control Plane)** 내지는 라우팅 프락시가 인식할 수 있는 전용 디버깅 서버가 있을 수 있다.

IDE는 가령 user=X 레이블이 메타데이터를 통해 전파되는 경우에만 요청을 가로채는 명령어를 전송한다. 그러면 사용자는 모바일 앱에서도 정상적으로 운영 요청이 가능하다. API 서버는 사용자를 인증하고 배기지에 user=X를 저장한다. 그런 다음, 라우팅 프락시(또는 애플리케이션에 포함된 라이브러리)를 사용해 특정 요청을 가로채서 개발자 로컬 PC에 있는 서비스 인스턴스로 포워딩한다.

앞에서 본 스쿼시의 예와 마찬가지로 이 접근 방식의 핵심은 어떤 트래픽을 로컬 인스턴스로 재전송해야하는지, 어떤 트래픽을 운영 환경에 남겨둬야 하는지를 파악하는 것이다. 분산 컨텍스트 전파를 통한 트래픽 레이블 지정을 이용하면 이 문제를 해결할 수 있다.

정리

이번 장에서는 추적 평면 접근 방법을 사용하는 것처럼 추적 계측과 메타데이터 전파 메커니즘을 어떻게 분리할 수 있는지 알아봤다. 또 왜 이것이 실제로는 항상 이뤄지지 않는지도 살펴봤다. 추적을 바로 사용하지 않고 분산 컨텍스트 전파를 통해 분산 시스템의 모니터링, 디버깅, 테스트 문제를 해결하기 위한 여러 가지 크로스커팅 기법과 툴도 살펴봤다. 분산 시스템에서 추적 계측을 사용하면 이러한 추가 툴들을 훨씬 쉽게 구현할 수 있다.

트래픽 메트릭과 알림에 영향을 주는 트래픽 레이블링 사용법도 간략히 알아봤다. 다음 장에서는 이러한 주제에 대한 상세 내용과 더불어 추적, 메트릭, 로깅 시스템 간의 통합에 대해 설명한다.

참고 자료

1. X-Trace: http://brownsys.github.io/tracing-framework/xtrace/

2. 피벗 추적(Pivot Tracing): http://pivottracing.io/

3. 브라운 추적 플레인(Brown Tracing Plane): http://brownsys.github.io/tracing-framework/tracingplane/

4. Jonathan Mace, Rodrigo Fonseca. "분산 시스템 계측을 위한 유니버설 컨텍스트 전파(Universal Context Propagation for Distributed System Instrumentation)". Proceedings of the 13th ACM European Conference on Computer Systems (EuroSys '18).

5. Jonathan Mace. "분산 시스템에서 크로스커팅 툴을 위한 유니버설 아키텍처(A Universal Architecture for Cross-Cutting Tools in Distributed Systems)". Ph.D. Thesis, Brown University, May 2018.

6. Kolton Andrus, Naresh Gopalani, Ben Schmaus. "FIT: Failure Injection Testing".
   The Netflix Tech Blog: https://medium.com/netflix-techblog/fit-failure-injection-testing-35d8e2a9bb2

7. Yury Izrailevsky, Ariel Tseitlin. "넷플릭스 Simian Army(The Netflix Simian Army)". The Netflix Tech Blog:
   https://medium.com/netflix-techblog/the-netflix-simian-army-16e57fbab116

8. Peter Alvaro, Kolton Andrus, Chris Sanden, Casey Rosenthal, Ali Basiri, Lorin Hochstein. "인터넷 규모에서 장애 테스트 자동화(Automating Failure Testing at Internet Scale)". ACM Symposium on Cloud Computing 2016 (SoCC'16).

9. Squash: 마이크로서비스를 위한 디버거(Debugger for microservices): https://github.com/solo-io/squash

10. Telepresence: 쿠버네티스와 OpenShift 마이크로서비스를 위한 빠른, 로컬 개발: https://www.telepresence.io/

11

메트릭과
로그의 통합

앞 장에서는 분산 컨텍스트 전파를 위한 여러 가지 기법을 살펴봤는데, 이러한 기법은 추적 라이브러리를 이용해 구현할 때가 많다. 분산 트랜잭션의 요청에 따라 이동하는 요청 컨텍스트의 개념은 분산 시스템을 모니터링하는 데 점점 더 중요해지고 있다. 단지 분산 추적을 사용하는 경우뿐만 아니라 메트릭(통계)과 로그처럼 전통적인 모니터링 툴들을 사용하는 경우에도 그렇다. 요청 컨텍스트의 메타데이터로 메트릭과 로그를 더 많이 확보해서 과거에는 집계 결과만으로는 파악하기 어려웠던 애플리케이션의 동작 패턴을 관찰할 수 있다. 이는 관찰성(observability) 관련 업계에서 새로운 표준으로 빠르게 자리잡고 있다. 또한 이는 분산 컨텍스트 전파와 밀접하게 관련돼 있는 메트릭, 로그, 추적을 위해 OpenCensus 같은 프로젝트가 여러 API를 결합하는 형태를 제공하는 이유이기도 하다.

이번 장에서는 우리가 자주 사용하는 Hello 애플리케이션을 이용해 모니터링 툴 간의 여러 통합 지점을 살펴본다. 요청 메타데이터로 메트릭 및 로그를 강화하는 방법, 명확한 계측을 대체하기 위해 추적 시스템을 사용하는 방법, 로그와 추적을 서로 양방향으로 통합하는 방법들을 자세히 알아본다.

관찰성의 세 가지 구성 요소

각종 행사, 뉴스, 기술 블로그 등에서 지난 몇 년간 애플리케이션 모니터링 및 성능 관리 분야에 관심을 가지고 지켜봤다면 메트릭과 로그, 분산 추적을 일컬어 '관찰성의 세 가지 구성 요소'라는 용어로 칭하는 것을 들어봤을 것이다. 어떤 사람들은 이 용어에 대해 강력하고 읽기에 매우 재미있고(강력한 언어 경고!) 일부 타당한 반대 의견을 갖고 있지만[1][2], 여기서는 이 세 가지 영역을 애플리케이션에서 발생하는 이벤트 기록에 대한 서로 다른 접근 방법으로 볼 것이다. 결국 메트릭, 로그, 분산 추적 모두 코드 형태로 계측을 통해 수집되며, 기록할 가치가 있는 일부 이벤트는 트리거된다.

이상적으로는, 성능 문제를 해결할 때 가능한 모든 이벤트를 기록해서 애플리케이션이 당시에 무엇을 했는지 가능한 한 많이 알아내려고 한다. 이 경우 가장 어려운 점은 모든 텔레메트리를 수집하고 리포팅하는 비용이다. '관찰성의 세 가지 구성 요소'는 주로 데이터 수집에 대한 접근 방식 및 관련 비용에 차이가 있다.

메트릭(Metrics)은 일반적으로 데이터 볼륨을 줄이기 위해 아주 많이 집계된 단순 수치 측정값을 처리하기 때문에 애플리케이션의 성능에 가장 적은 영향을 미치면서 수집하는 데 가장 적은 비용이 든다. 예를 들어 REST서비스의 처리량을 측정하려면 원자적 카운터(atomic counter)가 필요하고, 초당 하나의 int64 숫자만 보고하면 된다. 이러한 측정값을 보고하는 데 드는 비용에 의해 부정적인 영향을 받는 애플리케이션은 거의 없을 것이다. 따라서 메트릭은 애플리케이션의 상태 및 성능을 추적하기 위해 매우 정확한 '모니터링 신호'로 사용되는 경우가 많은 반면, 동일한 값을 과다하게 집계하고 맥락도 부족해서 성능 문제를 설명하는 데 매우 비효율적이다.

모니터링 툴 측면에서 메트릭은 일반적으로 프로세스, 호스트, RPC 엔드포인트 같은 개별 엔티티를 모니터링하는 데 유용하다. 메트릭은 쉽게 집계할 수 있기 때문에 개별 시계열 데이터들을 결합해서 상위 수준의 엔티티를 모니터링하는 데 사용할 수 있다. 참고로 여기서 말하는 시계열 데이터 수집은, 예를 들면 개별 노드의 통계치를 평균, 최솟값, 최댓값, 백분위 수 등을 통해 집계해서 NoSQL 데이터베이스 클러스터의 처리량 및 대기 시간을 관측해서 이뤄진다. 일반적으로 엔드포인트 에러 횟수 같은 단일값의 논리적 메트릭을 여러 시계열로 분할한다. 이때 호스트명, 가용 영역, 데이터 센터 이름 같은 차원 등을 추가한다.

그라파이트(Graphite) StatsD 같은 오래된 메트릭 프로토콜은 차원(dimension)을 메트릭 이름으로 인코딩해서 시계열 파티셔닝을 지원했다. 여기서 메트릭 이름에 위치 인수(positional arguments)를 사용하는데, 예를 들면 servers.host123.disk.bytes_free에서 두 번째 위치에 있는 호스트 이름인 host123 같은 식이다. 그라파이트(Graphite) 쿼리 언어를 이용하면 와일드카드를 통해 집계할 수 있다.

```
averageSeries(servers.*.disk.bytes_free)
```

CNCF의 프로메테우스(Prometheus)[3], 우버의 M3[4] 같은 메트릭 시스템이 지원하는 새로운 프로토콜은 구조화된 접근 방법을 이용해 이러한 차원을 명명한 레이블로 캡처한다.

```
disk_bytes_free{server="host123", zone="us-east-1"}
```

추가 차원으로 메트릭을 캡처하면 운영자가 더 많은 것을 조사할 수 있다. 이들 운영자는 특정 인프라 구성 요소에 대해 시계열 집계 결과를 상세화할 수 있다. 안타깝게도 메트릭 API 대부분은 컨텍스트를 인지하지 못하기 때문에 차원은 보통 호스트 이름, 빌드 버전처럼 프로세스 수준에서 사용할 수 있는 정적 메타데이터(static metadata)를 나타낸다.

로깅 프레임워크는 집계 작업을 수행하지 않고 이벤트를 있는 그대로 리포트한다. 여기서 말하는 '있는 그대로'란 이상적으로는 '구조화된 형식', 즉 시스템이 이해하기 쉽고 중앙 집중식 로깅 인프라에서 자동으로 구문 분석하고 인덱싱하고 처리할 수 있는 형태를 의미한다. 이번 장에서는 이러한 로그 형식의 예를 살펴본다.

대부분 로깅 프레임워크는 이벤트를 레코드 스트림으로 기록한다. 레코드 스트림에는 실행 스레드 이름으로 태그가 지정된다(이는 일종의 자바 표준 관례다). 이렇게 하면 이벤트 간의 인과 관계를 추측하는 데 약간 도움이 된다. 그러나 비동기 프로그래밍을 위한 프레임워크의 확산으로 실제로는 유용성은 떨어진다. 일반적으로 이벤트 상관 관계는 툴세트로 로그를 이용했을 때 특히 잘 해결되지 않는 문제다. 로그의 장황한 정보는 처리량이 많은 서비스의 또 다른 도전 과제일 수 있다. 이를 해결하기 위해 대부분 로깅 프레임워크에서는 메시지가 개발자에 의해 디버그, 정보, 경고, 오류 등으로 명시적으로 분류되는 레벨 로깅을 지원한다. 특히 성공적인 요청에 대해 프로덕션 환경에서는 디버그 수준의 로그를 비활성화하고 더 상위 수준을 절대적 기준에서 최소 수준으로 유지하는 것이 일반적이다.

샘플링은 대개 상황에 민감한 기술보다는 속도 제한의 형태로 로깅 볼륨 및 성능 오버헤드를 줄이는 데 사용된다. 샘플링은 개별 노드 및 프로세스의 로그 스트림에서 효력을 발생하므로 여러 서비스에 걸쳐 로그 상관 관계를 더욱 강하게 만든다. 장점은 특정 서비스를 소유한 팀이 비용을 절감하고 서비스에 대해 유지할 가치가 있는 로그 데이터의 양도 결정할 수 있다는 것이다. 예를 들어, 로드 밸런서는 최소한의 로그를 생성하는 동시에 결제 처리 서비스는 훨씬 많은 정보를 기록할 수 있다. 이 두 서비스 모두 동일한 분산 트랜잭션에 관여돼 있는 경우에도 말이다.

분산 추적 시스템은 여러 측면에서 로깅과 매우 유사하며 훨씬 더 체계적이다. 주요 차이점은 이벤트 간의 인과 관계를 명시적으로 추적하므로 로깅과 비교했을 때 분산 및 동시성이 높은 시스템의 문제를 해결하는 데 있어 훨씬 강력하다는 것이다. 추적은 분산 요청 컨텍스트를 완전히 인식하므로 특정 실행 중에 분산 시스템의 여러 구성 요소에서 수집된 이벤트를 일관성 있게 보존하면서 데이터 볼륨 및 오버헤드를 줄이는 좀 더 지능적인 샘플링 기법을 적용할 수 있다. 게다가 추적 라이브러리 자체는 종종 분산 컨텍스트 전파를 담당하기 때문에 이번 장에서 설명하는 다른 두 개의 '관찰성 구성 요소(메트릭과 로그)'에 이러한 컨텍스트 인식을 제공할 수 있다.

준비사항

로그와 메트릭을 추적에 어떻게 통합하는지 알아보기 위해 다음 세 가지 모니터링 도구를 백엔드에서 실행하겠다.

- 추적을 위한 예거
- 메트릭을 위한 프로메테우스
- 로그를 위한 ELK(엘라스틱서치, 로그스태시, 키바나)

이번 절에서는 Hello 애플리케이션을 실행하기 위한 환경 구성을 설명한다.

프로젝트 소스코드

깃허브에 있는 이 책의 소스코드 저장소에서 Chapter11 디렉터리로 가면 소스코드를 확인할 수 있다. 소스코드를 다운로드하는 방법은 4장을 참고한다. 그런 다음 모든 예제 코드를 실행할 수 있는 Chapter11 디렉터리로 간다.

애플리케이션 소스코드는 다음과 같이 구성돼 있다.

```
tracing/
    Chapter11/
        exercise1/
            client/
            formatter/
            hello/
            lib/
        elasticsearch/
        kibana/
        logstash/
        prometheus/
        docker-compose.yml pom.xml
```

이 애플리케이션은 hello와 formatter라는 두 개의 마이크로서비스와 exercise1 서브 모듈에 정의돼 있는 client 앱으로 구성돼 있다. 다음 절에서 이들 각각의 역할을 자세히 알아본다. 마이크로서비스는 몇몇 공유 구성 요소와 클래스들을 이용한다. 참고로 이들 클래스는 lib 모듈에 정의돼 있다.

다른 최상단 디렉터리에서는 모니터링 도구를 위한 환경설정 값들을 지정한다. docker-compose.yml 파일은 Hello 애플리케이션의 두 가지 마이크로서비스를 포함한 이 모든 툴을 하나의 그룹으로 묶어서 실행(spin-up)하는 데 사용된다. Hello 클라이언트는 도커 컨테이너 밖에서 별도로 실행된다.

자바 개발 환경

4장의 예제처럼 여기서도 JDK 버전 8 이상이 필요하다. 메이븐 래퍼를 확인하고 필요하면 메이븐을 다운로드한다. pom.xml 파일의 메이븐 프로젝트는 멀티 모듈 프로젝트로 설정한다. 그리고 메이븐 로컬 저장소에 종속성(의존성 라이브러리/패키지)을 설치하기 위해 install 명령어를 실행한다.

```
$ ./mvnw install
[... skip a lot of Maven logs ...]
[INFO] Reactor Summary:
[INFO]
[INFO] chapter11 0.0.1-SNAPSHOT ................. SUCCESS [ 0.492 s]
[INFO] lib ..................................... SUCCESS [ 1.825 s]
[INFO] exercise1 ............................... SUCCESS [ 0.020 s]
```

```
[INFO] hello-1 ............................... SUCCESS [ 2.251 s]
[INFO] formatter-1 ........................... SUCCESS [ 0.337 s]
[INFO] client-1 0.0.1-SNAPSHOT ................ SUCCESS [ 0.421 s]
[INFO] ------------------------------------------------------------
[INFO] BUILD SUCCESS
[INFO] ------------------------------------------------------------
```

도커에서 서버 실행하기

자바 빌드가 끝났으면 Hello 애플리케이션 마이크로서비스와 모니터링 백엔드를 포함한 모든 서버 구성
요소를 docker-compose를 통해 실행할 수 있다.

```
$ docker-compose up -d
Creating network "chapter-11_default" with the default driver
Creating chapter-11_jaeger_1         ... done
Creating chapter-11_elasticsearch_1  ... done
Creating chapter-11_hello-1_1        ... done
Creating chapter-11_formatter-1_1    ... done
Creating chapter-11_prom_1           ... done
Creating chapter-11_logstash_1       ... done
Creating chapter-11_kibana_1         ... done
```

백그라운드에서 모든 것을 실행하기 위해 -d 플래그를 전달한다. 모든 것이 제대로 시작했는지 확인하기
위해 ps 명령어를 실행한다.

```
$ docker-compose ps
          Name                     Command              State
--------------------------------------------------------------------
chapter-11_elasticsearch_1  /usr/local/bin/docker-entr ...  Up
chapter-11_formatter-1_1    /bin/sh -c java -DJAEG ...      Up
chapter-11_hello-1_1        /bin/sh -c java -DJAEG ...      Up
chapter-11_jaeger_1         /go/bin/standalone-linux - ...  Up
chapter-11_kibana_1         /bin/bash /usr/local/bin/k ...  Up
chapter-11_logstash_1       /usr/local/bin/docker-entr ...  Up
chapter-11_prom_1           /bin/prometheus --config.f ...  Up
```

간혹 엘라스틱서치가 시작 프로세스를 완료하는 데 시간이 오래 걸리기도 한다. 앞에서 본 ps 명령어가 엘라스틱서치를 실행 중이라고 보고하더라도 그렇다. 엘라스틱서치가 실행 중인지를 확인하는 가장 쉬운 방법은 키바나 로그를 대상으로 grep을 실행하는 것이다.

```
$ docker-compose logs | grep kibana_1 | tail -3
kibana_1          | {"type":"log","@timestamp":"2018-11-
25T19:10:37Z","tags":["warning","elasticsearch","admin"],"pid":1,"mes
sage":"Unable to revive connection: http://elasticsearch:9200/"}


kibana_1          | {"type":"log","@timestamp":"2018-11-
25T19:10:37Z","tags":["warning","elasticsearch","admin"],"pid":1,"mes sage":"No living
connections"}


kibana_1          | {"type":"log","@timestamp":"2018-11-
25T19:10:42Z","tags":["status","plugin:elasticsearch@6.2.3","info"],"pid" :1,"state":"green","me
ssage":"Status changed from red to green - Ready","prevState":"red","prevMsg":"Unable to connect
to Elasticsearch at http://elasticsearch:9200."}
```

처음 2개의 로그는 엘라스틱서치가 아직 준비가 끝나지 않았음을 나타낸다. 반면 마지막 로그는 초록색으로 상태를 보고하고 있다.

키바나에서 인덱스 패턴 선언하기

키바나로 수집한 로그를 탐색하기에 앞서 우선 logstash를 위한 인덱스 패턴을 정의해야 한다. Makefile 파일에는 한 줄로 설정을 간소화하는 타깃이 포함돼 있다.

```
$ make index-pattern

curl -XPOST 'http://localhost:5601/api/saved_objects/index-pattern' \
-H 'Content-Type: application/json' \
-H 'kbn-version: 6.2.3' \
-d '{"attributes":{"title":"logstash-
*","timeFieldName":"@timestamp"}}'

{"id":"5ab0adc0-f0e7-11e8-b54c-f5a1b6bdc876","type":"index-pattern","updated_at":"…","version":1
,"attributes":{"title":"logstash -*","timeFieldName":"@timestamp"}}
```

이제부터 Hello 애플리케이션에 대한 요청을 실행한다고 가정한다. 예를 들면 다음과 같다.

```
$ curl http://localhost:8080/sayHello/Jennifer
Hello, Jennifer!
```

그리고 나면 웹 브라우저로 http://localhost:5601/에 접속한 후 브라우저 화면의 왼쪽 메뉴바에서 **Discover** 메뉴를 선택해서 키바나에 있는 로그를 확인할 수 있다.

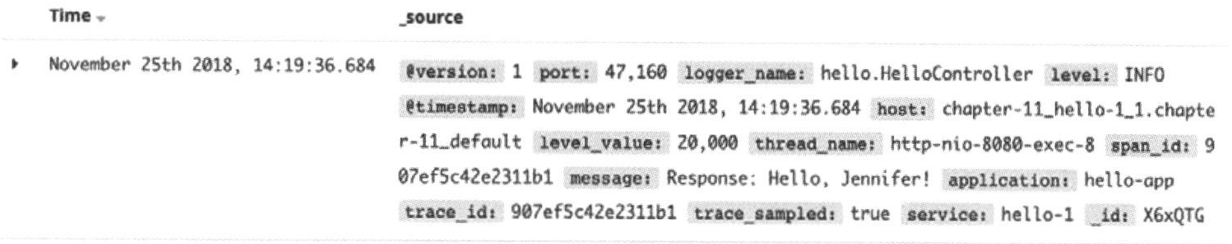

Time ↓	_source
▸ November 25th 2018, 14:19:36.684	@version: 1 port: 47,160 logger_name: hello.HelloController level: INFO @timestamp: November 25th 2018, 14:19:36.684 host: chapter-11_hello-1_1.chapter-11_default level_value: 20,000 thread_name: http-nio-8080-exec-8 span_id: 907ef5c42e2311b1 message: Response: Hello, Jennifer! application: hello-app trace_id: 907ef5c42e2311b1 trace_sampled: true service: hello-1 _id: X6xQTG

그림 11.1 키바나를 통해 볼 수 있는 Hello 애플리케이션의 로그 메시지 예

클라이언트 실행하기

클라이언트 애플리케이션이 하나만 있지만, 이 애플리케이션의 동작을 제어하는 (자바 시스템 속성을 통하는) 특정 파라미터들이 사용된다. Makefile에는 client1과 client2가 포함돼 있는데, 이것들은 서로 다른 터미널 윈도에서 서로 다른 모드로 클라이언트를 실행한다. 다음 예를 보자.

```
$ make client1

./mvnw spring-boot:run -pl com.packt.distributed-tracing-chapter-11:client-1
-Dlogstash.host=localhost -Dclient.version=v1 - Dfailure.location=hello-1 -Dfailure.rate=0.2

[... skip initial logs ...]

[main] INFO client.ClientApp.logStarted - Started ClientApp in 6.515 seconds (JVM running for
15.957)

[main] INFO client.Runner.runQuery - executing http://localhost:8080/sayHello/Bender

[main] INFO client.Runner.runQuery - executing http://localhost:8080/sayHello/Bender
```

```
[main] ERROR client.Runner.runQuery - error from server

[main] INFO client.Runner.runQuery - executing http://localhost:8080/sayHello/Bender

[main] ERROR client.Runner.runQuery - error from server
```

결과에서도 알 수 있듯이 클라이언트가 Hello 애플리케이션에 대해 동일한 HTTP 요청을 반복적으로
실행하고 있다. 그리고 이러한 요청 중 정상으로 동작한 것도 있고 실패한 것도 있다. 뒤에서 클라이언트
가 받은 파라미터들의 의미를 조금 더 자세히 알아볼 것이다.

Hello 애플리케이션

이번 절에서는 Hello 애플리케이션을 사용한다. 이는 7장에서 사용한 것과 매우 유사한데, hello와
formatter라는 두 가지 서비스로만 구성돼 있다. 다음 그림을 통해 이 예제의 전체 아키텍처를 파악해
보자.

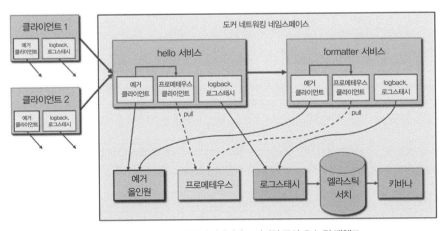

그림 11.2 Hello 애플리케이션 아키텍처와 모니터링 구성 요소 및 백엔드

Hello 애플리케이션의 구성 요소로는 **예거 클라이언트**와 **프로메테우스 클라이언트**를 비롯해 **로그스태
시**에 로그를 바로 전달하는 LogstashTcpSocketAppender를 이용하는 로깅 프레임워크인 **logback**이 있다.
이때 로그스태시는 **엘라스틱서치**에 로그를 저장한다. **키바나**는 스토리지에서 로그를 쿼리하는 데 쓰이
는 웹 UI다. 한편 **프로메테우스** 서버가 HTTP 엔드포인트를 통해 메트릭 정보를 풀링할 때까지 프로메
테우스 클라이언트는 메트릭을 메모리에 축적해 놓는다. 프로메테우스 서버는 docker-compose로 생성된

네트워크 네임스페이스 내에서 동작하므로 호스트 네트워크상에서 동작하는 2개의 클라이언트로부터 메트릭을 긁어오게 설정하지 않았다.

앞에서 한 것처럼 curl 명령어를 이용해 Hello 애플리케이션에 접근할 수 있다.

```
$ curl http://localhost:8080/sayHello/Jennifer
Hello, Jennifer!
```

메트릭과의 통합

이제 '추적 계측을 통한 메트릭 방출'과 '요청 메타데이터 어트리뷰트에 의한 메트릭 파티셔닝'이라는 두 가지 통합 유형을 자세히 알아보자.

추적 계측을 통한 표준 메트릭

이번 절에서는 오픈트레이싱 API에 고유한 메트릭을 통합하는 방법을 설명한다. 오픈트레이싱은 기본 구현 없이 분산 트랜잭션을 설명하는 순수 API라서 추적과 관련 없는 데이터를 생성하게 구현할 수 있다. 특히, RPC 서비스에 대한 일반적인 메트릭 계측을 생각해 보면 추적 계측이 이미 RED(Rate, Error, Duration) 기법[5]이 하는 것과 모두 동일한 신호를 수집한다는 사실을 알 수 있다.

- 모든 인바운드 요청에 대해 서버 스팬을 시작하므로 서비스가 받는 요청의 수, 즉 처리량 또는 요청 비율(RED의 R)을 계산할 수 있다.

- 요청에서 오류가 발생하면 추적 계측에서 스팬에 error=true 태그를 설정해서 에러(RED의 E)를 계산할 수 있다.

- 서버 스팬을 시작하고 끝내면 추적 포인트에 신호를 보내 요청의 시작 및 타임스탬프를 캡처한다. 그러면 요청의 지속 시간(대기 시간) (RED의 D)을 계산할 수 있다.

즉, 사람들이 종종 마이크로서비스를 설명하는 데 사용하는 핵심 메트릭을 위한 전용 계측의 모든 사항이 추적 계측에 이미 포함되어 있다. Hello 애플리케이션이 작동 중인지 확인하려면 이번 장의 '준비 사항' 절에서 설명한 대로 서버와 클라이언트를 시작한 다음 http://localhost:9090/에서 프로메테우스 웹 UI를 연다. 그리고 Expression 박스에 다음 쿼리를 입력한다.

```
sum(rate(span_count{span_kind="server"}[1m]))
by (service,operation,error)
```

이 쿼리는 span_kind="server" 레이블을 이용해 span_count라는 이름의 메트릭을 찾는다. 이렇게 하는 이유는 추적에서 다른 종류의 스팬은 서비스의 RED 신호에 잘 매핑되지 않기 때문이다.

두 서비스와 그 모든 엔드포인트에서 모든 요청을 집계하는 것은 의미가 없으므로 결과를 서비스 이름, 연산 이름(엔드포인트), 오류 플래그(true 또는 false)로 그룹화한다. 각 마이크로서비스는 단일 엔드포인트만 표시하기 때문에 서비스 및 작업별로 그룹화하는 것은 둘 중 하나만 그룹화하는 것과 같다. 그러나 두 가지를 모두 쿼리에 포함시키면 그림 11.3에서 볼 수 있듯이 그래프 아래의 범례가 더욱 명확해진다. 또한 다음 쿼리를 사용해 요청 대기 시간의 95분위 수를 그래프로 그릴 수 있다(span_bucket 메트릭 사용).

```
histogram_quantile(0.95,
sum(rate(span_bucket{span_kind="server"}[1m]))
by (service,operation,error,le))
```

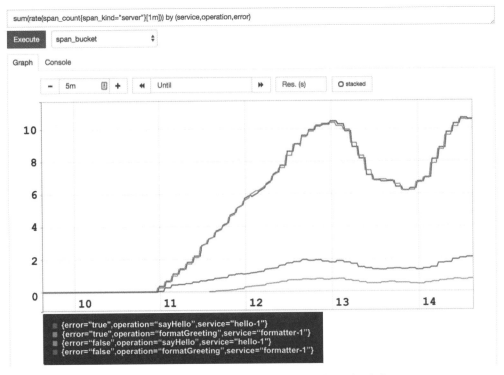

그림 11.3 Hello 애플리케이션에서 4가지 요청 비율 시계열 그래프의 예.
범례에서 위쪽 2개는 성공한 요청의 결과이고, 아래쪽 2개는 실패한 요청 결과다.

물론 독자 대부분은 이미 이러한 대시보드가 낯설지 않을 것이다. 여기서 차이점은 RPC 프레임워크(여기서는 스프링 부트)가 유사한 메트릭을 생성할 가능성은 매우 높지만 Hello 애플리케이션의 마이크로 서비스에는 이러한 메트릭을 만들어 내기 위한 특정 시스템이 없다는 것이다. 대신, 이 애플리케이션은 앞에서 살펴본 스프링을 위한 자동화된 추적 계측을 사용하고 있다.

```
<dependency>
    <groupId>io.opentracing.contrib</groupId>
    <artifactId>opentracing-spring-cloud-starter</artifactId>
</dependency>
```

계측기는 트랜잭션 및 다양한 측정에 대한 설명을 제공한다. 이 설명을 프로메테우스 메트릭으로 변환하기 위해 lib 모듈에서 가져온 다른 라이브러리를 사용할 수 있다.

```
<dependency>
    <groupId>io.opentracing.contrib</groupId>
    <artifactId>opentracing-metrics-prometheus</artifactId>
    <version>0.2.0</version>
</dependency>
```

이 라이브러리는 오픈트레이싱 API를 다른 Tracer 구현을 래핑한 데코레이터(decorator)로 구현한다. 그리고 추적 포인트의 콜백을 사용해 스팬 메트릭을 계산한다. 예제 서비스는 먼저 일반 예거 추적 프로그램을 인스턴스화한 다음, lib 모듈의 TracingConfig 클래스에서 볼 수 있듯이 메트릭 데코레이터로 다시 래핑한다.

```
@Bean
public io.opentracing.Tracer tracer(CollectorRegistry collector) {
    Configuration configuration = Configuration.fromEnv(app.name);
    Tracer jaegerTracer = configuration.getTracerBuilder()
        .withSampler(new ConstSampler(true))
        .withScopeManager(new MDCScopeManager())
        .build();

    PrometheusMetricsReporter reporter = PrometheusMetricsReporter
        .newMetricsReporter()
        .withCollectorRegistry(collector)
```

```
        .withConstLabel("service", app.name)
        .withBaggageLabel("callpath", "")
        .build();
    return io.opentracing.contrib.metrics.Metrics.decorate(
        jaegerTracer, reporter);
}
```

추가 메트릭 레이블은 withConstLabel과 withBaggageLabel을 통해 구성된다. withConstLabel은 이 데코레이터가 내보낸 모든 메트릭에 'hello-1' 또는 'formatter-1' 같은 서비스 이름을 추가한다. 다음 절에서 배기지 레이블이 어디서 유용하게 쓰이는지 설명하겠다.

전통적인 메트릭 라이브러리를 사용하는 서비스에 대해 유사한 RED 메트릭을 얻을 수 있다면 왜 추적 계측을 통해 그것을 수행할까? 주요 이점 중 하나는 잠재적으로 다양한 애플리케이션 프레임워크 위에 구축된 여러 서비스에서 얻을 수 있는 메트릭 이름의 표준화다. 예를 들어, 스프링 부트 프레임워크에서 메트릭을 직접 활성화한다면 메트릭을 다른 프레임워크(예: Dropwizard)를 기반으로 작성된 다른 애플리케이션에서 생성된 메트릭과 매우 다른 이름으로 지정할 가능성이 높다.

그러나 이 예에서 사용한 데코레이터에 의해 생성된 메트릭은 모든 프레임워크에서 같을 것이다. 그뿐만 아니라 메트릭의 레이블로 사용되는 서비스 및 연산의 이름은 실제 추적에서 수집된 서비스 및 작업 이름과 정확하게 일치한다. 이러한 방식으로 추적을 이용해 시계열의 연관성을 보여주면 모니터링 UI에서 추적과 시계열 사이트의 양방향 탐색이 가능해진다. 또한 특정 스팬을 나타내는 대기 시간 분포를 자동으로 계산하는 방식과 같은 정확한 통계적 측정을 이용해 특정 추적의 스팬에 주석을 첨가할 수 있다

데코레이터 방식이 추적 계측기가 내보낸 메트릭을 얻는 유일한 방법은 아니다. 2장 'HotROD 승차 추적하기'에서 설명하지는 않았지만, Go의 예거 추적 프로그램에는 데코레이터 패턴이 아닌 관찰자 패턴을 사용해 메트릭을 방출할 수 있는 선택적 모듈이 있다. --metrics=prometheus 플래그를 지정해서 HotROD 데모 애플리케이션을 실행하고 UI에서 몇몇 자동차 주문을 실행하면 RPC 메트릭 플러그인에 의해 HTTP요청에 대해 생성된 메트릭을 가져올 수 있다.

```
$ curl -s http://localhost:8083/metrics | grep frontend_http_requests

# HELP hotrod_frontend_http_requests hotrod_frontend_http_requests

# TYPE hotrod_frontend_http_requests counter
```

```
hotrod_frontend_http_requests{endpoint="HTTP-GET-/",status_code="2xx"} 1

hotrod_frontend_http_requests{endpoint="HTTP-GET-/",status_code="3xx"} 0

hotrod_frontend_http_requests{endpoint="HTTP-GET-/",status_code="4xx"} 1

hotrod_frontend_http_requests{endpoint="HTTP-GET-/",status_code="5xx"} 0

hotrod_frontend_http_requests{endpoint="HTTP-GET-/dispatch",status_code="2xx"} 3

hotrod_frontend_http_requests{endpoint="HTTP-GET-/dispatch",status_code="3xx"} 0

hotrod_frontend_http_requests{endpoint="HTTP-GET-/dispatch",status_code="4xx"} 0

hotrod_frontend_http_requests{endpoint="HTTP-GET-/dispatch",status_code="5xx"} 0
```

7장에서는 마이크로서비스에서 표준화된 메트릭을 얻는 또 다른 방법으로 서비스 메시를 이용하면 된다고 설명했다. 이는 메트릭과 추적에 대한 일관성 있는 레이블링에서 오는 장점과 유사하다. 그러나 서비스 메시를 사용할 수 없는 경우 추적 계측에서 메트릭을 만들어 내는 것이 중요한 대안이 될 수 있다.

메트릭에 컨텍스트 추가하기

아마도 메트릭과 추적 계측을 더 잘 통합하려면 메트릭에 컨텍스트 인지 기능을 추가하면 될 것이다. 클라이언트가 몇 분 동안 동작하게 하면 다음과 같은 요청 비율 그래프를 얻을 수 있다.

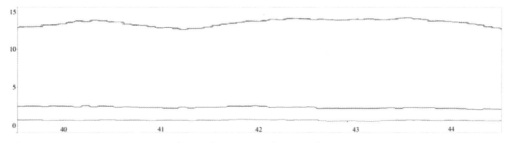

그림 11.4 Hello 애플리케이션에서 성공한 요청(위쪽 2개)과 실패한 요청(아래쪽 2개)의 총 4가지 시계열 그래프의 예. y축은 특정 그룹의 스팬 횟수이고, x축은 시간(단위: 분)을 나타낸다.

위쪽의 두 그래프는 서비스에서 성공한 요청을 나타낸다.

```
span_count{error="false",operation="sayHello",service="hello-1"} span_count{error="false",operation=
"formatGreeting",service="forma tter-1"}
```

아래쪽의 두 그래프는 에러를 나타낸다(hello 서비스의 에러율이 더 높다).

```
span_count{error="true",operation="sayHello",service="hello-1"} span_count{error="true",operation="f
ormatGreeting",service="formatt er-1"}
```

그림 11.4를 통해 요청의 일부가 실패한다는 사실을 알았지만, 왜 실패하는지는 알 수 없다. 메트릭도
그 이유를 이해할 수 있는 컨텍스트를 거의 제공하지 않는다. 특히 서로 다른 환경 설정값을 지닌 두 개
의 클라이언트에 예제 서비스가 접근하므로 클라이언트 각각은 애플리케이션에서 서로 다르게 동작할
가능성이 있다. 그래프를 통해 이를 파악할 수 있다면 좋을 것이다. 하지만 그러려면 클라이언트를 구분
할 수 있게 메트릭에 메타데이터를 붙일 필요가 있다. HTTP 요청으로는 두 마이크로서비스에서 이를
알 수 없기 때문이다. 여기에 친숙한 배기지를 도입하면 된다. lib 모듈을 보면 append()라는 메서드 하
나만 있는 헬퍼 서비스인 CallPath가 있다.

```java
public void append() {
    io.opentracing.Span span = tracer.activeSpan();
    String currentPath = span.getBaggageItem("callpath");
    if (currentPath == null) {
        currentPath = app.name;
    } else {
        currentPath += "->" + app.name;
    }
    span.setBaggageItem("callpath", currentPath);
}
```

이 메서드는 callpath라는 배기지를 읽고 현재 서비스 이름을 추가해서 배기지를 수정한다. 두 마이크로
서비스의 컨트롤러는 HTTP 핸들러(이 예에서는 formatter 서비스)에서 이 메서드를 호출한다.

```java
@GetMapping("/formatGreeting")
public String formatGreeting(@RequestParam String name) {
    logger.info("Name: {}", name);
```

```
    callPath.append();

    ...

    String response = "Hello, " + name + "!";
    logger.info("Response: {}", response);
    return response;
}
```

클라이언트도 이 메서드를 호출한다. 호출 경로의 첫 번째 세그먼트로 클라이언트 이름(예: client-v1)을 입력한다. 이때 배기지 아이템을 저장하기 위해 클라이언트의 루트 스팬을 시작해야 한다. 이렇게 하지 않으면 스팬이 아웃바운드 호출을 만들 때 RestTemplate에 의해서만 생성된다.

```
public void run(String... args) {
    while (true) {
        Span span = tracer.buildSpan("client").start();
        try (Scope scope = tracer.scopeManager().activate(span,false)
        {
            callPath.append();
            ...
            runQuery(restTemplate);
        }
        span.finish();
        sleep();
    }
}
```

마지막으로, callpath 배기지 항목은 withBaggageLabel() 옵션을 사용해 리포터를 구성하기 때문에 앞에서 설명한 데코레이터에 의해 메트릭 레이블에 추가된다.

```
PrometheusMetricsReporter reporter = PrometheusMetricsReporter
.newMetricsReporter()
.withCollectorRegistry(collector)
.withConstLabel("service", app.name)
.withBaggageLabel("callpath", "")
.build();
```

실제로 어떻게 동작하는지 확인하기 위해서는 프로메테우스 쿼리의 group-by 조건절에 callpath를 추가 하면 된다.

```
sum(rate(span_count{span_kind="server"}[1m]) > 0)
by (service,operation,callpath,error)
```

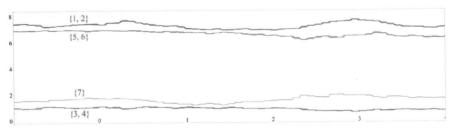

그림 11.5 group-by절에 'callpath' 레이블을 추가할 때 표시되는 추가 시계열.
x축은 특정 그룹의 스팬 개수이고, y축은 시간(분)이다.

아쉽게도 실제 대시보드에서 사용할 수 있는 대화형 기능과 마우스 오버 팝업 기능이 없으면 여기서 무슨 일이 일어나는지 알기 어렵다. 자, 이제 **Graph** 탭 옆에 있는 **Console** 탭을 통해 프로메테우스에서 사용할 수 있는 원시 데이터를 살펴보자(가독성을 위해 service, operation, error, callpath 레이블을 표형식으로 가져왔다).

#	호출 경로	서비스 (메트릭 방출)	연산	에러	값
1	client-v2->hello-1	hello-1	sayHello	false	7,045
2	client-v2->hello-1- >formatter-1	formatter-1	formatGreeting	false	7,058
3	client-v2->hello-1	hello-1	sayHello	true	0,691
4	client-v2->hello-1- >formatter-1	formatter-1	formatGreeting	true	0,673
5	client-v1->hello-1	hello-1	sayHello	false	6,299
6	client-v1->hello-1- >formatter-1	formatter-1	formatGreeting	false	6,294
7	client-v1->hello-1	hello-1	sayHello	true	1,620

여기서 흥미로운 패턴을 볼 수 있다. error=true 레이블에 따라 실패한 요청을 나타내는 행 3, 4, 7에만 집중하고 나머지 성공한 요청인 행 1, 2, 5, 6은 무시한다. callpath 레이블에서 3, 4행 요청은 client-v2 에서, 7행 요청은 client-v1에서 발생한다는 것을 알 수 있다.

client-v1 요청은 formatter 서비스에 도달하지 않으며, client-v2의 요청(행 3-4에 의하면 초당 0.7개의 오류)보다 더 높은 실패율(초당 1.62개의 오류)을 보인다.

3, 4행의 실패율이 거의 동일하기 때문에 client-v2의 요청은 모두 formatter 서비스에서 실패한 것처럼 보인다. 확실하지는 않지만 애플리케이션 아키텍처에서 formatter 서비스가 실패하면 hello 서비스도 실패한다는 것을 알 수 있다. 따라서 hello 서비스가 formatter 서비스와 관계없이 실패했다면 체인을 통해 호출을 수행하지 못했을 것이고 실패율도 더 높았을 것이다. 요약하면 다음과 같다.

- client-v1 요청은 client-v2보다 거의 두 배 가까이 자주 실패한다.
- client-v1 요청은 hello 서비스에서 실패하고 client-v2 요청은 formatter 서비스에서 실패한다.

이제 오류 패턴이 클라이언트 버전으로 인해 발생했음을 추론했으므로 코드를 검토해서 가설을 확인해 보자. Hello 애플리케이션의 실패는 lib 모듈의 ChaosMonkey 클래스를 이용해 시뮬레이션된다. 초기화 과정에서 자바 시스템 프로퍼티로부터 두 개의 파라미터를 읽는다.

```
public ChaosMonkey() {
    this.failureLocation = System.getProperty("failure.location", "");
    this.failureRate = Double.parseDouble(System.getProperty
        ("failure.rate", "0"));
}
```

failureLocation 필드에는 실패를 시뮬레이션하려는 마이크로서비스의 이름이 담겨 있다. failureRate 필드에는 이 실패 발생의 기대 확률이 담겨 있다. HTTP 요청을 하기 전에 클라이언트는 ChaosMonkey의 maybeInjectFault() 메서드를 호출해서 실패한 배기지 항목에 원하는 실패 지점을 확률적으로 저장한다.

```
public void maybeInjectFault() {
    if (Math.random() < this.failureRate) {
        io.opentracing.Span span = tracer.activeSpan();
        span.setBaggageItem("fail", this.failureLocation);
    }
}
```

hello 마이크로서비스와 dispatcher 마이크로서비스는 들어오는 HTTP 요청에 응답하기 전에 ChaosMonkey의 또 다른 메서드인 maybeFail()을 호출한다. 다음 예를 보자.

```
@GetMapping("/formatGreeting")
public String formatGreeting(@RequestParam String name) {

    ...

    chaosMonkey.maybeFail();

    String response = "Hello, " + name + "!";
    logger.info("Response: {}", response);
    return response;
}
```

maybeFail() 메서드는 현재 서비스 이름을 fail 배기지 항목의 값과 비교하고 일치할 경우 예외를 던진다.

```
public void maybeFail() {
    io.opentracing.Span span = tracer.activeSpan();
    String fail = span.getBaggageItem("fail");
    if (app.name.equals(fail)) {
        logger.warn("simulating failure");
        throw new RuntimeException(
        "simulated failure in " + app.name);
    }
}
```

마지막으로, Makefile에서는 실패 주입 메커니즘을 제어하고 프로메테우스에서 관찰한 메트릭 패턴을 설명하는 클라이언트의 두 가지 버전의 구성을 정의한다.

```
CLIENT_V1 := $(CLIENT_SVC) \
    -Dclient.version=v1 \
    -Dfailure.location=hello-1 \
    -Dfailure.rate=0.2
CLIENT_V2 := $(CLIENT_SVC) \
    -Dclient.version=v2 \
```

```
-Dfailure.location=formatter-1 \
-Dfailure.rate=0.1
```

client-v1에 대해서는 요청의 20%에 대해 hello 서비스에서 오류를 유도하게 지정했는데, 이는 오류 호출 경로가 formatter 서비스에 왜 도달하지 못하는지를 설명해준다. client-v2에 대해서는 우리가 관찰한 오류율의 차이를 설명하는 요청의 10%만 formatter 서비스에서 오류를 유도하게 지정했다.

컨텍스트 인지 메트릭 API

메트릭에 컨텍스트 기반 레이블을 추가하는 기법은 추적 계측에서 메트릭을 생성할 때 효과적이다. 그러나 애플리케이션은 종종 내부 캐시의 크기나 현재 큐 깊이(queue depth) 같은 여러 가지 사용자 지정 메트릭을 생성할 수 있다. 심지어 RPC 관련 메트릭조자 추적 계측을 통해 밖으로 내보내기 어려울 수 있는데, 예를 들어 요청 페이로드의 바이트 크기를 측정하려면 계측 시스템이 오픈트레이싱 API의 스코프 밖에 있는 요청 객체에 접근해야 하고, 그에 따라 앞에서 사용했던 데코레이터 추적 구현으로는 캡처할 수 없다.

이러한 상황에서 계측 시스템은 메트릭 시스템의 클라이언트 라이브러리(예: 프로메테우스 클라이언트)를 직접 호출하거나 자바의 마이크로미터(https://micrometer.io) 같은 추상화 계층을 이용하는 전통적인 메트릭 API를 사용하는 방식으로 돌아간다. 기존 메트릭 API는 대부분 분산 컨텍스트를 지원하지 않게 만들어졌다. 따라서 앞에서 본 예제의 callpath 레이블처럼 요청 스코프 메타데이터가 있는 메트릭에 주석을 첨가하는 것이 더 어렵다.

요청 컨텍스트가 스레드 로컬 변수 또는 유사한 메커니즘을 통해 전달되는 프로그래밍 언어에서는 API를 변경하지 않고 컨텍스트에서 추가 레이블을 추출하게 기존 메트릭 API를 향상시키는 것이 가능하다. Go를 포함한 다른 언어에서는 측정을 수행하는 함수의 인수 중 하나로 컨텍스트를 허용하게 메트릭 API를 향상시킬 필요가 있다. 예를 들어 많이 사용되는 마이크로서비스 프레임워크인 Go kit[6]에서는 Counter 인터페이스를 다음과 같이 정의한다.

```
type Counter interface {
    With(labelValues ...string) Counter
    Add(delta float64)
}
```

Add() 함수는 실제 측정값을 수집하지만 Context 객체를 받지 않는다. 컨텍스트 스코프 레이블 값을 컨텍스트에서 추출하는 헬퍼 함수를 만들면 이 작업을 우회할 수 있다. 다음 예제를 보자.

```go
type Helper struct {
    Labels []string
}

func (h Helper) Add(ctx context.Context, c Counter, delta float64) {
    values := make([]string, len(h.Labels))
    for i, label := range h.Labels {
        values[i] = labelValueFromContext(ctx, label)
    }
    c.With(values).Add(delta)
}
```

이는 실행 가능한 접근 방식이지만, 애플리케이션 개발자가 Counter 객체에서 직접 컨텍스트를 사용해 Add() 함수를 호출하는 대신 이 헬퍼 함수를 호출해야 한다는 단점이 있다. 다행히도 OpenCensus 같은 최신 프레임워크는 완전한 컨텍스트 인식 기능을 지원하게 개발되고 있으므로 여기에 맞는 정확한 함수를 사용할 수 있다.

```go
// 한 번에 동일한 컨텍스트를 사용해 하나 또는 여러 측정값을 기록한다.
// 컨텍스트에 태그가 있는 경우, 측정값은 컨텍스트를 사용해 태그가 지정된다.
func Record(ctx context.Context, ms ...Measurement) {}
```

로그와의 통합

메트릭과 마찬가지로, 로그도 종종 요청 스코프의 컨텍스트 부족으로 인한 어려움이 있으며 정형 로그(structured log) 레코드의 필드에서 컨텍스트 중 일부를 캡처해서 보다 나은 조사(investigation)를 할 수 있다.

정형 로그

더 자세히 설명하기에 앞서 정형 로그에 대해 간단히 알아보자. 일반적으로 로깅 프레임워크는 각 로그 행을 일반 문자열로 생성한다. 이를 Hello 애플리케이션 클라이언트의 출력 결과에서 확인할 수 있다.

```
25-11-2018 18:26:37.354 [main] ERROR client.Runner.runQuery - error from server

25-11-2018 18:26:37.468 [main] INFO client.Runner.runQuery - executing http://localhost:8080/
sayHello/Bender

25-11-2018 18:26:37.531 [main] ERROR client.Runner.runQuery - error from server

25-11-2018 18:26:37.643 [main] INFO client.Runner.runQuery - executing http://localhost:8080/
sayHello/Bender
```

이러한 문자열에는 로그 집계 파이프라인으로 파싱할 수 있는 일정한 구조가 있다. 하지만 실제 메시지는 체계적이지 않으므로 로그 저장소에서 인덱스를 작성하는 데 비용이 많이 든다. 예를 들어, 특정 URL을 가진 모든 로그를 찾으려면 간단한 url="..." 쿼리가 아니라 서브스트링 또는 정규 표현식 쿼리로 질문을 표현해야 한다.

정형 로깅을 사용할 때는 동일한 정보를 JSON 형식과 같은 적절한 구조로 표현한다.

```
{
    "@timestamp": "2018-11-25T22:26:37.468Z",
    "thread": "main",
    "level": "INFO",
    "logger": "client.Runner.runQuery",
    "message": "executing HTTP request",
    "url": "http://localhost:8080/sayHello/Bender"
}
```

이러한 방법으로 표현하면 로그를 훨씬 효율적으로 인덱싱할 수 있으며, 키바나에서 사용할 수 있는 것과 같은 다양한 집계 및 시각화 기능을 제공할 수 있다.

이번 장의 예제에서는 로그 메시지를 정형 데이터로 지원하지 않는 표준 **SLF4J** API를 사용한다. 그러나 로그스태시에 보낼 때 로그에서 구조화된 형식을 사용하게 설정한다. 이 같은 설정은 모든 모듈의 resources/logstash-spring.xml 파일에서 찾을 수 있다.

```
<appender name="logstash"
    class="net.logstash.logback.appender.LogstashTcpSocketAppender">
        <destination>${logstash.host}:5000</destination>
```

```
    <encoder class="net.logstash.logback.encoder.LogstashEncoder">
        <customFields>
            {"application":"hello-app","service":"client-1"}
        </customFields>
    </encoder>
</appender>
```

환경설정에서 정의된 필드 외에도 MDC(Mapped Diagnostic Context)에 저장된 속성이 로그 메시지에 필드로 자동 추가된다.

추적 컨텍스트와 로그의 연동

분산 추적이 주류로 자리 잡기 전에 개발자들은 로그를 조금 더 유용하게 만들고 단일 요청으로 필터링할 수 있게 고유한 요청 ID를 전파해서 로그에 포함시키는 방법을 사용하곤 했다.

일단 추적 계측을 구축하고 나면 이미 컨텍스트 전파 문제를 해결한 상태다. 추적 ID는 주어진 요청에 대해 로그를 수집하는 상관 ID만큼 좋다. 더 나은 결과를 위해 스팬 ID를 포함시킬 수 있는데, 이것이 로그를 추적의 특정 스팬과 연관시켜 상황에도 더 잘 맞고 훨씬 더 유용하게 만들어 주기 때문이다.

이번 장의 Hello 애플리케이션에서는 이러한 형태의 통합을 볼 수 있다. 4장 '오픈트레이싱을 이용한 계측 기초'에서 본 것처럼 자바용 오픈트레이싱 API에는 현재 활성화된 스팬을 추적하는 스코프 매니저 개념이 정의돼 있다.

오픈트레이싱 API 라이브러리는 일반적으로 추적 프로그램에서 사용하는 기본 스코프 관리자 구현을 제공한다. 하지만 플러그인이 가능하게 설계됐기 때문에 데코레이터 패턴을 통해 확장 가능하다(옵저버 패턴을 통해서는 아직 가능하지 않음). lib 모듈에는 표준 ThreadLocalScopeManager의 하위 클래스로 구현된 MDCScopeManager라는 확장 기능이 하나 있다. MDCScopeManager에서는 activate() 메서드를 오버라이드하고, 상위 클래스에서 반환된 스코프를 래핑하는 데 사용되는 데코레이터인 ScopeWrapper를 리턴한다. 래퍼 생성자에는 주요 비즈니스 로직이 포함돼 있다.

```
ScopeWrapper(Scope scope) {
    this.scope = scope;
    this.previousTraceId = lookup("trace_id");
    this.previousSpanId = lookup("span_id");
    this.previousSampled = lookup("trace_sampled");4
```

```
    JaegerSpanContext ctx = (JaegerSpanContext)
    scope.span().context();
    String traceId = Long.toHexString(ctx.getTraceId());
    String spanId = Long.toHexString(ctx.getSpanId());
    String sampled = String.valueOf(ctx.isSampled());

    replace("trace_id", traceId);
    replace("span_id", spanId);
    replace("trace_sampled", sampled);
}
```

보다시피 현재 스팬 컨텍스트를 예거 구현으로 캐스팅하고 추적 ID, 스팬 ID, 샘플링 플래그를 검색한 다음 replace() 메서드를 사용해 MDC에 저장한다. lookup() 메서드는 스코프가 비활성화되면 복원되는 이러한 특성의 이전 값을 검색하는 데 사용된다.

```
@Override
public void close() {
    this.scope.close();
    replace("trace_id", previousTraceId);
    replace("span_id", previousSpanId);
    replace("trace_sampled", previousSampled);
}

private static String lookup(String key) {
    return MDC.get(key);
}

private static void replace(String key, String value) {
    if (value == null) {
        MDC.remove(key);
    } else {
        MDC.put(key, value);
    }
}
```

TracingConfig에서 예거를 인스턴스화할 때 사용자 지정 스코프 매니저에 이를 전달한다.

```
Configuration configuration = Configuration.fromEnv(app.name);
Tracer jaegerTracer = configuration.getTracerBuilder() //
    .withSampler(new ConstSampler(true)) //
    .withScopeManager(new MDCScopeManager()) //
    .build();
```

이 모든 통합의 결과가 키바나에서 어떻게 동작하는지 보자. 키바나에서 찾은 로그는 '준비사항' 절에서 이미 봤다. 로그 화면의 왼쪽을 보면 엘라스틱서치가 예제 서비스에서 생성한 로그 스트림에서 발견한 모든 필드 이름을 나열한 섹션이 있다. 주요 항목으로 **application**, **service**, **trace_id** 등이 있다. 이 필드에 마우스를 올려보면 **add** 버튼이 나타난다. 이를 통해 사이드바 상단의 **Selected Fields** 섹션에 필드를 추가할 수 있다. **service, level, message**라는 세 개의 필드를 순서대로 선택해 보자. 키바나에서 자동으로 표시하므로 타임스탬프는 추가할 필요가 없다.

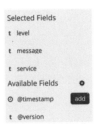

그림 11.6 로그를 표시하기 위해 키바나에서 필드를 선택한다.

필드를 선택하고 나면 화면에 나타난 로그를 훨씬 더 쉽게 파악할 수 있다.

Time ↓	service	level	message
▸ November 25th 2018, 20:05:52.052	hello-1	INFO	Response: Hello, Bender!
▸ November 25th 2018, 20:05:52.047	formatter-1	INFO	Name: Bender
▸ November 25th 2018, 20:05:52.037	hello-1	INFO	Name: Bender
▸ November 25th 2018, 20:05:52.021	hello-1	INFO	Response: Hello, Bender!
▸ November 25th 2018, 20:05:52.019	formatter-1	INFO	Response: Hello, Bender!
▸ November 25th 2018, 20:05:52.017	hello-1	INFO	Name: Bender
▸ November 25th 2018, 20:05:52.017	hello-1	INFO	Calling http://formatter-1:8082/formatGreeting?name=Bender
▸ November 25th 2018, 20:05:51.926	hello-1	INFO	Response: Hello, Bender!
▸ November 25th 2018, 20:05:51.923	formatter-1	INFO	Response: Hello, Bender!
▸ November 25th 2018, 20:05:51.915	hello-1	INFO	Calling http://formatter-1:8082/formatGreeting?name=Bender

그림 11.7 필드의 서브세트만 선택한 후 키바나로 표시한 로그

예상했겠지만 이 로그는 동시에 발생한 서로 다른 요청에 대한 로그가 한꺼번에 섞여 있기 때문에 활용도가 떨어진다. 메트릭에서 보고 있는 에러율 같은 문제를 조사하려면 이 로그를 어떻게 사용해야 할까? 결과를 훑어보면 어떤 지점에 '실패 시뮬레이션' 메시지가 있는 로그를 확인할 수 있다. UI의 맨 위에 있는 쿼리 텍스트 상자에 필터를 추가해서 그것들을 중점적으로 살펴보자.

```
message:"simulating failure"
```

탐색(search) 버튼을 누르면 그림 11.8과 같은 결과가 나타난다.

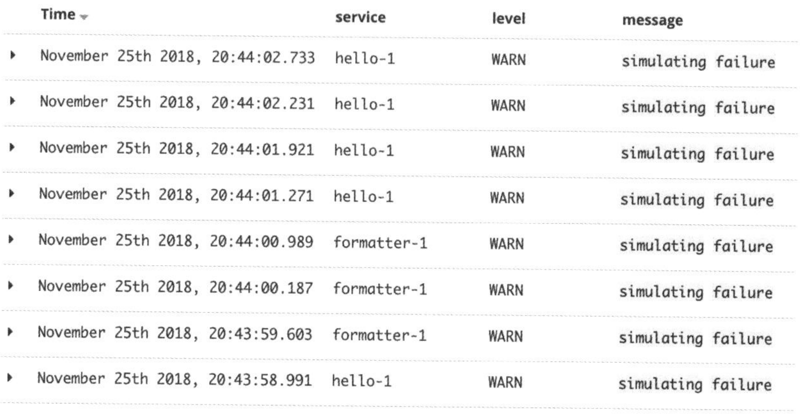

Time ▼	service	level	message
▸ November 25th 2018, 20:44:02.733	hello-1	WARN	simulating failure
▸ November 25th 2018, 20:44:02.231	hello-1	WARN	simulating failure
▸ November 25th 2018, 20:44:01.921	hello-1	WARN	simulating failure
▸ November 25th 2018, 20:44:01.271	hello-1	WARN	simulating failure
▸ November 25th 2018, 20:44:00.989	formatter-1	WARN	simulating failure
▸ November 25th 2018, 20:44:00.187	formatter-1	WARN	simulating failure
▸ November 25th 2018, 20:43:59.603	formatter-1	WARN	simulating failure
▸ November 25th 2018, 20:43:58.991	hello-1	WARN	simulating failure

그림 11.8 특정 메시를 포함하게 필터링된 로그들

왼쪽의 삼각형 표시를 클릭하면 각 레코드를 펼쳐볼 수 있다(formatter 서비스를 가지고 확인해 보자). 보다시피 예상대로 로그 메시지가 lib.ChaosMonkey 클래스를 통해 추가됐음을 확인할 수 있다. 필드 목록 아래를 보면 MDCScopeManager를 통해 trace_id, span_id, trace_sampled 필드가 추가된 것을 확인할 수 있다.

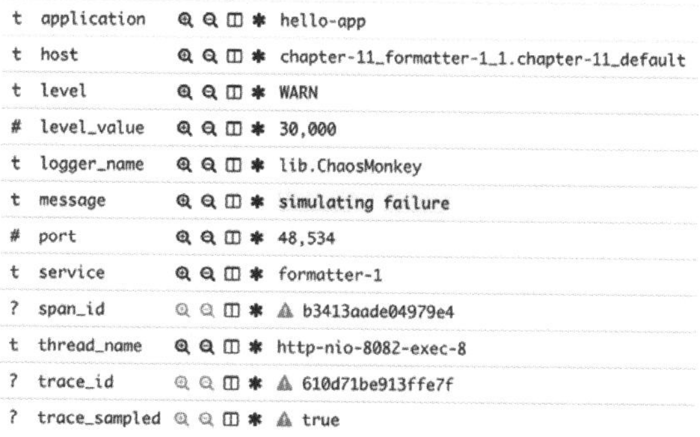

t	application	🔍 🔍 ⊞ ✱	hello-app
t	host	🔍 🔍 ⊞ ✱	chapter-11_formatter-1_1.chapter-11_default
t	level	🔍 🔍 ⊞ ✱	WARN
#	level_value	🔍 🔍 ⊞ ✱	30,000
t	logger_name	🔍 🔍 ⊞ ✱	lib.ChaosMonkey
t	message	🔍 🔍 ⊞ ✱	simulating failure
#	port	🔍 🔍 ⊞ ✱	48,534
t	service	🔍 🔍 ⊞ ✱	formatter-1
?	span_id	🔍 🔍 ⊞ ✱ ⚠	b3413aade04979e4
t	thread_name	🔍 🔍 ⊞ ✱	http-nio-8082-exec-8
?	trace_id	🔍 🔍 ⊞ ✱ ⚠	610d71be913ffe7f
?	trace_sampled	🔍 🔍 ⊞ ✱ ⚠	true

그림 11.9 로그 레코드 하나를 펼쳤을 때 나타나는 필드와 값 목록

이제 메시지 텍스트에 대한 쿼리를 추적 ID에 의한 검색 결과로 대체해서 특정 요청에 대한 모든 로그를 검색할 수 있다.

```
trace_id:610d71be913ffe7f
```

formatter 서비스에서 시뮬레이션된 오류를 선택했기 때문에 이 요청이 client-v2에서 가져온 메트릭을 이용하는 이전 단계의 조사 결과임을 알 수 있다. 그러나 이는 로그 필드에 반영되지 않는데, 클라이언트 버전에 대해 파라미터화 되지 않은 동일한 logback-spring.xml 환경설정 파일을 클라이언트가 공유하기 때문이다(이 부분은 각자의 연습문제로 남겨둔다).

Time ▾	service	level	message
▸ November 25th 2018, 20:44:01.041	client-1	ERROR	error from server
▸ November 25th 2018, 20:44:00.989	formatter-1	WARN	simulating failure
▸ November 25th 2018, 20:44:00.988	formatter-1	INFO	Name: Bender
▸ November 25th 2018, 20:44:00.975	hello-1	INFO	Calling http://formatter-1:8082/formatGreeting?name=Bender
▸ November 25th 2018, 20:44:00.972	hello-1	INFO	Name: Bender
▸ November 25th 2018, 20:44:00.953	client-1	INFO	executing http://localhost:8080/sayHello/Bender

그림 11.10 단일 요청에 대한 로그 레코드 목록

최종 검색 결과는 클라이언트에서 시작해서 '서버에서 발생한 오류(error from server)'라는 오류 메시지를 로깅하는 클라이언트로 끝나는 요청의 전체 실행을 나타낸다. 사실 이 간단한 애플리케이션에서는 특별히 흥미로운 것은 아니기는 하지만, 수십 개의 마이크로서비스가 단일 요청을 실행하는 실제 프로덕션 시스템을 다룰 때는 훨씬 더 유용할 것이다.

컨텍스트 인지 로깅 API

메트릭 예제와 마찬가지로, 로그 프레임워크의 추적 컨텍스트와 MDC가 스레드 로컬 변수를 사용해 컨텍스트를 저장한다는 사실을 이용할 수 있었다. 현재 스팬을 지닌 MDC 어트리뷰트와 동기화할 수 있었지만 callpath 배지지 값을 기록하려면 동일한 접근 방법은 통하지 않는다. 그 이유는 우리가 사용한 사용자 지정 스코프 매니저가 스팬이 활성화될 때만 MDC를 업데이트하기 때문이다. 반면 CallPath 클래스는 언제든지 배지지를 업데이트할 수 있다. 오픈트레이싱 API의 설계는 이런 측면에서 일부 안 좋은 평을 받고 있는데, 쓰기 시 복사(COW, Copy-On-Write) 방식의 컨텍스트를 요구하기보다는 컨텍스트의 가변 상태를 허용하기 때문이다.

스레드-로컬을 사용할 수 없는 언어에서는 컨텍스트 전파를 염두에 두고 설계되지 않은 상용 로깅 API를 사용할 때 컨텍스트에 접근하는 동일한 문제를 다시 겪게 된다. 이상적으로는 모든 로깅 메서드의 첫 번째 인수로 컨텍스트를 요구하는 Go 언어의 로깅 API를 보고 싶을 것이다. 이렇게 하면 해당 API의 구현에서 필요한 메타데이터를 컨텍스트에서 로그 필드로 가져올 수 있다. 이는 컨텍스트 인식 로깅 API를 도입하고자 하는 오픈센서스 프로젝트와 함께 현재 활발하게 설계되고 있는 영역 중 하나다.

추적 시스템에서 로그 캡처하기

docker-compose.yml 파일에는 예거의 all-in-one이 포함돼 있다. 이를 이용해 예거 UI의 상단에 있는 텍스트 상자에 추적 ID를 입력해서 키바나에서 이전에 찾았던 요청을 조회할 수 있다(URL은 보통 http://localhost:16686/이다).

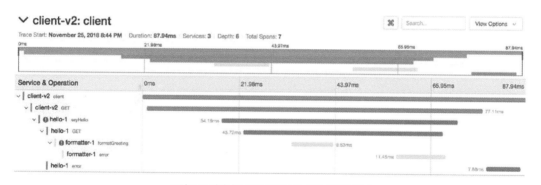

그림 11.11 키바나를 통해 앞에서 본 요청 추적의 결과

오픈트레이싱-스프링 부트 통합의 추가적인 이점 중 하나는 로깅 API를 사용해 애플리케이션에서 생성된 모든 레코드가 현재 활성화된 스팬에 자동으로 첨부된다는 것이다(우리가 사용한 통합 버전은 Logback 로깅 프레임워크에서만 사용할 수 있다. 그리고 이는 애플리케이션 프로퍼티를 통해 켜고 끌 수 있다). 추적에서 루트 '클라이언트' 스팬을 펼치면 네 개의 로그가 표시된다. 위쪽 2개는 배기지가 스팬에서 업데이트될 때 예거 클라이언트에 의해 생성된 것이다. 아래쪽 2개는 비슷하게 구조화된 형식으로 오픈트레이싱-스프링 부트 통합에 의해 추가된 것이다(그림 11.12).

그림 11.12 추적의 루트 스팬에 포함된 4개의 스팬 로그

깃허브 저장소[1]의 io.opentracing.contrib.spring.cloud.log 패키지에 있는 SpanLogsAppender 클래스에서 이 통합 코드를 볼 수 있다.

추적 뷰에서 올바른 위치에 표시된 모든 로그 문장은 키바나에서 동일한 로그를 볼 때보다 훨씬 더 많은 정보와 문제 해결에 더 나은 경험을 제공한다. 심지어 추적 ID로 필터링한 경우에도 그렇다. 그러나 모든 로그를 항상 추적 백엔드로 전송해야 하는 것은 아니다. 즉, 로그 레코드가 스팬 ID를 캡처할 경우 추적 ID로 로깅 백엔드에서 실제로 필요할 때 가져올 수 있다.

이제 이번 장의 마지막 주제로 넘어가 보자.

로깅과 추적 백엔드를 분리해야 할까?

요약하면, 로그와 추적 컨텍스트를 연관시키면 다음과 같은 이점이 있다.

- 추적 ID를 통해 단일 요청에 대한 로그를 검색하기 위해 로그 저장소를 사용할 수 있다.

---

1 https://github.com/opentracing-contrib/java-spring-cloud/

- 집계 결과에서 운영 통찰력을 얻기 위해 로그를 처리하고 집계하는 용도로 이미 많은 조직에 존재하는 풍부한 인프라를 활용할 수 있다. 모든 로그에 추적 ID가 태그돼 있기 때문에 이후 개별 추적에 대해 드릴다운할 수 있다.

- 추적 UI와 로깅 스토리지를 통합해서 추적ID 및 스팬 ID로 로그를 추적 시각화에 가져와 추적 결과 속 적절한 컨텍스트에 표시할 수 있다.

- 경우에 따라 오픈트레이싱–스프링 부트 통합의 예와 같이, 로그 메시지를 추적 백엔드에 스팬 로그로 저장하게 리디렉션할 수 있다.

이러한 모든 통합 작업에서 다음과 같은 질문에 대해 생각해 보자. 먼저 로깅 및 추적 백엔드가 분리돼 있어야 할까? 결국 추적은 좀 더 전문화되고 구조화된 형태의 로그 이벤트일 뿐이다. 10장 '분산 컨텍스트 전파'의 피벗 추적을 논의할 때 다음과 같은 쿼리를 다뤘다.

```
FROM bytesRead IN DataNodeMetrics.incrBytesRead

JOIN client IN FIRST(ClientProtocols) ON client ⇒ bytesRead
GROUP BY client.procName
SELECT client.procName, SUM(bytesRead.delta)
```

이 쿼리에는 추적 계측과 관련된 것이 아무것도 없다. 이것은 애플리케이션에서 생성된 이벤트 및 측정 집합에 대한 표현으로, 인과 관계 조인(⇒)으로 표현한 것이다. 모든 종류의 계측에서 발생하는 이벤트에 대해 이러한 쿼리를 표현할 수 있다면 좋을 것이다. 예를 들어 bytesRead.delta 측정은 정형 로그 메시지의 필드에서 온 것일 수도 있다(피벗 추적에 의해 인과 관계 전파가 수행되는 순간은 무시한다).

또 다른 예로 honeycomb.io가 있다. 이 서비스는 가공되지 않은, 풍부하고 구조화된 이벤트를 수집하고 이를 기반으로 쿼리, 집계, 차트 작성 기능을 제공한다. 이벤트가 인과 관계를 포착하는 한(이번 장에서 본 것처럼 자동으로 제공될 수 있다) 데이터를 사용해 시계열과 추적을 모두 구축할 수 있다. 시스템 규모의 어느 시점에서는 이벤트를 샘플링해야 하므로 허니컴(Honeycomb)은 메트릭의 필요성을 완전히 제거하지는 않는다. 하지만 복잡한 시스템의 문제 해결 및 디버깅에 대해서는 이벤트 로깅과 추적 사이에 별 차이가 없다.

물론 예를 들면 분산 트랜잭션에 연결되지 않는 애플리케이션의 부트스트랩과 같이 추적 방법이 일부 이벤트에 실제로 적용되지 않는 것처럼 보이는 경우가 있다. 그러나 이 사례에서도 누군가가 배포를 시작하기 위해 버튼을 눌러야 할 수도 있다. 또는 이 서비스의 다른 인스턴스가 다운되어 다른 곳에서 인스턴스가 시작될 수도 있다. 이 같은 이유에서 이러한 인과 관계를 이해하기 위해 추적으로 모델링할 수 있는 분산 오케스트레이션 워크플로가 있다. 어쨌든 로그는 컨텍스트 기반 인과 관계 링크를 가질 수도 있고 갖지 않을 수도 있다. 그런데도 모든 로그를 똑같은 이벤트로 취급한다면 유일한 차이점은 이러한 이벤트를 어떻게 분석하느냐가 될 것이다.

이것들은 소위 처방전 수준의 답은 아니지만, 사람들이 진지하게 고민하고 이야기를 나누기 시작하는 주제이므로 조만간 더 나은 해답을 얻기를 기대해볼 만하다.

정리

메트릭, 로그, 추적을 종종 '관찰성의 세 가지 구성요소'라고 한다. 이는 각각의 도구를 개별적으로 또는 조합해서 판단하는 것이 아니라는 의미와 더불어, 많은 소프트웨어 회사들이 더 나은 관찰성을 위해 서로 다른 세 가지 업체를 통해 세 가지 구성 요소를 모두 확인하려는 경향이 있다는 의미도 있다.

이번 장에서는 메트릭과 로그가 분산 시스템에 적용할 때 상황을 조사하고 디버깅하기에 얼마나 부족한지에 대해 알아봤다. 그 이유는 그것들이 표준 형태에서 분산 요청 컨텍스트를 인식하지 못할뿐더러 단일 실행을 위한 전체적인 흐름을 제공할 수 없기 때문이다. 이번 장에서는 이러한 도구를 컨텍스트 전파 및 추적과 결합해서 시스템의 동작 방식을 설명하는 능력을 어떻게 향상시키는지 배웠다.

간단한 Hello 애플리케이션을 통해 이러한 통합을 실제로 확인했다. 또 10장 '분산 컨텍스트 전파'에서 다룬 기법들도 적용했다. 예를 들어 결함 주입 명령어를 전달하는 (컨텍스트 전파의 한 형태인) 오픈트레이싱 배기지도 있었고, 누적 호출 경로 문자열로 메트릭을 분할하는 방법도 있었다.

이번 장을 통해 기업에서 메트릭 및 로깅을 위한 컨텍스트 인식 API가 일반적으로 부족한 동시에 필요성이 있다는 사실을 알게 됐다. 추적에 의해 제공된 컨텍스트 전파를 사용하는 것도 효과적인 방법이다. 하지만 10장에서 살펴본 추적 평면과 같이, 범용적이고 툴에 구애받지 않는 컨텍스트 전파 API가 있다면 컨텍스트 인식 모니터링 API 개발이 훨씬 쉬울 것이다.

다음 장에서는 종단 간 추적을 집중적으로 살펴본다. 아울러 대규모 추적으로부터 응용 분야에 대한 통찰을 얻는 데 사용할 수 있는 데이터 마이닝 기법도 알아본다.

참고 자료

1. Charity Majors. 관찰성의 세 가지 구성요소는 없다(There are no three pillars of observability). On Twitter: `https://twitter.com/mipsytipsy/status/1003862212685938688`

2. Ben Sigelman. "3개의 구성요소, 답 없음: 우리는 관찰성을 다시 고찰해야 한다(Three Pillars, Zero Answers: We Need to Rethink Observability)". KubeCon + CloudNativeCon North America 2018: `https://bit.ly/2DDpWgt`

3. 프로메테우스: 모니터링 시스템 및 시계열 데이터베이스(Prometheus: Monitoring system and time series database): `https://prometheus.io/`

4. M3: 분산 시계열 데이터베이스 M3DB상에 구축된 오픈소스 메트릭 플랫폼 (M3: open source metrics platform built on M3DB, a distributed timeseries database): `https://m3db.io/`

5. Tom Wilkie. "RED 기법: 마이크로서비스 아키텍처를 위한 핵심 메트릭(The RED Method: key metrics for microservices architecture)": `https://www.weave.works/blog/the-red-method-key-metrics-for-microservices-architecture/`

6. Go kit: 마이크로서비스를 위한 툴킷: `https://gokit.io/`

12

데이터 마이닝을
이용한 통찰

종단 간 추적의 실무자들이 앞으로 탐구할 가장 흥미롭고 유망한 영역을 다루면서 이 책의 3부를 마무리하려고 한다. 분산 추적 데이터는 분산 시스템에 대한 정보를 제공한다. 앞에서 단일 추적을 검사하는 것조차도 매우 통찰력 있는 예제가 될 수 있음을 확인했다. 이를 통해 엔지니어링 팀이 성능 문제를 이해하고 근본 원인을 파악할 수 있다. 그러나 샘플링 확률이 낮더라도 인터넷 규모로 운영되는 소프트웨어 시스템은 하루에 수백만 또는 수십억 건의 추적을 기록할 수 있다. 회사의 모든 엔지니어가 하루에 조사한 추적 개수가 몇 개에 불과하더라도 추적 결과는 종단 간 추적 백엔드로 수집된 전체 데이터의 작은 부분으로 추가될 것이다. 모든 데이터를 처리하기 위해, 유용한 집계 함수를 생성하기 위해, 패턴, 이상치, 상관관계를 발견하기 위해, 그리고 개별 추적을 이용할 경우 명확하지 않을 통찰을 추출하기 위해 데이터 마이닝 툴을 만들 수 있다면 이 데이터(즉 매일 수집된 추적 데이터)의 나머지를 낭비하지 않게 될 것이다.

집계를 이용해서 작업하는 중요한 이유는 이상치가 될 수 있는 일회성 추적으로 인해 잘못된 결과로 이어지지 않게 하기 위해서다. 가령 어떤 스팬의 대기 시간이 매우 긴 곳에서 추적을 찾는다면 이를 조사하고 디버깅할 가치가 있을까? 그 대기 시간이 15초인데, 이 서비스의 대기 시간 99.9%가 여전히 1초 미만이라면 어떨까? 시스템 **SLO(service level objectives, 서비스 목표)**에 아무런 영향을 미치지 않는 무작위적인 이상치를 쫓는 데 수 시간의 엔지니어링 시간을 낭비할 수 있다. 9장에서 설명한 지연 시간 히스토그램 같은 집계 결과에서 조사를 시작하고 이를 특정 클래스를 대표하는 몇몇 추적 결과로 좁히는 편이 훨씬 더 좋은 워크플로다.

9장에서는 깊은 의존성 그래프, 지연 시간 히스토그램, 추적 피처 추출 등 집계 데이터의 몇 가지 예를 살펴봤다. 추적 데이터의 일괄 분석은 비교적 새로운 분야이므로 앞으로 더 많은 예제가 블로그 게시물과 콘퍼런스에서 발표될 것으로 예상한다. 시스템에서 일어나는 병리학적 작동 방식의 근본 원인을 찾는 과정에서는 가설을 정의하고, 이를 입증하거나 반증하기 위한 데이터를 수집하고, 다른 가설로 변경하는 것을 반복할 때가 굉장히 많다. 이 과정에서 조립형 집계(prefabricated aggregation)가 출발 단계에서는 유용할 수 있다. 그러나 일반적으로 데이터 분석 프레임워크는 특정 상황이나 분석을 수행하는 사람에게 매우 고유할 수 있는 패턴 및 가설을 탐색할 수 있게 더욱 유연해야 한다.

이번 장에서는 데이터 마이닝으로 생성된 특정 집계 또는 보고서에 초점을 맞추기보다는 유연한 데이터 분석 플랫폼 자체를 구축하는 원리를 설명한다. 여기서는 모든 추적 분석 시스템에 필요한 여러 가지 아키텍처 측면을 다루는 아파치 플링크(Apache Flink) 스트리밍 프레임워크를 사용해 간단한 집계를 작성한다. 또한 성숙한 추적 인프라를 갖춘 다른 회사들이 취한 몇 가지 접근법에 대해서도 설명한다.

피처 추출

집계 및 데이터 마이닝 접근 방법의 가짓수는 아마도 엔지니어의 독창성에 따라 무궁무진할 것이다. 매우 보편적이고 구현하기 쉬운 방법 중 하나로 '피처 추출'이 있다. 이는 전체 추적을 수행한 다음, 단일 스팬에서 계산할 수 없는 '**피처(feature)**'라고 하는 하나 이상의 값을 계산하는 프로세스를 나타낸다. 피처 추출은 데이터의 복잡성을 크게 줄인다. 스팬의 대규모 **DAG(Directed Acylclic Graph)**를 처리하는 대신 여러 피처를 나타내는 열이 포함된 추적당 단일 스파스 레코드(sparse records)로 축소하기 때문이다. 다음은 추적 피처의 예다.

- 추적의 총 대기 시간

- 추적 시작 시간

- 스팬의 수

- 네트워크 호출 횟수

- 루트 서비스(진입 포인트) 및 해당 엔드포인트 이름

- 클라이언트 타입(안드로이드 앱 또는 iOS 앱)

- 대기 시간 분석: CDN, 백엔드, 네트워크, 스토리지 등

- 다양한 메타데이터: 클라이언트 호출의 발신 국가, 요청을 처리하는 데이터 센터 등

피처는 거의 실시간으로 계산된다. 따라서 이를 시계열로 볼 수도 있고 추세를 모니터링하거나 경보를 제공하는 등의 작업을 수행하는 데 사용할 수도 있다. 페이스북의 분산 추적 시스템인 캐노피[1]는 분석 데이터베이스에 추출한 피처를 저장해서 여러 피처 차원에서 데이터를 필터링하고 집계해서 더욱 깊이 있는 탐색 분석을 가능하게 한다.

데이터 마이닝 파이프라인의 구성 요소

추적을 위한 실시간에 가까운 데이터 마이닝 구축 방법은 여러 가지가 있다. 캐노피에는 추적 백엔드에 직접 피처 추출 기능이 내장돼 있다. 반면 예거에서는 이번 장의 코드 예제처럼 후처리 추가 기능을 통해 피처 추출을 수행할 수 있다. 필요한 주요 구성 요소는 그림 12.1과 같다.

- **추적 백엔드**는 보통 추적 인프라라고도 하며, 분산 애플리케이션의 마이크로서비스에서 추적 데이터를 수집한다.

- **추적 완료 트리거**는 추적의 모든 스팬을 수신했는지 판단해서 처리 작업을 준비한다.

- **피처 추출기**는 개별 추적의 실제 계산을 수행한다.

- **집계 연산기**(선택사항)는 개별 추적의 피처를 더 작은 데이터세트로 결합한다.

- **스토리지**는 계산 및 집계 결과를 기록한다.

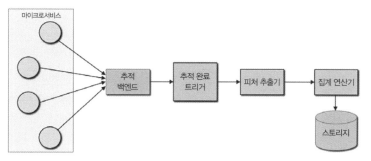

그림 12.1 데이터 마이닝의 개념 아키텍처

이어서 각 구성 요소의 역할을 자세히 알아보자.

추적 백엔드

데이터 파이프라인에는 처리할 데이터 추적 소스가 필요하며, 추적 백엔드가 해당 소스로 작동한다. 이 같은 경우 추적 백엔드(Tracing backend)의 뚜렷한 특징은 분산 애플리케이션을 구성하는 여러 서비스에서 비동기적으로 추적되는 경우가 많으며, 종종 네트워크 장애로 인해 추적되지 않는 경우가 있다는 것이다. 예거 같은 백엔드는 받은 모든 스팬을 스토리지에 하나씩 저장하고 어떤 스팬이 어느 추적에 속하는지를 추론하지 않는다. 단지 쿼리할 때 전체 추적만 재구성할 수 있다.

추적 완료 트리거

스팬 수집의 이러한 무작위적인 특성은 데이터 마이닝에 대한 문제점을 드러낸다. 특정 추적에 대한 모든 스팬이 추적 백엔드에 의해 수신 및 저장됐는지 알기 어렵기 때문이다. 일부 스팬은 공용 네트워크를 통해 모바일 장치에서 모든 경로로 전송될 수 있으며, 스팬 완료 직후가 아닌 주기적으로 해당 스팬을 배치하고 전송하는 것은 드문 일이 아니다. 추적 완료 트리거(Trace completion trigger)는 추적 백엔드가 받은 모든 스팬을 관찰하고 추적이 데이터 마이닝 파이프라인에서 처리할 준비가 됐다는 판단을 내린다. 이것은 결정이 아닌 판단이다. 왜냐하면 모든 스팬이 실제로 도착했다고 보장하는 것은 거의 불가능하기 때문이다. 추적 시스템은 다양한 휴리스틱을 사용해 그 결정을 내리는 것을 돕는다.

가장 보편적으로 사용되는 가장 간단한 방법은 이전에 발견되지 않았던 추적에 대한 첫 번째 스팬을 수신한 후 미리 결정된 시간 간격 동안 기다리는 것이다. 예를 들어, 애플리케이션에 대한 대부분 요청이 몇 초 내에 처리된다는 도메인 지식을 보유하고 있을 수 있다. 거의 모든 요청(예: 30초 또는 1분)에 적당한 간격을 선택하고 그 시간이 지나면 추적 완료를 선언할 수 있다. 간단해서 좋다는 장점은 있지만 이 접근법에는 몇 가지 분명한 단점이 있다.

- 네트워크, 특히 모바일 네트워크는 질적 측면에서 매우 다양하므로 p99 백분위보다 훨씬 높은 대기 시간을 일상적으로 경험하는 소수의 최종 사용자가 있을 수 있다. 너무 짧은 대기 윈도를 사용할 경우 요청에 대한 추적이 완전하다고 잘못 결정하게 된다(이를 '위양성(false positives)'이라고 한다).

- 너무 큰 시간 윈도를 선택하면 위양성을 줄이기 위해 데이터 마이닝 파이프라인의 대기 시간이 그에 따라 증가한다. 예를 들어, 파이프라인이 근본 원인 분석(RCA, Root Cause Analysis)에 유용한 집계를 수행하고 있으며, 시간 윈도가 10분인 경우 온-콜(on-call) 엔지니어는 경고를 수신한 후 10분 동안 기다려야 파이프라인에서 데이터를 사용할 수 있다.

- 규모가 매우 큰 분산 시스템의 경우 매우 다른 시간을 기준으로 작동하는 워크플로를 갖는 경우가 일반적이다. 예를 들어 많은 RPC 기반 워크플로가 매우 빠른 반면(최악의 경우에도 몇 초 정도 소요), 많은 노드에 새로운 버전의 서비스를 배포하는 것 같은 일부 워크플로는 수 분 또는 수 시간이 걸릴 수 있다. 이러한 경우 단일값인 시간 윈도 임계치는 적합하지 않다.

시간 윈도 기반 추적 완료 트리거의 정확성을 향상시킬 수 있는 다른 방법이 있다. 그중 일부는 추적 지점에서 콜백을 받는 추적 라이브러리에서 구현해야 한다. 예를 들어, (동일한 프로세스 내에 있는) 동일한 부모 스팬이 생성한 자식 스팬의 수를 기록하면 모든 자식 스팬이 추적을 수신했는지를 트리거 내에서 몇 가지 기본 온전성 검사(basic sanity checks)로 확인할 수 있다. 추적 완료 트리거는 느린 워크플로에 더 큰 시간 윈도를 사용할 수 있지만 DAG의 온전성 검사를 기반으로 짧은 워크플로에 대한 추적이 완료됐음을 감지한다.

시스템의 이전에 관찰된 동작이 과거 데이터에 또 다른 데이터 마이닝을 통해 수집됐다면 추적 완료 트리거는 시스템의 이전 관찰된 동작에 대한 일부 통계치도 제공받을 수 있다. 통계치는 각 서비스의 각 엔드포인트에 대한 대기 시간의 대략적인 분포를 보여줄 수 있으므로 트리거가 실행 중인 각 추적이 완료돼야 할 시점을 추정하는 데 도움이 된다. 머신러닝을 활용해 추적 완료 트리거를 구축할 수도 있다.

정리하면, 단순히 시간 윈도 대기 시간 동안 대기하다가 그 이후 무언가를 하게 하고 싶다면 이에 맞게 추적 완료 트리거를 구현하는 것은 쉬운 작업이 아니다. 거의 모든 구현이 완전한 수준으로 정확하지는 않고 절대 최소 의사 결정 대기 시간(absolute minimum decision latency)을 가지지 않으므로 분석 파이프라인의 후반부에서 수행되는 집계 연산을 통해 이를 인식해야 한다.

피처 추출기

피처 추출기(Feature extractor)는 완전한 추적 결과를 수신하고, 여기서 유용한 피처를 계산하는 비즈니스 로직을 실행한다. 피처는 총 스팬 수와 같은 간단한 숫자 값에서부터 복잡한 구조에 이르기까지 다양할 수 있다. 예를 들어, 9장에서 설명한 경로 인식 서비스 그래프를 작성하려는 경우 각 추적에 대해 (경로, 개수) 쌍의 모음을 생성하고 싶을 수 있다. 이번 장에서 수행할 코드 예제에서는 '추적 그래프에서 발견된 서비스별 스팬 수'인 이전 타입의 피처를 생성한다.

피처 추출기는 대부분 사용자 정의 논리가 상주하는 곳이며, 더 많은 계산을 추가할 수 있게 확장할 수 있어야 한다. 개별 추출기의 공통 부분은 추적을 DAG로 나타내는 데이터 모델이다. 캐노피 제작자는 원본 추적 데이터로 생성되고 집계 및 비즈니스 로직을 더 쉽게 작성할 수 있는 특별히 설계된 상위 레벨의 추적 모델을 설명했다.

이상적으로 모델은 추적 DAG에 대해 그래프 쿼리를 작성할 수 있는 API도 제공해야 한다. 경우에 따라 사용자가 시스템을 통과하는 모든 추적의 서브셋에서 피처를 추출하고 싶을 수도 있으므로 그래프 쿼리를 필터링 메커니즘으로 사용할 수도 있다.

추적 완료 트리거를 어떻게 구현하느냐에 따라 일부 누락된 스팬이 실행 중인 첫 번째 트리거보다 늦게 백엔드에 도착할 경우 트리거가 한 번 이상 실행될 수 있다. 피처 추출기는 이러한 상황을 처리해야 할 수도 있다.

집계 연산기

집계 연산기(Aggregator)는 선택적 구성 요소다. 여기서는 풍부한 스팬 그래프를 작은 피처 세트로 축소화하기 때문에, 특히 기본 저장소가 집계 쿼리를 직접 지원하는 경우 계산된 피처 집합을 추적마다 단일 레코드로 저장하는 데 비용이 많이 들지 않는다. 이 경우 집계 연산기는 아무 작업도 수행하지 않는다. 단순히 레코드를 각 저장소로 전달하기만 한다.

다른 경우에는 각 레코드를 저장하는 작업이 너무 비용이 많이 들거나 불필요할 수 있다. 예거 UI에서 봤던 쌍별(pairwise) 그래프를 생각해 보자. 이 그래프의 기본 데이터 구조는 DependencyLink 레코드의 집합이다. 예를 들어 Go 언어에서는 다음과 같다.

```go
Type DependencyLink struct {
    Parent      string      // 부모 서비스 이름 (caller)
```

```
    Child       string      // 자식 서비스 이름 (callee)
    CallCount   unit64      // 이 링크를 통한 호출 개수
}
```

이러한 링크 레코드 중 상당수가 각 추적에 대해 생성될 수 있다. 최종 서비스 그래프는 일정 기간 많은 추적을 모아 놓은 것이기 때문에 각 항목을 저장소에 보관하는 것은 중요하지 않다. 이는 일반적으로 집계 연산기 구성 요소가 할 일이다. 서비스 그래프 유스케이스의 경우 (parent, child) 쌍에 의한 많은 추적의 모든 DependencyLink 레코드를 그룹화하고 callCount 값을 합해서 집계한다. 출력 결과는 각 (parent, child) 쌍이 한 번만 발생하는 DependencyLink 레코드의 모음이다. 집계 연산기는 추적 완료 트리거 이후에 추적에서 추출된 피처 집합에 대해 호출되며, 메모리에 데이터를 축적하고 특정 시간대(예: 매 15분 또는 임의의 적절한 간격)가 지나면 이를 영구 저장 장치로 옮긴다.

피처 추출 예제

이번 코드 예제에서는 추적에서 기본 피처 추출을 위한 SpanCountJob이라는 아파치 플링크 잡을 만들겠다. 아파치 플링크는 추적 백엔드가 수집하는 추적을 처리하는 데 적합한 큰 데이터 실시간 스트리밍 프레임워크다. 아파치 스파크(Spark) 또는 아파치 스톰(Storm) 같은 다른 스트리밍 프레임워크도 비슷한 방식으로 사용할 수 있다. 이러한 모든 프레임워크는 메시지 큐 인프라와 잘 동작한다. 이 책에서는 메시지 큐로 아파치 카프카를 사용할 것이다.

예거 백엔드는 버전 1.8부터 수집기에 의해 수신된 스팬의 중간 전송을 위해 카프카를 지원한다. **jaeger-ingester** 구성 요소는 카프카 스트림에서 스팬을 읽고 저장소 백엔드에 쓴다. 이 예에서 저장소는 **Elasticsearch**다. 그림 12.2는 예제의 전체적인 아키텍처를 보여준다. 여기서는 예거의 배포 모드를 사용해 추적을 Elasticsearch에 제공한다. 이렇게 하면 예거 UI를 사용해 추적을 개별적으로 볼 수 있다. 그리고 **Apache Flink**에서 피처 추출을 처리한다. 피처 레코드는 동일한 **Elasticsearch**에 저장한다. 피처 레코드를 보고 그래프를 만들기 위해 **Kibana UI**를 사용할 수 있다.

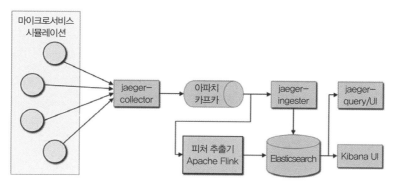

그림 12.2 피처 추출 예제의 아키텍처

여기서 추적 데이터가 꾸준히 만들어질 수 있는 원천이 필요하다. 지속해서 추적을 생성하는 애플리케이션은 클라이언트를 반복적으로 실행하는 Hello 애플리케이션 (11장 참조) 내지는 루프 형태로 curl 명령어를 실행하는 HotROD (2장 참조) 정도면 적절할 것이다. 그 대신, 이번 장에서는 다양한 형태의 추적을 생성하기 위해 쉽게 변경 가능한 상당히 복잡한 아키텍처를 시뮬레이션할 수 있는 마이크로서비스 시뮬레이터[2]를 사용하겠다.

피처 추출 잡은 수신한 추적 각각에서 서비스당 스팬 수를 계산하고 엘라스틱서치에 추적 요약 레코드를 기록한다. 그림 12.3은 이러한 레코드 중 하나가 키바나에서 어떻게 나타나는지 보여준다. 여기에는 traceId 필드, 타임스탬프, 그리고 spanCounts에 {serviceName}::{endpointName}: {number of spans} 형식으로 중첩된 칼럼 그룹이 포함돼 있다.

Time	_source
December 19th 2018, 19:23:54.832	traceId: 0000000000000000717D5C3696A64E6B @timestamp: December 19th 2018, 19:23:54.832 spanCounts.ui::HTTP GET: 1 spanCounts.redis::/GetDriver: 10 spanCounts.driver::/FindNearest: 1 spanCounts.route::/GetShortestRoute: 10 spanCounts.customer::HTTP GET: 1 spanCounts.redis::/FindDriverIDs: 1 spanCounts.frontend::HTTP GET: 12 spanCounts.driver::HTTP GET: 11

그림 12.3 키바나에서 제공하는 추적 요약 레코드

이 피처 추출기는 매우 간단한 반면 데이터 마이닝 파이프라인을 도식화해 제공하며, 이 예에서는 불필요한 집계 연산을 제외하고 앞에서 설명한 모든 구성 요소를 포함하고 있다.

---

2 https://github.com/yurishkuro/microsim

준비사항

그림 12.2와 같이 예제 아키텍처를 위해 실행해야 하는 구성 요소가 몇 가지 있다. 다행히 대부분 구성 요소는 도커 컨테이너에서 실행할 수 있다. 다만 마이크로서비스 시뮬레이터(Go)와 아파치 플링크 피처 추출 잡(자바)은 직접 실행해야 한다.

이번 절에서는 환경설정 및 예제 실행에 대한 지시사항을 설명한다.

프로젝트 소스코드

플링크 잡의 소스코드는 깃허브에 있는 이 책의 소스코드 저장소에서 Chapter12/ 디렉터리를 참고하면 된다. 소스코드를 다운로드하는 방법은 4장을 참고한다. 소스코드를 다운로드하고 나면 예제 코드를 실행할 수 있는 Chapter12 디렉터리로 이동한다.

애플리케이션의 소스코드는 다음과 같은 형태로 구성돼 있다.

```
tracing/
    Chapter12/
        Makefile
        docker-compose.yml
        elasticsearch.yml
        es-create-mapping.json
        hotrod-original.json
        hotrod-reduced.json
        kibana.yml
        pom.xml
        src/
```

이 프로젝트에서 만든 자바 아티팩트는 하나뿐이므로 모든 소스코드는 최상위 src/ 디렉터리에 있다. docker-compose.yml 파일은 예거 백엔드, 아파치 카프카, 엘라스틱서치, 키바나 같은 다른 구성 요소를 실행하는 데 사용된다. elasticsearch.yml과 kibana.yml은 각각 엘라스틱서치와 키바나의 환경설정 파일이다. hotrod*.json 파일은 마이크로서비스 시뮬레이터의 프로파일이다.

도커에서 서버 실행하기

이 예제에서는 아파치 플링크 잡을 제외한 모든 필수 구성 요소를 docker-compose를 통해 실행할 수 있다.

```
$ docker-compose up -d
Creating network "chapter-12_default" with the default driver
Creating chapter-12_elasticsearch_1        ... done
Creating chapter-12_jaeger-ingester_1      ... done
Creating chapter-12_zookeeper_1            ... done
Creating chapter-12_jaeger-collector_1     ... done
Creating chapter-12_kafka_1                ... done
Creating chapter-12_jaeger_1               ... done
Creating chapter-12_kibana_1               ... done
```

백그라운드에서 모든 것을 실행하게 -d 플래그를 전달한다. ps 명령어를 이용해 모든 것이 제대로 시작됐는지 확인한다.

```
$ docker-compose ps
         Name                       Command                State
-----------------------------------------------------------------------------
chapter-12_elasticsearch_1      /usr/local/bin/docker-entr ...   Up
chapter-12_jaeger-collector_1   /go/bin/collector-linux          Up
chapter-12_jaeger-ingester_1    /go/bin/ingester-linux           Up
chapter-12_jaeger_1             /go/bin/query-linux              Up
chapter-12_kafka_1              /etc/confluent/docker/run        Up
chapter-12_kibana_1             /bin/bash /usr/local/bin/k ...   Up
chapter-12_zookeeper_1          /etc/confluent/docker/run        Up
```

간혹 엘라스틱서치와 키바나는 ps 명령어가 그것들이 실행 중이라고 보고하더라도 시작 프로세스를 완료하는 데 시간이 오래 걸린다. 가장 쉬운 확인 방법은 로그를 grep하는 것이다.

```
$ docker-compose logs | grep kibana_1 | tail -3

kibana_1          | {"type":"log","@timestamp":"2018-11-
25T19:10:37Z","tags":["warning","elasticsearch","admin"],"pid":1,"mes
sage":"Unable to revive connection: http://elasticsearch:9200/"}
```

```
kibana_1        | {"type":"log","@timestamp":"2018-11-
25T19:10:37Z","tags":["warning","elasticsearch","admin"],"pid":1,"mes sage":"No living
connections"}

kibana_1        | {"type":"log","@timestamp":"2018-11-
25T19:10:42Z","tags":["status","plugin:elasticsearch@6.2.3","info"]," pid":1,"state":"green","me
ssage":"Status changed from red to green - Ready","prevState":"red","prevMsg":"Unable to connect
to Elasticsearch at http://elasticsearch:9200."}
```

맨 앞의 로그 2개는 엘라스틱서치가 준비되지 않았음을 나타내며, 마지막 로그는 상태(status)가 녹색임을 나타낸다("state":"green"). http://localhost:5601/에서 키바나 UI를 확인할 수 있다.

카프카가 실행 중인지 확인할 때는 jaeger-collector를 검색하는 편이 더 쉬운데, jaeger-collector가 카프카 브로커에 연결할 때까지 계속 다시 시작하기 때문이다.

```
$ docker-compose logs | grep collector_1 | tail -2

jaeger-collector_1 | {"level":"info","ts":1545266289.6151638, "caller":"collector/
main.go:151","msg":"Starting jaeger-collector HTTP server","http-port":14268}

jaeger-collector_1 | {"level":"info","ts":1545266289.615701," caller":"healthcheck/
handler.go:133","msg":"Health Check state change","status":"ready"}
```

현재 상태가 ready이면 수집기가 카프카에 쓰기 작업을 할 준비가 됐음을 의미한다.

엘라스틱서치에서 인덱스 매핑 정의하기

피처 추출 잡을 시작하면 엘라스틱서치의 trace-summaries 인덱스에 데이터를 쓰게 된다. 레코드에는 추적의 시작 시간이 담긴 @timestamp라는 필드가 포함될 것이다. 이 필드는 유닉스 시간으로 밀리초 단위로 인코딩돼 있다. 엘라스틱서치 및 키바나가 이 필드를 타임스탬프로 인식하려면 먼저 인덱스 매핑을 정의해야 한다.

```
$ make es-create-mapping
curl \
    --header "Content-Type: application/json" \
    -X PUT \
```

```
    -d @es-create-mapping.json \
    http://127.0.0.1:9200/trace-summaries
{"acknowledged":true,"shards_acknowledged":true,"index":"trace-summaries"}
```

자바 개발 환경

4장 '오픈트레이싱을 이용한 계측 기초'에서 본 예제와 마찬가지로 JDK 8 이상의 버전이 필요하다. 메이븐 래퍼가 있는지 확인하고 필요에 따라 메이븐을 내려받는다. Makefile에서는 플링크 환경(미니 클러스터)의 로컬 인스턴스를 실행하고 잡을 실행하는 run-span-count-job 헬퍼 타깃을 제공한다.

```
$ make run-span-count-job
./mvnw package exec:java -Dexec.mainClass=tracefeatures.SpanCountJob
[INFO] Scanning for projects...
[... skip a lot of Maven logs ...]
INFO - Starting Flink Mini Cluster
[... skip a lot of Flink logs ...]
INFO - Kafka version : 2.0.1
INFO - Kafka commitId : fa14705e51bd2ce5
INFO - Cluster ID: S2HliBxUS9WLh-6DrYLnNg
INFO - [Consumer clientId=consumer-8, groupId=tracefeatures] Resetting offset for partition
jaeger-spans-0 to offset 0.
INFO - Created Elasticsearch RestHighLevelClient connected to [http://127.0.0.1:9200]
```

마지막 두 줄(환경에 따라 순서가 다를 수 있음)은 잡이 카프카 브로커와 엘라스틱서치에 연결됐음을 나타낸다. 이 시점에서 실행 중인 잡을 그대로 두고 처리할 데이터를 얻기 위해 추적을 생성할 수 있다.

마이크로서비스 시뮬레이터

예거가 설치된 모든 애플리케이션은 플링크 잡에 데이터를 제공하는 데 사용될 수 있다. 이 잡을 이용해 추세를 모니터링하는 방법을 보여주기 위해서는 지속적인 부하를 생성하고 추적 요약 정보에서 차이점을 볼 수 있게 추적 형태를 바꿀 수 있는 애플리케이션이 필요하다. 여기서는 https://github.com/yurishkuro/microsim/에서 0.2.0 버전의 마이크로서비스 시뮬레이터 microsim을 내려받아 사용하겠다. 이번 장의 소스코드에는 예거의 HotROD 데모 애플리케이션을 모델링한 시뮬레이션 프로파일을 설명하는 두 개의 JSON 파일이 들어 있다. 하나의 추적을 생성하는 시뮬레이터를 실행해 보자. 도커 이미지(권장) 또는 소스에서 시뮬레이터를 실행할 수 있다.

도커 이미지를 이용한 실행

Makefile에는 microsim-으로 시작하는 여러 타깃이 포함돼 있다. 예를 들면 다음과 같다.

```
$ make microsim-help
docker run yurishkuro/microsim:0.2.0 -h
Usage of /microsim:
-0 if present, print the config with defaults and exit
-c string
     name of the simulation config or path to a JSON config file (default "hotrod")
[ . . . ]
```

실제 시뮬레이션 실행을 위해 microsim-run-once를 사용하자.

```
$ make microsim-run-once
docker run -v /Users/.../Chapter12:/ch12:ro --net host \
yurishkuro/microsim:0.2.0 \
-c /ch12/hotrod-original.json \
-w 1 -r 1
{"Services": [long JSON skipped]
[ . . . ]
2018/12/19 20:31:16 services started
2018/12/19 20:31:19 started 1 test executors
2018/12/19 20:31:19 running 1 repeat(s)
2018/12/19 20:31:19 waiting for test executors to exit
```

docker run 명령어에서는 호스트 네트워크상에 프로그램을 실행하게 요청하고 있다. 이렇게 하면 microsim의 기본 설정인 localhost라는 이름을 통해 jaeger-collector를 찾을 수 있다. 또한 컨테이너 내의 /ch12에 이번 장의 소스코드를 마운트한다. 이를 통해 시뮬레이션 프로파일 환경설정 파일에 접근할 수 있다.

소스를 이용한 실행

시뮬레이터는 Go 언어로 구현돼 있다. Go v1.11에서 테스트했으며 상위 버전에서도 문제없이 동작할 것이다. Go 언어 설치는 괄호의 링크를 참고한다(https://golang.org/doc/install).

먼저 소스코드를 내려받는다.

```
$ mkdir -p $GOPATH/src/github.com/yurishkuro
$ cd $GOPATH/src/github.com/yurishkuro
$ git clone https://github.com/yurishkuro/microsim.git microsim
$ cd microsim
$ git checkout v0.2.0
```

microsim 프로젝트는 필요한 것들을 설치하는 의존성 관리기로 dep를 사용한다. https://github.com/golang/dep#installation의 가이드를 참조한다. macOS에서는 brew를 이용해 설치할 수 있다.

```
$ brew install dep
$ brew upgrade dep
```

dep가 설치되면 프로젝트 의존성 패키지를 내려받는다.

```
$ dep ensure
```

이제 시뮬레이터를 빌드할 수 있을 것이다.

```
$ go install .
```

이 명령어는 microsim 바이너리를 빌드해서 $GOPATH/bin에 설치한다. $PATH에 디렉터리를 추가하면 어디서든 이 바이너리를 실행할 수 있을 것이다.

```
$ microsim -h
Usage of microsim:
-0 if present, print the config with defaults and exit
-c string
      name of the simulation config or path to a JSON config file
[ . . . ]
```

이제 단일 추적을 생성하는 시뮬레이터를 실행해 보자.

```
$ microsim -c hotrod-original.json -w 1 -r 1
{"Services": [ . . . long JSON skipped . . . ]
[ . . . ]
2018/12/19 20:31:16 services started
2018/12/19 20:31:19 started 1 test executors
2018/12/19 20:31:19 running 1 repeat(s)
2018/12/19 20:31:19 waiting for test executors to exit
[ . . . ]
```

검증

플링크 잡이 실행 중인 터미널이 있으면 단일 추적 결과 요약을 생성한 것을 볼 수 있을 것이다. 이를 나타내는 로그는 다음과 같다.

```
3> tracefeatures.TraceSummary@639c06fa
```

키바나에서 인덱스 패턴 정의하기

마지막 준비 단계는 추적 요약을 위해 쿼리하고 추세를 그래프로 표현할 수 있게 키바나에서 인덱스 패턴을 정의하는 것이다.

```
$ make kibana-create-index-pattern
curl -XPOST 'http://localhost:5601/api/saved_objects/index-pattern' \
    -H 'Content-Type: application/json' \
    -H 'kbn-version: 6.2.3' \
    -d '{"attributes":{"title":"trace-summaries",
        "timeFieldName":"@timestamp"}}'
{"id":"...", "type":"index-pattern", "updated_at":"...", "version":1,
"attributes":{"title":"trace-summaries","timeFieldName":"@timestamp"}}
```

키바나 UI에서도 수작업으로 똑같이 할 수 있다. http://localhost:5601/로 접속한 후 사이드 메뉴의 **Discover**를 클릭한다. 그러면 인덱스 패턴을 생성할지 물어보고 엘라스틱서치에서 발견한 3개의 인덱스가 나타날 것이다. 여기서 2개는 스팬 원본을 저장할 때 예거에서 생성된 것이고, 나머지 하나인 trace-summaries는 플링크 잡을 통해 생성된 것이다(그림 12.4).

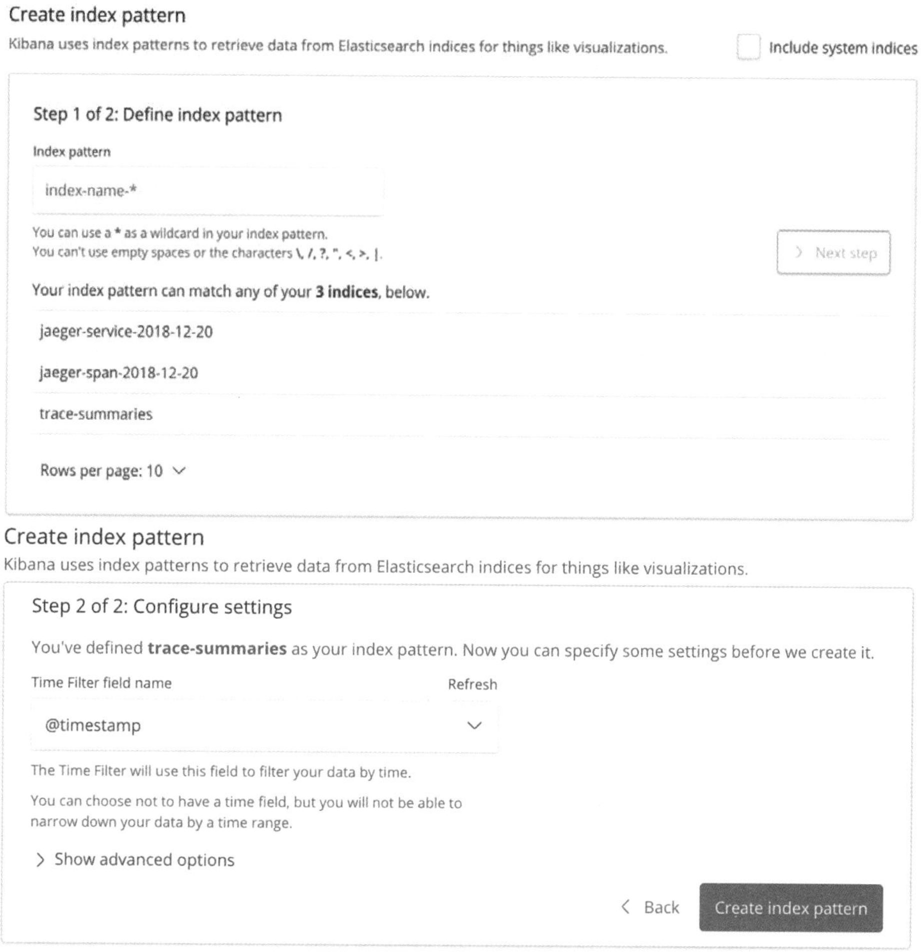

그림 12.4 키바나에서 인덱스 패턴 생성하기

`trace-summaries`를 Index pattern 텍스트 박스에 입력하고 **Next step** 버튼을 클릭한다. 다음 화면에서 **Time Filter field name**의 드롭다운 메뉴를 열고 **@timestamp** 필드를 선택한다. 그런 다음 **Create index pattern** 버튼을 클릭한다. 그러면 키바나가 인덱스를 생성한 후 `spanCounts.frontend::/dispatch` 또는 `spanCounts.frontend::HTTP GET` 같은 스팬 카운트 필드를 포함해서 우리가 저장한 하나의 추적 요약 기록에 나타난 모든 필드의 테이블을 화면에 표시한다.

인덱스 패턴이 생성되면 **Discover** 탭에서 추적 요약 기록을 볼 수 있다. 그림 12.3과 비슷한 항목을 볼 수 있을 것이다.

스팬 카운트 잡

SpanCountJob이 어떻게 구현돼 있는지 알아보자. 예거 수집기는 Protobuf 포맷으로 카프카에 스팬을 기록한다. 따라서 이를 파싱할 방법이 필요하다. 예거 코드(예거 v1.8의 model/proto/model.proto)에 있는 IDL 파일에서 Protobuf 컴파일러를 통해 package io.jaegertracing.api_v2가 자동으로 생성된다. Profobuf 생성 클래스는 플링크에서 사용하기가 쉽지 않다. 따라서 model 패키지에서 스팬 횟수 계산에 필요한 스팬 데이터만 포함시키는 단순한 모델을 정의한다.

```
public class Span implements Serializable {
    public String traceId;
    public String spanId;
    public String serviceName;
    public String operationName;
    public long startTimeMicros;
    public Map<String, String> tags;
}
```

model.ProtoUnmarshaler 클래스는 Protobuf 모델에서 Span 타입으로 스팬을 변환하는 데 사용된다. 이 spans들은 Trace 타입으로 집계된다.

```
public class Trace {
    public String traceId;
    public Collection<Span> spans;
}
```

앞에서 설명한 것처럼, 이렇게 구현하면 주어진 추적의 모든 스팬이 추적에 참여한 모든 마이크로서비스로부터 추적 백엔드에 도달할 때까지 기다려야 한다. 잡의 첫 번째 부분은 추적 완료 트리거를 구현한 것으로, 여기서는 대기 시간이 5초인 단순한 타임 윈도우 전략을 사용하고 있다(로컬 시뮬레이션에서는 대체로 이 이상은 필요가 없다). 그 후 잡은 피처 추출을 수행하고 추적 요약을 생성한다.

```
public class TraceSummary implements Serializable {
    public String traceId;
    public long startTimeMillis;
    public Map<String, Integer> spanCounts;
    public String testName;
}
```

추적 요약 결과는 JSON으로 변환되고 ESSink 클래스를 통해 엘라스틱서치에 저장된다.

SpanCountJob 코드를 살펴보자. 시작 부분에서 카프카의 컨슈머로 데이터 소스를 정의하고 있다.

```
Properties properties = new Properties(); properties.setProperty("bootstrap.servers",
"localhost:9092"); properties.setProperty("group.id", "tracefeatures");

FlinkKafkaConsumer<Span> consumer = new FlinkKafkaConsumer<>(
    "jaeger-spans",
    new ProtoUnmarshaler(), properties);


// 테스트에 유용하게 시작할 때 카프카 스트림을 다시 작동한다. consumer.setStartFromEarliest();
```

여기서는 플링크 배포판의 표준 구성 요소인 FlinkKafkaConsumer의 프로퍼티를 통해 카프카 브로커의 주소를 제공한다. 즉, 카프카 토픽인 jaeger-spans를 읽어서 이를 ProtoUnmarshaler로 전달한다. 여기서 ProtoUnmarshaler는 데이터를 Protobuf에서 model.Span으로 변환한다. 테스트 목적으로 매번 실행할 때마다 토픽의 시작 부분에서 데이터 소비를 시작하게 설정해놓을 수도 있다. 프로덕션 설정에서는 이를 제거해야 할 것이다.

잡의 핵심 부분은 다음 5개의 구문으로 구성돼 있다.

```
DataStream<Span> spans = env.addSource(consumer).name("spans");
DataStream<Trace> traces = aggregateSpansToTraces(spans);
DataStream<TraceSummary> spanCounts = countSpansByService(traces);

spanCounts.print();
spanCounts.addSink(ESSink.build());
```

aggregateSpansToTraces() 함수는 추적 완료 트리거 역할을 하고 countSpansByService() 함수의 역할은 피처 추출이다. 각각을 자세히 살펴보자.

추적 완료 트리거

```
private static Time traceSessionWindow = Time.seconds(5);

private static DataStream<Trace> aggregateSpansToTraces(
    DataStream<Span> spans
) {
    return spans
        .keyBy((KeySelector<Span, String>) span -> span.traceId)
        .window(
            ProcessingTimeSessionWindows
                .withGap(traceSessionWindow)
        )
        .apply(new WindowFunction<Span, Trace, String, TimeWindow>() {
            @Override
            public void apply(
                String traceId, TimeWindow window,
                Iterable<Span> spans, Collector<Trace> out
            ) throws Exception {
                List<Span> spanList = new ArrayList<>();
                spans.forEach(spanList::add);

                Trace trace = new Trace();
                trace.traceId = traceId;
                trace.spans = spanList;
                out.collect(trace);
            }
        });
}
```

뭔가 많은 작업을 하는 것 같지만, 핵심 역할은 첫 두 개의 스트림 연산자에 있다. keyBy()는 플링크가 모든 수신 레코드를 지정된 키(이 예제에서는 추적 ID)로 그룹화하게 한다. 이 연산자의 출력은 모든 그룹이 동일한 추적 ID의 스팬을 갖는 스팬 그룹 스트림이다. window() 연산자는 각 그룹의 스팬 누적을 일정 기간 계속 하게 한다. 플링크에는 여러 가지 다른 시간 기준(**처리 시간**, **이벤트 시간**, **수집 시간**)이 있으며, 각각은 잡의 동작에 대해 다른 의미를 갖는다.

여기서는 처리 시간을 사용한다. 즉, 윈도 연산자처럼 모든 시간 기반 함수는 해당 작업을 실행하는 시스템에서 현재 시스템 클록을 레코드의 타임스탬프로 사용한다. 또 다른 대안은 이벤트 시간, 즉 각 개별 이벤트가 생성되는 장치에서 발생한 시간을 사용하는 것이다. 스팬에는 시작 및 종료 시간이 있으므로 이벤트 시간으로 타임스탬프를 사용할 수 있다는 모호성이 이미 있다. 더 중요한 점은, 원래의 스팬을 생성하는 기계와 장치는 이들 사이, 특히 모바일 장치 간에 다양한 시간 차이를 보일 수 있다는 것이다. 일반적으로 여기서는 스트림 처리가 해당 타임스탬프에 종속되는 것을 원하지 않으므로 처리 시간을 사용한다.

수집 시간을 사용할 수도 있었는데, 이는 각 레코드에 소스 연산자(즉 레코드가 플링크 잡에 들어가는 곳)를 실행하는 시스템의 현재 시스템 클록과 동일한 타임스탬프가 지정된다는 것을 의미한다. 예제에서는 단일 노드 클러스터에서 단일 윈도 연산자로 작업을 실행하므로 수집 시간이 처리 시간과 동일하다.

추적 완료 트리거의 처리 시간을 사용하는 한 가지 단점은 잡이 지연되는 경우다. 예를 들어 무슨 이유에서든 결과적으로 잡이 몇 시간 동안 중단된 경우를 생각해볼 수 있다. 잡이 다시 시작되어 카프카 토픽의 처리를 다시 시작할 때 카프카에 처리해야 할 스팬이 많이 쌓여 있을 것이다. 이 스팬은 정상 속도로 카프카에 도착했지만 잡이 이것들을 잘 따라잡을 경우 훨씬 더 빠르게 읽을 수 있어 결과적으로 처리 시간과 정상 작동 시간과의 간격이 훨씬 더 가까워진다. 모든 레코드 타임스탬프가 타임 윈도의 시작 단계에서 모이기 때문에 잡이 메모리에 더 많은 데이터를 보관해야 할 수도 있지만, 백로그에서 더 많은 데이터 볼륨을 처리하는 동안 전체 윈도 간격만큼 기다려야 할 것이다.

우리가 사용하는 윈도 전략의 두 번째 측면은 '세션 윈도'다. 플링크에서 지원하는 다른 유형의 창과 달리 세션 윈도는 길이가 고정돼 있지 않다. 대신, 액티비티, 즉 같은 키를 가진 새로운 아이템의 도착에 민감하다. 선택된 시간 기준으로 지정된 시간 간격 동안 새 이벤트가 아무것도 수신되지 않으면 세션 윈도는 닫힌다. 예제의 경우, 처리 시간을 사용하고 있기 때문에 시스템 클록에 따라 특정 추적에 대해 새로운 스팬이 아무것도 유입되지 않은 상태로 5초가 경과한다. 이 방법은 이번 장의 앞쪽에서 설명한 고정 크기 윈도의 문제를 완화해준다.

윈도를 닫으면 집계 WindowFunction이 호출된다. 이 함수에서 이전의 keyBy 연산자 때문에 동일한 추적 ID를 사용해 스팬 스트림을 받고 이를 Trace 객체로 변환한다. 따라서 추적 완료 트리거의 출력은 처리 및 집계가 가능한 Trace 객체의 스트림이다. 여러 유형의 피처 추출 잡을 배포하려는 경우 이 첫 번째 부분은 공통적인 작업이다.

잡의 첫 번째 단계에는 코드의 단순성으로 인해 명확하지 드러나지 않을 수 있는 숨겨진 비용이 있다. 윈 도 연산자는 증분식 집계를 수행하지 않는다. 대신 윈도가 닫힐 때까지 메모리에 모든 `model.Span` 객체를 저장한다. 실제 프로덕션 환경에서 플링크는 여러 프로세싱 노드에서 작업을 분할해서 노드의 메모리가 부족하지 않게 할 수 있다. 노드에 장애가 발생할 경우 데이터 손실이 일어나지 않게 플링크는 모든 중간 메모리 상태를 영구 저장소에 저장할 수 있는 체크포인트 지정을 지원한다. 이러한 작업은 비용이 많이 들 수 있는데, 특히 새로운 피처를 추출할 때마다 별도의 플링크 잡이 필요한 방식으로 데이터 파이프라 인을 설계할 경우가 그렇다. 이러한 잡 각각은 상당히 많은 메모리 및 체크포인트 요구사항이 있는 추적 완료 트리거를 구현할 것이다.

또 다른 방법은 윈도 집계를 수행하기 전 대부분의 스팬 데이터를 버리고 추적 ID 및 스팬 ID만 유지하 는 것이다. 이는 체크포인트에서 훨씬 적은 메모리와 훨씬 적은 데이터 볼륨을 필요로 한다.

윈도가 닫히고 나면 추적 ID(및 선택적으로 스팬 ID 집합)가 단일 잡에서 다른 카프카 토픽으로 방출될 수 있다. 이는 특정 추적이 완료되고 처리 준비가 됐음을 의미한다. 실제 피처 추출 로직을 사용하는 다 수의 다른 플링크 잡은 보조 토픽을 사용할 수 있다.

피처 추출기

두 번째 함수인 countSpansByService()에는 실제 피처 추출 로직이 들어 있다.

```
private static DataStream<TraceSummary> countSpansByService(
    DataStream<Trace> traces
) {
    return traces.map(SpanCountJob::traceToSummary);
}
```

함수 자체는 매우 간단하다. Trace를 TraceSummary로 변환하는 또 다른 함수를 내장하고 있기 때문이다.

```
private static TraceSummary traceToSummary(Trace trace) throws Exception {
    Map<String, Integer> counts = new HashMap<>();
    long startTime = 0;
    String testName = null;
    for (Span span : trace.spans) {
        String opKey = span.serviceName + "::" + span.operationName;
        Integer count = counts.get(opKey);
```

```
        if (count == null) {
            count = 1;
        } else {
            count += 1;
        }
        counts.put(opKey, count);
        if (startTime == 0 || startTime > span.startTimeMicros) {
            startTime = span.startTimeMicros;
        }
        String v = span.tags.get("test_name");
        if (v != null) {
            testName = v;
        }
    }
    TraceSummary summary = new TraceSummary();
    summary.traceId =   trace.traceId;
    summary.spanCounts = counts;
    summary.startTimeMillis = startTime / 1000; // to milliseconds
    summary.testName = testName;
    return summary;
}
```

여기서 피처 추출이 다소 간단하다는 것을 알 수 있다. 스팬 계산을 위해 DAG를 만들지 않아도 된다. 여기서는 단지 모든 스팬을 순회해서 횟수를 계산할 서비스 또는 연산 맵을 만들면 된다. 또한 모든 스팬에서 가장 작은 타임스탬프를 계산해서 추적 타임스탬프로 지정한다. 이를 통해 서비스별 스팬 수를 시계열로 시각화할 수 있다.

트렌드 관측

이제 잡을 실행했고, 그것이 무슨 일을 하는지 알고 있다. 그렇다면 몇 가지 실험을 해보자. 마이크로서비스 시뮬레이터를 위한 프로파일이 담긴 2개의 JSON 파일은 2장에서 다룬 HotROD 데모 애플리케이션의 아키텍처를 모델링한다. 두 번째 프로파일인 hotrod-reduced.json은 hotrod-original.json과 거의 비슷하다. 차이점이라면 시뮬레이터가 라우팅 서비스를 통상 10번이 아닌 5번만 호출하게 지정돼 있다는 것이다. 이 차이는 SpanCountJob에 영향을 끼친다. 실험을 하려면 몇 분 동안 원본 프로파일을 이용해 시뮬레이터를 실행해 보기 바란다.

```
$ make microsim-run-original
docker run -v /Users/.../Chapter12:/ch12:ro --net host \
    yurishkuro/microsim:0.2.0 \
    -c /ch12/hotrod-original.json \
    -w 1 -s 500ms -d 5m
    [ . . . ]
2018/12/23 20:34:07 services started
2018/12/23 20:34:10 started 1 test executors
2018/12/23 20:34:10 running for 5m0s
```

microsim 바이너리를 로컬에서 빌드했다면 다음 명령어를 실행한다.

```
$ microsim -c hotrod-original.json -w 1 -s 500ms -d 5m
```

여기서는 아키텍처에 대해 실행된 각 요청 이후에 단일 워커(-w 1)를 5분(-d 5m) 동안 실행하고 0.5초(-s 500ms) 동안 대기 상태로 전환하게 시뮬레이터에 지정했다. 플링크 잡이 실행 중인 터미널 창을 보면 추적 요약 결과에 대한 잡이 표시된 줄을 확인할 수 있어야 한다.

```
3> tracefeatures.TraceSummary@4a606618
3> tracefeatures.TraceSummary@5e8133b
4> tracefeatures.TraceSummary@1fb010c3
1> tracefeatures.TraceSummary@147c488
3> tracefeatures.TraceSummary@41e0234e
2> tracefeatures.TraceSummary@5bfbadd2
3> tracefeatures.TraceSummary@4d7bb0a4
```

키바나의 **Discover** 화면으로 가서 오른쪽 상단의 시간 범위(time range)를 클릭한 후, **Quick | Last 15 minutes**를 선택한다. 인덱스에 저장된 추적 결과 요약을 볼 수 있을 것이다(그림 12.5).

Time ⌄	_source
▸ December 19th 2018, 23:26:39.952	traceId: 0000000000000000204DE7704F5B448C @timestamp: December 19th 2018, 23:26:39.952 spanCounts.ui::HTTP GET: 1 spanCounts.redis::/GetDriver: 10 spanCounts.driver::/FindNearest: 1 spanCounts.route::/GetShortestRoute: 10 spanCounts.customer::HTTP GET: 1 spanCounts.redis::/FindDriverIDs: 1 spanCounts.frontend::HTTP GET: 12 spanCounts.driver::HTTP GET: 11 spanCounts.test-executor::HTTP GET: 1 spanCounts.customer::/customer: 1 spanCounts.ui::/: 1
▸ December 19th 2018, 23:26:39.120	traceId: 000000000000000007E680BFD4A75F82E @timestamp: December 19th 2018, 23:26:39.120 spanCounts.ui::HTTP GET: 1 spanCounts.redis::/GetDriver: 10 spanCounts.driver::/FindNearest: 1 spanCounts.route::/GetShortestRoute: 10 spanCounts.customer::HTTP GET: 1 spanCounts.redis::/FindDriverIDs: 1 spanCounts.frontend::HTTP GET: 12 spanCounts.driver::HTTP GET: 11 spanCounts.test-executor::HTTP GET: 1 spanCounts.customer::/customer: 1 spanCounts.ui::/: 1
▸ December 19th 2018, 23:26:38.294	traceId: 0000000000000000057C63C80FF55ED6A @timestamp: December 19th 2018, 23:26:38.294 spanCounts.ui::HTTP GET: 1 spanCounts.redis::/GetDriver: 10 spanCounts.driver::/FindNearest: 1 spanCounts.route::/GetShortestRoute: 10 spanCounts.customer::HTTP GET: 1 spanCounts.redis::/FindDriverIDs: 1 spanCounts.frontend::HTTP GET: 12 spanCounts.driver::HTTP GET: 11 spanCounts.test-executor::HTTP GET: 1 spanCounts.customer::/customer: 1 spanCounts.ui::/: 1
▸ December 19th 2018, 23:26:37.467	traceId: 0000000000000000643F0BDF98EBA0C8 @timestamp: December 19th 2018, 23:26:37.467 spanCounts.ui::HTTP GET: 1 spanCounts.redis::/GetDriver: 10 spanCounts.driver::/FindNearest: 1 spanCounts.route::/GetShortestRoute: 10 spanCounts.customer::HTTP GET: 1 spanCounts.redis::/FindDriverIDs: 1 spanCounts.frontend::HTTP GET: 12 spanCounts.driver::HTTP GET: 11 spanCounts.test-executor::HTTP GET: 1 spanCounts.customer::/customer: 1 spanCounts.ui::/: 1

그림 12.5 키바나에서 확인한 추적 결과 요약의 예

첫 번째 시뮬레이터 실행이 끝난 후 reduced 프로파일을 이용해 두 번째 실행을 수행한다.

```
$ make microsim-run-reduced
docker run -v /Users/.../chapter-12:/ch12:ro --net host \
    yurishkuro/microsim:0.2.0 \
    -c /ch12/hotrod-reduced.json \
    -w 1 -s 500ms -d 5m
[ . . . ]
2018/12/23 20:34:07 services started
2018/12/23 20:34:10 started 1 test executors
2018/12/23 20:34:10 running for 5m0s
```

또는 로컬에서 빌드한 바이너리 파일을 사용한다.

```
$ microsim -c hotrod-reduced.json -w 1 -s 500ms -d 5m
```

두 번째 실행 후, route 서비스에 대한 평균 스팬 횟수로 변화의 추세를 그래프로 표시할 수 있다. 시간을 절약하기 위해 나는 미리 만들어 놓은 대시보드 환경 설정을 포함한 kibana-dashboard.json 파일도 함께 넣어뒀다. 이를 비어 있는 키바나로 임포트하려면 다음 과정을 수행한다.

1. make kibana-create-index-pattern을 실행해서 이번 장의 '준비사항' 절에서 설명한 대로 trace-summaries 인덱스 패턴을 생성한다.

2. http://localhost:5601/을 통해 키바나 화면으로 접속한다.

3. Management로 가서 Saved Objects로 이동한다. 화면에 횟수가 모두 0으로 지정된 Dashboards, Searches, Visualizations라는 3개의 탭이 나타날 것이다.

4. 오른쪽 상단의 Import 버튼을 클릭한다. kibana-dashboard.json 파일을 선택한다. 그리고 Yes, overwrite all objects 를 선택한다.

5. trace-summaries 인덱스 패턴으로 임포트한 관련 객체들을 제공하는 Index Patterns Conflict 팝업이 나타날 수도 있다. Confirm all changes를 누른다.

6. 이제 Dashboards, Searches, Visualizations 탭에 하나 이상의 횟수가 반영됐는지 새로 고침을 통해 확인한다.

7. 왼쪽 메뉴에서 Dashboard 화면을 선택한다. 그리고 Trends라는 임포트한 대시보드를 고른다. 2개의 패널이 대시보드에 나타날 것이다. 왼쪽에는 그래프가 보일 것이고 오른쪽에는 추적 결과 요약 정보가 있을 것이다. 데이터를 보기 위해 오른쪽 상단에서 시간 간격을 조정해야 할 수도 있다.

앞에서 본 임포트 프로세스가 동작하지 않더라도 실망하지 말자. 수작업으로 쉽게 재구성할 수 있다. 이를 위해 사이드바 메뉴에서 Visualize를 클릭한다. Create a visualization 버튼이 있는 빈 화면이 나타날 것이다. 그것을 클릭하고 다음 화면으로 넘어가서 Basic Charts에서 Line 차트를 선택한다.

키바나는 새로운 검색이나 저장된 검색에서 시각화 결과를 만들 것인지 물어볼 것이다. 새 검색에서 trace-summaries 인덱스를 선택한다. 파라미터를 지정할 수 있는 왼쪽의 빈 차트 보기와 측면 패널이 열리면 해당 패널의 Data 탭으로 이동한 후 Metrics/Y-Axis 섹션에서 다음과 같이 지정한다.

- Aggregation: Average

- Field: spanCounts.route::/GetShortestRoute

다음 섹션인 Buckets에서는 테이블에서 X-Axis을 버킷 타입으로 선택한다. 그리고 Aggregation에서 Date Histogram을 선택한다. Field와 Interval은 자동으로 @timestamp와 Auto로 채워질 것이다(그림 12.6). 실행 버튼(사이드바 상단의 흰색 삼각형이 들어 있는 파란색 사각형 버튼)을 누르면 그림 12.7과 같은 그래프가 나타날 것이다. 데이터가 보이지 않으면 오른쪽 상단의 시간 범위 선택기가 시뮬레이션을 실행한 시간과 일치하는지 확인한다.

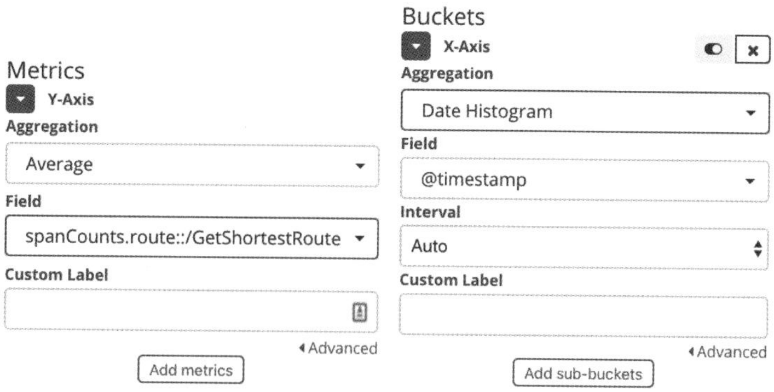

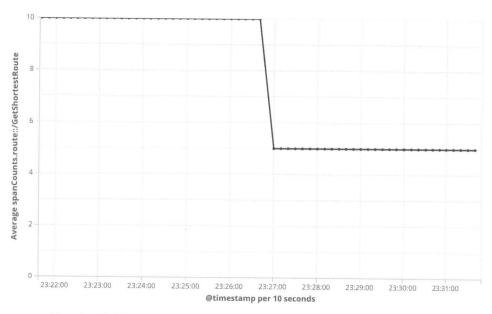

그림 12.6 키바나에서 라인차트 파라미터 지정

그림 12.7 'route' 서비스의 '/GetShourtestRoute' 엔드포인트에 대한 추적당 평균 스팬 횟수의 추세 그래프

물론 차트 자체는 그리 흥미롭지는 않은데, route 서비스를 추적당 10회가 아닌 5회 호출하게 시뮬레이션 프로파일을 변경했기 때문이며, 그 결과가 그림 12.7의 차트에 나와 있다. 그러나 프로덕션 환경에서 이 기법을 사용하면 강력한 회귀 감지 기능을 제공할 수 있다. 여기서는 예제 삼아 매우 구현하기 쉬운 기능을 선택했지만 추적에서 추출할 수 있는 흥미로운 피처들이 많다.

이러한 피처를 시계열로 지속해서 캡처하는 경우 비정상 탐지 알고리즘을 실행하고 분산 아키텍처에서 중요한 문제를 찾아낼 수 있는 경고를 생성할 수 있다. 더 중요한 것은 추적 요약은 고객 계정, 사용자 이름 등과 같은 추적의 다양한 '메타데이터'와 '속성'으로도 풍부해질 수 있다는 것이다. 예를 들어 microsim 프로그램은 test_name = "/ch12/ hotrod-original.json"과 같이 루트 스팬상의 태그로 테스트 환경설정의 이름을 기록한다(그림 12.8).

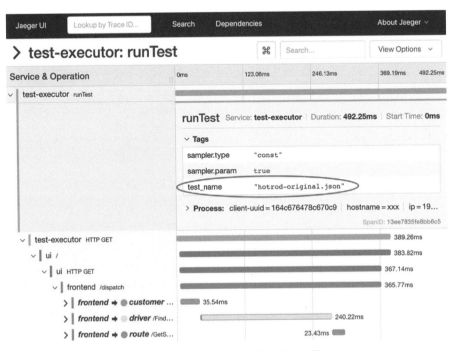

그림 12.8 루트 스팬에 태그로 포함된 테스트 이름

SpanCountJob 클래스의 일부인 피처 추출기는 이미 이 태그를 TraceSummary의 testName 필드로 추출하고 있다.

다른 실험을 해보자. 두 가지 환경설정을 동시에 사용해 microsim을 실행하는 것이다. 예를 들어, 별도의 터미널 창에서 다음 make 명령어를 실행한다(또는 바이너리를 직접 실행한다).

```
$ make microsim-run-original
$ make microsim-run-reduced
```

시뮬레이션이 끝나면 이전에 사용한 차트를 새로고침한다(시간대를 조정해야 할 수도 있다). 평균 스팬 횟수는 7.5 근처에서 움직이는데, 이는 대략 비슷한 속도로 처리되는 두 개의 추적 스트림에서 10과 5의 평균이며, 시간 버킷과의 불완전한 정렬을 위해 일부 랜덤성이 도입됐다(그림 12.9).

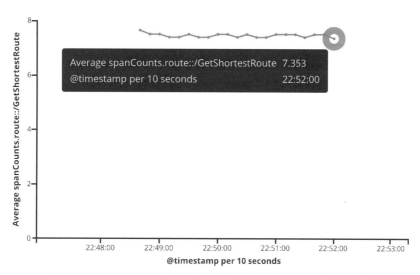

그림 12.9 시뮬레이션이 병렬로 실행될 때 추적당 GetShortestRoute 스팬의 평균 횟수

우리는 정상적인 평균값이 10일 것으로 예상하기 때문에 이 시계열은 시스템에 문제가 있음을 나타낸다. 그러나 근본 원인, 즉 호출 그래프의 다른 형태를 지닌 또 다른 시뮬레이션이 있다는 것을 알려주지는 않는다. 다행히도, 추적 결과 요약에 testName 피처가 포함돼 있으므로 이를 이용해 추적 요약을 그룹화하고 시뮬레이션별로 두 개의 시계열로 시각화할 수 있다.

키바나에서 이를 수행하려면 왼쪽 사이드바 메뉴에서 **Visualize** 페이지로 이동한다. 제공된 JSON 파일에서 대시보드를 로드한 경우 목록에서 **GetShortestRoute** 차트를 선택한다. 수동으로 작성한 경우 이미 화면에 그래프에 대한 편집 옵션이 있을 것이다. **Buckets/X-Axis**에서 다음을 수행한다.

- Add sub-buckets를 클릭

- 버킷 타입으로 Split Series를 선택

- Sub Aggregation에서 드롭다운 목록 맨 끝에 있는 Term을 선택

- Field에서 testName을 선택

흰색 삼각형이 있는 파란색 사각형을 클릭해 변경 사항을 적용한다. 키바나는 원본 시뮬레이션 환경설정과 축소된 시뮬레이션 환경설정 각각에 대해 레벨 10과 레벨 5에 두 개의 완전한 수평선을 표시한다(그림 12.10). 이제 GetShortestRoute 스팬의 평균 횟수가 떨어지는 근본 원인이 명확히 보인다.

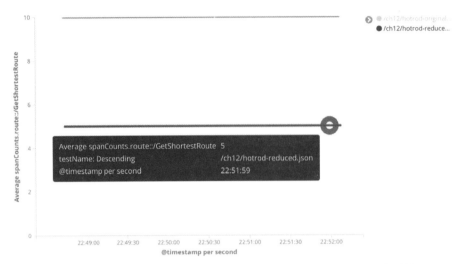

그림 12.10 testName 어트리뷰트에 의해 파티션된 추적당 GetShortestRoute 스팬의 평균 횟수

이 마지막 예제는 여러 메타데이터 소스에서 모니터링 시계열을 여러 차원으로 분할할 수 있게 하는 모니터링 공간에서 많은 업체가 내세우는 기능과 매우 유사하다. 여기서도 동일한 작업을 수행하지만 추적 피처로 구축된 시계열을 사용했으며, 그중 일부는(testName 속성) group-by 차원으로 사용된다. 따라서 분석 질의에 응답할 수 있는 저장소에서 원본 형태의 추적 요약 결과를 저장해서 엔지니어가 공식화한 가설에 대해 많은 탐구 가능성을 열어준다.

여기서 구현한 피처 추출의 또 다른 이점은 샘플 추적에 대한 추세에 나타나는 이상치들로부터 쉽게 추적이 가능하다는 것이다. 즉, 마우스를 차트에서 수평으로 끌어서(이를 **브러시 셀렉트(brush select)** 기법이라고 한다) 라우팅 서비스에 10번 대신 5번의 호출을 수행하기 시작했을 때 첫 번째 예제(그림 12.7)에서 이상치 주변의 시간 범위(time range)를 선택할 수 있다.

대시보드를 이용할 경우 추적 결과 요약은 오른쪽 패널에 나타날 것이다. 그렇지 않으면 **Discover** 탭으로 변경한다. 추적 ID 하나를 복사해서 예거 UI에서 추적을 수행한다. 이를테면 http://localhost:16686/trace/942cfb8e139a847과 같은 식이다(추적 결과 요약에 포함된 traceId에서 맨 앞의 0들을 제거해야 할 수도 있다).

그림 12.11에서 볼 수 있듯이 추적은 frontend 서비스에서 route 서비스로 5회의 호출만 했다. 보통은 10회 정도다. 키바나에서 기본으로 제공하는 인터페이스보다 더 통합된 UI가 있다면 깔끔하게 이어진 추적 뷰를 차트로 볼 수 있을 것이다. 백엔드에서 데이터 저장을 위해 엘라스틱서치를 이용하면 차트를

생성하는 데 사용된 쿼리는 시간당 버킷의 평균을 계산하는 집계 쿼리가 된다. 그리고 집계 버킷에 대한 모범 사례로 엘라스틱서치에서 샘플 도큐먼트 ID(여기서는 추적 ID)를 리턴하게 하는 방법이 있을 수도 있으니 관심있는 사람은 찾아보기 바란다.

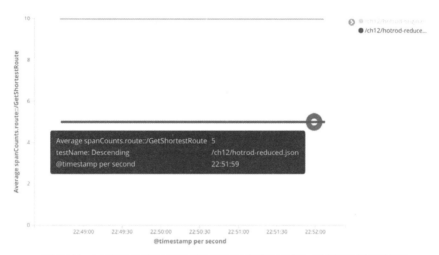

그림 12.11 'route' 서비스에 대한 보통과 다른 호출 횟수(5회)를 보여주는 예거 UI에서의 추적 예제

외삽법 계산에 주의하라

앞에서 설명한 기법을 토대로 한 결론을 내는 데는 잠재적 문제점이 하나 있다. 샘플링 확률이 낮은 분산 추적을 사용하는 것은 대규모 시스템에서 매우 일반적이다. 대퍼의 논문에 따르면 구글은 0.1%의 확률로 추적을 샘플링했으며, 구글 개발자와의 최근 대화에서 추적 확률은 0.01% 미만인 것으로 나타났다.

피처 추출 및 집계를 만들 때 프로덕션 시스템에서의 요청의 전체 분포에 대한 특정한 통계적 특성에 대해 자세한 설명을 작성하지만, 그것은 그러한 트랜잭션의 극히 일부를 근거로 한 것이다. 통계에서 잘 알려진 규칙에 의하면 표본 크기가 작을수록 오차 범위가 커진다.

데이터 마이닝을 통해 얻은 데이터가 통계적으로 봤을 때 완전한 쓰레기가 아니라는 것을 어떻게 알 수 있을까? 안타깝게도 결과의 통계적 중요성은 표본 크기뿐만 아니라 데이터를 이용해 답을 얻고자 하는 문제, 즉 가설에 따라 달라지기 때문에 이 질문에 대한 간단한 공식은 없다. 가설을 조사하기 위해 매우 정확한 데이터가 필요하지는 않지만 오차 범위를 파악하고 허용 가능한 수준인지 판단해야 한다. 이 경우 구체적인 활용 사례에 대해 데이터 과학자의 도움을 받을 것을 권장한다.

다행히도 대부분 회사는 구글이나 페이스북의 규모로 운영되지 않으며, 훨씬 더 높은 추적 샘플링 속도를 보유하고 있을 수도 있다. 또한 8장 '샘플링의 모든 것'에서 설명한 테일 기반 샘플링 접근법의 성능 오버헤드는 처리 가능할지도 모른다. 테일 기반 샘플링은 데이터 마이닝의 새로운 가능성을 열어주는데, 그 이유는 샘플링 전에 수집기의 메모리에 전체 추적을 유지해야 하기 때문이다. 이러한 수집기에 인프라를 구축해 전체 요청 모집단에 맞춰 피처 추출기를 실행하면 매우 정확한 결과를 보장할 수 있다.

이력 분석

지금까지 추적 데이터의 실시간 분석에 관해서만 얘기했다. 간혹 이전 추적 데이터가 데이터 저장소의 보존 기간 내에 있다고 가정했을 때 이들에 대해 동일한 분석을 수행하는 것이 유용할 수 있다. 예를 들어, 새로운 유형의 집계 연산을 만들어냈다면 앞에서 설명한 스트리밍 작업은 새로운 데이터를 생성하기만 할 뿐이므로 비교할 기준이 없을 것이다.

다행스럽게도, 빅데이터 프레임워크는 매우 유연하고 데이터베이스(또는 HDFS)를 비롯한 다양한 유형의 웜/콜드 스토리지에서 데이터를 읽는 등 다양한 방식으로 데이터 소스를 제공할 수 있다. 특히, 플링크는 하둡 맵리듀스 API와 완벽하게 호환되며 하둡의 입력 포맷을 데이터 소스로 사용할 수 있다고 공식 문서에서 설명한다. 따라서 여기서 구현한 것과 똑같은 작업을 사용하고 과거 데이터세트를 처리하기 위해 다른 데이터 소스를 거기에 제공할 수 있다.

이러한 통합이 가능하기는 하지만, 추적 분석 알고리즘에 대한 오픈소스 구현체는 그리 많지 않다. 우버의 예거 팀은 이러한 툴을 만들기 위해 적극적으로 노력하고 있다. 이 외에도 익스피디아(Expedia)의 헤이스택(Haystack) 같은 여러 오픈소스 프로젝트 팀도 있다.

임시(Ad-hoc) 분석

2018년 10월, 페이스북 추적 팀은 Distributed Tracing – NYC 밋업[2]에서 자사의 추적 시스템인 캐노피의 새로운 방향에 대해 발표했다. 아파치 플링크 같은 오픈소스 기술 기반은 아니지만 캐노피의 피처 추출 프레임워크는 이번 장의 앞부분에서 설명했던 방법과 개념상 유사하다.

새로운 피처 추출을 위한 API는 모든 페이스북 엔지니어에게 공개돼 있었지만, 상당히 가파른 학습 곡선과 전반적인 추적 인프라 및 데이터 모델에 대한 깊이 있는 지식을 필요로 했다. 그뿐만 아니라 새로운 피처 추출기는 캐노피 자체의 일부분으로 프로덕션 환경에 배포해야 했는데, 이는 캐노피 팀이 코드 검토 및 새로운 분석 알고리즘 배포에 깊이 관여해야 한다는 것을 의미했다. 마지막으로, 피처 추출은 주로 과거 데이터가 아닌 실제 데이터에서 동작하게 설계됐다. 이 모든 것은 성능 조사를 위한 플랫폼으로서 페이스 북의 엔지니어들이 피처 추출 및 데이터 마이닝에 접근하기 어렵거나 매력적이지 않게 하기에 충분할 만한 절차상의 마찰을 야기했다.

캐노피 팀은 도구 사용을 대중화하고 새로운 데이터 분석 알고리즘을 개발하는 중요 경로에서 벗어나야 한다는 것을 깨달았다. 캐노피 팀은 데이터 분석에 다음과 같은 세 가지 종류가 있다는 사실을 깨달았다.

- **소규모 데이터세트를 이용한 실험**: 누군가가 새로운 피처를 위한 아이디어가 있다고 할 때 첫 번째 시도에서 정확한 계산 또는 알고리즘을 바로 얻기란 쉬운 일이 아니다. 대규모 데이터세트에 대해 반복적인 실험을 하는 것도 시간 소모적이다. 이상적인 경우라면 엔지니어가 소규모의 프로덕션 데이터세트에서 다양한 알고리즘을 시도해서 새로운 피처에서 유용한 정보를 얻고 있음을 증명할 수 있는 환경을 갖추고 있을 것이다.

- **과거 데이터세트를 이용한 실험**: 일단 엔지니어가 소규모 실험에서 만족할 만한 결과를 얻었다면 더 규모가 큰 과거 추적 데이터세트를 가지고 실험해서 새로운 알고리즘이나 피처가 여전히 강력하고 유용한 정보를 제공하는지 확인할 수 있다. 즉, 단지 작은 샘플에서만 유효했던 우연이 아니라는 의미다. 이상적인 경우라면 과거 데이터세트에 대한 실험은 첫 번째 단계에서 개발한 것과 동일한 코드로 수행할 수 있을 것이다.

- **스트리밍 작업을 통한 영구 배포**: 대규모의 과거 데이터세트에서 실험을 수행한 후에도 엔지니어가 새로운 피처 추출에서 유용한 정보를 얻고 있다면 프로덕션 환경에 이를 배포하고자 할 수도 있다. 이를 통해 실시간 스트리밍 작업으로 계속 실행되게 하고, 앞으로 나타날 모든 추적에 대한 피처를 계산하며, 추세를 관찰하고, 경고를 정의하는 등의 작업을 수행할 수 있을 것이다. 다시 얘기하지만 이상적으로는 처음 두 단계와 동일한 코드를 사용해 수행할 수 있어야 한다.

페이스북 팀은 파이썬과 주피터 노트북을 지원하는 것이 엔지니어와 데이터 과학자들 사이에서 더 폭넓게 사용될 수 있는 가장 좋은 방안이라고 생각했다. 이전 버전의 캐노피에서는 피처 추출 규칙을 설명하는 **DSL**을 사용했다. DSL의 한 예로 브라우저에서 페이지의 렌더링 시간을 계산하는 프로그램은 다음과 같다.

```
BrowserThread = ExecUnits() | Filter(name='client')
Begin = BrowserThread() | Points() | First()
End = BrowserThread() | Points() | Filter(marker='display_done')
How_long = End | Timestamp() | Subtract(Begin) | Timestamp()
| Record('duration')
```

캐노피의 이벤트 기반 데이터 모델의 추적은 '포인트'를 포함한 '실행 단위'로 구성돼 있다.

DSL은 배우기 어렵고 엔지니어링 팀에서 결과 코드를 유지하기가 어려웠으며, 따라서 추적 팀의 관여가 필요할 때가 많았다. 반대로 파이썬은 잘 알려진 언어이며, 데이터 과학자들 사이에서 매우 인기가 있다. 파이썬으로 표현된 피처 추출 코드는 이해하기도 쉽고 유지 관리도 훨씬 더 쉽다. Distributed Tracing – NYC 밋업에서 페이스북 엔지니어가 이전 프로그램과 동일한 파이썬 함수를 보여주지는 않았지만, 대략 다음과 같은 모습이었을 것이다.

```python
def browser_time_to_display(trace);
    browser_thread = trace.execution_units[attr.name == 'client']
    begin = browser_thread.points[0]
    end = browser_thread.points[attr.marker == 'display_done']
    return end.timestamp - begin.timestamp
```

다음 예제는 페이스북 팀이 제공한 프로그램 중 하나다. 추적에서 상당히 높은 처리 비용을 보이는(즉, 10초 이상 걸리는) 데이터베이스 호출의 수를 계산한다.

```python
def count_expensive_db_calls(trace);
    count = 0
    for execution_unit in trace.execution_units:
        if execution_unit.db_duration_ms > 10000:
            count += 1
    return count
```

엔지니어는 이 프로그램을 이용해 단일 추적 또는 소규모 추적 세트를 조사할 수 있다. 예를 들면, 주피터 노트북에서 이를 실행하는 식이다. 그런 다음 동일한 프로그램을 대량의 데이터에 대해 배치 모드(Batch mode)로 실행해 성능 문제에 대한 가설을 검증할 수 있다. 페이스북은 AWS Lambda 또는 서버리스 컴퓨팅과 비슷한 내부 인프라를 갖추고 있어 대용량 데이터세트에 대해 파이썬 프로그램을 쉽게 실행할 수 있다.

끝으로, 엔지니어가 특정 피처를 지속해서 모니터링하고 알림 기능을 설정할 가치가 있다고 판단한다면 동일한 코드를 스트리밍 잡으로 배포할 수 있다.

이러한 데이터 분석 플랫폼을 개발하면서 페이스북 추적 팀이 얻은 중요한 교훈은 다음과 같다.

- 페이스북의 엔지니어는 추적 데이터에 적용할 수 있는 정말 흥미로운 아이디어와 도구를 가지고 있다.

- 그러나 추적 자체는 이해하기 어렵고 조작하기 어려울 수 있다. 특히 점점 더 많은 아키텍처가 계측되고 추적의 규모가 커질수록(수만 개의 데이터 포인트도 여기에 해당) 더욱 그렇다.

- 추적은 모바일 앱과 브라우저부터 스토리지 및 메시징 백엔드에 이르기까지 매우 다양한 워크플로와 이기종 애플리케이션을 포괄한다. 하나로 '모든 것을 해내는' 도구를 만드는 것은 말도 안 되는 일이기도 하고, 만들어지더라도 이는 결코 생산적이지 않다. 이러한 도구는 너무 복잡할 가능성이 있으며 이를 이해할 수 있는 고급 사용자가 필요할 것이다.

- 주피터 노트북 같은 편리한 탐색 및 시각화 프레임워크를 비롯해서 추적에 대한 간단한 프로그램 방식의 접근법이 가능해지면 인프라 팀은 데이터 분석의 임계 경로에서 벗어날 수 있다. 또한 나머지 엔지니어들로 하여금 각자의 도메인 지식과 독창성을 활용해 올바른 문제를 해결하는 매우 구체적인 데이터 분석 도구를 제작하게 할 수 있다.

정리

분산 추적은 소프트웨어 엔지니어링 분야에서 여전히 조금은 참신한 주제지만, 오픈소스 세계에서는 오픈트레이싱, 오픈센서스, W3C Trace Context와 같은 프로젝트를 통한 데이터 수집에서부터 예거, 집킨, 스카이워킹, 헤이스택 같은 많은 오픈소스 추적 백엔드를 통해 데이터를 저장하고 처리하는 등 누구나 자유롭게 추적 인프라스트럭처를 만드는 데 있어 큰 진전을 보이고 있다. 추적 인프라가 대중화됨에 따라 데이터 마이닝 및 데이터 분석이 연구 개발의 주요 관심 영역이 될 것이다.

이번 장에서는 완벽한 솔루션을 아직 갖추지는 못했지만 추적 완료 트리거 같은 몇 가지 구성요소를 살펴보면서 추적 데이터를 토대로 데이터 분석 도구를 제작하는 몇 가지 기초적인 기법을 설명했다.

또한 완전한 기능을 갖춘 플랫폼의 기반으로 활용할 수 있는 샘플 추출 프레임워크와 샘플 스팬 카운트 잡을 작성하는 연습을 했다.

마지막으로 페이스북 추적 팀에서 '한 번 쓰고 세 번 실행'하는 임시(ad-hoc) 분석을 가능케 하고 다른 엔지니어들이 추적 데이터 탐색을 위한 도메인 특화 도구를 구축할 수 있는 플랫폼을 제공하는 매우 유망한 방법도 검토했다.

다음 장에서는 복잡한 분산 시스템을 운영하는 대규모 조직에서 추적 인프라를 배치하는 것과 관련된 여러 가지 문제를 어떻게 해결하는지 집중적으로 알아본다.

참고 자료

1. Jonathan Kaldor, Jonathan Mace, Micha ł Bejda, Edison Gao, Wiktor Kuropatwa, Joe O'Neill, Kian Win Ong, Bill Schaller, Pingjia Shan, Brendan Viscomi, Vinod Venkataraman, Kaushik Veeraraghavan, Yee Jiun Song.

2. "캐노피: 종단 간 성능 추적 및 분석 시스템(Canopy: An End-to-End Performance Tracing and Analysis System)", Symposium on Operating Systems Principles, October 2017.

3. Edison Gao and Michael Bevilacqua-Linn. "페이스북에서의 추적 작업 및 추적 결과 처리(Tracing and Trace Processing at Facebook)", Presented at Distributed Tracing NYC meetup, October 23, 2018:

4. https://www.meetup.com/Distributed-Tracing-NYC/events/255445325/

13

대규모 조직에서의
추적 구현

"나와 함께 훈련하고 연습하면 지금 하고 있는 것들을 여러분 모두가 습관처럼 할 수 있게 될 것입니다."

— 잭 오닐 대령, 스타게이트 SG-1

드디어 이 책의 마지막 부분인 4부다. 지금까지 종단 간 추적이 매우 가치 있고 분산 시스템의 성능을 관리하고 모니터링하는 데 필수적인 도구라는 사실을 강조해서 설명했다. 이 책의 2부와 3부에서는 주로 분산 추적 사용자에 초점을 맞춰서 애플리케이션을 어떻게 추적하는지부터 시스템의 동작 방식으로부터 통찰을 얻고 근본 원인 분석을 위한 추적 데이터 사용법과 같은 주제를 다뤘다.

대규모 조직에서는 누군가가 실제로 추적 인프라를 배포하고 관리하는 책임을 맡아야 한다. 이를 통해 사용자들이 많은 혜택을 얻을 수 있기 때문이다. 이는 추적 전담 팀 내지는 더 큰 관찰성 팀, 또는 더 규모가 큰 인프라 팀의 업무일 때가 많다. 주의할 점은 여기서 '크다'의 의미는 관리 규모를 의미하는 것으로, 팀 자체의 규모와 반드시 일치하지는 않는다. 이름이나 조직이 어떻든 이 팀은 추적 인프라를 운영하고(이에 관해서는 14장에서 설명한다) 인프라가 비즈니스 애플리케이션으로부터 종합적이고 정확한 데이터를 수집하게 하도록 책임진다.

2부에서 데이터 수집의 다양한 기술적 특징을 살펴봤지만, 기술 이외의 조직, 특히 대규모 엔지니어링 조직 측면에서 해결해야 할 많은 문제가 있다. 이번 장에서는 이러한 문제를 중점적으로 다루겠다. 비즈니스에서처럼 성공을 보장하는 만병통치약 같은 기법은 없으며, 조직마다 필요한 해법이 다르다. 이 장에서 소개하는 권고안은 다른 회사의 동료들과 토론을 통해 얻은 교훈과 더불어 우버에서 분산 추적을 수행한 개인적 경험을 기초로 한 것이다. 매뉴얼보다는 모범 사례와 레시피로 받아들이기 바란다.

추적 계측의 배포가 어려운 이유

조직 차원에서 추적을 배포할 때 겪게 되는 어려운 과제를 해결하기에 앞서 그러한 과제가 무엇인지부터 알아보자. 종단 간 추적과 다른 점은 무엇일까? 메트릭이나 로그를 수집할 때처럼 계측을 추가하기만 하면 될 듯하다. 2부에서 여러 장에 걸쳐 자동 계측을 통해 쉽게 구현할 수 있는 솔루션을 비롯해 계측 추가에 대한 기술적인 측면들을 다뤘다. 그러면 우리가 놓친 것이 무엇일까?

십여 명의 소프트웨어 엔지니어를 보유한 소규모 기술 회사를 생각해 보자. 이 회사에서 마이크로서비스 기반 아키텍처를 채용하기로 했다면 10~20개의 마이크로서비스가 포함된 시스템을 구축할 수 있다. 대부분 엔지니어는 각 서비스가 어떻게 상호작용하는지에 대한 세부 내용은 모르더라도 각 서비스가 무슨 일을 하는지는 알 것이다. 시스템에 분산 추적 계측을 추가하기로 결정한 경우 일반적으로 이는 큰 작업이 아니며 단기간에 한두 명의 인력만으로도 충분히 수행할 수 있다.

수백 또는 수천 명의 엔지니어가 근무하는 대규모 조직과 비교해 보자. 멜빈 콘웨이(Melvin Conway)는 1967년 발표한 논문[1]에서 '시스템을 설계하는 조직은 … 해당 조직의 의사소통 구조를 닮은 설계를 만들어낸다'는 사실을 관찰했다(이를 **콘웨이 법칙(Conway's law)**이라고도 한다). 이러한 이유로 마이크로서비스를 기반으로 하는 시스템의 설계는 자연스럽게 조직의 계층적 구조를 반영하게 된다. 각 팀은 소수의 마이크로서비스를 개발하고 운영하며, 조직의 다른 부분에 있는 마이크로서비스가 어떻게 구현되는지는 거의 알지 못한다.

시스템이 애초부터 하나로 통합된 애플리케이션 개발 인프라(예: 단일 애플리케이션 및 의존성 프레임워크, 또는 단일 RPC 프레임워크)를 기반으로 구축되지 않았다고 가정해 보자. 이 경우, 추적 시스템을 전체 시스템에 배포할 때 개별 팀이 개발한 각 마이크로서비스의 설계에 대한 방대한 양의 도메인 지식이 필요할 수밖에 없다. 소규모의 중앙 집중화된 추적팀이 마이크로서비스가 서로 다른 팀에 의해 구축되는 모든 다양한 방법을 연구한다는 것은, 그리고 무엇보다도 추적 장치를 추가하기란 만만한 작업이 아니다. 소규모 조직에서야 실행 의지가 있는 몇몇 사람이 이 작업을 할 수 있겠지만, 대규모 조직에서는 이 작업을 분산시켜야 한다.

이는 다른 모니터링 기법과 비교했을 때 분산 추적 계측만이 지닌 고유한 문제인 '동기 부여(motivation)' 또는 '인센티브 부족(lack of incentive)'을 초래한다. 조직이 데브옵스(DevOps) 원칙을 준수하면 애플리케이션을 개발하는 엔지니어도 운영 환경에서 시스템을 위해 항시 대기 상태(on-call)가 된다. 여러분이 항시 대기 상태라면 최소한의 정상 동작 상태를 모니터링하기 위해 애플리케이션을 잘 관찰하는 것에 많은 관심을 쏟고 있을 것이다. 따라서 사용자는 자신의 애플리케이션 또는 마이크로서비스에 메트릭과 같은 계측 도구를 추가할 인센티브를 얻을 수 있다. 그러나 분산 추적을 통한 관찰성은 본질적으로 시스템 전체에 해당하는 특성이다. 이는 수많은 마이크로서비스, 그리고 콘웨이 법칙에 따라 수많은 조직 단위 또는 팀의 참여를 필요로 한다. 한 팀이 자신의 모든 서비스에 추적 계측을 추가하기로 결정했을 경우, 다른 팀에서도 그렇게 하지 않는 한 추적을 통해 전체 시스템의 관찰성이 크게 높아지지는 않는다.

이러한 심리적 문제는 분산 추적의 광범위한 도입을 위한 가장 큰 진입장벽 중 하나다. 일부 기술적인 문제는 순수하게 기술적인 솔루션을 통해 해결할 수 있겠지만 이 문제는 사회 공학과 조직의 문화적 변화를 필요로 한다. 이러한 두 가지 유형의 솔루션에 대해서는 뒤에서 더 자세히 알아본다.

도입장벽을 낮춰라

지금까지 살펴본 인센티브 불일치 문제를 감안했을 때 모든 애플리케이션에 추적 계측을 도입하는 가장 좋은 방법 중 하나는 도입 팀이 기본적으로 무료로 제공되는 작업을 전혀 필요로 하지 않는지 확인하는 것이다. 물론 이것은 말하기는 쉬워도 실천하기는 어렵다. 애플리케이션에서 일부 코드를 변경하지 않고는 추적을 추가할 수 없는 상황도 있을 수 있다. 예를 들어, 필자가 우버에서 근무했을 때 엔지니어링 조직에서 백엔드 서비스용 프로그래밍 언어로 Go를 막 채택하기 시작했다. 코드를 통해 context.Context 객체를 스레딩하는 방식은 폭넓게 적용되는 방식은 아니었고, 해당 타입 자체도 Go 표준 라이브러리의 일부가 아니었다(golang.org/x/net/context에 정의돼 있었고, Go 1.7 버전에서 표준 context 패키지로 옮겨지기만 했다). 결과적으로 많은 애플리케이션에서 컨텍스트 전파가 지원되지 않아 코드를 변경하지 않고는 분산 추적이 불가능했다.

많은 Node.js 애플리케이션에서도 비슷한 상황을 찾을 수 있는데, Node.js 애플리케이션에서는 코드를 통해 애플리케이션에 특화된 객체를 전달하는 방식으로 컨텍스트 전파를 구현해야 했다.

이러한 문제는 오늘날에도 여전히 있겠지만 접하기가 훨씬 쉽지 않은데, 오늘날 많은 Go 애플리케이션이 컨텍스트 전파를 이용하는 스타일로 작성돼 있으며, Node.js 런타임의 경우 암묵적 컨텍스트 전파가 이뤄지게 연속성을 지닌 로컬 스토리지(continuation-local storage) 같은 기능을 지원하기 때문이다.

이제 분산 추적을 도입하는 데 있어 도입 장벽을 낮추는 몇 가지 다른 기법을 알아보자.

표준 프레임워크

피처 속도(Feature velocity)는 소프트웨어를 활용한 비즈니스에서 소프트웨어 개발의 가장 중요한 속성 중 하나다. 때때로 피처 속도를 높이려는 욕구는 엔지니어가 가장 빨리 운영에 다다를 수만 있다면 어떤 툴이든 관계없이 사용하려는 상황을 만들 수 있다. 예를 들면 다음과 같다.

- 루비 온 레일스(Ruby on Rails)를 사용 중이라고요? 그럼 다음 서비스를 루비로 구현하세요.

- 지난 5년간 Node.js를 사용했다고요? 그럼 다음 백엔드 서비스를 Node.js로 제작하세요.

- 자바의 스프링 프레임워크에 익숙하다고요? 그럼 그렇게 하세요. 뭐, 스프링은 아니고 Dropwizard라고요? 마찬가지로 그렇게 하세요.

이런 식의 접근법은 회사가 운영하는 소프트웨어가 중구난방인 생태계를 초래할 수 있다. 비록 십여 명의 엔지니어로 구성된 소규모 팀이더라도 모든 사람이 다른 여러 서비스에서 코드를 변경하기 위해 전부 다른 기술이나 프레임워크에 익숙해져야 한다. 따라서 이는 지속 가능하다고 보기에 무리가 있다. 그러나 이 같은 극단적인 경우가 아니더라도 이런 상황이 드문 일은 아니다.

조직이 성장하는 과정 중 특정 시점에서는 컨텍스트 스위칭의 오버헤드로 인해 속도가 느려지기 시작한다. 또한 시스템의 안정성도 떨어지는데, 조직에서 사용하는 프로그래밍 언어와 애플리케이션 프레임워크의 모든 조합에 대해 메트릭 라이브러리 같은 공통 인프라 서비스나 컴포넌트를 인프라 팀에서 제공할 수 없기 때문이다.

소규모 기술 집합을 표준화하면 팀의 효율성이 더 좋아지고 각 팀이 보유한 기술들을 다른 팀에 쉽게 전해줄 수 있다. 추적 계측 배포는 특히 중요한데, 그 이유는 엔지니어가 사용하는 모든 프레임워크에는 특별한 계측이 필요할 수 있기 때문이다. 애플리케이션 개발자는 추적을 올바르게 하는 법을 충분히 이해하지 못할 수도 있어서(그런 사람들에게 이 책을 추천해 주기를 바란다) 중앙 추적 팀이 이 작업을 맡는 경우가 많다. 추적 팀이 십여 개에서 수십 개에 이르는 프레임워크에 대해 계측 작업을 수행해야 하는 경우 확장이 어렵다.

조직에서 사용하는 프로그래밍 언어와 프레임워크의 수가 적다면 추적 장비를 무료로 제공하기가 더 쉬워진다. 표준화할 프레임워크는 분산 추적을 포함해서 관찰성에 대한 계측 능력을 고려해 선택해야 한다. 보안 분야와 마찬가지로, 관찰성은 나중에 고려할 사항이 아니다. 오늘날 마이크로서비스를 구축하는 데 사용되는 프레임워크는 관찰성 피처 내지는 최소한 (미들웨어 및 플러그인을 통해) 관찰성을 향상시킬 수 있는 확장 기능을 반드시 갖춰야 한다.

인하우스 어댑터 라이브러리

과거에는 많은 회사가 트위터의 피네이글(Finagle) 같은 내부 프레임워크(RPC 또는 애플리케이션)를 구축했다. 이러한 상황이라면 전체 프레임워크를 제어할 수 있기 때문에 해당 프레임워크를 초기화하는 과정에서 자동으로 활성화해서 추적 계측을 훨씬 쉽게 배포할 수 있다. 오늘날에는 이용 가능한 오픈소스 프로젝트가 많기 때문에 처음부터 내부 버전을 구축하는 것은 일반적이지 않다. 하지만 그렇다고 해서 이것이 인프라 팀이 영향력을 갖추지 못했음을 의미하지는 않는다.

인프라 팀에서는 표준화 노력과 더불어 프레임워크의 내부 어댑터를 구축할 수 있다. 예를 들어, 자바의 스프링 프레임워크를 생각해 보자. 스프링 프레임워크는 매우 유연하고 이를 기반으로 애플리케이션을 구축하는 방법도 굉장히 많다. 여기에 여러 인프라와 관련된 추가 종속성도 고려해야 한다. 가령 어떤 메트릭이나 로깅 라이브러리를 사용할지, 서비스 발견 시스템을 어떻게 찾을지, 운영에서 환경설정 및 비밀 정보(secrets)는 어디에서 찾으면 되는지 등이 있다. 이러한 다양성은 실제로 전체 조직에 해가 된다. 이는 단일 프레임워크 규모만 다룬, 앞에서 설명한 문제와 동일하다.

인프라 팀은 이러한 구성 요소 중 일부를 함께 묶어 라이브러리로 제공할 수 있다. 이를 통해 애플리케이션 개발자는 인프라 구성 대신 비즈니스 로직에 집중할 수 있다. 오픈소스인 스프링 프레임워크에 의존하는 대신, 개발자들이 내부 어댑터를 사용해 전이 의존성으로 스프링을 활용하고 애플리케이션을 초기화하고 환경을 구성하는 표준 방법을 강제로 적용할 수 있다. 이러한 어댑터 라이브러리는 애플리케이션 개발자가 투명하게 추적 계측을 할 수 있는 곳이기도 하다.

이러한 원리는 추적 라이브러리에도 적용된다. 6장 '추적 표준과 에코시스템'에서도 설명했듯이 분산 추적과 관련된 다양한 데이터 포맷을 표준화하려는 노력이 있지만, 이는 여전히 진행 중이다. 따라서 조직의 여러 애플리케이션에 추적 시스템을 배포할 때 인프라 개발자는 다음과 같은 다양한 선택을 해야 한다.

- 오픈트레이싱을 쓰고 있을 경우, 사용하려는 추적 프로그램의 구현

- 추적기가 사용할 컨텍스트 전파의 통신 포맷

- 추적 지점 데이터를 내보내기 할 때 사용하는 방법(예: 인코딩, 전송 등)

- 샘플링 구성 방법

예를 들어, 예거 클라이언트는 20개가 넘는 환경설정 파라미터를 지원한다. 이러한 환경설정의 일관성은 중요한데, 두 개의 애플리케이션이 컨텍스트 전파에 다른 통신 포맷을 사용하게 추적 프로그램을 구성하면 추적 프로그램이 서로 이해할 수 없고, 따라서 추적이 끊어져 버리기 때문이다. 해결 방법은 이러한 모든 결정을 내부 어댑터 라이브러리에 캡슐화하고 애플리케이션 개발자는 구체적인 추적 라이브러리 대신 어댑터를 가져오게 하는 것이다. 이렇게 하면 추적 환경설정의 제어를 추적 팀이나 인프라 팀에 맡길 수 있다.

기본으로 활성화된 추적

표준 라이브러리나 내부 어댑터가 있는 경우, 추적 기능을 기본으로 활성화한다. 애플리케이션 개발자가 이를 명시적으로 활성화해달라는 요청은 불필요한 마찰만 가져오고 도입에 대한 장벽만 쌓을 뿐이다. 성능상의 이유처럼 드물게는 계측을 비활성화하게 환경설정을 할 수도 있다. 하지만 일반적인 마이크로서비스에서는 추적을 비활성화해서는 절대로 안 된다. 새로운 애플리케이션 뼈대를 만들기 위한 스캐폴딩(scaffolding) 도구를 사용하는 경우 추적이 기본으로 초기화되고 활성화되는지 반드시 확인한다.

모노리포

마이크로서비스 기반 아키텍처의 이점 중 하나는 다양한 마이크로서비스를 지원하는 팀에게 자율성을 제공한다는 것이다. 이러한 자율성이 때로는 서비스마다 자체 소스코드 저장소가 있는 것으로 해석된다. 이와 반대로, **모노리포**(monorepo, monolithic repository)에서는 모든 서비스의 코드가 동일한 소스코드 저장소에서 관리된다. 모노리포는 구글, 페이스북, 우버, 마이크로소프트, 트위터 같은 많은 회

사에서 활용되고 있다[2]. 모노리포의 장단점에 대한 설명은 이번 장의 범위를 넘어서므로 다루지 않으며, 모노리포는 대규모 저장소로 확장하는 데 몇 가지 문제점이 있다. 그러나 모노리포에서 작업하는 경우 인프라 팀에 매우 유용하며 종단 간 추적을 수행하는 데 큰 도움이 될 수 있다.

구글은 대규모 추적을 초기에 도입한 기업 중 하나였다. 추적 실행의 성공에 중요한 역할을 한 두 가지 요소가 있는데 바로 '단일 표준 RPC 프레임워크'와 '모노리포'였다. 어쩌면 너무 간단해 보일 수도 있겠지만, 대퍼 팀이 전사적으로 광범위하게 채택된 RPC 프레임워크에 추적 계측기를 추가하기만 하면 그만이었다. 그리고 모든 애플리케이션은 모노리포 덕분에 자동으로 변경 사항을 반영했다.

모노리포는 인프라 라이브러리의 업그레이드를 대폭 간소화한다. 분산 추적의 전반에 깔려 있는 본질적인 특성상 추적 라이브러리의 일부 기능은 분산 트랜잭션과 관련된 여러 마이크로서비스에 배포되기 전까지는 활용할 수 없다. 수백 개의 개별 저장소에서 추적 라이브러리를 업그레이드하는 것은 모노리포에서 한 번에 업그레이드하는 것보다 훨씬 어렵다. 특히 라이브러리의 새 버전으로 인해 API 변경을 중단해야 하는 경우를 생각해 보면 확실히 이해될 것이다. 모노리포의 업그레이드는 일반적으로 추적 팀에서 수행할 수 있지만, 이 방법은 멀티레포 상황으로는 확장하기가 어렵다.

모노리포는 운영에서 애플리케이션의 업그레이드를 완전히 처리하지 못한다. 모노리포가 각 애플리케이션의 코드가 최신 버전의 추적 라이브러리를 사용하는지 쉽게 확인할 수 있게 하지만 이를 위해 누군가는 여전히 해당 코드를 작성하고 배포해야 한다. 일부 애플리케이션은 유지관리 모드에 있고 몇 달 동안 운영 환경에서 업그레이드되지 않을 수 있다. 성숙한 조직에서는 보통 모든 애플리케이션을 매우 자주 배포하거나 심지어 자동 배포를 통해 다시 배포해야 한다는 요구 등의 문제를 해결하는 정책을 가지고 있다.

기존 인프라와의 통합

때로는 애플리케이션에 이미 구축된 기존 인프라와 솔루션을 사용해 분산 추적을 배포하는 것도 가능하다. 리프트(Lyft)가 서비스 메시에서 엔보이를 사용해 추가적인 코드 변경이나 라이브러리의 통합 없이 대부분 애플리케이션에 추적 기능을 제공하는 방법이 그 좋은 예다. 리프트의 애플리케이션은 HTTP 헤더를 종단 간으로 전파하기 위한 몇 가지 메커니즘으로 이미 구축됐다. 7장 '서비스 메시 추적'을 통해 서비스 메시가 나머지 작업을 수행하고 RPC 요청을 표현하는 스팬을 생성하기에 충분하다는 것을 알았다. 일부 다른 회사에서는 기존 요청 ID 전파 및 로깅 메커니즘을 피기백해서 추적 정보를 추출하기도 한다.

여기서 목표는 애플리케이션 개발자의 개입을 최소화하면서 어떤 형태의 추적 데이터를 수집하는 것이다. 분산 추적 및 컨텍스트 전파라는 아이디어는 새로운 것이 아니다. 많은 레거시 애플리케이션에는 어느 정도 독창성을 지닌 적절한 추적 데이터로 변환할 수 있는 도구가 이미 포함돼 있을지도 모른다. 불완전한 데이터라도 있는 것이 없는 것보다 훨씬 낫다. 기존의 계측을 새로운 것으로 대체하려는 것보다 형태가 다른 데이터를 추적 백엔드가 이해하는 형식으로 조정할 수 있는 중앙 데이터 변환 도구를 구현하는 것이 훨씬 쉽다.

어디서부터 시작할까?

앞에서는 추적 실행을 '제로 터치' 프로세스로 만드는 데 도움이 되는 기법을 설명했다. 여기서 제로 터치란 모든 애플리케이션 팀이 수동으로 작업하지 않아도 되게끔 한다는 의미다.

안타깝게도, 완전히 손을 타지 않게 하는 접근법은 실현 가능성이 매우 낮다. 그렇지 않았다면 업계에서 추적 도입이 훨씬 더 높은 비율로 이뤄졌을 것이다. 따라서 조직 전체에 작업을 분산시켜야 하므로 다음과 같은 몇 가지 조직적 문제를 해결해야 한다.

- 어디서부터 시작해야 할까?

- 일괄 배포(All-or-Nothing)인가? 아니면 점진적으로 배포할 수 있는가?

- 관리 및 애플리케이션 개발자로부터 어떻게 구매 의사를 얻을 수 있는가?

다시 한 번 말하지만, 성공을 보장하는 규정집이 있다고 가정하지 않는다. 그러나 업계 사람들과의 토론에서 일반적인 패턴을 관찰했다. 가장 일반적인 조언은 '비즈니스에 가장 중요한 워크플로부터 시작하라'는 것이다. 예를 들어, 차량 공유 앱의 경우 위치를 북마킹하기 위한 워크플로보다 탑승에 대한 워크플로가 더 중요하다. 이상적으로는 둘 다 상태가 좋아야 한다. 그러나 장애는 발생하기 마련이고, 차량 탑승 워크플로에서 이러한 장애가 발생했을 때 재무 및 평판에 주는 영향은 다른 것보다 훨씬 더 크다. 추적은 장애가 발생했을 때 애플리케이션의 문제를 해결하기 위한 강력한 도구다. 따라서 비즈니스 중요도에 따라 워크플로의 순위를 매겨서 계측 배포(rollout)의 우선순위를 정하는 것이 좋다.

> 해당 비즈니스에 가장 중요한 워크플로부터 시작하라.

대규모 조직에서는 전체 작업 수행이 수개월이 걸릴 수 있기 때문에 수작업이 필요한 위치에 있는 경우 일괄 배포(All-or-Nothing) 방식은 부적절하다. 가장 가치 있는 워크플로를 알게 되면 해당 워크플로를 제공하는 엔드포인트를 계측하는 작업을 시작할 수 있다. 지금은 추적 팀이 어려운 작업을 수행하는 것 외에도 현황을 더 잘 이해하기 위해 애플리케이션 코드를 자세히 파악해야 할 때다. 일반적으로 일부 API 서비스는 모든 워크플로의 시작점이므로 여기서 시작할 수 있다. 그런데 잘 설계된 API 서비스에서는 한 엔드포인트에 대해 구현된 계측이 다른 모든 엔드포인트에 대해서도 똑같이 잘 작동할 것이다. 따라서 추적팀의 작업이 만들어내는 영향력은 실제로 주요 워크플로보다 크다.

사람들은 수십 개의 마이크로서비스가 제공하는 워크플로에 대해서조차도 호출 그래프가 그다지 깊지 않다는 것, 즉 복잡하지 않다는 것을 잘 알아차리지 못할 때가 많다. 마이크로서비스 간 통신에 대기열과 메시징이 아닌 주로 RPC를 사용하는 시스템에서는 호출 그래프가 레벨이 낮은 얕은 트리가 될 수 있다. 반면 분기 요소는 많은 수의 노드를 포함한다. 즉, 최상위 레벨(API 서비스)과 두 번째 레벨의 서비스만 계측하더라도 이러한 불완전 계측이 이미 시스템의 관찰성을 크게 향상시킬 수 있으며, 장애의 원인을 서비스의 일부분으로 좁힐 수 있음을 의미한다.

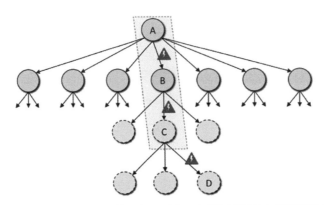

그림 13.1 추적을 위해 상위 2개 레벨만 계측된 얕은 호출 그래프도 장애 조사 범위(점선 박스)를 상당히 좁힐 수 있다. 단색 테두리 원은 계측된 서비스를 나타내며, 점선 테두리 원은 계측 추적 기능이 없는 서비스를 나타낸다. 번개가 표시된 삼각형은 오류 또는 성능 문제를 의미한다.

그림 13.1에서 볼 수 있듯이 A 서비스와 B 서비스를 통과하는 요청에서 오류 또는 성능 문제를 관찰할 수 있다. 그리고 B 서비스에서 적절하게 계측했다고 가정하면 B 서비스의 다른 의존성들이 아닌 C 서비스에서 오류가 발생했는지를 감지할 수 있다. C 서비스에서 계측기가 없다고 가정했을 때 트리의 네 번째 레벨에 있는 의존성에 대해서는 아무것도 알지 못한다. 그러나 시스템에 추적 장비가 없었던 경우와 비교하면 근본 원인을 어디에서 찾을지에 대해 꽤 정확한 정보를 보여준다.

이러한 증분 추적 수행은 장애를 조사하는 데 걸리는 시간을 단축해서 투자 효과를 신속하게 볼 수 있다. 추적 팀은 추적 데이터 분석을 위한 도구를 제작하는 데 주력할 수 있으며, 워크플로의 하위 스택에 있는 애플리케이션 개발자에게 영향을 줘서 해당 서비스에서 추적을 구현하게 할 수 있다.

예를 들어, D 서비스가 자주 장애를 발생시킨다고 가정해 보자. 전체 워크플로를 담당하는 첫 번째 응답자라면 거기서 오류를 추적할 수 있기 때문에 그림 13.1의 추적 그래프에서 C 서비스의 담당자 페이지를 보는 것이 자연스러운 반응일 테지만, 그 이상의 정보는 볼 수 없다. C 서비스의 담당자가 실제로 문제를 해결할 수 없어, 조사 끝에 D 서비스가 책임이 있다는 것을 알아냈고 D 서비스의 담당자에게 연락한다. 결국 C 서비스의 개발자는 서비스를 추적할 경우 첫 번째 응답자에게 연락하지 않고 직접 D 서비스 담당자에게 연락할 수 있다.

'누구 책임인가?'라는 질문은 팀과 관리자가 추적 장비를 사용하기 위한 작업을 수행하는 데 충분한 동기 부여가 될 수 있으며, 그렇지 않은 경우 문화를 바꾸는 것과 같은 다른 접근법이 필요할 수 있다.

문화 조성

관찰성 피처를 포함하는 애플리케이션을 구축하는 문화가 업계에서 주목받고 있다. 내가 한 투자 은행의 파생 상품 거래 시스템을 연구하던 시절, 우리의 애플리케이션 모니터링은 (유선상의) 전화로 연락하고 거래를 예약하거나 가격을 책정할 수 없다고 불평하는 트레이더를 통해 이뤄졌다. 오늘날에는 시스템 상태를 모니터링하기 위해 메트릭스를 자동으로 노출하는 시스템이 일반적이다. 반면, 분산 추적을 지원하는 시스템은 여전히 흔치 않다. 마찬가지로 많은 엔지니어는 프로메테우스나 그라파나 같은 도구에 익숙하고, 분산 추적 도구에는 익숙하지 않다. 이 문화를 바꾸기 위해 할 수 있는 일이 있다.

가치 설명하기

필요 없는 제품을 누군가에게 팔기는 어렵다. 분명한 가치 제안을 가지고 있는 종단 간 추적의 경우는 아니겠지만 사람들은 이에 대해 모른다. 우버에서 우리는 추적 도구를 사용하는 방법과 그것들이 어떤 문제를 다루고 있는지를 보여주는 내부 논의를 수없이 많이 했다. 새로 채용된 엔지니어가 이수해야 하는 부트캠프 프로그램에는 추적 및 전반적인 관찰성에 대한 강의도 포함돼 있었다. 이는 좋은 관찰성 연습 및 도구 사용에 대한 인식을 높이는 데 도움이 된다.

개발자 워크플로와의 통합

엔지니어는 다른 곳에서 찾아야 하는 도구보다 자기 앞에 놓인 도구를 사용하는 데 더 많은 시간을 할애한다. 추적 툴을 엔지니어의 일상 업무에 통합할 수 있다면 그로 인해 새로운 피처를 제안하거나 추적 데이터를 기반으로 자체적인 분석 도구를 구축하는 형태로 시작되는 피드백 루프가 형성된다.

10장 '분산 컨텍스트 전파'에서는 스쿼시 디버거가 추적 장비를 사용해 특정 요청에 의해 발생한 마이크로서비스에 브레이크포인트 정보를 전달하는 방법을 살펴봤다. 이 기법 자체가 사용자를 추적 툴에 직접 노출시키지는 않지만 추적 인프라의 컨텍스트 전파를 활용한다는 사실은 서비스를 계측하는 개발자에게 동기부여가 될 수 있다.

백엔드 엔지니어가 새로운 기능을 구현할 때 마이크로서비스에 현실적인 요청을 보내야 할 때가 많은데, 간혹 높은 수준의 서비스 또는 모바일 앱을 통해 간접적으로 요청해야 할 수도 있다. 마이크로서비스 간의 상호작용은 개발 과정에서 상당히 복잡하고 쉽게 중단될 수 있다. 추적은 이러한 경우 요청이 정확히 어떻게 실행되는지를 나타내는 데 매우 유용할 수 있다. 8장 '샘플링의 모든 것'에서 예거 추적 프로그램은 특수 HTTP 헤더인 jaeger-debug-id를 이해한다. 이 jaeger-debug-id는 해당 요청의 샘플링을 강제로 수행하고 예거 UI에서 상관 ID로 해당 요청을 찾는 데 사용될 수 있다. 이를 통해 추적 도구의 사용을 개발 워크플로에 통합할 수 있다.

긴급 대응 툴과 경보 툴을 통합하는 것이 아마 가장 영향력이 큰 기법일 것이다. 추적 정보를 포함시키는 데 사용할 수 있는 두 가지 유형의 경보가 있다.

- 가장 일반적인 경우는 메트릭, 즉 시계열을 통해 경보 조치하는 것이다. 예를 들어, 일부 엔드포인트 대기 시간의 99번째 백분위가 특정 값을 초과할 때 실행되는 임계치 경보를 설정할 수 있다. 경고를 생성하는 시스템은 추적 백엔드에 해당 조건의 대표 샘플을 쿼리하고 이메일 또는 PagerDuty 같은 통신 채널을 통해 발송될 때 경고 텍스트에 샘플 추적에 대한 링크를 포함할 수 있다. 이 경고를 수신하는 엔지니어는 중단에 대한 풍부한 컨텍스트를 제공하는 추적 도구로 바로 이동할 수 있다.

- 다른 경우로, 블랙박스 테스트 시스템을 개발할 수 있다. 이 블랙박스 테스트 시스템은 서비스의 메트릭을 보지 않는 대신 실제 사용자 역할을 하고 백엔드에 대한 일부 시뮬레이션 테스트 요청을 실행한다. 이 시스템은 일부 테스트의 반복된 실패를 기반으로 경고를 생성할 수 있다. 요청의 실행을 완전히 제어하기 때문에 이 시스템은 해당 요청에 대응하는 추적 ID를 인식할 수 있다(추적 자체를 시작할 수도 있다). 앞의 예와 마찬가지로 특정 추적에 대한 링크가 경고 텍스트에 포함되지만, 오류를 유발한 정확한 요청의 추적을 가리키므로 훨씬 더 정확하다.

마지막으로 시애틀의 KubeCon 2018에서 라이트스텝의 테드 영(Ted Young)이 발표한 내용을 이야기하고자 한다[3]. 이 세션의 제목은 "Trace Driven Development"였으며 요청 실행으로부터 수집된 추적 데이터에 대한 기대감으로 표현되는 단위 테스트를 어떻게 작성할 것인지에 대한 아이디어를 제안했다. 예를 들어 은행 거래 애플리케이션에 계정이 있을 경우, 다음 테스트는 계좌가 현재 잔액보다 큰 금액의 인출을 허용할 수 없는지를 검사한다.

```
model = NewModel()

model("Accounts cannot withdraw more than their balance")
.When(
    LessThan(
        Span.Name("fetch-balance").Tag("amount"),
        Span.Name("withdrawal").Tag("amount")))
    .Expect( Span.Name("rollback") )
    .NotExpect( Span.Name("commit") )
    .Expect(
        Span.Name("/:account/withdrawl/")
        .HttpStatusCode(500))

Check(model, testData)
```

보다시피 테스트의 예상값은 일부 추적 모델에 대한 쿼리로 표현할 수 있다(문법은 이 시점에서 의사 언어다). 이 세션에서는 이와 정확히 같은 코드가 단위 테스트로 사용될뿐더러 스테이징 환경에 대한 통합 테스트로 사용될 수 있으며, 운용의 정확성을 모니터링 하는 도구로서 운영 환경에서 지속적인 테스트로도 사용될 수 있다고 제안했다. 또한 현재 개발 및 모니터링 관행은 따로따로 이뤄질 때가 많다고 이야기했으며, 피드백 루프가 없으므로 개발 중에 모니터링이 유용하지 않은 경우 모니터링 코드의 품질이 저하된다는 관찰로 이 세션의 발표를 마무리했다. 제안한 접근 방법에서는 모니터링(추적) 코드를 개발 프로세스에 직접 적용한다.

TQM: 추적 품질 메트릭

이번 장을 마치면서 우버에서 내부적으로 구현한 리포팅 시스템인 **TQM(Tracing Quality Metrics)** 에 관해 설명하겠다. TQM은 개별 마이크로서비스에서 팀, 부서, 엔지니어링까지 모든 것을 묶어 엔지

니어링 산출물의 품질에 대한 다양한 측정 기준을 제공하는 대규모 리포팅 시스템의 일부다. 이 시스템
의 목적은 측정 가능한 지표를 추적해서 회사 전체의 엔지니어링 품질을 유지하고 향상시키게 돕는 것이
다. 여기서 말하는 측정 가능한 지표로는 코드 커버리지, 통합 가용성, 용량, 카오스 테스팅, 효율성, 컴
플라이언스, 마이크로서비스 메타데이터(예: 긴급 호출 대기 등) 같은 것이 있다. 서비스의 추적 품질은
그림 13.2에서 볼 수 있듯이 해당 시스템이 추적하는 메트릭 중 하나다.

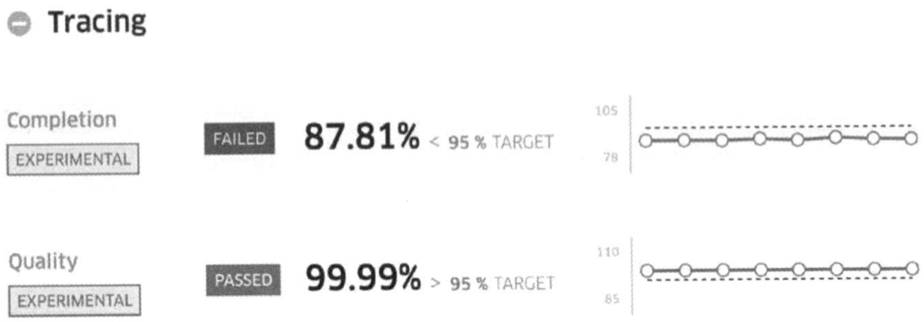

그림 13.2 현재(왼쪽) 및 과거(오른쪽) 레벨의 마이크로서비스에 대한 추적 품질 메트릭(TQM) 요약

추적 장비에 대해 '예/아니오' 지표만 있는 것으로는 애플리케이션에 의한 분산 추적을 적절하게 추적하
기에 충분하지 않다는 것을 깨달았을 때 추적 품질 리포트를 개발했다. 특정 서비스가 어떤 추적 시스템
을 가지고 있고 일부 추적 데이터를 수집할 수는 있더라도 계측이 잘못 수행되거나 추적 컨텍스트를 일
부 다운스트림 호출로 전달하는 등 불완전할 수 있다.

우리는 수집된 모든 추적에 대한 분석을 수행하는 스트리밍 작업을 구현해서 **품질 척도(Quality
metrics)**라고 부르는 일반적인 실수와 누락을 찾았다. 각 품질 메트릭에 대해 스트리밍 잡에서는 기준
을 충족하는 추적의 수와 그렇지 않은 추적의 수를 계산한다. 총 추적 수에 대한 실패 비율은 0과 1 사이
의 간단한 점수(또는 백분율)로 계산된다. 그림 13.3은 api-gateway라는 서비스에 대한 개별 메트릭을 나
열한 예다. **Metric** 열에서는 메트릭의 의미, 실패의 원인이 될 수 있는 조건 및 해결 방법을 설명하는 메
트릭 및 관련 설명서 링크 목록을 볼 수 있다. **Num Passes** 및 **Num Failures** 열은 해당 카테고리의
샘플 추적에 연결되어 서비스 소유자가 무슨 문제가 발생했는지 조사할 수 있다.

Tracing Score for **api-gateway**

Completeness: **0.92** out of 1.0

Quality: **1.00** out of 1.0

How do I improve my score?

Tracing Quality Metrics for **api-gateway**

Click on pass or fail numbers to see example traces that exhibit that behavior

Metric	Type	Pass %	Num Passes	Num Failures	Last Failure	Description
HasClientSpans	Completeness	99	77027058	686		The service emitted spans with client span.kind
HasServerSpans	Completeness	36	10750133	18515278		The service emitted spans with server span.kind
HasUniqueSpanIds	Quality	99	84546532	1060		The service emitted spans with unique span ids
MinimumClientVersionCheck	Completeness	100	113782244	0		This service emitted a span that has an acceptable client version

그림 13.3 'api-gateway' 서비스에 대한 추적 품질 메트릭(TQM)

메트릭은 세 가지 그룹으로 분류할 수 있다.

- **완전성(Completeness)**: 이 범주에서 점수가 낮으면 추적이 깨질 가능성이 있다. 예를 들면, 추적의 한 부분이 하나의 추적 ID로 보고되고 추적의 다른 부분이 다른 추적 ID로 보고되는 경우다. 이 경우 백엔드상에서 완전한 재조립이 이뤄지지 않는다. 완전성 메트릭스의 몇 가지 예는 다음과 같다.

  - HasServerSpans: A 서비스가 B 서비스를 호출하는 추적을 가정해 보자. A 서비스는 양호한 계측 기능을 갖추고 있으며, 클라이언트 측 스팬을 생성한다. 이는 B 서비스를 호출 중이라는 peer.service 태그를 통해 알 수 있다. 반면, B 서비스는 이 추적에 대해 서버 측 스팬을 방출하지 않는다. 이 추적 ID를 B 서비스의 실패로 계산한다.

  - HasClientSpans: HasServerSpans와 유사하다. 다만, A 서비스와 B 서비스의 역할이 반대다.

  - MinimumClientVersionCheck: 이 측정 항목은 각 스팬을 내보내는 데 사용되는 예거 추적 라이브러리의 버전을 확인하고 허용 가능한 가장 낮은 버전과 비교한다. 엄밀히 말해서 이전 클라이언트를 실행한다고 해서 반드시 추적이 망가지는 것은 아니지만, 완전성 점수에 포함시킨 이유는 추적 수집에 여러 가지 문제를 일으킬 수 있는, 이전 버전의 추적 라이브러리에서 누락된 일부 기능이 있을 수 있기 때문이다.

- **품질(Quality)**: 이 범주의 기준은 추적에서 수집된 데이터의 유용성을 측정한다. 예를 들면 다음과 같다.

  - MeaningfulEndpointName: 이 메트릭은 그룹화에 사용할 수 있는 의미 있는 이름을 스팬에 지정한다. 예를 들어 /user/{user}/profile 같은 REST 엔드포인트를 처리하는 서버는 연산 이름이 GET과 POST인 서버 측 스팬을 보고할 수 있다. 이로 인해 추적이 중단되지는 않지만 모든 엔드포인트가 GET과 POST라는 이름으로 그룹화되므로 분석하기가 더 어려워진다.

- UniqueClientSpanID: 이 메트릭은 동일한 스팬 ID로 서비스가 여러 스팬을 발행하지 않는지 확인한다. 대개 잘못된 계측 때문에 이 문제가 종종 발생한다.

- **기타(Other):** 서비스에 쉽게 영향받지 않거나 서비스 개발자가 조치할 수 없는 문제를 나타내는 일부 메트릭이 여기에 해당한다. 또한 자동화된 프로세스가 의존성이 약하므로 아직 품질 카테고리로 포함시킬 수 없는 몇 가지 문제가 있을 수 있다.

명세 화면에서는 완전성 및 품질 범주의 평균이 계산되어 표시된다. 아울러 이를 전체 품질 추적 시스템에 보고한다. 보고 시스템을 사용하면 회사 내 어떤 마이크로서비스, 팀, 그룹이 추적 품질 점수가 낮은지 분석할 수 있으며 커버리지 개선에 대한 관리 업무를 수행할 수 있다. 특정 조직의 누적 추적 점수가 낮은 데는 여러 가지 이유가 있을 수 있다. 첫째, 추적 장비가 없고 도움이 필요한 비표준 프레임워크를 사용하고 있을 수 있다. 둘째, 다른 기술을 사용하고 있을 수 있다. 예를 들어, 특정 형태의 대기열이나 메시징은 주로 사용되는 계측기에서는 잘 지원되지 않는다. 셋째, 우선순위 결정의 문제일 수도 있다. 이 경우 팀에서는 추적의 가치와 이점을 설명하는 프레젠테이션을 할 필요가 있다.

추적 품질 보고서는 우버에서 추적 측정기의 도입을 추진하고 관리하기 위한 주요 수단이었다.

문제 해결 가이드

우버에서 다양한 추적 기능을 사용하기 시작한 직후 이메일, 티켓, 온라인 채팅을 통해 추적 팀에 문의가 많이 들어왔다. 예를 들면 '이거 왜 안 되죠?', '스팬이 안보여요', '조사를 어떻게 하나요?' 같은 것들이다. 우버의 개발 및 운영 환경의 특성을 고려해서 추적 계측 문제를 해결하기 위한 단계별 가이드로 이러한 질문들을 종합 정리했다. 이 가이드는 지원 티켓과 질문의 수를 대폭 줄여 팀이 기존의 인기 있는 프레임워크와 더 잘 통합하는 데 집중하고 애플리케이션 개발자가 추적 팀의 피드백을 기다리지 않고 문제를 해결할 수 있게 했다.

임계 경로를 피하라

분산 추적 및 성능 최적화 전문가는 임계 경로에 있지 않은 모든 것을 알고 있어야 한다. 이것은 조직 관점에서도 반드시 필요하다. 추적 팀이 수백 개의 마이크로서비스를 변경해야 하는 경우 대규모 조직에서 그 활동을 확장하기는 불가능하다. TQM은 서비스 담당자가 컨설팅하고 계측을 변경하고 추적 팀의 도움 없이도 그것이 메트릭을 향상시키는지 확인할 수 있는 셀프 서비스 도구로 특별히 고안된 것이다. 이번 장의 다른 모든 내용에도 동일한 원칙이 적용된다. 훌륭한 문서 및 문제 해결 가이드를 제공하고, 추적 플랫폼에 집중하게 하는 등 폭넓게 사용되는 프레임워크에서 계측을 향상시키기 위해 추적 팀은 특정 목표에 대해서만 하는 신속·정확한 작업을 대대적으로 단행해야 한다. 궁극적으로 애플리케이션 개발자는 애플리케이션 자체, 해당 애플리케이션의 내부 구조, 내부 스레딩 모델에 대한 도메인 전문가다. 추적 팀의 목표는 초기 통합을 가능한 한 마찰을 일으키지 않고 애플리케이션 개발자가 애플리케이션의 세부 사항으로 계측을 향상시킬 수 있게 하는 것이다.

정리

인수를 통해서든 '빠르게 구축하고 원하는 도구는 무엇이든 사용하는' 정책을 통해서든, 성숙한 기업에 일반적으로 존재하는 다양한 기술과 프레임워크에 대해 대규모 조직에서 추적 계측 및 인프라를 배포하는 것은 어려운 과제다. 표준화 및 통합 인프라에 대한 좋은 사례가 있더라도, 엔지니어가 해결해야 하는 여러 가지 비즈니스 문제는 다양한 데이터베이스부터 수많은 머신러닝 프레임워크에 이르기까지 다양한 도구를 필요로 한다. 아직까지 업계는 이러한 모든 도구가 분산 추적을 지원하게 설계돼 있고 생태계 전반에 걸쳐 일관성 있게 추적 데이터를 수집하기 시작하는 시점에 도달하지 못했다. 그러한 조직에 몸담고 있다면 높은 수준의 도입을 위해 수 개월 또는 수 년이 걸릴 수 있다.

이번 장에서는 기술과 조직 및 문화적 해법을 통해 다양한 각도에서 접근해서 태스크를 용이하게 하는 다양한 기법을 살펴봤다. 나는 이전에 "Distributed Tracing at Uber Scale"[4] 및 "Would You Like Some Tracing with Your Monitoring?"[5]이라는 주제로 두 차례 발표한 적이 있다. 이들 주제는 청중에게 분명히 공감을 얻었다고 생각하며, 이것이 반드시 해결해야 할 문제라는 것을 알게 됐다. 이러한 아이디어가 사람들이 이 분야에서 자신만의 방법을 모색하는 데 도움이 됐으면 한다. 도입과 관련된 다른 아이디어나 이야기가 있다면 트위터(@yurishkuro)로 꼭 연락해 주기를 바란다.

이 책의 마지막 장인 14장에서는 추적 백엔드 배포 및 실행, 트래픽 급증 및 샘플링 악용 처리, 멀티 테넌시 및 다중 데이터 센터 처리와 같은 추적 인프라 운영에 대한 좀 더 기술적인 측면을 다루겠다.

참고 자료

1. Conway, Melvin E.(April 1968), "프로젝트 팀이 새로운 것을 만들어내는 방법(How do Committees Invent?)", Datamation, 14 (5): 28-31: `http://www.melconway.com/Home/Committees_Paper.html`

2. 모노리포(Monorepo), Wikipedia: `https://en.wikipedia.org/wiki/Monorepo`

3. Ted Young, "추적 주도 개발: 테스트와 관찰성의 융합(Trace Driven Development: Unifying Testing and Observability)".
    KubeCon – CloudNativeCon North America 2018: Seattle: `https://kccna18.sched.com/event/GrRF`

4. Yuri Shkuro, "우버 규모에서의 분산 추적(Distributed Tracing at Uber Scale)". Monitorama PDX 2017: `https://vimeo.com/221070602`

5. Yuri Shkuro, "모니터링을 이용해 추적해 볼까요?(Would You Like Some Tracing with Your Monitoring?)"
    KubeCon – CloudNativeCon North America 2017, Austin: `https://youtu.be/1NDq86kbvbU`

14

분산 추적 시스템의
내부 구조

이 마지막 장은 조직의 분산 추적 백엔드를 배포 및 운영하는 엔지니어 또는 데브옵스 종사자를 위한 내용이다. 내 경험이 대부분 예거와 관련돼 있으므로 이를 예제로 사용하겠다. 여기서는 예거 환경설정에 대한 구체적인 세부 사항에 집중하지는 않을 것이다. 이 책이 출판된 후에 프로젝트가 계속 발전하는 과정에서 변경될 수 있기 때문이다. 그 대신 추적 플랫폼을 배치할 때 필요한 일반 원칙과 의사결정을 설명하는 데 이 환경설정 세부 사항을 이용할 것이다. 여기서 다룰 많은 주제는 다른 추적 백엔드에도 똑같이 적용된다. AWS X-Ray및 구글 스택드라이버 호스팅 솔루션이나 상용 업체의 제품을 사용하는 경우도 마찬가지다.

왜 직접 호스팅하는가?

오픈소스 추적 시스템의 창시자이자 유지관리자로서 나는 모든 사람이 자신의 추적 백엔드를 실행해야 한다고 자신 있게 주장하지는 못할 것 같다. 이것이 결코 모든 조직에 맞는 답은 아니다. 호스팅 솔루션을 사용하는 것이 더 합리적인 이유는 여러 가지가 있다. 또 다른 분산 시스템을 운영하는 데 따르는 복잡성 때문에 우리는 추적의 수집, 저장, 처리하는 상용 서비스 또는 무료 기본 서비스를 제공하는 공급업체를 알아보게 된다. 그러나 추적 백엔드를 직접 조작하는 경우에도 이점이 있다. 그중 일부를 여기서 간단히 언급하고자 한다.

사용자 맞춤형 작업 통합

상용 제품은 필요에 따라 범용 솔루션으로 설계되어 여러 고객의 요구를 충족시키는 데 주력한다. 그러나 모든 조직은 각각 고유한 이력을 지니고 있고 필요로 하는 것도 다르다. 그뿐만 아니라 때때로 조직에서는 다른 사람들이 납득하기 어려운 기능을 필요로 할 수 있다. 따라서 공급 업체가 구현할 수 있는 충분한 비즈니스 사례가 없을 수 있다.

오픈소스 제품을 사용할 경우 필요에 맞게 수정 및 보완(커스터마이징)하고, 기존 시스템과 통합하는 것이 더 쉽다. 예를 들어, 분산 추적의 간트 차트 뷰를 보고 있고 특정 마이크로서비스와 관련된 다양한 다른 인프라 서비스에 접근하려는 상황을 가정해 보자. 이를테면 최근 배포에 대한 롤백 트리거, 온 콜 담당자 호출, 메트릭을 이용한 그라파나 대시보드 열기, 사용 중인 컴퓨팅 리소스의 개수 확인 등을 생각해 볼 수 있다. 적은 수의 인프라 시스템을 이용해 이러한 모든 사례를 해결하는 업계 표준은 많지 않다. 또 공급 업체의 솔루션이 모든 가능한 경우의 수를 지원할 가능성도 높지 않을 것이다. 특히 추적 백엔드에서 다른 시스템과 인터페이스를 통해 연계하기 위해 코드를 실행해야 하는 경우라면 이런 기능을 지원할 가능성은 더욱 낮을 것이다.

통합의 또 다른 기능은 내부에서 실행 가능한 다른 웹 애플리케이션을 이용해 뷰를 추적할 수 있다는 것이다. 예를 들어, 예거 프런트엔드 뷰는 카이알리(Kiali) 프로젝트(서비스 메시 이스티오의 관찰성 도구)에 의해 최근 시연된 것처럼[1] 다른 애플리케이션에 포함될 수 있다.

대역폭 비용

분산 아키텍처 추적에 대해 진지하게 생각할수록 추적 데이터가 많이 만들어질 수 있고, 호스트 솔루션으로 이러한 데이터를 전부 전송할 경우 대역폭 비용이 문제가 될 수 있다. 특히 회사의 인프라가 여러 데이터 센터(DC)에서 운영되는 경우가 그렇다. 데이터 센터 내부의 네트워크 트래픽 비용은 클라우드로 보내는 것보다 항상 훨씬 낮다. 그렇지만 이 특별한 고려 사항은 인터넷 규모의 사업을 하는 대기업 정도에만 중요할 수 있다.

데이터 소유

아마도 이것이 자체적인 추적 플랫폼을 호스팅하는 주요 이유일 것이다. 9장과 12장에서 봤듯이 추적 데이터를 통해 복잡한 시스템의 동작 방식에 대해 놀랄 만큼 풍부한 통찰 결과를 추출할 수 있다. 이 산업이 등장한 것이 워낙 최근이라 아직까지 추적을 위한 범용 데이터 마이닝 솔루션이 많지 않다.

아키텍처나 비즈니스의 고유한 속성에 특정한 추가 처리 및 데이터 마이닝 시스템을 빌드하려면 원시 추적 데이터에 접근할 필요가 있다. 일부 호스팅 솔루션은 추적 데이터를 검색할 수 있는 방법을 제공하지만 비용 효율이 높지는 않다(대역폭 비용이 두 배가 된다). 오히려 애플리케이션에서 데이터를 수집하는 동안 수행하는 편이 훨씬 쉽다. 12장에서 예거가 사용한 기존 데이터 수집 파이프라인 위에 데이터 마이닝 작업을 추가하는 것이 얼마나 쉬운지 확인했다.

최신 표준에 투자하라

예거나 집킨 같은 오픈소스 추적 플랫폼을 배포하든, 상용 공급 업체를 이용하든, 직접 구축하든 상관없이 공들여 만든 것을 향후에도 오래 사용하기 위해서는 몇 가지 중요한 사항을 선택해야 한다. 코드 기반 계측 작업은 많은 비용과 시간을 필요로 하므로 한 번만 수행해야 한다. 오픈트레이싱처럼 모든 공급 업체에 중립적인 표준은 나중에 다른 추적 백엔드로 변경할 수 있는 유연성을 제공한다. 그러나 오픈트레이싱 API에서는 추적 컨텍스트를 전체 흐름상에서 어떻게 표현하면 되는지 구체적인 설명은 없다. 즉 여러 가지 구현 결과가 만들어질 수 있으므로 구현은 전적으로 사용자의 결정에 달려 있다. 예를 들어, 예거 클라이언트에서는 예거의 기본 추적 컨텍스트 형식[2]이나 집킨 프로젝트[3]에 의해 대중화된 B3 헤더를 사용할 수 있다.

마찬가지로, 오픈센서스 라이브러리 또한 B3 헤더와 새로 등장하는 W3C Trace Context 포맷을 지원한다[4]. 어떤 면에서는 계측 API를 선택하는 것보다 전파 포맷을 선택하는 것이 더 중요하다. 13장에서 설명했듯이 애플리케이션 개발자가 추적 장비의 세부 사항에 노출되는 것을 최소화할 수 있는 사내용 어댑터 라이브러리 같은 기법이 있다.

사용자가 제어할 수 있는 어댑터 라이브러리를 업그레이드하는 방식으로 운영 환경에서 이미 사용 중인 전파 형식을 변경할 수 있다고 생각할 수도 있다. 그러나 실제로는 모노리포를 갖고 있고 모든 마이크로서비스가 추적 라이브러리의 새 버전을 선택하게 강제할 수 있다고 하더라도 운영에서 모든 마이크로서비스가 새 버전으로 다시 배포될 때까지는 수개월 정도로 시간이 오래 걸릴 수 있다.

애플리케이션이 다른 추적 컨텍스트 전파 포맷을 사용하는 경우 이는 사실상 모든 곳에서 추적이 끊어진다는 것을 의미한다. 운영 환경에서 X에서 Y로 전파 포맷을 전환하는 유일한 방법은 단계별로 쪼개서 수행하는 것이다.

1. 인바운드 요청에서 X 포맷과 Y 포맷을 모두 읽을 수 있게 추적 라이브러리를 구성하되 아웃바운드 요청에서는 X 포맷만 송신하게 한다.

2. 인바운드 요청에서 Y 포맷을 읽을 수 있게 모든 서비스를 업그레이드한 후 아웃바운드 요청에서 Y 포맷을 전송하게 라이브러리를 다시 업그레이드한다.

3. 모든 서비스가 두 번 업그레이드되면 라이브러리 구성에 대해 세 번째 변경을 수행하고 X 포맷을 읽지 않게 지시할 수 있다.

이러한 각 단계를 수행하는 데 몇 개월이 걸리면 마이그레이션 기간이 길어질 가능성이 있음을 알 수 있다. 처음 두 단계를 합치고 아웃바운드 요청에 X와 Y 포맷을 모두 포함시킴으로써 그 기간을 약간 줄이는 것도 가능하다. 단, 모든 애플리케이션에서 네트워크 트래픽 양이 증가한다.

결론적으로, 가능하다면 이러한 어려움을 피하는 것이 가장 좋다. 6장 '추적 표준과 생태계'에서 다뤘듯이 W3C 추적 컨텍스트 형식은 대부분 상용 공급 업체, 클라우드 공급자, 오픈소스 프로젝트에서 지원하는 추적 컨텍스트 전파의 표준으로 부상하고 있다. 또한 애플리케이션이 다른 클라우드 서비스에 의존하는 경우 상호 운용성을 제공한다.

아키텍처와 배포 모드

이번 장에서 예제로 사용할 예거 백엔드를 비롯한 많은 추적 백엔드는 다중 수평 확장 가능 구성요소(multiple horizontally-scalable components)로 구성된 마이크로서비스 기반 분산 시스템으로 구현된다. 이러한 구성요소 중 일부는 선택 사항이므로 아키텍처의 필요에 따라 다양한 배포 환경설정이 가능하다.

기본 아키텍처: 에이전트 + 수집기 + 쿼리 서비스

그림 14.1은 2017년 우버에서 실행했던 예거의 기본 아키텍처를 보여준다. 여기에는 여러 추적 백엔드에 공통적인 주요 구성요소가 포함돼 있다.

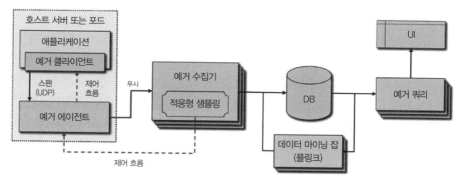

그림 14.1 예거 백엔드 배포판의 기본 아키텍처

클라이언트

클라이언트 라이브러리, 추적 라이브러리, 추적 프로그램은 비즈니스 애플리케이션 내에서 실행되는 코드다. 예를 들어, 오픈트레이싱으로 계측하는 애플리케이션은 오픈트레이싱의 API를 호출할 수도 있고, 애플리케이션에서 추적 데이터를 추출하기 위해 이러한 호출을 사용하는 API를 구현한 예거 클라이언트 라이브러리를 호출할 수도 있다. 클라이언트 라이브러리는 추적 백엔드로 데이터를 내보내는 일을 담당한다. 가장 일반적인 구현은 내부 메모리의 버퍼에 추적 데이터를 보관하고 요청의 임계 경로로 옮기고 이를 비동기적으로(예: 별도의 백그라운드 스레드로) 추적 백엔드에 일괄 전송하는 것이다.

대부분 예거 추적기는 데이터 내보내기를 위한 여러 포맷뿐만 아니라 다수의 프로토콜을 지원한다. 예를 들면, 스팬을 스리프트 메시지로 변환해서 로컬호스트(에이전트에 의해 수신될)의 UDP 포트로 전송하거나 수집기상의 HTTP 포트로 JSON 메시지 형태로 전송할 수도 있다. 이때 배포 환경의 세부사항에 따라 환경설정을 선택한다. 데이터를 에이전트에 보낼 경우 에이전트가 일반적으로 로컬호스트에서 사용 가능하게 구성되기 때문에 클라이언트에 대한 최소 환경설정만 필요하다는 이점이 있다. UDP 포트를 사용하면 메시지가 잘 전송됐는지 확인이 안 되므로 호스트에 과부하가 걸리거나 에이전트가 UDP 포트에서 메시지를 읽지 못하면 메시지가 제대로 전송되지 않고 누락될 수 있다.

HTTP 프로토콜을 통해 수집기에 직접 스팬을 전송하려면 클라이언트에 수집기 주소를 지정해야 한다. 그런데 보통 이럴 경우 비즈니스 애플리케이션의 환경설정과 배포가 복잡해진다. 또한 수집기 클러스터 에서 핫스팟이 만들어지지 않게 로드밸런서를 실행하거나 구성해야 할 수도 있다. 그러나 어떤 경우에는 이 구성 외에 다른 대안이 없을 수도 있다. 예를 들어 애플리케이션이 AWS Lambda 플랫폼에 배포된 경우 애플리케이션 옆에 사이드카로 에이전트를 실행할 수 있는 선택지가 없다.

그림 14.1은 control flow라는 수집기에서 클라이언트로 이어지는 피드백 루프를 보여준다. 이는 추적 기의 특정 환경설정과 수집기의 적응형 샘플링 구성요소가 제어하는 샘플링 전략을 업데이트 하기 위한 풀 기반 메커니즘이다(8 장 '샘플링의 모든 것' 참조). 클라이언트에게 다른 파라미터를 전달할 때 동일한 채널을 사용할 수도 있다. 이를테면 애플리케이션을 초기화할 수 있게 디버그 추적 수를 제어하기 위한 스로틀링을 제한하는 경우 또는 애플리케이션에서 사용 가능한 배기지 키를 제어하는 배기지 제한 같은 경우를 생각해 볼 수 있다.

에이전트

예거 에이전트는 서비스 탐색, 로드 밸런싱 등 수집기에 데이터를 전달하는 로직을 캡슐화해 사이드카 디자인 패턴을 구현한다(디자인 패턴이 궁금하다면 7장 '서비스 메시를 이용한 추적'을 참조하기 바란 다). 이렇게 하면 프로그래밍 언어, 클라이언트 라이브러리에 따라 반복해서 구현할 필요가 없어진다. 이 는 상당히 간단하고 예거 백엔드에서 통상 많이 사용되는 구성요소 중 하나다.

에이전트 배포는 두 가지 기본 모드가 있다.

- 베어 메탈 [5], 쿠버네티스 DaemonSet, 그리고 이와 유사하게 동작하는 호스트 수준 에이전트
- 비즈니스 애플리케이션 다음에 동작하는 사이드카. 예를 들면, 동일한 쿠버네티스 '포드(pod)'[6]

우버는 호스트 수준 에이전트를 '플릿(fleet)' 배포하기 위한 전용 인프라를 갖추고 있다. 따라서 호스트 에서 예거 에이전트를 직접 실행하는 것이 최선의 방법이다. 사이드카 방식은 멀티 테넌시를 지원해야 하는 경우에 가장 적합하다(이 장의 뒷부분에서 설명한다).

예거 클라이언트와 마찬가지로 에이전트는 클라이언트에서 받은 추적 데이터에 메모리 버퍼를 사용한 다. 버퍼는 부하가 걸렸을 때 가장 오래된 항목을 버리는 일종의 '대기열(QUEUE)' 방식으로 부하 문제 를 해결한다.

수집기

예거 수집기는 상태 비저장(stateless) 속성을 지니고 있으며 수평적으로 확장 가능한 서비스다. 주요 기능은 다음과 같다.

- 예거, 집킨 포맷으로 스팬 데이터를 수신한다. 다양한 네트워크 프로토콜을 지원하며(예: HTTP, TChannel, gRPC 등) 여러 종류의 인코딩 형식(예: JSON, Thrift, Protobuf 등)도 지원한다.
- 스팬 데이터를 단일 내부 데이터 모델로 변환하고 정규화한다.
- 정규화한 스팬을 플러그-인 가능한 영구 저장소로 전송한다.
- 모든 인바운드 스팬 트래픽을 관찰하고 샘플링 전략을 생성하는 적응형 샘플링 로직을 포함한다(8장 '샘플링의 모든 것' 참조).

예거 수집기는 급격한 트래픽 증가를 더 잘 처리할 수 있게 환경 설정이 가능한 내부 메모리 대기열(큐)을 사용한다. 대기열이 가득 차면 데이터를 버려서 수집기에 걸린 부하 문제를 해결할 수 있다. 또 트래픽을 일정하게 다운 샘플링할 수도 있다. 이러한 기능은 뒤에서 더 자세히 설명한다.

쿼리 서비스 및 UI

예거 쿼리 서비스는 저장소에서 추적을 탐색하고 검색하기 위한 쿼리 API를 구현하는 예거 백엔드 시스템의 상태 비저장 구성요소 중 하나다. 동일한 실행 파일을 이용해 예거 UI에서 사용하는 정적 HTML 페이지를 제공한다.

데이터 마이닝 잡

데이터 마이닝 잡(job)은 서비스 종속성 그래프(예: 예거 프로젝트의 스파크 잡[7])를 작성하거나 추적 품질 스코어를 계산하는 등 추적 데이터의 사후 처리 및 집계와 같은 일을 수행한다(자세한 사항은 9장 및 13장 참조). 일반적으로 이러한 잡은 동일한 데이터베이스에 데이터를 저장하는데, 이렇게 하면 예거 UI로 검색하고 시각화할 때 편리하다.

스트리밍 아키텍처

우버에서 분산 추적 기능을 이용해 점점 더 많은 서비스를 계측하는 과정에서 처음 배포했던 간단한 푸시 아키텍처에 일부 단점이 있음을 알게 됐다. 특히 우버 SRE들이 용량 및 재해 복구를 테스트하려고 수행하는 일상적인 데이터센터 장애 극복 작업 중 트래픽의 급격한 증가가 발생했는데, 이에 대처하기 위해 엄청난 노력을 해야 했다.

당시 추적을 위한 저장소 백엔드로 아파치 카산드라를 사용하고 있었는데, 장애 극복 과정에서 발생하는 모든 트래픽을 처리하기에는 충분하지 않았다. 예거 수집기는 저장소에 직접 쓰기 작업을 하게 설계돼 있었으며 트래픽의 급격한 증가를 완화하기 위한 내부 버퍼 메모리 양은 제한적이었다. 결국 장애 극복 과정에서 내부 버퍼가 순식간에 채워질 수밖에 없었고 예거 수집기는 어쩔 수 없이 데이터를 버려야 했다.

일반적으로 추적 데이터는 이미 샘플링되어 있으므로 삭제하더라도 별 문제는 없다. 그러나 단일 추적으로부터 발생한 스팬이 상태 비저장 예거 수집기 중 하나에 도달할 경우, 다른 예거 수집기들이 다른 스팬을 저장하다 보니 몇몇 예거 수집기들이 (단일 추적으로부터 발생한) 스팬을 버리는 문제가 발생할 수 있다. 이는 결국 불완전하고 손상된 추적을 초래한다.

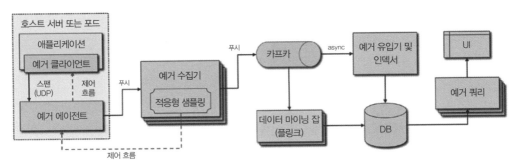

그림 14.2 예거 백엔드 배포의 스트리밍 아키텍처

이 문제를 해결하기 위해 우리는 아파치 카프카를 기반으로 스트리밍 아키텍처를 수정했다(그림 14.2). 우버는 카프카를 아주 많이 사용해 매일 조 단위의 메시지를 처리한다. 카프카를 설치할 때 많은 저장소 공간이 필요한데, 카산드라 클러스터가 추적을 위해 필요로 하는 공간보다 훨씬 크다. 따라서 추적 데이터를 위한 '싱크(sink)' 측면에서 카프카가 트래픽 급증 시 카산드라에 비해 훨씬 더 탄력적이다. 또 카산드라는 스팬을 특정 도메인 모델에 저장하지만 카프카에 저장된 메시지는 그냥 원시 바이트라는 점에서 카프카가 더 효율적이다.

우리는 예거 수집기가 카프카에 스팬을 기록할 수 있게 지원하는 새로운 저장소를 구현했다. 또 **유입기(ingester)**와 **인덱서(indexer)**라는 두 가지 새로운 구성요소를 추가했다. 이 구성요소들은 카프카 스트림에서 스팬을 읽고 저장소에 저장하고 인덱싱하는 작업을 수행한다. 이렇게 두 개의 구성요소로 분리하면 추적 저장소 백엔드 관점에서 카산드라에 유용한데, 이는 예거가 카산드라의 빌트인 색인을 사용하지 않고 룩업 테이블을 직접 구축하기 때문이다. 특히 룩업 테이블을 사용하는 이유는 저장소에서 더 많은 쓰기 작업을 필요로 하기 때문이다. 쿼리를 위한 스팬 인덱싱은 우선 순위가 낮은 작업이기 때문에 적절하게 인덱싱을 수행하게 별도의 구성요소로 만들어서 스팬의 유입 시 지연 시간을 줄일 수 있었다.

이렇게 아키텍처를 수정해서 급격한 트래픽 증가가 발생할 때 데이터가 무차별적으로 손실이 일어나는 문제를 해결할 수 있었다. 하지만 영구 저장소의 추적 가용성을 위해 대기 시간이 증가하는 문제를 감수해야 했다.

두 번째 중요한 이점은 카프카에서 사용할 수 있는 스팬의 스트림을 통해 보다 효율적이면서 스트리밍 기반인 데이터 마이닝 작업을 구축할 수 있다는 것이었다. 이를 위해 아파치 스파크 프레임워크를 아파치 플링크 프레임워크로 전환했다. 플링크가 데이터 마이닝을 위한 진정한 스트리밍 플랫폼을 제공하고 우버의 인프라에 쉽게 배포할 수 있었기 때문이다. 사실 궁극적으로 보면 두 프레임워크 모두 동일하게 추적 데이터 처리 작업을 다룰 수 있지만 말이다.

멀티테넌시

데이터를 격리할 때 단일 시스템이 여러 고객 또는 테넌트의 요구사항을 맞춰주기 위한 기능을 멀티테넌시라고 한다. 이러한 요건은 상용 호스팅 솔루션에서는 매우 일반적이다. 그러나 많은 조직의 경우 규정상의 이유처럼 내부적으로 비슷한 요건을 갖는다. 테넌트 구성요소, 멀티테넌시를 위해 추적 백엔드에서 필요한 정확한 요건은 조직마다 다를 수 있다. 이러한 멀티테넌시 관련 사항을 하나씩 고려해 보자. 또 추적 백엔드상에서 멀티테넌시가 내포하고 있는 것은 무엇인지, 그리고 멀티테넌시를 어떻게 구현할 수 있는지도 알아보자.

코스트 어카운팅

추적 인프라에서는 추적을 처리하고 저장하기 위한 운영 비용이 발생한다. 많은 조직이 시스템이 소비한 자원에 대해 비용을 청구하는 내부 정책이 있다. 어떤 서비스가 RPC 요청마다 10개의 스팬을 생성하는 반면 그 주변 서비스는 RPC당 2개의 스팬만 생성한다면, 스팬을 더 많이 생성하는 서비스가 추적 백엔드에서 더 많은 리소스를 사용하는 것이 합리적이다. 그와 동시에 두 서비스 개발자가 추적 결과를 볼 경우 양쪽 서비스에서 동일한 데이터를 볼 수 있다. 데이터 액세스에 테넌트별 제약은 없다.

이와 같은 시나리오는 예거 및 대부분 백엔드 추적으로 쉽게 구현할 수 있다. 추적 스팬에는 비용을 계산할 때 사용할 수 있는 서비스 이름이 이미 태그로 지정되어 있다. 개별 마이크로서비스보다는 부서 또는 사업부처럼 조금 더 큰 개념의 테넌트가 필요한 경우 스팬 태그로 캡처할 수 있다.

예를 들어 예거 추적기는 '추적기-레벨 태그'를 정의하는 구성 파라미터를 지원하거나 계측기가 태그를 직접 설정할 필요없이 서비스가 만들어 내는 모든 스팬에 태그를 자동으로 적용할 수 있다(그림 14.3). 이러한 태그 값들은 쉼표로 구분된 key=value 쌍의 목록을 입력값으로 받는 환경 변수 JAEGER_TAGS를 통해 설정할 수 있다. 예를 들면 다음과 같다.

```
JAEGER_TAGS="tenant=billing,service-instance=text-executor-0"
```

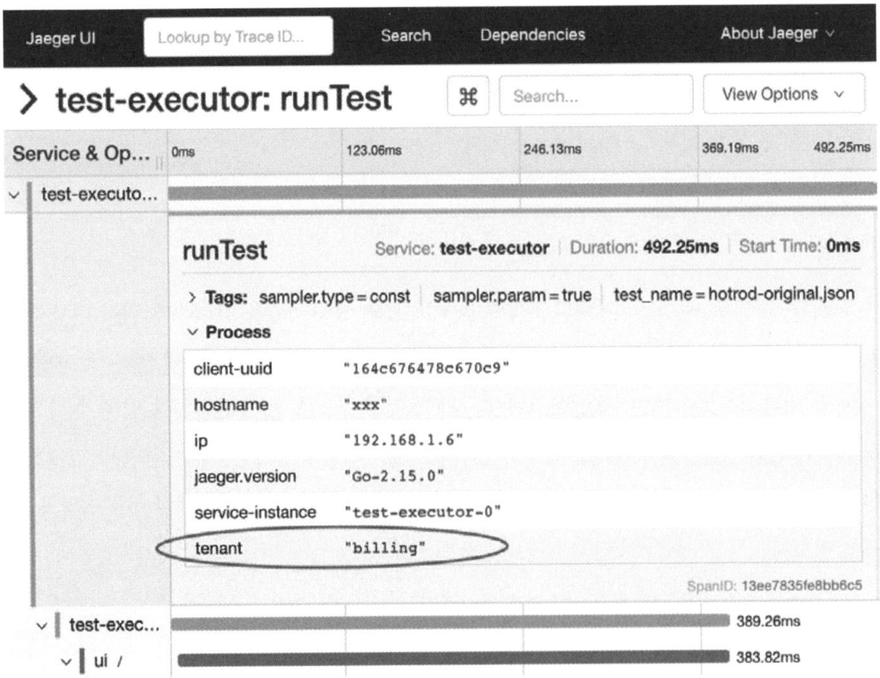

그림 14.3 추적자 레벨 태그로 정의된 '테넌트'는 모든 스팬에 자동으로 추가된다.

이 시나리오에서 추적 백엔드의 모든 사용자는 여전히 서로의 데이터를 볼 수 있기 때문에 이는 사실상 멀티 테넌시가 아니다. 따라서 애플리케이션의 환경 변수에서 테넌트를 정의하는 것 외에는 특별한 배포가 필요하지 않다.

완전한 데이터 격리

호스팅 솔루션 또는 SaaS(Software as a Service)와 마찬가지로 각 테넌트는 다른 모든 테넌트로부터 데이터를 완벽하게 격리시킬 수 있다. 현재 이 기능을 예거에서 사용하려면 각각의 테넌트에 대해 예거 백엔드를 별도로 배포해야 한다.

이 케이스를 지원하기가 더 어려운 이유는 저장소를 테넌트별로 인식하게 구현해야 하기 때문이다. 멀티테넌트(multi-tenant) 저장소는 다양한 형태로 만들어질 수 있으며 모든 사례를 충족시키는 특정 솔루션이 있다는 보장도 없다. 예를 들어 저장소로 카산드라를 사용하는 경우 멀티 테넌시를 지원하는 옵션으로 다음과 같은 3가지가 있다: (1) 격리된 클러스터, (2) 서로 다른 키 공간(keyspaces)을 가진 공유 클러스터, (3) 테넌시가 스팬 데이터의 속성인 단일 키 공간을 가진 공유 클러스터. 이들 모두 각각의 장단점이 있다.

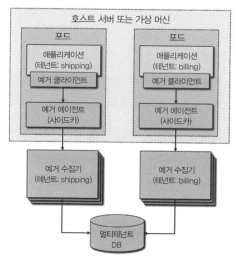

그림 14.4 추적 백엔드와 테넌시 인식 스토리지의 완벽한 격리된 멀티테넌트 설정

멀티테넌트 저장소와는 별도로 완벽한 격리를 제공한다는 것에는 또 다른 의미가 내포돼 있다. 특히 배포가 내부적으로 이뤄질 경우에 더욱더 그렇다. 공급 업체가 호스팅하는 추적 백엔드를 사용해 스팬을 수집하는 경우 클라우드 플랫폼에서 실행되더라도 자신이 소유한 소프트웨어 스택은 이미 격리되어 있다. 그러므로 추적 데이터를 보고하는 환경 구성은 모든 마이크로서비스에서 동일해진다. 그러나 추적 인프라를 내부적으로 배포하는 경우 또는 테넌트로 격리해야 하는 경우, 추적 백엔드 구성요소의 테넌트 단위 스택을 여러 개 실행해야 할 수도 있다. 예를 들어, 두 개의 내부 테넌트가 컴퓨팅 리소스(예: 쿠

버네티스 클러스터)를 공유하고 있을 수 있다. 예거 에이전트가 DaemonSet으로 실행되는 경우 해당 애플리케이션이 동일한 호스트상에서 동작하게 설정돼 있다면 서로 다른 테넌트의 스팬이 섞여버릴 수 있다. 따라서 예거 에이전트를 사이드카로 실행하는 것이 가장 좋은 방법이다. 이렇게 하면 적절한 추적 백엔드로 데이터를 전달할 수 있다(그림 14.4 참조).

액세스 제어 세분화

기업에서 데이터 액세스에 대한 세분화된 제어가 필요한 경우, 그것이 가장 복잡도가 높은 시나리오가 될 수 있다. 예를 들어 단일 요청을 조직 내에 세 가지 사업 도메인으로 스팬할 수 있다. 일부 사용자는 세 도메인 모두에서 추적 데이터를 볼 수 있는 권한이 있지만 다른 사용자는 그들이 소유한 도메인의 추적 데이터에만 권한을 갖고 있을 수 있다.

이 시나리오는 종단 간 가시성을 분산 요청 실행을 제공하는 도구로 보면 분산 추적의 전제 조건과 다소 차이가 있다. 추적의 일부만 볼 수 있다면 종단 간 가시성을 얻지 못할 수도 있다.

그러나 클라우드 서비스가 분산 추적을 구현하고 내부 추적을 외부 요청과 연관시키기 시작하면 상황이 더 일반적으로 보일 수 있다. 예를 들어 구글, 아마존은 '스패너(Spanner)' 또는 'DynamoDB'의 내부 실행에 대한 복잡한 세부 정보를 고객에게 전혀 노출시키지 않는다.

어떻게 하면 단일 추적 백엔드 시스템이 이러한 데이터 액세스 요구사항을 만족시키면서 동시에 여전히 쓸 만한 상태를 유지할 수 있을까? 한 가지 생각할 수 있는 건 백엔드 시스템이 수행하는 데이터 집계가 전체 데이터세트에서 계속 동작할 수 있으며 원시 추적에 대한 액세스와 마찬가지로 집계 결과에 대한 액세스를 제어할 수 있다는 것이다. 하지만 이게 꼭 맞다고 하기엔 무리가 있다. 왜냐하면 세분화된 액세스 제어로 인해 원시 데이터에 액세스 할 수 없었던 정보를 집계 데이터를 통해 밝혀낼 수 있는 기술이 이미 많이 있기 때문이다. 이와 관련한 세부 내용은 이 책에서 다루지 않는다.

원시 추적 데이터 수준에서 세분화된 액세스 제어를 구현하려면 데이터(스팬)에 테넌시 속성이 태그돼 있어야 하며 추적 백엔드와 해당 데이터 쿼리 구성요소가 항상 테넌시 정보를 인식해야 한다. 이 정도 수준의 추적 시스템은 아직까지는 없는 것으로 알려져 있다.

보안

멀티테넌시는 보안과 함께 사용된다. 사용자가 데이터 액세스를 제어하고 애플리케이션에서 추적 백엔드로 데이터를 전송하는 채널을 안전하게 보호해야 하기 때문이다. 예거 및 기타 추적 백엔드는 이러한 두 가지 유형의 보안에 대한 다양한 기능을 지원한다. 많은 구성요소가 백엔드의 내부 모듈 간의 **TLS(transport-level security)**를 지원한다. 예를 들어 활성화된 TLS를 가지고 gRPC를 사용하는 예거 에이전트와 예거 수집기 간의 통신이나 TLS 인증서로 구성될 수 있는 저장소 백엔드와의 통신을 생각해볼 수 있다.

반면 예거 쿼리 서비스는 사용자를 위한 빌트인 형태의 인증 또는 권한 부여 기능을 제공하지 않는다. 이러한 이유로 예거 쿼리 서비스와 함께 배포할 수 있는 외부 구성요소(예: Apache httpd[8] 또는 '키클로크(Keycloak)'[9] 프락시)에 이 기능을 반영할 수 있다.

이러한 네트워킹 툴은 '싱글 사인-온(Single Sign-On)' 및 기타 여러 인증 메커니즘 같이 다른 구성요소를 보호하고 추가 서비스와 통합하기 위한 솔루션 개발에 용도가 맞춰져 있다. 추적 백엔드 개발자는 보안 측면은 건드리지 않고 추적 관련 기능에 집중할 수 있다. 유일한 단점이라면 추적에 대한 도메인 지식이 필요하기 때문에 앞에서 설명한 세분화된 액세스 제어가 불가능하다는 것이다.

여러 데이터센터에서 실행

많은 대기업이 여러 데이터 센터에서 시스템을 운영한다. 이는 데이터 센터 장애가 발생하더라도 비즈니스 연속성을 보장하는 것 외에도 가장 가까운 데이터 센터로 사용자 요청을 라우팅하여 사용자 경험 지연 시간을 개선하기 위해서다. 다중 데이터 센터 배포를 고려할 때 널리 사용되는 방법 중 하나는 '영역(zone)'과 '리전(region)'을 살펴보는 것이다. 영역 또는 가용 영역(AZ)은 다른 모든 데이터 센터와 독립된 데이터 센터를 의미한다. 즉 영역 X에서 장애 또는 재해가 일어났더라도 영역 Y에서 장애가 발생하지 않아야 한다. 리전은 지리적으로 가깝지만 서로 독립되어 있는 영역의 그룹이다. 지연 시간을 줄이기 위해 서로 간에 높은 대역폭 네트워크 링크를 사용한다. 예를 들어, 아마존 클라우드는 N. Virginia의 us-east-1 또는 N. California의 us-west-1 같은 AWS 리전으로 구성되며 각 리전은 us-east-1a, us-east-1b 같은 여러 개의 가용 영역으로 구성되어 있다.

교차-영역(cross-zone) 요청을 할 경우 지연 시간에 대한 페널티 및 최대 2배에 이르는 교차-영역 요청이 일어날 수 있다. 이러한 제약 사항이 있을 경우 해당 데이터 센터에서 호스팅하는 분산 시스템이 요청에 대한 지연 시간을 최소화하게 마이크로서비스 간의 트래픽 대부분이 단일 영역 안에서 발생하게 하는 디자인 패턴을 적용하는 것이 좋다. 이는 분산 추적에도 매우 좋은데, 동일한 영역 내에서 작동하는 마이크로서비스에서 추적 데이터 대부분의 수집이 가능하다고 예상할 수 있기 때문이다. 그러나 요청이 영역 또는 심지어 리전 간에 일어나는 경우도 있을 수 있다. 이러한 현상은 종속성을 지닌 여러 마이크로서비스 중 하나가 중단할 때 발생할 수 있다. 예를 들어 요청이 완전히 실패하는 것보다 시간이 조금 더 걸리더라도 요청을 처리하는 게 더 낫다고 가정해서 서비스 메시가 요청을 다른 영역으로 라우팅할 수 있다.

한편 애플리케이션 설계에서 납득할 만한 원인들로 인해 이 문제가 발생할 수도 있다. 이를테면 우버 같은 글로벌 기업은 사용자의 거주지와 가까운 데이터 센터에 사용자 프로필, 자주 이용하는 위치, 여행 기록 등을 저장할 수 있다. 예를 들어, 파리에 거주하는 사용자를 위해 유럽(EU) 리전의 하나 이상의 영역에 데이터를 저장하는 식이다. 만약 이 사용자가 뉴욕으로 여행을 간다면 모바일 앱의 요청은 미국 리전 내 영역으로 라우팅될 것이다. 이는 해당 지역에서 서비스가 더 잘 동작할 수 있기 때문이다. 이때 미국 리전의 서비스가 EU 리전에 있는 사용자 데이터에 액세스해야 한다. 물론 데이터는 요구에 맞게 복제되고 캐시될 수 있지만, 최소 하나 이상의 교차-리전 요청이 있을 것이고 이 경우 지연 시간이 유난히 길 것이기 때문에 이것이 아마도 우리가 추적하려는 요청일 것이다. 따라서 추적 인프라가 여러 데이터 센터에 걸쳐 있는 이러한 요청을 처리해야 할 수도 있다.

물론 탄력성을 위해 복제 기능을 가지고 하나의 리전에서 추적 백엔드 구성요소를 모두 실행하는 간단한 방법도 있다. 그러나 이 장의 앞부분에서 설명한 것처럼 이 방법은 쓰지 않는 것이 좋은데, 이유는 네트워크 대역폭 비용이 크기 때문이다. 또한 잘 설계된 시스템에서 요청 대부분은 단일 영역에 국한되므로 매우 비효율적이다. 교차-영역 자체에서 발생한 추적에 대해서는 교차-영역의 대역폭으로 해결하고 다른 모든 추적은 로컬에서 처리하는 것이 효율적인 해결 방법이다.

오리진 영역 캡처

이 문제의 해결 방법 중 하나는 추적이 시작되는 영역의 이름을 캡처하고 호출 그래프 전체에서 추적 컨텍스트 일부로 이것을 전파하는 것이다. 이 과정에서 생성된 스팬의 값을 항상 캡처하는데, 이 값을 origin_zone이라고 한다. 스팬을 수신하는 예거 수집기는 origin_zone 필드를 검사한다. 그리고 스팬을 로컬에서 처리할 수 있는지를 알기 위해 정적 매핑을 사용한다. 스팬을 로컬에서 처리할 수 있는 상황을 예로 들면 (1) 저장소에 저장된 경우, (2) 로컬 카프카 토픽으로 전송된 경우, (3) 다른 영역의 수집기로 포워딩해야 하는 경우 등이 있다.

요청이 영역 X에서 시작됐고 이 중 일부가 영역 Y에서 실행됐다고 가정해 보자. 앞에서 설명한 알고리즘을 사용하면 추적은 영역 X에서만 처리된다. 모든 영역에서 데이터 마이닝 및 집계 작업을 실행하는 경우 영역 X 및 영역 Y에서 동일한 추적이 이뤄져야 할 것이다. 추적의 일부가 영역 Y에서 실행 중이라는 것을 알게 됐을 때 영역 X에서 생성된 스팬을 이미 처리했을 수 있다. 이러한 이유로 수집기를 통한 상태 비저장 방식의 라우팅으로는 구현하기가 어렵다.

이에 관한 해결책은 추적 완료 트리거(12장 참조)를 사용해 사후 처리를 하는 것이다. 라우팅 알고리즘은 이러한 추적의 모든 스팬이 영역 X에 도착할 거라고 확신할 것이다. 그러나 그렇더라도 모든 스팬이 실제로 어느 영역에서 시작됐는지 캡처할 수 있다. 추적 완료 트리거가 추적이 완료됐다고 선언하고 나면 해당 추적의 모든 스팬을 검사할 수 있다. 그리고 영역 X가 아닌 다른 방출 영역이 있는 경우 해당 추적을 다른 영역(또는 영역)으로 전송할 수 있다. 두 영역에 걸친 요청이 거의 발생하지 않는다면 더 많은 영역에 걸친 요청이 기하 급수적으로 희박해지기 때문에 복제 비용이 많이 드는 것은 아니며 각 영역의 데이터 마이닝 및 집계 작업을 보다 완벽하게 수행할 수 있다.

origin_zone 방법의 단점은 요청 사이즈가 약간 커진다는 것인데, 이는 호출 그래프 전체에 여분의 값을 전파해야 하기 때문이다. 또 다른 단점은 첫 번째 위치에서 영역을 포착하고 전파하는 동작을 이용해 추적 라이브러리를 구현하는 선견지명이 필요하다는 것이다. 솔직히 말하면 내가 예거를 디자인하기 시작했을 당시 분산 추적은 매우 생소했으며, 개인적으로는 이 트릭을 경험해 보지 못했다.

또한 그것은 OpenZipkin 같이 내가 연구한 다른 추적 시스템에도 사용되지 않았다. 초기부터 예거 클라이언트에 내장된 배기지 메커니즘을 사용해도 도움이 되지 않는다.

그것을 추적 컨텍스트의 일부로 origin_zone을 전파하는 데 사용할 수 있지만, 배기지 항목이 스팬에 저장되지 않으므로 런타임상에서 애플리케이션에서만 사용할 수 있다.

이미 배포된 추적 인프라에서 이 접근 방법을 사용하려면 많은 애플리케이션에서 추적 라이브러리를 업그레이드해야 하는데, 이는 오랜 시간이 걸릴 수 있다. 주의할 점은 여기서는 영역을 캡처하고 전파하는 것에 대해서만 이야기하고 있다는 것이다. 즉 어느 영역에서 주어진 스팬이 실행 중인지 기록하는 것이 훨씬 쉽다. 에이전트 또는 수집기의 스팬을 풍성하게 확보한 상태에서 수행할 수 있기 때문이다. 이는 어느 영역이 실행되고 있는지 알고 있기에 가능하다.

교차 영역 페더레이션

다중 영역 배포와 관련된 또 다른 문제는 시스템의 교차 영역 뷰를 어떻게 얻는가 하는 것이다. 예를 들어, 예제 서비스에 p99 지연 시간을 위한 SLO가 있고 12개 영역에 이 서비스를 배포한다고 가정해 보자. 이 경우 해당 번호를 확인하려고 12개의 서로 다른 URL을 일일이 방문하려고 하지는 않을 것이다. 이것은 메트릭의 예이지만, 대기 시간 SLO를 추적에서만 사용할 수 있는 다른 기능으로 바꿀 수 있다.

또 다른 예로 모든 영역에서 추적을 쿼리하려는 경우가 있다. 추적 데이터 모두에 대해 단일 위치만 있는 경우 이러한 질문에 대한 응답이 훨씬 쉬워진다. 이미 설명한 것처럼 이 방법은 확장성이 좋지 않을 수 있다. 이에 대한 대안으로 여러 추적 백엔드에 대한 요청을 펼치고 결과를 집계할 수 있는 연합 레이어를 구축하는 방법을 생각해볼 수 있다. 예거에는 현재 이와 관련한 구성요소가 없지만, 향후 이를 반영할 가능성이 높다.

모니터링 및 문제 해결

다른 분산 시스템과 마찬가지로 추적 백엔드 자체를 관찰할 수 있어야 한다. 예거는 클라이언트 라이브러리에서 백엔드 구성요소에 이르기까지 모든 구성요소에 대한 수많은 메트릭을 제공한다. 일반적인 측정 항목에는 생성된 스팬, 수신한 스팬, 처리한 스팬, 샘플링된 스팬, 비 샘플링된 스팬 등 스팬에 대한 통계가 포함된다. 예를 들어, 다음은 HotROD 애플리케이션의 frontend 서비스에서 예거 클라이언트가 방출한 메트릭 중 일부다(2장 참조).

```
hotrod_frontend_jaeger_started_spans{sampled="n"} 0
hotrod_frontend_jaeger_started_spans{sampled="y"} 24
hotrod_frontend_jaeger_finished_spans 24
hotrod_frontend_jaeger_traces{sampled="n",state="joined"} 0
hotrod_frontend_jaeger_traces{sampled="n",state="started"} 0
hotrod_frontend_jaeger_traces{sampled="y",state="joined"} 0
hotrod_frontend_jaeger_traces{sampled="y",state="started"} 1
```

보다시피, 샘플링된 플래그로 파티션된 시작된 스팬의 수와 끝난 스팬 수, 그리고 시작 또는 결합된 추적의 수를 보고한다. 다음은 다른 측정 항목 그룹이다.

```
hotrod_frontend_jaeger_reporter_queue_length 0
hotrod_frontend_jaeger_reporter_spans{result="dropped"} 0
hotrod_frontend_jaeger_reporter_spans{result="err"} 0
hotrod_frontend_jaeger_reporter_spans{result="ok"} 24
hotrod_frontend_jaeger_sampler_queries{result="err"} 0
hotrod_frontend_jaeger_sampler_queries{result="ok"} 0
hotrod_frontend_jaeger_sampler_updates{result="err"} 0
hotrod_frontend_jaeger_sampler_updates{result="ok"} 0
hotrod_frontend_jaeger_span_context_decoding_errors 0
hotrod_frontend_jaeger_throttled_debug_spans 0
hotrod_frontend_jaeger_throttler_updates{result="err"} 0
hotrod_frontend_jaeger_throttler_updates{result="ok"} 0
```

여기서 리포터에 대한 통계를 볼 수 있다. 참고로 리포터는 에이전트 또는 수집기로 스팬을 내보내는 추적기의 하위 구성요소다. 이는 내부 대기열의 현재 길이, 보낸 스팬의 수(성공 여부) 및 내부 버퍼가 가득 차서 누락된 스팬의 수를 보고한다. 다른 예거 백엔드 구성요소는 내부 상태에 대해 비슷한 방식으로 관련이 있다. 예를 들어 이러한 에이전트 메트릭 그룹은 수집기로 '전달된 배치(batch)' 및 이들 배치 내의 스팬 수를 설명한다.

```
jaeger_agent_tchannel_reporter_batch_size{format="jaeger"} 1 jaeger_agent_tchannel_reporter_batch
es_failures{format="jaeger"} 0 jaeger_agent_tchannel_reporter_batches_submitted{format="jaeger"}
42 jaeger_agent_tchannel_reporter_spans_failures{format="jaeger"} 0 jaeger_agent_tchannel_reporte
r_spans_submitted{format="jaeger"} 139
```

다음은 클라이언트에서 패킷으로 스팬을 받은 UDP 서버의 동작을 설명하는 (상당히 많은 부분이 생략된) 또 다른 결과다. (1) 패킷 크기, (2) 처리된 스팬 개수 또는(내부 대기열이 가득 차 있었기 때문에) 누락된 스팬 개수, (3) 현재 대기열의 크기, (4) 파싱할 수 없는 패킷 수 등이 있음을 알 수 있다.

```
thrift_udp_server_packet_size{model="jaeger",protocol="compact"} 375 thrift_udp_server_packets_dr
opped{model="jaeger",protocol="compact"} 0 thrift_udp_server_packets_processed{model="jaeger",pro
tocol="compact"} 42 thrift_udp_server_queue_size{model="jaeger",protocol="compact"} 0 thrift_udp_
server_read_errors{model="jaeger",protocol="compact"} 0
```

쿠버네티스의 구성요소 간에 네트워킹 환경 설정을 잘못한 경우와 같이 배포 문제를 해결하는 데 이러한 메트릭은 매우 유용하다. 또한 그것들을 프로덕션 경고의 출처로 사용할 수도 있다. 예를 들어 정상 작동 중에는 packets_dropped 카운터가 0을 유지하게 하는 식이다.

예거 쿼리 서비스는 오픈트레이싱을 이용해 계측되며 예거로 추적을 보내게 구성할 수 있다. 쿼리 서비스에 지연 시간이 발생하는 경우 이 계측기는 특히 유용할 수 있는데, 모든 데이터베이스 액세스 경로가 스팬으로 꾸며져 있기 때문이다.

탄력성

잠재적이고 의도적이지 않은 남용에도 대응력이 뛰어난 추적 백엔드를 설계하는 것이 왜 중요한지 짧게 설명하면서 이 장을 마무리하고자 한다. 여기서는 언더-프로비저닝(under-provisioning)된 클러스터는 다루지 않는데, 그 안에서 할 수 있는 것이 거의 없기 때문이다. 우버에서 예거를 운영하면서 몇 가지 흔한 실수가 있었는데, 그로 인해 여러 가지 추적 서비스의 성능 저하, 심지어 서비스 중단까지도 일어났었다.

오버-샘플링

개발 단계에서 나는 종종 엔지니어에게 100% 샘플링으로 예거 추적 프로그램을 구성할 것을 권고한다. 경우에 따라 실수로 동일한 환경 구성이 프로덕션으로 푸시되기도 한다. 또 서비스에 트래픽이 많을 경우 추적 백엔드에 추적 데이터가 넘칠 수 있다. 이때 백엔드를 반드시 종료시킬 필요는 없다. 모든 예거 구성요소는 스팬의 임시 저장 및 짧은 트래픽 급증을 처리하기 위한 인메모리 버퍼로 구축되어 있으므로 버퍼가 가득 차면 데이터 일부를 버리면서 문제를 해결하기 때문이다. 안타깝게도 이로 인한 데이터 품질 저하는 추적 백엔드에서 본 것과 완전히 똑같다. 전체 추적에서 샘플을 추출하고 수집하는 샘플링 기법과는 달리, 대부분 예거 구성요소는 상태 비저장 방식인 데다가 일관성없이 데이터를 강제로 폐기하기 때문이다.

우리가 우버에서 활용한 몇 가지 개선 전략은 다음과 같다.

- 수집기 내에서 추가로 다운샘플링(down-sampling)을 사용할 수 있는 환경 설정 기능을 예거 수집기에 포함시킨다. 예거 수집기가 메모리 버퍼에 도달하기 전에 미리 폐기되는 스팬의 비율을 늘릴 수 있다. 이는 추적 ID의 해시를 기반으로 하고, 그래서 동일한 추적의 스팬이 일관되게 다운샘플링되게 보장한다. 심지어 서로 다른 상태 비저장 방식의 수집기에서 처리되더라도 그렇다. 이렇게 하면 전체 사용자에 대한 서비스 성능은 저하되지만, 수집 중인 데이터의 품질은 유지할 수 있다. 또 설정 변경을 잘못하더라도 원상으로 복구할 수 있는 시간을 준다.

- 우리는 우버의 엔지니어 모두에게 오픈소스 예거 클라이언트 대신 어댑터 라이브러리를 사용할 것을 권장했다. 어댑터 라이브러리는 프로덕션 환경에서 샘플링 전략의 수동 구성 기능이 비활성화돼 있다. 따라서 서비스는 항상 예거 수집기가 제공한 전략을 사용한다.

추적 디버깅

디버그 추적은 애플리케이션이 스팬상에 `sampling. priority=1` 태그를 명확하게 세팅할 때 생성된다. 한편 디버깅을 위해 주로 사용되는 우버의 특정 커맨드라인 툴이 있다. 예를 들면 curl처럼 스리프트 요청을 전송하는 식이다.

이 유틸리티는 발생된 모든 추적에서 디버그 플래그를 자동으로 강제 실행하는데, 개발자가 추가 플래그 전달을 기억할 필요가 없어서 매우 편리하기 때문이다. 하지만 안타깝게도, 높은 빈도로 반복적으로 사용되는 일회성 데이터 마이그레이션 작업을 위해 개발자들이 임시 방편용 스크립트를 작성하는 경우를 많이 봤다. 수집기의 다운샘플링을 통해 다소 완화될 수 있는 일반적인 오버샘플링의 경우와 달리, 다운샘플링에서는 추적 디버깅을 의도적으로 배제했다.

이 문제를 해결하기 위해 우리는 예거 클라이언트에서 추적 디버깅을 만들 때 애플리케이션의 속도에 제약을 가하는 추가 기능을 구현했다. 디버그 플래그는 주로 수동 발급 요청을 위해 설계됐기 때문에 수동으로 유틸리티를 실행해 고갈되지 않을 정도로, 하지만 유틸리티가 반복 실행될 경우 빠르게 대처 가능한 속도 한계치로 스로틀링을 초기화한다. 추적 라이브러리의 새 버전을 많은 애플리케이션에 배포하려면 시간이 오래 걸린다. 그러나 우리에게는 빠르게 업그레이드할 수 있는 몇 가지 유틸리티가 있었다.

데이터센터 페일오버로 인한 급격한 트래픽 증가

이 장의 앞부분에서 이와 관련한 사례들을 설명했다. 일반적으로 트래픽의 증가는 적응성 샘플링이 전체 샘플링 확률을 빠르게 줄일 수 있기 때문에 문제가 되지 않는다. 하지만 안타깝게도 이 트래픽은 디버그 플래그를 가지고 있으며, 스로틀링 내지는 적응형 샘플링과는 무관한 (자동화된 원인 분석에 사용되는) 트래픽의 비율은 상당히 높다. 현재로서는 이러한 트래픽의 급격한 증가에 견딜 수 있는 추적 클러스터(보통 저장소)의 용량을 늘리는 것 말고는 이 문제에 대해 딱히 좋은 해결책이 없다. 카프카 기반의 스트리밍 처리 시스템은 데이터 손실을 방지하는 데는 도움이 되지만 추적 가용성에서 지연을 일으키므로 자동화 기반의 원인 분석(root cause analysis) 시스템에는 좋지 않다.

끊임없이 계속되는 추적

이것은 프로덕션에서 나온 독특한 주제이며, 지속적인 문제는 아니다. 예거를 공개한 지 얼마 안 됐을 당시 우버의 특정 시스템 계측기에서 버그가 발견됐다. 이 시스템에는 클러스터의 모든 노드가 주기적으로 다른 노드에 일부 데이터 변경을 알리는 가십 프로토콜이 구현돼 있었다. 이 버그로 인해 노드가 항상 이전 단계의 가십 스팬을 다시 사용했다. 즉, 새 스팬이 동일한 추적 ID로 영구 생성되고 저장소에 추적 결과가 계속 증가했다. 이로 인해 모든 종류의 문제 및 메모리 초과 오류가 발생했다. 다행히 이 동작은 쉽게 발견됐으며 문제가 되는 서비스를 찾고 해당 계측기를 고칠 수 있었다.

매우 긴 추적

여기서는 1억 개가 넘는 스팬을 지닌 추적에 대해 설명한다. 이러한 추적의 한 가지 부작용 중 하나는 카산드라 저장소 구현에서 추적 ID가 파티션키(partition key)로 사용돼서 모든 스팬이 동일한 카산드라 노드에 상주하게 되고 매우 큰 파티션을 만든다는 점이다. 이는 카산드라에서 성능 저하의 원인이 된다. 이 문제의 근본 원인은 아직 밝혀지지 않았다. 하지만 추적 ID당 예거 유입기(ingester)가 저장할 수 있는 스팬 수에 인위적인 상한 값을 설정하는 방안을 시도해 보고 있다.

정리

이 장에서는 아키텍처 및 배포 선택, 모니터링, 문제 해결 및 탄력성 대책 등 추적 백엔드를 운영하는 여러 측면에 대해 알아봤다. 설명이 다소 개념적이라고 느꼈을 수도 있을 텐데, 사실 약간 의도적이었다. 예거를 구성하고 배포하는 것에 대한 구체적인 내용이 빠르게 업데이트가 이뤄지므로 예거 설명서를 사용하는 것이 더 바람직하다고 생각했기 때문이다. 또한 이 장에서는 추적 인프라가 예거이든 다른 솔루션이든 상관없이 예거를 이용해 추적 인프라를 배포하고 운영하는 모든 사용자에게 유용할 만한 일반 원칙을 보여주고 싶었다.

참고 자료

1. Alberto Gutierrez Juanes. "카이알리를 이용한 예거 통합(Jaeger integration with Kiali)". 카이알리 프로젝트 블로그: https://medium.com/kialiproject/jaeger-integration-in-kiali-13bfc8b69a9d

2. 예거 네이티브 추적 컨텍스트 포맷(Jaeger native trace context format): https://www.jaegertracing.io/docs/1.8/client-libraries/#propagation-format

3. 집킨 B3 컨텍스트 포맷(Zipkin's B3 context format): https://github.com/openzipkin/b3-propagation

4. W3C 추적 컨텍스트 헤더(W3C Trace Context headers): https://github.com/w3c/trace-context

5. Juraci Paixão Kröhling. "베어 메탈에서 예거 에이전트 실행(Running Jaeger Agent on bare metal)". Jaeger project blog: https://medium.com/jaegertracing/deployment-strategies-for-the-jaeger-agent-1d6f91796d09

6. Juraci Paixão Kröhling. "예거 에이전트를 위한 배포 전략(Deployment strategies for the Jaeger Agent)". Jaeger project blog: https://medium.com/jaegertracing/running-jaeger-agent-on-bare-metal-d1fc47d31fab

7. 서비스 의존성 그래프를 위한 예거 스파크 잡(Jaeger Spark jobs for service dependency graphs): https://github.com/ jaegertracing/spark-dependencies

8. Lars Milland. "OpenShift상에서 아파치 httpd 리버스 프락시를 이용해 예거를 위한 안전한 아키텍처 설계하기 (Secure architecture for Jaeger with Apache httpd reverse proxy on OpenShift)": https://medium.com/@larsmilland01/secure-architecture-for-jaeger-with-apache-httpd-reverse-proxy-on-openshift-f31983fad400

9. Juraci Paixão Kröhling. "OAuth 사이드카 프락시를 이용한 예거 UI 보호(Protecting Jaeger UI with on OAuth sidecar Proxy)". Jaeger project blog: https://medium.com/jaegertracing/protecting-jaeger-ui-with-an-oauth-sidecar-proxy-34205cca4bb1

맺음말

축하한다! 드디어 이 책을 모두 끝냈다. 개인적으로는 책을 읽고 나면 어떤 때는 "와, 드디어 끝났다!"라고 생각하기도 하고, 어떤 때는 "잠깐, 어라? 끝났네? 더 없나?"라고 생각하기도 한다. 여러분은 어떤가? 끝나서 다행인가? 아니면 더 읽고 싶은가?

이 책에서 많은 내용을 다뤘다. 상당히 복잡하고 자주 난관에 부딪치는 분야인 분산 추적에 대해 더 잘 이해했으리라 확신한다. 또한, 아직도 많은 질문이 있을 거라고 생각한다. 나 역시도 여전히 많은 것이 궁금하다! 추적은 여전히 매우 새로운 분야이며 점점 더 많은 사람을 통해 많은 혁신이 이뤄지기를 기대한다.

우버에서 우리 팀은 추적의 미래에 대해 꽤 장대한 계획을 가지고 있다. 우버의 아키텍처는 수천 개의 마이크로서비스를 계산하고 있고 많은 데이터 센터에 걸쳐 있으며 점점 더 복잡해지고 있다. 이 인프라를 자동화 방식으로 관리하려면 새로운 기술이 필요하며 이러한 첨단 기술의 중심에 분산 추적이 있다. 예를 들어, 구글 엔지니어들은 SLA 중심의 신뢰성 접근 방식을 적극적으로 지지하는 유명한 SRE 책[1]을 집필했다. 안타깝게도 실제로는 그것보다 훨씬 더 복잡하다.

우버의 주요 API 게이트웨이 중 하나는 1,000가지 이상의 엔드포인트를 가지고 있다. 지연 시간, 가용성 같은 SLO 각각을 어떻게 할당할 수 있을까? SLO는 구체적인 제품이 있을 때 쉽게 정의할 수 있고 SLO 위반이 비즈니스에 미치는 영향을 예측할 수 있다. 그러나 API 엔드포인트는 제품이 아니다. 이들 중 다수는 종종 서로 다른 제품에 대해 복잡한 조합으로 동작한다. 제품 또는 워크플로의 SLO에 동의할 수 있다면 이를 여러 API 엔드포인트의 SLO로 어떻게 변환할 수 있을까? API 아래에 있는 수천 개의 마이크로서비스는 SLO로 어떻게 변환할 수 있을까? 결국 분산 추적이 필요하다. 마이크로서비스와 다른 비즈니스 워크플로에 대한 호출 그래프의 모양 사이의 종속성을 자동으로 분석할 수 있으며, 이를 통해 호출 계층 구조의 여러 레벨에서 SLO에 알릴 수 있다. 정확히 어떻게 하면 되는지는 나도 아직 모른다. 우리 모두 계속 관심을 갖고 지켜보자.

또 다른 예로 서비스 배포의 자동 되돌림(roll-back)이 있다. 개념은 간단하다. 새 버전의 서비스를 카나리아 인스턴스로 수행하고, 상황이 잘못될 경우 수행을 되돌린다. 그렇다면 작업이 잘못되기 시작했다는 것을 어떻게 알 수 있을까? 서비스에는 자체 상태 체크 신호가 있기 때문에 이를 볼 수는 있지만 충분하지 않다. 우리의 서비스가 요청을 정상적으로 처리할 수 있지만 응답이 어떤 식으로든 하나 이상의 계층의 다른 서비스에 부정적인 영향을 미칠 수 있다. 그것을 어떻게 감지할까? 많은 서비스가 우리 서비스의 워크플로와는 관련이 없기 때문에 모든 서비스의 상태를 모니터링하는 것은 도움이 되지 않는다. 다시 한 번 강조하지만, 추적은 서비스 수행이 나머지 아키텍처에 미치는 영향을 자동으로 이해하고 수행을 되돌려야 하는지 파악하는 데 필요한 큰 그림을 제공할 수 있다.

이와 같은 예가 더 있다. 우버를 포함한 많은 조직이 마이크로서비스 기반 아키텍처로 빠르게 발전하고 있지만, 그들은 그러한 아키텍처 관리를 위해 분산 추적을 개방하는 기능의 표면만 건드렸을 뿐이다. 앞으로의 성과가 더 기대된다.

동시에 분산 추적 분야는 여전히 극복해야 할 많은 과제를 가지고 있다. 업계에서 실제로 보고 싶어 하는 항목 일부를 정리하면 다음과 같다.

- 서로 다른 추적 라이브러리가 설치된 애플리케이션의 상호 운용성을 위해서는 컨텍스트 전파 형식의 표준화가 중요하다. W3C 분산 추적 워킹 그룹은 추적 컨텍스트의 표준을 정의하는 데 있어 상당한 진전을 이뤘지만 지금은 HTTP 전송만 다루고 있으며, 고급 메시지 큐 프로토콜(AMQP) 같은 비 HTTP 프로토콜을 통해 배기지 전달 또는 컨텍스트 전송을 위한 표준 헤더는 포함하지 않고 있다.

- 표준 계측 API 및 해당 재사용 계측 본체. 오픈트레이싱과 OpenCensus 프로젝트 모두 분산 추적 채택 가속화를 주 목표로 삼았다. 그러나 실제로 이 두 가지의 경쟁적이지만 개념상으로 거의 동일한 API의 최종 결과는 정확히 정반대였다. 왜냐하면 나머지 기업들은 어느 표준을 사용해 솔루션에 통합할지 확신이 없기 때문이다. 이러한 이유로 이 두 프로젝트는 하나의 표준으로 수렴하는 것에 대해 적극적으로 논의 중이다.

- 추적 형식의 표준화는 상호 운용성에 유용하지만 데이터 추적과 함께 작동할 수 있는 범용 툴 개발에는 필수적이다. 실제로 이 분야에서 많은 결과가 있었다. 예를 들어, 이클립스의 Trace Compass[2] 툴은 (구체적으로 분산 추적 포맷은 아니지만) 리눅스용 많은 커널 추적 툴 또는 Trace Viewer[4], 추적 이벤트 포맷인 크롬 브라우저용 자바스크립트 프런트엔드, about:tracing 및 안드로이드 systrace에서 사용된 공통 추적 포맷(Common Trace Format)[3]과 같이 여러 가지 다른 추적 포맷을 지원한다.

- 유니버설 시각화 툴. 현재, 각 추적 시스템은 거의 동일한 기능을 가지고 있음에도 불구하고 프런트엔드는 자체적으로 구현한다. 표준 추적 포맷은 예거 v.1.8에서 공개된 추적 비교 기능의 기본으로 사용되는 예거의 plexus 모듈처럼 시각화를 위해 재사용 가능한 구성 요소를 빌드할 수 있다.

- 재사용 가능한 데이터 마이닝 툴. 개인적으로는 데이터 마이닝이 분산 추적의 미래라고 굳게 믿고 있지만 현재 표준 추적 포맷이 없기 때문에 오픈소스에서 사용할 수 있는 데이터 마이닝 툴은 거의 없다.

- 관찰성 툴링과의 더 나은 통합. '관찰 가능성의 세 가지 구성요소'라는 개념은 이 세 가지 기술이 독립적이며 이러한 세 가지 솔루션을 결합해 시스템에 대한 더 나은 관찰성을 얻는다는 아이디어를 촉진시켜 업계에 큰 영향을 준다. 11장에서 설명했듯이 메트릭 및 로그에 요청 컨텍스트라는 인식을 추가하면 조사력이 크게 향상된다. 그러나 더 나아가서, 예를 들어 현재 문제 해결을 위해 노력 중인 고차원 워크플로와 시간 범위, 특정 호출 그래프 등의 연구 내용이 지연 시간 히스토그램이든 시스템 상태 신호의 시계열 값이든 기록된 이벤트든 상관없이 여러 관점에 걸쳐 수행되는 진정으로 통합된 경험을 하고 싶다.

끝으로, 여러분에게 '우리와 함께 해주세요!'라고 말하고 싶다. 예거는 오픈소스 프로젝트이며 기여는 언제든 환영한다. 아이디어가 있다면 예거 메인 저장소[6]에 티켓을 올려주기 바란다. 이미 구현해서 흥미로운 결과를 얻었다면 블로그 게시물을 작성하고 트위터 계정 @jaegertracing 또는 온라인 채팅[7]으로 알려주기 바란다. 우리는 항상 흥미로운 사례 연구를 찾고 있다. 그리고 여러분이 많은 도움을 줄 수 있을 거라고 믿는다. 아울러 우버에서 오픈소스 도구로 분산 추적을 위해 개발 중인 고급 기능을 계속해서 출시할 것을 약속한다.

"해피 트레이싱(Happy tracing)!"

참고 자료

1. Niall Richard Murphy, Betsy Beyer, Chris Jones, Jennifer Petoff. "SRE(Site Reliability Engineering) 구글의 운영 시스템 구동 방법(Site Reliability Engineering(SRE): How Google Runs Production Systems)". O'Reilly Media, 2016.

2. Eclipse Trace Compass. 시스템의 추적과 로그를 읽고 분석하여 성능 및 신뢰성 이슈를 해결하기 위한 오픈 소스 애플리케이션(An open source application to solve performance and reliability issues by reading and analyzing traces and logs of a system): https://www.eclipse.org/tracecompass/

3. Common Trace Format. 유연한 고성능 바이너리 추적 포맷(A flexible, high-performance binary trace format): https://diamon.org/ctf/

4. Trace-Viewer. 크롬 브라우저의 about:tracing 과 안드로이드의 systrace 를 위한 자바스크립트 프런트엔드 (The JavaScript frontend for Chrome about:tracing and Android systrace): https://github.com/catapult-project/catapult/tree/master/tracing

5. plexus. 방향성 그래프 렌더링을 위한 리액트(React) 구성요소(A react component for rendering directed graphs): https://github.com/jaegertracing/jaeger-ui/tree/master/packages/plexus

6. 예거 백엔드 깃허브 저장소(Jaeger backend GitHub repository): https://github.com/jaegertracing/jaeger

7. 예거 프로젝트 온라인 채팅(Jaeger project online chat): https://gitter.im/jaegertracing/Lobby